K.E. Ganzhorn   K.M. Schulz   W. Walter

Datenverarbeitungs-systeme

Aufbau und Arbeitsweise

Mit 181 Abbildungen
und einer Schablone als Beilage

Springer-Verlag
Berlin Heidelberg New York 1981

Prof. Dr. rer. nat. Dr.-Ing. E. h. Karl E. Ganzhorn
Dr. rer. nat. Klaus M. Schulz
Dr.-Ing. Wolfgang Walter

IBM Deutschland GmbH
Pascalstraße 100, 7000 Stuttgart 80

ISBN-13:978-3-642-67962-9   e-ISBN-13:978-3-642-67961-2
DOI: 10.1007/978-3-642-67961-2

CIP-Kurztitelaufnahme der Deutschen Bibliothek
Ganzhorn, Karl E.:
Datenverarbeitungssysteme: Aufbau u. Arbeitsweise / Ganzhorn/Schulz/Walter. –
Berlin; Heidelberg; New York: Springer, 1981.
ISBN-13:978-3-642-67962-9

NE: Schulz, Klaus M.:; Walter, Wolfgang:

Herstellung: Oscar Brandstetter Druckerei GmbH & Co. KG, Wiesbaden
2145/3140-543210

Vorwort

Der Stoff dieses Lehrbuches beruht auf einer Vorlesung, die seit 1960 für Studierende der Elektrotechnik und Wirtschaftswissenschaften an der Universität Karlsruhe gehalten wird.

Aufgabe und Ziel dieser Vorlesung war und ist es, eine Einführung und einen Überblick über Aufbau und Arbeitsweise von Datenverarbeitungssystemen im Verlauf von etwa 20 Vorlesungsstunden zu geben. Obwohl die Vorlesung im Rahmen einer Fakultät für Elektrotechnik stattfindet, ist sie so angelegt, daß keine speziellen Kenntnisse in Schaltkreiselektronik bzw. Nachrichtentechnik erforderlich sind, es werden lediglich elementare Kenntnisse über binäre Zahlen, digitale Technik und Programmierung vorausgesetzt. Alle Darstellungen über Funktionsweisen gehen hinab bis zur Behandlung der binären Signale 0 und 1, ohne daß dabei einschlägiges Wissen über die technologische Realisierung vorhanden sein muß. Vielmehr ist es stets das Bestreben gewesen, Struktur und Arbeitsweise von Computern bzw. datenverarbeitenden Systemen unabhängig von technologischen Implementierungen als „logische" Prozesse zu behandeln. Das Hauptaugenmerk aller Bemühungen, den mit der schnellen Entwicklung der Computertechnik rasch wachsenden Stoffumfang konzentriert und überschaubar zu halten, lag stets darauf, einen invarianten Lehrstoff herauszukristallisieren. Unter diesem Aspekt invarianter Prinzipien wurde eine Reihe von Entwicklungsrichtungen analysiert und stofflich konzentriert und damit angestrebt, langzeitig gültiges Ingenieurwissen zu etablieren.

In dem vorliegenden Buch werden diese Bestrebungen auch äußerlich durch didaktische Vorkehrungen in der Darstellung des Stoffes unterstützt. Dazu werden z. B. alle erstmalig auftretenden wichtigen Fachbegriffe sichtbar herausgestellt und der gesamte Stoff in zwei Kategorien, nämlich grundlegende und weiterführende, klein gedruckte Aussagen untergliedert. Auch die Abbildungen sind so vereinfacht, daß sie wesentliche Sachverhalte schematisch darstellen und Allgemeingültigkeit anstreben.

Das Stoffgebiet umfaßt alle wesentlichen Funktionen eines datenverarbeitenden Systems, nämlich Informationsdarstellung, -speicherung, -verarbeitung und -transport, die Realisierung in Software und Hardware und insbesondere deren Zusammenwirken. Die Darstellung selbst beginnt stets beim Erscheinungsbild des Systems gegenüber dem Benutzer und führt über Betriebssystem, Maschinenarchitektur und Mikroprogramm fortschreitend tiefer hinein in die elementaren Funktionen digitaler Informationsbe- und verarbeitung bis hinab auf das Bit-Niveau, realisiert durch binäre Zustände und Signale.

Der Aufgabe entsprechend konzentriert sich das Buch vorwiegend auf die Arbeitsweise eines Datenverarbeitungssystems. Dessen verschiedene Anwendungsmöglichkeiten werden nur gelegentlich angedeutet, das „Wie", d. h. die Funktionsweise, überwiegt gegenüber dem „Was", dem „Wozu", d. h. der Anwendung. Dem entspricht auch der Verzicht auf die Betrachtung der verschiedenen Programmiersprachen und ihrer Problemorientierung.

Alle Verfasser sind Mitarbeiter im Bereich Forschung und Entwicklung der IBM Deutschland GmbH. Es ist daher naheliegend, daß in vielen Fällen aufgrund der leicht verfügbaren Information auf Produkte und Verfahren der IBM zurückgegriffen wird. In den Anfangsjahren war dieser Bezug sogar nahezu die einzige Quelle gegenwartsnaher Information über das damals wie heute ungeheuer dynamisch vorwärtsschreitende Gebiet der Computertechnik. Wir haben uns jedoch bemüht, den Stoff so herstellerneutral wie möglich aufzubereiten. Ferner erhob sich die Frage, wie weit sich die Darstellung an teilweise nicht eingebürgerte Begriffs- und Normenfestsetzungen anlehnen sollte. Wir haben uns entschieden, ein Buch für den lernenden Praktiker zu schreiben, der sich den Zugang zu diesem Gebiet und zu entsprechender Fachliteratur erschließen möchte. Daher sind nicht alle Begriffe normengerecht deklariert, vielmehr auch etliche pragmatisch eingebürgerte Bezeichnungen aufgenommen worden. Um die allseitige Verständlichkeit zu fördern, sind allen wesentlichen Fachbegriffen die zugehörigen englischen Ausdrücke beigegeben.

Über viele Jahre dieser Vorlesung hat Herr Dr. Wolfgang Walter den Stoff mitgestaltet und viele Beiträge über Hardware und interne Maschinenorganisation beigesteuert, während die starke Ausweitung der Softwareseite in den letzten Jahren von Herrn Dr. Klaus Schulz wesentlich mit eingebaut und das Ganze in eine konsistente Form gebracht wurde. Beide Herren unterstützten mich wesentlich in der praktischen Durchführung der Vorlesung und bei der etwa achtmaligen Umarbeitung des gesamten Stoffes im Zuge der rasch fortschreitenden Entwicklung seit 1960.

Die Verfasser danken der IBM Deutschland GmbH für vielseitige Hilfen bei der Gestaltung des Lehrstoffes und des Buches und der Universität Karlsruhe für ihr Interesse und ihre Aufgeschlossenheit gegenüber einer solch praxisorientierten Vorlesung über das junge, dynamische Gebiet der Informationsverarbeitung.

Im Zusammenhang mit der Entstehungsgeschichte dieses Buches gebührt ein besonderes Wort des Dankes Herrn Prof. Dr. Karl Steinbuch, ehemaligem Direktor des Instituts für Nachrichtenverarbeitung der Universität Karlsruhe. Er hat in weitblickender Planung bereits 1959 die Anregung für die zugrunde liegende Vorlesung gegeben und dafür gesorgt, daß diese zu einem Zeitpunkt eingeführt werden konnte, als Computertechnik in der Lehre an deutschen Hochschulen noch lange nicht allgemein etabliert war.

Dem Springer-Verlag gebührt unser besonderer Dank für seine einschlägige Beratung und für die wunschgerechte Gestaltung dieses Werkes.

Stuttgart, Januar 1981   Karl Ganzhorn

Gliederung

Einführung

  1. Information als Element der Technik

Teil I: Grundlagen

  2. Prinzipien der Datenverarbeitung
  3. Grundfunktionen

Teil II: Das Datenverarbeitungssystem

  4. Systemübersicht
  5. Information und ihre Speicherung
  6. Datenverarbeitung
  7. Informationstransport

Teil III: Erweiterungen und Ergänzungen

  8. Hochleistungs-Systeme
  9. Systemzuverlässigkeit
10. Systementwicklung und -organisation

Schluß

11. Verallgemeinerte Prinzipien der Informationstechnik

Anhang

Inhaltsverzeichnis

Einführung 1

1. Information als Element der Technik 3

   1.1 Datenverarbeitung – alte Notwendigkeit und neue Möglichkeit zugleich 3
   1.2 Die neue Stufe in Technik und Wissenschaft 3
   1.3 Die Äquivalenz zwischen Steuerung und Information 5
   1.4 Herausforderung an Wissenschaft, Technik und Gesellschaft . . . 6

Teil I: Grundlagen 9

2. Prinzipien der Datenverarbeitung 11

   2.1 Allgemeine Grundfunktionen der Datenverarbeitung 11
      Datenverarbeitungssystem, Ein- und Ausgabe, Transport, Speicherung, Verknüpfung, Steuerung, Hardware, Software, Verarbeitungsprogramme
   2.2 Historischer, extern gesteuerter Automat 12
   2.3 Datenverarbeitung mit Gespeichertem Programm 13
      Programm als Information, Gespeichertes Programm, Programm = Steuerinformation, Äquivalenz von Steuerung und Information
   2.4 Datenverarbeitung als Wechselwirkung von Informationsströmen . 15
   2.5 Räumliche Anordnung der Datenverarbeitung 16
      Zentrale Datenverarbeitung, Datenfernverarbeitung, Auftragsfernverarbeitung, Rechnerverbund
   2.6 Zeitliche Betriebsarten der Datenverarbeitung 19
      2.6.1 Stapelbetrieb 19
      2.6.2 Dialogbetrieb 19
      2.6.3 Realzeitbetrieb 20
   2.7 Typische Anwendungsbeispiele 22

3. Grundfunktionen 27

   3.1 Digitale Informationsdarstellung 27
      Bit, binäre Zeichendarstellung, digitale Darstellung, Codierung, Zeichenvorrat
   3.2 Informationsspeicherung 29
      Adresse, Adreßraum, Assoziativspeicher, Symbolische Adressierung
   3.3 Eingabe und Ausgabe 30
      Informationswandlung, Analog-Digital-Umwandlung

3.4 Informationstransport 31
Binäre Signale, Wegeschalter, Übertragungskanal, Sammelweg, Signaldauer, Takt

3.5 Informationsverknüpfung 32
Verknüpfung, BOOLESCHE Algebra, Negation: NICHT, Konjunktion: UND, Disjunktion: ODER, Funktionstabelle

3.6 Programmsteuerung 35
Programm, Befehle, unbedingte oder bedingte Verzweigungsbefehle, Folge, Auswahl: IF_THEN_ELSE_, Wiederholung: DO_WHILE_, DO bzw. GET/ PUT, Operationsteil und Operandenteil, Befehlscode, Operanden, Programmstatus, Befehlszeiger, sequentielles Programm, Bedingungsschlüssel, Programmablauf

3.7 Grundsätzliche Arbeitsweise eines Datenverarbeitungssystems mit Gespeichertem Programm 38
Elementarprozesse, Steuerungs- und Verarbeitungsprozesse, Befehls-Adressierung, Befehls-Abruf, Befehls-Decodierung, Befehlszeiger-Fortschaltung, Operanden-Adressierung, Operanden-Abruf, Operations-Ausführung, Ergebnis-Abspeicherung

Teil II: Das Datenverarbeitungssystem 43

4 Systemübersicht 45

4.1 Systemaufbau 45
Zentraleinheit, Leitwerk und Rechenwerk, Prozessor, Hauptspeicher, Register, Pufferspeicher, Peripherie, Kanäle und Steuereinheiten, Daten- und Massenspeicher, Ein- und Ausgabegeräte

4.2 Speicherorganisation 47
Zugriffszeit, Kapazität und Preis, Register, Pufferspeicher, Hauptspeicher, Datenspeicher, Massenspeicher, Archivspeicher

4.3 Software 50
Verarbeitungsprogramme, Anwendungsprogramme, Übersetzer, Ursprungsprogramm, Zielprogramm, Interpretierer, Simulierer, Dienstprogramme, Systemprogramme, Betriebssystem, Betriebsorganisationsprogramme, Einleitendes Ladeprogramm, Supervisor, Makrobefehl, Zugriffsmethoden, Datenbank- bzw. Datenkommunikationsroutinen, Auftragsteuerung, Betriebsverwaltungsprogramme, Programmbinder, Bibliotheksführung

4.4 Das Zusammenwirken von Software, Firmware und Hardware . . 54
Funktionsschichten, Software, Firmware und Hardware, Steuerungs-Hierarchie, Prozeduren, Auftragssteuerungs-Interpretierer, Programme in problemorientierter Sprache, Anweisungen, Kompilierer, Makrobefehle, Makroassemblierer, Maschinenbefehle, Mikroprogramm, Mikrobefehle, Funktionalbitsteuerung, Hardware-Schaltkreise

4.5 Mikroprozessorsysteme 58

5. Information und ihre Speicherung 61

5.1 Datenarten 61
Darstellung, Syntax, Bedeutung, Semantik

5.1.1 Darstellung numerischer Daten 61
Numerische Daten, Stellenschreibweise, Radixschreibweise, Zahlenvorrat des dualen Zahlensystems, Gleitkommaschreibweise, Mantisse und Exponent, Vorgabe, Charakteristik, normalisierte Form

5.1.2 Darstellung alphanumerischer Daten 65
Alphanumerische Daten, ISO7-Bit-Code, EBCDIC, ASCII-8

5.1.3 Entscheidungsgehalt, Informationsgehalt, Redundanz 67

5.1.4 Datenformate 68
Byteorganisierter Speicher, wortorganisierter Speicher

5.1.5 Programme als Daten 69

5.2 Datenbanken 70
5.2.1 Definition und Eigenschaften 70
Datenbank, Daten, Beziehungen, Routinen, allseitige Benutzbarkeit, reduzierter Speicherbedarf, zentrale Kontrolle, Datenübereinstimmung, Datenunabhängigkeit, Datenauswahl

5.2.2 Datenbankmodelle 71
Datenbankmodell, Untermodell, Erkennungsschlüssel, Tabellen, Relationales Datenbankmodell, normalisierte Form, Hierarchisches Datenbankmodell, Netzwerk-Datenbankmodell

5.2.3 Datenbankarchitektur 77
Datenbankmodell, Logische Datenbank, Datenbanksoftware, Physikalische Datenbank

5.2.4 Datenbankzugriff 77

5.3 Datenspeicherung 80
5.3.1 Datenorganisationen 80
Sequentielle Organisation ohne Index, Gestreute Organisation, Adressier-Algorithmus, Sequentielle Organisation mit Index, Index, Alternativindex, Freiräume, Überlaufbereiche, Kennsätze, Katalog

5.3.2 Blockungstechnik 86
Blöcke, Spannsatz

5.3.3 Datenzugriffsmethoden 88

5.4 Speichermedien 90
Schreiben, Speichern, Lesen, Festspeicher
5.4.1 Zentralspeicher 91
Monolithische Speicher, Flipflop, Wegeschalter, Register, Schieberegister, linearer Wortspeicher, Adreßdecodierer, „wahlfreier" Zugriff, Assoziativspeicher, Stapelspeicher, Warteschlange, Matrixspeicher

5.4.2 Externe Speicher 99
Magnetschichtspeicher, zyklischer Speicher, sequentieller Speicher, „direkter" Zugriff, sequentieller Zugriff, Plattenspeicher, Zylinderkonzept, Spur, Blöcke, Zylinder-, Spur- und Blockadresse, Festkopf-Plattenspeicher, Diskette, Trommelspeicher, Magnetband, Magnetband-Kassette, Lochkarte

5.4.3 Neuere Speichertechnologien 103
Magnetblasenspeicher

XII   Inhaltsverzeichnis

5.5   Speicherhierarchien 106
    5.5.1 Speicherkenngrößen 106
       Zugriffszeit, Kapazität und Preis, Speicherhierarchie
    5.5.2 Hierarchisches Konzept 106
       Lokalitätseigenschaften, Wechselalgorithmus, Adreßfehlreferenzen
    5.5.3 Gepufferter Hauptspeicher 110
    5.5.4 Virtueller Hauptspeicher 110
       Virtueller Speicher, realer Hauptspeicher, virtueller Adreßraum, Seiten,
       Seitenrahmen, Adreßtabellen, Dynamische Adreßumsetzung, Adreß-
       umsetzungsspeicher, Seitensupervisor
    5.5.5 Virtueller Plattenspeicher 114
5.6   Speicherhierarchien – Quantitative Betrachtungen 115

6. Datenverarbeitung 117
6.1   Programme   117
    Algorithmus, Strukturierte Programmierung, Hauptprogramm, Unterpro-
    gramm
6.2   Betriebssystemfunktionen 121
    Betriebssystem, Betriebsmittel, Auftragssteuerung, Datenbankroutinen,
    Datenkommunikationsroutinen, Zugriffsmethoden, Supervisor
    6.2.1 Auftragssteuerung 122
       Betriebsmittelabrechnung
    6.2.2 Datenbankroutinen 122
    6.2.3 Datenkommunikationsroutinen 122
    6.2.4 Zugriffsmethoden 122
    6.2.5 Supervisor 123
6.3   Maschinenfunktionen 123
    Maschinenarchitektur
    6.3.1 Befehlsvorrat 124
    6.3.2 Befehlsstruktur 124
       Variables Befehlsformat, Relative Adressierung
    6.3.3 Adressierung 127
       Adressierschema, effektive Adresse, direkte Adressierung, Indexierung,
       Relative Adressierung, Distanz, Basis, Unterprogrammaufruf, indirek-
       te Adressierung bzw. Adreßsubstitution
    6.3.4 Programmstatus 132
       Programmstatuswort (PSW)
    6.3.5 Programm-Unterbrechungen 134
       Programmunterbrechung, Reaktionszeit, Prioritätszuordnung, laufen-
       des PSW, altes PSW, neues PSW
6.4   Leitwerk 140
    6.4.1 Leitwerksteuerung 140
       Befehlszeiger, Adreßdecodierer, Speicherregister, Datensammelweg,
       Befehlsregister, Befehlsdecodierer, Steuerregister, Signalleitungen, Re-
       chenwerk, Wegeschalter, Adreßregister, Taktgeber

6.4.2 Beispiel einer Leitwerksteuerung 142
6.4.3 Operationssteuerung 143
Operationsteil, Operationssteuerung, Funktionalbitsteuerung, funktionelle Bits, codierte Steuerung, Befehlsdecodierung, Mikroprogrammsteuerung, Mikroprogramm

6.4.4 Mikroprogrammsteuerung 146
Mikrofunktion, Mikrobefehl, Firmware, informatorische Speicherung aller Steuerimpulse, Emulator

6.5 Rechenwerk 148
6.5.1 Grundfunktionen 148
Register, Verknüpfungsglied, Verzögerungsglied, Serienverarbeitung, Parallelverarbeitung

6.5.2 Erweiterte Arithmetik 148
6.5.3 Berechnung arithmetischer Ausdrücke 152
Stapelrechner, Stapelspeicher, Umgekehrt Polnische Notation

6.6 Hierarchie der Datenverarbeitung . . . .
Hierarchie der Datenverarbeitung, Funktionsschichten, Arbeitseinheiten, Sprachebenen, Benutzerzugänge, Übergänge, Dienste

7. Informationstransport 158

7.1 Allgemeines 158
7.1.1 Transportgrößen 158
Binärsignale, Signaldauer, Informationsfluß, Transfergeschwindigkeit, Schrittgeschwindigkeit

7.1.2 Übertragungsarten 159
Signal- bzw. informationsgesteuert, interne Datenübertragung, externe Datenübertragung

7.2 Interne Datenübertragung 160
7.2.1 Datensammelwege 160
Datensammelweg, Steuersignalleitungen, Zeitmultiplex-Datensammelweg, Raummultiplex-Datensammelweg, Daten-, Adreß- und Befehlssammelwege

7.2.2 Datenkanäle 162
Kanalkonzept, Kanal, Kanalprogramm, Kanalbefehl, Signalgesteuert, Selektorkanal, Multiplexkanal, Byte-Multiplexkanal, Block-Multiplexkanal, Start-E/A-Befehl, Delegation der Steuerung, E/A-Vollendung

7.2.3 Taktsteuerung 167
Taktgeber, Taktsteuerung

7.3 Externe Datenübertragungsnetze 168
7.3.1 Übertragung im Netz 168
Netzwerk, Knoten, Verbindung, Anwendungsknoten, Vermittlungsknoten, Datenstationsknoten, Endknoten, Leitung, Informationsgesteuert, Nachricht, Wählleitung, Standleitung, simplex, halbduplex oder duplex, dezentrale Intelligenz

7.3.2 Netzwerktypen 171

Punkt-zu-Punkt-Verbindung, Mehrpunkt-Verbindung, Verbindungs-Disziplin, Primärknoten, Sekundärknoten, Aufrufbetrieb, Adressen, Aufrufverfahren, Konkurrenzbetrieb, Sternnetz, Liniennetz, Ring- oder Schleifennetz, Maschennetz

7.3.3 Vermittlungsarten 174

Leitungsvermittlung, Speichervermittlung, Teilstreckenbetrieb, Nachrichtenvermittlung, Paketvermittlung

7.4 Externe Kommunikation 177

7.4.1 Kommunikationsarchitektur 177

Protokoll, Bedeutung, Form, Folge und Weg, Semantik, Syntax, Dialog, Adressen, Schichtung von Protokollen, Hierarchie von Steuerungsschichten, Steuerungsfunktionen, virtuelle Verbindung, realer Übergang, Dienst, Vorsatz, Nachsatz, Datenkommunikationsroutinen, Zugriffsmethoden der Datenfernübertragung, Supervisor, Netzwerksteuerprogramm, Datenstationssteuerprogramme

7.4.2 Datendarstellung 183

Datendarstellungsroutinen, Darstellungsmodell, Logischer Darstellungsraum, Physikalischer Darstellungsraum, Geräteunabhängigkeit, Übertragungsdarstellung . . . .

7.4.3 Datenaustausch 185

Sitzung, Nachrichtenbestätigung, Sitzungssteuerung, Transaktion, Dialog, Flußsteuerung, Nachrichtenkette, Nachrichtenmengendosierung, Folgenummern, Ausnahmebedingung

7.4.4 Transport über Netzwerke 190

Wegsteuerung, Speichervermittlung, Segmentierung, Blockung, Paketvermittlung, Verbindungssteuerung, Aufrufbetrieb, Folgenumerierung, Datenübertragungsblock, Synchronisation, Nulleneinfügung, NRZI-Codierung

7.4.5 Übertragungstechniken 194

Digitale Übertragung, analoge Übertragung, Modulationsverfahren, Modems, Regeneratoren, Multiplexverfahren, Kabel, Koaxialkabel, Mikrowellen, Nachrichtensatelliten, Glasfasern, Wählnetz, akustischer Koppler

Teil III: Erweiterungen und Ergänzungen 199

8. Hochleistungs-Systeme 201

8.1 Leistungsbetrachtungen 201

Leistung, Leistungsfähigkeit

8.1.1 Leistungskriterien 201

Durchsatz, Ausführungszeit bzw. Antwortzeit, Leistungsanforderungen, Auslastung

8.1.2 Leistungsparameter 205

Millionen Instruktionen pro Sekunde, Zugriffszeiten, Übertragungsgeschwindigkeiten, Anwendungsprofile, Engpaß, Warteschlange

8.1.3 Leistungssteigernde Techniken 207
Parallelisierung serieller Prozesse

8.2 Hochleistungs-Betriebssysteme. 208
8.2.1 Ein- bzw. Ausgabe-Blockung 209
Blockungstechniken
8.2.2 Ein- bzw. Ausgabe-Pufferung. 209
8.2.3 Spulverfahren 210
8.2.4 Mehrprogrammbetrieb. 211
Mehrprogrammbetrieb, Programmverzahnungsverfahren, Priorität,
Zeitscheibenverfahren, Lastbeschränkung, Speicherzerstückelung
8.2.5 Optimierende Betriebsmittelsteuerung 217
Geplante Vergabe der Betriebsmittel, Sperre, Verklemmung
8.2.6 Mehrfache Adreßräume 218
Mehrfache virtuelle Adreßräume
8.2.7 Virtuelle Maschinen. 219
Virtuelle Maschine, Hypervisor

8.3 Hochleistungs-Konfigurationen 221
Kopplung
8.3.1 Rechnerverbund 221
Rechnerverbund, Auftrags-Eingabe-Untersystem
8.3.2 Vor- bzw. Nachverarbeitungssysteme 223
Vor- bzw. Nachverarbeitungssystem, Hauptrechner, Nachrechner, Vorrechner
8.3.3 Mehrprozessorsysteme. 224
Mehrprozessorsystem, Lastverteilung, Systemverfügbarkeit, Pufferspeicher, Speichersteuerung, Konfigurationssteuerung, Mehrprozessor-
funktionseinheit, Kanalumschaltung, Auftragszuführung, Anschlußprozessorsystem
8.3.4 Parallelrechner 229
Parallelrechner, Unterprozessoren, Datenfelder, Steuerprozessor,
Steuerrungsphase, Verarbeitungsphase

8.4 Hochleistungs-Prozessoren 232
8.4.1 Verteilte Funktionen 232
Verteilte Funktionen, Verwaltungsprozessor, Befehlsprozessor, Ein-/
Ausgabeprozessoren, Hauptspeichersteuereinheit
8.4.2 Fließbandverarbeitung. 234
Fließbandverarbeitung, Elementarprozesse

9. Systemzuverlässigkeit 236

9.1 Allgemeine Begriffe 236
Zuverlässigkeit, Spezifikationen, Verfügbarkeit, Fehler, Defekte, Fehlerfol-
gen, Fehlerrate, mittlerer Ausfallabstand, Datensicherheit
9.2 Fehlererkennung und -lokalisierung 237
Fehlererkennung und -lokalisierung, Systemstruktur, Begrenzung der Übergänge, Schutzvorkehrungen, Supervisor- und Problemzustand, Speicher-
schutz, Redundanz, Funktionsredundanz, Coderedundanz, Paritätsprüfung,
longitudinale Satz-/Blockprüfung

9.3 Fehlertoleranz 243
Fehlerkorrektur,   Fehlertoleranz,   Umkonfigurierung,   Kontrollpunkt,
Wiederanlauf

9.4 Wartung 245
Wartung, Wartbarkeit, Diagnostikprogramme

10. Systementwicklung und -organisation 246

10.1 Der Systementwicklungsprozeß 246
Entwicklungsprozeß, Definition, Entwurf, Dokumentation, Flußdiagramme,
Implementierung, automatische Entwurfsverarbeitung, Test, Testfälle

10.2 Gesichtspunkte zur Systemorganisation 249
Modularität, Hierarchische Anordnung, Hierarchische Rangfolge/Funk-
tionsübertragung, Transparenz, Zentralisierung, Dezentralisierung, Multiplizität, Unverzüglichkeit, Verzögerung, Universalität

Schluß 255

11. Verallgemeinerte Prinzipien der Informationstechnik 257

11.1 Steuerung und Information 257
Gespeichertes Programm, Äquivalenz von Steuerung und Information,
Wechselwirkung von Informationsströmen . . . .

11.2 Software-Hierarchie der Informatorischen Steuerung 257
Gespeicherter Auftrag, Gespeicherte Anwendung, Gespeicherter Dienst

11.3 Firm- und Hardware-Hierarchie der Informatorischen Steuerung . 260
Gespeichertes Programm, Gespeicherte Funktion

11.4 Informatorisch gespeicherte Systemstruktur 260
Gespeicherte Struktur

11.5 Schlußsatz 262

Anhang 263

A1. Abbildungssymbol 265
A2. Literaturverzeichnis mit Bildquellen 266
A3. Fachausdrücke Deutsch/Englisch 270
A4. Fachausdrücke Englisch/Deutsch 281
A5 Namen- und Sachverzeichnis 292

Beilage (Schablone): Beispiele zur Programmunterbrechung und Leitwerksteuerung

Einführung

1. Information als Element der Technik

1. Information als Element der Technik

1.1 Datenverarbeitung – alte Notwendigkeit und neue Möglichkeit zugleich

Die elektronische Datenverarbeitung hat während der ersten 30 Jahre ihrer Existenz bereits tiefgreifende Wirkungen in Technik, Wirtschaft, Verwaltung und Gesellschaft hervorgerufen. Doch bleibt die Entwicklung dabei nicht stehen, im Gegenteil: Je wirtschaftlicher Prozessoren, Speicher und ganze Verarbeitungssysteme werden, um so mehr dringt ihre Anwendung in neue Bereiche vor. Dies wird zweifellos dadurch noch gefördert, daß ohnehin eine Verschiebung der Arbeitsplatzstrukturen weg von manuellen, technischen und industriellen Tätigkeiten und hin zur Be- und Verarbeitung von Informationen seit über hundert Jahren im Gange ist.

Der steigende Anfall von Information und Rechenarbeit führte bereits im 17. Jahrhundert dazu, daß sich Wissenschaftler und Erfinder immer wieder daranmachten, Informationen mit Hilfe von maschinellen Einrichtungen zu verarbeiten, aber auch zu transportieren, zu übermitteln. Unter diesem Druck entwickelten WILHELM SCHICKARD 1623 und BLAISE PASCAL 1642 die ersten mechanischen Rechenmaschinen, die dann über 300 Jahre lang bis zu beachtlicher mechanischer und elektromechanischer Perfektion gebracht wurden. Demselben Zwang zu maschineller Hilfe folgend entwarf CHARLES BABBAGE in der Mitte des 19. Jahrhunderts bereits seine „Analytical Engine“, die nahezu alle prinzipiellen Funktionen heutiger Computer haben sollte. Allerdings war die Mechanik nicht geeignet, diese Funktionen in brauchbarer Weise zu realisieren. Auch KONRAD ZUSE suchte seit 1934 nach maschinellen Lösungen, um die Bürde des manuellen Rechnens zu bezwingen. Er hatte allerdings das Glück, seine bahnbrechenden Ansätze an der Zeitschwelle zur Elektronik zu unternehmen und zusammen mit anderen den Durchbruch mit Hilfe einer neuen geeigneten Technologie zu schaffen.

Diese Betrachtungen zeigen, daß die elektronische Datenverarbeitung keineswegs eine Zufallserfindung war, sondern das Ergebnis langen Suchens, sowohl nach technischen Lösungen als insbesondere auch nach geeigneten funktionalen Prinzipien. Funktionsprinzipien zusammen mit den dafür geeigneten Technologien aber sind es, die nun der elektronischen Datenverarbeitung laufend neue Gebiete erschließen und Wirkungen weit über die ursprünglichen Bedürfnisse hinaus erzeugen.

1.2 Die neue Stufe in Technik und Wissenschaft

Obwohl der Computer als Werkzeug zur Datenverarbeitung das Ergebnis einer zielstrebigen Forschung und Entwicklung war, haben seine weitreichenden Anwendungsmöglichkeiten selbst die Fachleute immer wieder überrascht. Die Ursachen für diese säkulare Entwicklung liegen im Zusammentreffen mehrerer grundsätzlich neuer Dinge: Einerseits sind dies das Gespeicherte Programm und das kybernetische Prinzip der Informatorischen Steuerung, insbesondere auf der Basis digital dargestellter Information. Es sind eng verwandte, geistig-logische Konzepte, welche Automaten neuer At ermöglichen. Anderseits erfolgte gleichzeitig die Entwicklung einer Jahrhundert-Technologie, nämlich der integrierten Schaltkreistechnik auf Siliziumbasis. Beides zusammen, neue funktionale Prinzipien und eine unglaublich leistungsfähige Technologie, bewirkt nun den Schritt ins Informationszeitalter.

Während die Siliziumtechnologie als materielle Errungenschaft und als Wirtschaftszweig größte Beachtung erfährt, ist es ungleich schwieriger, die umwälzende Bedeutung der geistig-logischen Prinzipien entsprechend spektakulär darzustellen. Und doch verdienen gerade diese Prinzipien ebenfalls als geistesgeschichtliches Jahrhundert-Ereignis hervorgehoben zu werden.

Das Gespeicherte Programm schafft eine informationsverarbeitende Maschine, die die Möglichkeit hat, nicht nur Nutzinformation, sondern auch ihre eigene Arbeitsfolge, die ja als Information ebenfalls gespeichert ist, zu verarbeiten, zu verändern und den Ablauf der Arbeit damit selbst zu steuern. Dies ist ein Prozeß, den es vorher in der Technik nicht gab.

Der dadurch bewerkstelligte Übergang zur Informatorischen Steuerung hat jedoch viel grundsätzlichere Bedeutung: Verschiedenartige Steuerungsvorgänge können damit schließlich abstrahiert, vom Spezifischen losgelöst und auf einheitliche Verarbeitungsmethoden zurückgeführt werden. Darin liegt auch das Erfolgsgeheimnis der Mikroprozessoren.

Die Entwicklung integrierter Schaltkreise in Silizium-Technologie stellt eine wissenschaftlich-technische Kombinationsleistung dar, die zusammen mit Kernenergie und Raumfahrt die Geschichte der Technik im 20. Jahrhundert prägt. Mit Hilfe raffinierter physikalischer und chemischer Verfahren wurde mit der Silizium-Technik nicht nur eine hohe technische Perfektion erzielt, viel interessanter, weil viel seltener, ist darüber hinaus der Umstand, daß ein dabei erzielter positiver Effekt automatisch einen zweiten und dieser einen dritten nach sich zog. Dies ist auch der eigentliche Grund für die gegenwärtig dramatische Senkung des Preis/Leistungsverhältnisses von Computern: In den Anfängen der Transistortechnik hatte die Fertigung wegen ungenügend beherrschter Herstellungsprozesse sehr unter einer geringen Produktionsausbeute zu leiden. Als es jedoch gelang, die vielen einzelnen Prozeßschritte genauer unter Kontrolle zu bringen, stieg nicht nur die Ausbeute, d. h. die Produktionsmenge. Mit besser beherrschten Prozessen wurde es außerdem möglich, die Schaltkreise auf dem Silizium kleiner und damit dichter gepackt herzustellen, so daß die höhere Dichte multipliziert mit der höheren Ausbeute eine multiplikative Produktionssteigerung bewirkte. Darüber hinaus sind kleinere Schaltkreise aus physikalischen Gründen schneller und damit leistungsfähiger als größere, so daß bezüglich der gesamten produzierten Computerleistung schließlich ein multiplikativer Effekt in der dritten Potenz entsteht. Während alle Ingenieurerfahrung sagt, daß normalerweise Fortschritt an einer Stelle seinen Preis an anderer Stelle hat, tritt hier eine dreifach positive Wirkung multiplikativ auf. Dies ist eine Erscheinung, für die es in Naturwissenschaft und Technik nur ganz wenige

Parallelen gibt, wie z. B. die Nutzbarmachung des Feuers oder die Erfindung der Buchdruckerkunst.

1.3 Die Äquivalenz zwischen Steuerung und Information

In der Besinnung auf Elementares in der Wissenschaft war es stets nützlich, Ursprung und Werden des heutigen gesicherten Wissens im historischen Rückblick zu analysieren. Die Entwicklung in Naturwissenschaft und Technik ist oft einen großen Schritt dadurch vorangebracht worden, daß unabhängige Denker an sich bekannte Erscheinungen in einem anderen Licht betrachtet oder wiederentdeckt haben. Man nennt dies Äquivalenzen. So hat ISAAC NEWTON 1683 die Äquivalenz zwischen Schwerkraft und Massenanziehung entdeckt und damit die Grundlage zum Verständnis unseres Sonnensystems gelegt. 1842 postulierte ROBERT MAYER – lange Jahre, nachdem bereits Dampfmaschinen liefen – die völlige Äquivalenz zwischen Wärme und Energie. 1877 etablierte LUDWIG BOLTZMANN erstmals eine Äquivalenz zwischen der Entropie, einer thermodynamischen Zustandsgröße eines Systems und der dieses System beschreibenden Information. 1905 bzw. 1917 erkannte ALBERT EINSTEIN die Äquivalenz zwischen Masse und Energie, die Grundlage der Atomenergietechnik und die Äquivalenz zwischen Schwerefeld und beschleunigten Systemen, einem Grundgesetz unseres Weltalls. An diese Reihe berühmter Äquivalenzen darf man wohl eine weitere und hier sehr bedeutungsvolle aus dem Jahre 1946 hinzufügen, die in erster Linie JOHN VON NEUMANN und seinen Mitarbeitern zugeschrieben wird, die aber nach heutigem Stand des Geschichtswissens bei einer Reihe von Wissenschaftlern greifbar nahe war: Das als Information Gespeicherte Programm, das im Grunde nichts anderes verkörpert als eine Äquivalenz zwischen Information und Steuerung. In der Aussage beinahe trivial, aber eben nur beinahe, präsentiert sich darin in Wirklichkeit ein weitreichendes Prinzip, und aus dieser Sicht ist es nicht verwunderlich, daß sich fast täglich neue Anwendungen für dieses tragende Prinzip der Informationsverarbeitung eröffnen.

Diese Äquivalenz zwischen Information und Steuerung wird sich in der Konstruktion von Computeranlagen und allgemeiner im Entwurf von informationsverarbeitenden Systemen schlechthin immer wieder als Kernstück erweisen. Daher entwickelt sich die Organisation der Informatorischen Steuerung, sei es in zentralen oder verteilten Systemen, zu einer Primäraufgabe der Softwareentwicklung und Softwarearchitektur. Darin deutet sich auch bereits an, daß sich künftige Ingenieurgenerationen neben der technischen Planung und Konstruktion in verstärktem Maße der logischen Konzeption von Systemen, beschrieben durch informatorische Zusammenhänge, widmen müssen. Die Möglichkeit, ursprünglich technische Prozesse als informatorische Strukturen zu erkennen und zu betrachten, führt in der Computerkonzeption dazu, daß man Informationsverarbeitung mehr und mehr als eine Wechselwirkung zwischen Programmen und Informationskomplexen verstehen kann. Oder, noch abstrakter ausgedrückt, haben wir es im Grunde mit Wechselwirkungen zwischen Informationsströmen zu tun, denn Information wird prinzipiell erst wirksam, wenn sie fließt, d. h. weitergegeben wird.

Alle diese Überlegungen bewirken letztlich eine Tätigkeitsverschiebung vom technischen Bereich zum Geistig-Gedanklichen hin. In all dem läßt sich ein Indiz für eine langfristige Fortentwicklung in Naturwissenschaft und Technik sehen: Zur Erforschung der Materie in all ihren Formen bis zum heutigen Tage gesellte sich im letzten Jahrhundert die Erschließung der Energie mit Wärmekraftmaschinen, Elektrizität bis hin zur Kernenergie. In diesem Jahrhundert eröffnet sich nun eine Reihe von Gebieten um die Information herum. Sie führen uns mehr noch als die Energie weg vom Materiellen und hin zu geistig-logischen Zusammenhängen, die technische Prozesse, wirtschaftliche Gegebenheiten und Abläufe, das Zusammenleben der Menschen und die belebte Natur in teils höchst komplexer Weise bedingen. Die Informationswissenschaften der Zukunft werden zwar weder die materielle und industrielle Basis noch die geistig-logischen Ordnungen in Staat und Gesellschaft verdrängen, aber sie werden den Menschen neue Dimensionen systematischen Verstehens und Verfahrens eröffnen.

1.4 Herausforderung an Wissenschaft, Technik und Gesellschaft

Mit der „Information" als Element technischer Einrichtungen hat sich unversehens ein neuer, wissenschaftlich nur spärlich vorbereiteter Bereich aufgetan, der typisch interdisziplinär seinen Platz zwischen Mathematik, Logik, Ingenieurwissenschaften und Linguistik finden mag. Nachdem jedoch auch biologische Prozesse wesentlich informatorisch bestimmt sind, wird jeder Versuch einer Abgrenzung zum sachlich schwer vertretbaren Dogma, denn wo immer kausal ablaufende Vorgänge überhaupt meß- und steuerbar sind, werden sie auch potentielle Anwendungsgebiete für Informatorische Steuerung.

Die große Reichweite des neuen Gebiets bringt es mit sich, daß sich bereits eine ganze Reihe wissenschaftlicher und technischer Disziplinen darum ranken: Digitale Schaltkreistechnik, Computerarchitektur und Programmierung waren die ersten, gefolgt von der „Informatik", dem ersten Schritt in Richtung auf eine sich vom Pragmatischen lösende Abstraktion. Mittlerweile kommt hinzu, daß Informationsverarbeitung in der Praxis nicht vom Informationstransport, der Telekommunikation zu lösen ist, was in Frankreich zur Definition einer erweiterten Disziplin „Telematique" anreizte.

Alle diese Fachdisziplinen tragen noch die unverkennbaren Züge einer jungen Wissenschaft. Sie enthalten viele empirische Fakten und Verfahren, die sich zudem rasch verändern. Das bedeutet, daß der Wissenschaftler leicht geneigt ist, sich zu sehr an diesem bewegten Ziel zu orientieren und damit im Kielwasser der Technik zu operieren, statt ihr die Wege zu weisen.

Im Gegensatz dazu erkennt man eine reife Wissenschaft daran, daß sie ihr Gebiet mit einer abzählbaren Menge invarianter Kenntnisse oder Grundprinzipien zu beschreiben vermag, die gegenüber Weiterentwicklungen invariant gültig bleiben. In dem Maße, in welchem Computertechnik, Programmierung und weite Teile der heutigen Informatik imstande sein werden, solche invarianten Prinzipien herauszuarbeiten, werden sie sich aus dem Nachlaufen lösen und sich zu dem entwickeln, was heute noch weitgehend fehlt: Basiswissenschaft und konstruktive Ingenieurwissenschaft.

Es muß daher das Bestreben auf diesen jungen Gebieten sein, wo immer möglich, das Verständnis für prinzipielle Dinge zu wecken, nicht Geräte oder Anlagen zu beschreiben, sondern Grundfunktionen und deren Zusammenwirken in Strukturen herauszukristallisieren. Dabei wird man sich hüten müssen, naturgegebene Fakten zu postulieren, wo keine sind. Die heutigen Informationswissenschaften tragen den Zug des vom Menschen gemachten, das so oder auch anders sein darf, solange es einen gewollten Zweck erfüllt. Insofern werden auch die invarianten Säulen einer künftigen Informatik-Ingenieurwissenschaft eher praxiserprobte Konstruktionsprinzipien als dem Dunkel entrissene Gesetze sein. Trotzdem ist zu erwarten, daß künftige Generationen von Informatikern mit sehr viel weniger, aber invariantem Lehrstoff ein sehr viel breiteres Anwendungsspektrum der Informationsverarbeitung werden überdecken können.

Teil I: Grundlagen

2. Prinzipien der Datenverarbeitung
3. Grundfunktionen

2. Prinzipien der Datenverarbeitung

Dieses Kapitel stellt einige allgemeine Prinzipien der Datenverarbeitung in logischer, räumlicher und zeitlicher Dimension dar und ergänzt sie zum besseren Verständnis mit einigen typischen Anwendungen.

2.1 Allgemeine Grundfunktionen der Datenverarbeitung

Datenverarbeitungssysteme (data processing systems),

auch Computer genannt, sind Anlagen, die dazu dienen, Daten, die in das System eingegeben werden oder dort digital gespeichert sind, zu verknüpfen – allgemeiner zu verarbeiten – und die Ergebnisse wieder abzuspeichern oder dem Benutzer in geeigneter Form zur Verfügung zu stellen.

Die Vorgänge in Datenverarbeitungssystemen lassen sich in fünf Kategorien von Grundfunktionen einteilen (Abb. 1):

Ein- und Ausgabe	(input and output),
Transport	(transport),
Speicherung	(storage),
Verknüpfung	(processing),
Steuerung	(control).

Die Ein- und Ausgabe führt einem Datenverarbeitungssystem alle zu verarbeitenden Informationen zu und stellt anschließend die Verarbeitungsergebnisse dem Benutzer zur Verfügung. Der Transport von Informationen innerhalb eines Systems ermöglicht das Zusammenwirken der einzelnen Funktionseinheiten. Die Speicherung lagert Informationen zeitweise bzw. dauernd ab und macht sie auch wieder zugänglich. Verknüpfung ist die eigentliche Verarbeitung von Daten. Sie bringt meist mehrere Daten so in Zusammenhang, verarbeitet sie, daß neue Daten, sog. Verarbeitungsergebnisse, dabei entstehen. Die Steuerung schließlich bewirkt das folgerichtige Zusammenspiel aller Funktionen. Aufeinanderfolgende Steuerschritte, die verschiedene zusammenhängende Funktionsanweisungen darstellen, nennt man ein Programm.

Werden diese Grundfunktionen durch technische Einrichtungen bewirkt, so spricht man von

Hardware.

Wenn sie dagegen durch den Ablauf von „informatorischen" Funktionsanweisungen bewerkstelligt werden, so gehören sie zur

Software.

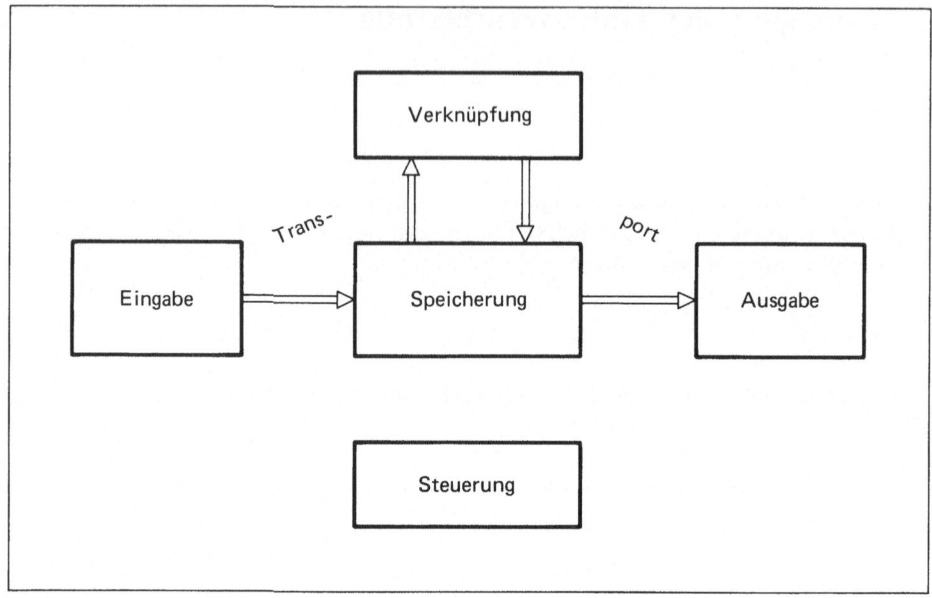

Abb. 1. Grundfunktionen

Allgemein ist Software die Gesamtheit aller

Verarbeitungsprogramme   (processing programs),

d. h. aller informatorisch festgelegten Funktionsabläufe der Datenverarbeitung.

2.2 Historischer, extern gesteuerter Automat

Von den ersten mechanischen Rechengeräten des 17. Jahrhunderts bis zu den elektromechanischen Rechen- und Lochkartenmaschinen vor 1946 konnte man Grundeinheiten identifizieren, die mit den im vorhergehenden Abschnitt genannten Grundfunktionen weitgehend übereinstimmten (Abb. 2). Allerdings wurden alle diese (heute historischen) Geräte und Automaten durch mechanische Steuereinrichtungen oder durch einen fest vorgegebenen Satz von elektrischen Steuersignalen von außen her, d. h. „extern", gesteuert.

Die Programmanweisungen an die Funktionseinheiten wurden codiert, entweder in Lochstreifen oder Lochkarten gelocht, elektrisch abgefühlt, und die elektrischen Impulse direkt zur schrittweisen Steuerung des Automaten verwendet. Dasselbe ließ sich mit einer Schalttafel bewerkstelligen, von der aus elektrische Steuerimpulse auf die Maschine verteilt wurden (Lochkartenmaschinen).

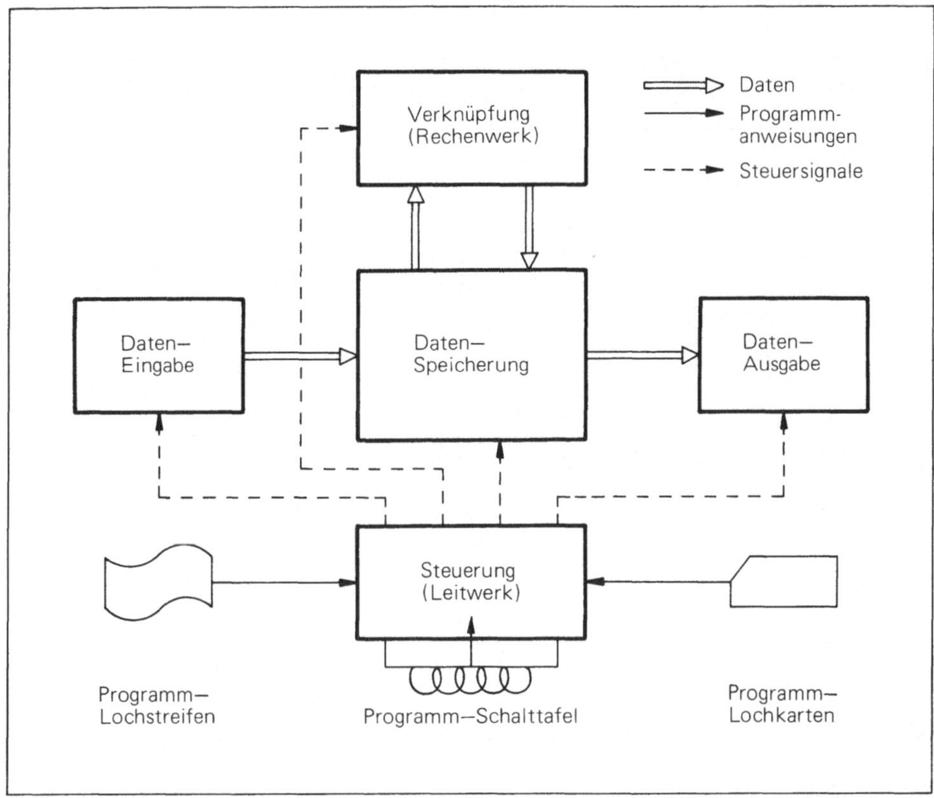

Abb. 2. Extern gesteuerter Automat

2.3 Datenverarbeitung mit Gespeichertem Programm
(VON NEUMANNSCHES Konzept)

Während bei allen Rechenmaschinen vor 1946 die Steuersignale direkt von außen in die Maschine gesendet wurden (über Schalttafeln, aus Lochstreifen oder aus Lochkarten), haben JOHN VON NEUMANN und andere um 1946 erstmalig einen einfachen, aber weittragenden Gedanken gefaßt, nämlich die Funktionsanweisungen, das

Programm als Information

codiert, in den Speicher der Maschine einzuspeichern (Abb. 3):

Gespeichertes Programm   (stored program).

Mit diesem Schritt wurde eine neue Art von Automat geschaffen. Er ermöglicht folgendes:

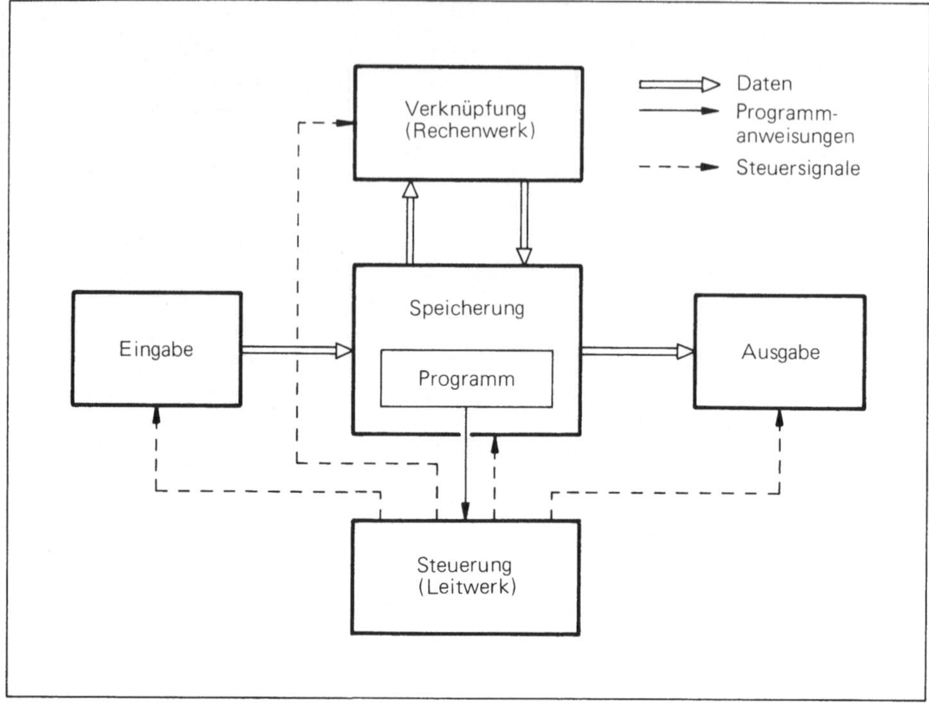

Abb. 3. Datenverarbeitungsanlage mit Gespeichertem Programm

1. Das Programm, bestehend aus Programmanweisungen (Befehlen), wird wie die zu verarbeitenden Daten codiert, eingegeben und gespeichert.
2. Es kann daher wie beliebige Daten behandelt werden und ist damit veränderbar.
3. Das als eine Folge von Befehlen gespeicherte Programm enthält bedingte Befehle, die abhängig von Zwischenergebnissen Verzweigungen vorwärts und rückwärts im Programm bewirken.

Der Rechenautomat ist damit in der Lage, selbsttätig logische Entscheidungen nicht nur über Programmverzweigungen, sondern auch über Programmänderungen zu treffen.

In diesem VON NEUMANNSCHEN Konzept wird die der funktionellen Steuerung zugrundeliegende Information als „Programm" im Automaten gespeichert. Mit der Beziehung

Programm = Steuerinformation

wird letztlich eine generelle

Äquivalenz von Steuerung und Information

etabliert.

In der nachfolgenden Weiterentwicklung datenverarbeitender Anlagen sollte diese Äquivalenz zu einem der tragenden Grundprinzipien werden. Darüber hinaus spielt sie offensichtlich auch bei der Steuerung biologischer Prozesse eine elementare Rolle.

2.4 Datenverarbeitung als Wechselwirkung von Informationsströmen

Die Funktionsweise einer datenverarbeitenden Anlage läßt sich auffassen als
Wechselwirkung zwischen Informationsströmen, wenn man im Sinne des vorhergehenden Abschnittes auch die steuernden Programme als Informationsmengen
betrachtet. Dabei lassen sich einige wenige grundsätzliche Wechselwirkungstypen
herausstellen (Abb. 4). Es sind dies:

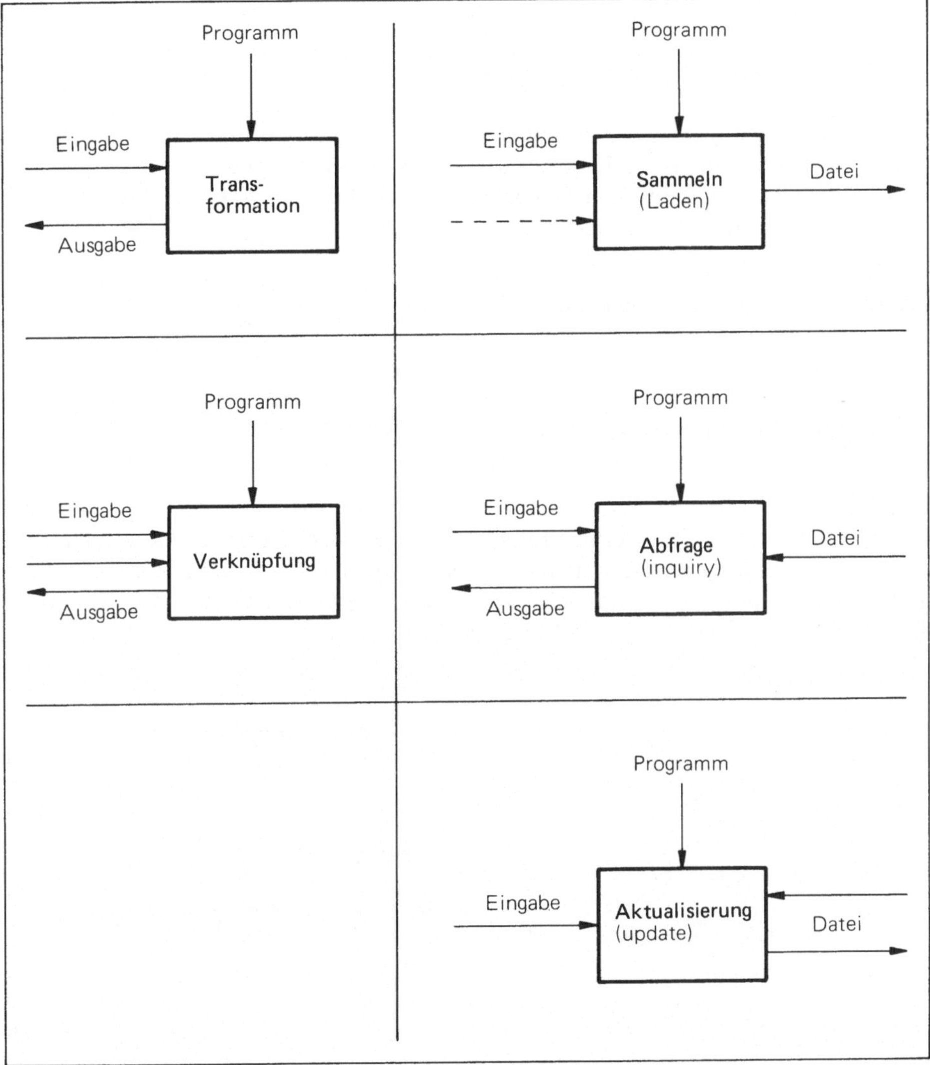

Abb 4. Grundsätzliche Wechselwirkungstypen von Informationsströmen

1. *Transformation;* sie führt einen Eingabedatenstrom unter Einwirkung eines Befehlsstromes (Programm) in einen „transformierten" Ausgabestrom über.
2. *Verknüpfung;* hier werden unter Einwirkung eines Befehlsstromes zwei Eingabedatenströme zusammengeführt, miteinander verknüpft, wobei ein resultierender Ausgabestrom entsteht.

Ein- und Ausgabeströme können nun Daten von bzw. zu im System befindlichen sog. Dateien (gespeicherte Datenansammlungen) transportieren. Dann hat man es einmal zu tun mit:

3. *Sammeln* oder Laden, wobei ein Eingabestrom noch transformiert oder mit einem anderen verknüpft werden kann.

Weiter gibt es noch die zwei typischen Fälle:

4. *Abfrage* (inquiry), wobei mittels gewisser Eingabeschlüsseldaten bestimmte Informationen aus einer Datei geholt und ausgegeben werden.
5. *Aktualisierung* (update); hier dienen die Eingabedaten dazu, Daten in einer Datei zu ersetzen bzw. zu modifizieren.

Reale Anwendungen stellen mehr oder weniger komplexe Kombinationen dieser grundsätzlichen Typen dar.

2.5 Räumliche Anordnung der Datenverarbeitung

Der Anfall der Daten, ihre Speicherung, die Erstellung der nötigen verarbeitenden Programme, sowie die Verwendung der Ergebnisse kann an verschiedenen, räumlich getrennten Orten stattfinden. Dem wird ein Datenverarbeitungssystem gerecht durch geeignete räumliche Anordnung bzw. Aufteilung von Ein- bzw. Ausgabegeräten, Rechner(n) und Speicher(n).

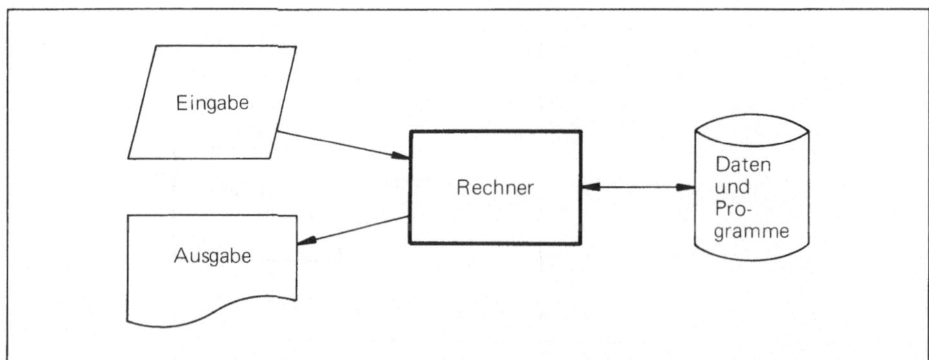

Abb. 5. Zentrale Datenverarbeitung

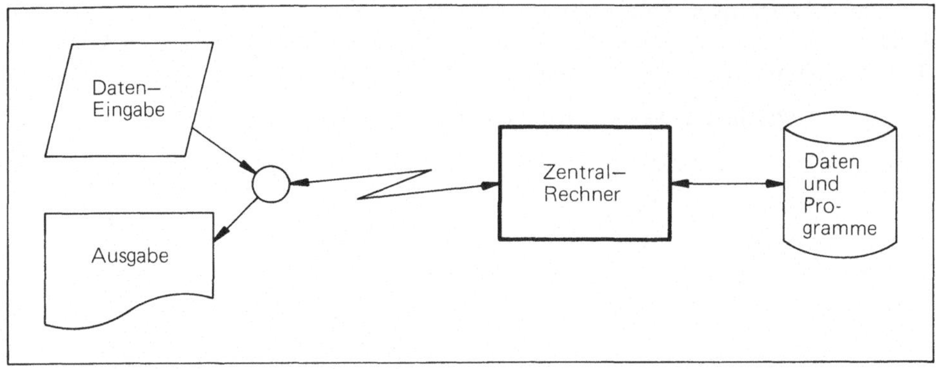

Abb. 6. Datenfernverarbeitung

Der einfachste Fall ist die

zentrale Datenverarbeitung   (central data processing),

bei der sich Ein- und Ausgabe sowie Speicherung und Verarbeitung am gleichen Ort befinden (Abb. 5, zur Symbolik siehe Anhang A1).

Daran schließen sich ausgedehntere Konfigurationen an, bei denen die Datenein- und -ausgabe vom Zentrum (host) entfernt und der Datenfluß über eine oder mehrere Fernleitung(en) zum und vom Zentralrechner erfolgt (Abb. 6):

Datenfernverarbeitung   (teleprocessing).

Wenn sogar die verarbeitenden Programme selbst nicht im zentralen System vorliegen, sondern – womöglich zusammen mit den Daten – aus einer entfernten Station eingegeben werden, spricht man von (Abb. 7)

Auftragsfernverarbeitung   (remote job entry).

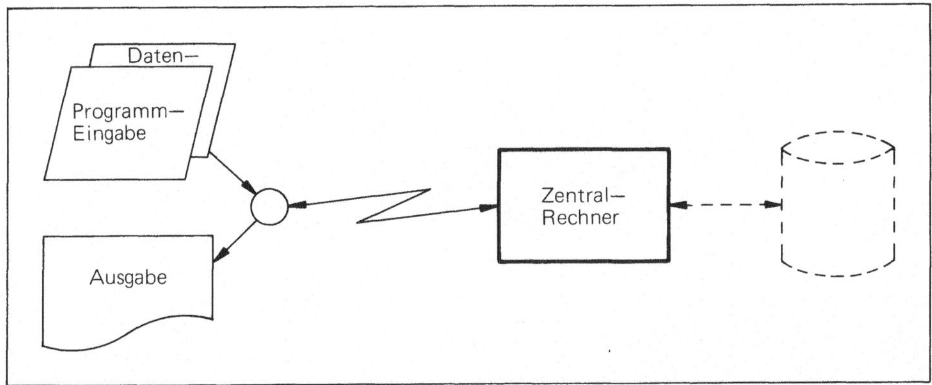

Abb. 7. Auftragsfernverarbeitung

Der allgemeinste Fall sieht die räumliche Aufteilung von Speicher- und Rechenkapazitäten vor und stellt einen Verbund über Fernleitungen gekoppelter Teilsysteme mit zugeordneten Speichern dar (Abb. 8):

Rechnerverbund   (distributed system).

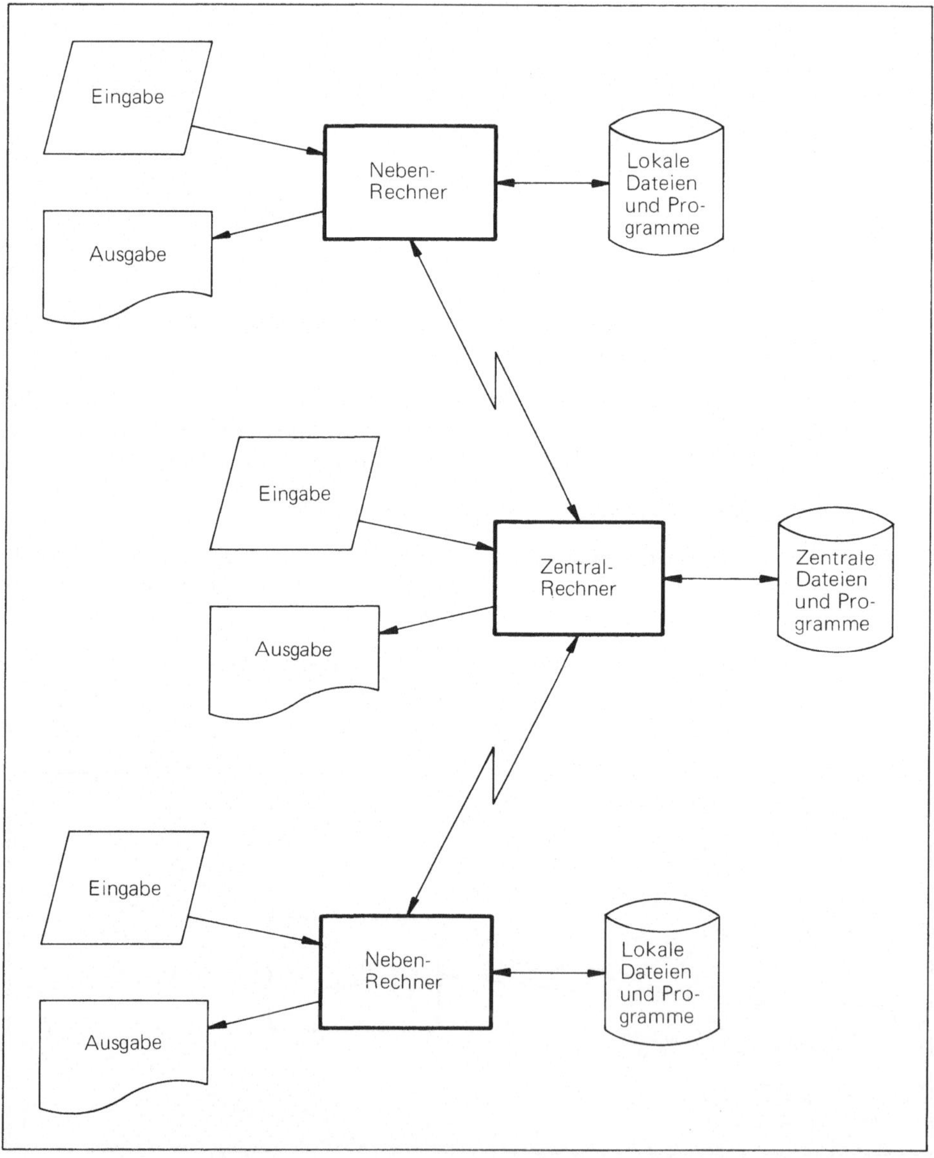

Abb. 8. Rechnerverbund

Hier wird im allgemeinen *ein* Rechner mit seinem Speicher eine zentrale steuernde Rolle spielen (Zentralrechner mit zentralen Dateien und Programmen), während die Nebenrechner mit ihren lokalen Daten und Programmen in erster Linie lokale Arbeiten durchführen. Über die Fernleitungen erhalten die mehr oder weniger eigenständigen Teilsysteme darüberhinaus Zugriff zu Daten und Programmen der anderen Teilsysteme.

Diese Konfiguration erlaubt zusätzlich bessere Rechnerauslastung durch „Verschieben" von Arbeiten (siehe Kap. 8.3.1), sowie bessere Systemverfügbarkeit beim Ausfall eines Teilsystems durch „Einspringen" eines anderen Teilsystems (siehe Kap. 9.3).

Die Art der räumlichen Anordnung der einzelnen Systemfunktionen ist eng gekoppelt mit der (räumlichen) Organisation der Institution, die das Datenverarbeitungssystem benutzt (Verwaltung, Fertigungsbetrieb, usw.). Sie hängt davon ab, wo Daten entstehen, wo Ergebnisse gebraucht werden, wer Daten und Programme „besitzt", und berücksichtigt auch Fragenkomplexe wie: Autorisation, Sicherheit, Kontrolle, usw.. Natürlich spielen Kosten, die mit der Auslegung eines Datenverarbeitungssystems verbunden sind, eine große Rolle.

2.6 Zeitliche Betriebsarten der Datenverarbeitung

Je nach zeitlichen Erfordernissen und Dauer der Datenverarbeitung unterscheidet man im wesentlichen zwischen drei verschiedenen Betriebsarten:

2.6.1 Stapelbetrieb

Sammelt man anfallende Daten zunächst außerhalb oder auch innerhalb des Systems, um sie erst zu einem späteren Zeitpunkt „gestapelt" zur Verarbeitung zu bringen, so spricht man vom (Abb. 9)

Stapelbetrieb (batch mode).

Er ist allgemein gekennzeichnet dadurch, daß der Rechner nach Abschluß anderer Arbeiten einen zusammengehörigen „Stapel" von Aufträgen nacheinander, zügig durcharbeitet und die Ergebnisse gesammelt verfügbar macht.

2.6.2 Dialogbetrieb

Beim

Dialogbetrieb (conversational mode)

versucht das System eine einzelne Anforderung möglichst schnell zu erledigen (Abb. 10). Nahezu gleichzeitig eintreffende Anforderungen werden dabei meist überlappt und für den Benutzer scheinbar „parallel" bearbeitet, was komplexere Steuervorkehrungen voraussetzt (siehe Kap. 8.2.4).

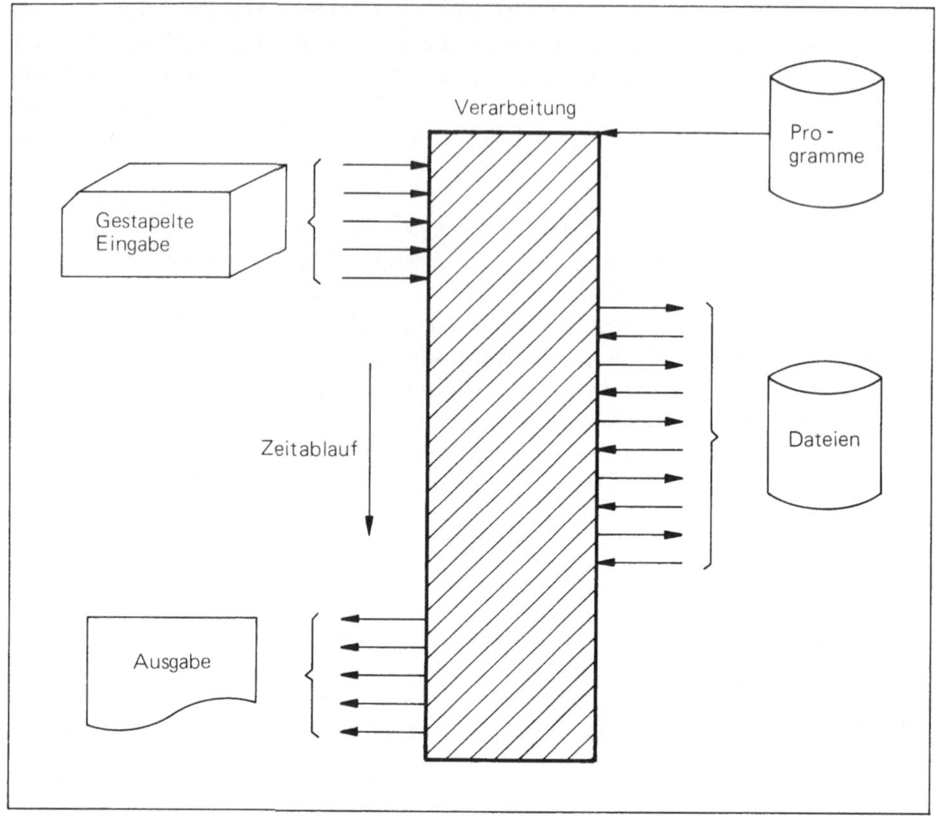

Abb. 9. Stapelbetrieb

Die Zeit zur Erledigung einer Anforderung wird hier im wesentlichen durch die Geschwindigkeit des Systems einschließlich der erforderlichen Zeiten für Zugriffe zu benötigten Programmen und Daten auf langsamen Speichermedien bestimmt und unter Umständen durch dazu parallel laufende Arbeiten geringfügig verzögert.

2.6.3 Realzeitbetrieb

Eine besonders im Prozeßrechnereinsatz wichtige Betriebsart ist der

Realzeitbetrieb   (real time mode),

bei dem für Datenverarbeitungsvorgänge anwendungsbedingt definierte Antwortzeiten vorgegeben sind, die vom System eingehalten werden müssen (Abb. 11). Für die Antwortzeit T_A kann ein Minimum, Maximum oder beides festgelegt sein.

Das bedingt einmal, daß notwendige Programme und zugehörige Daten im Hauptspeicher „resident" sein müssen, um den Zugriff zu langsameren Speichern

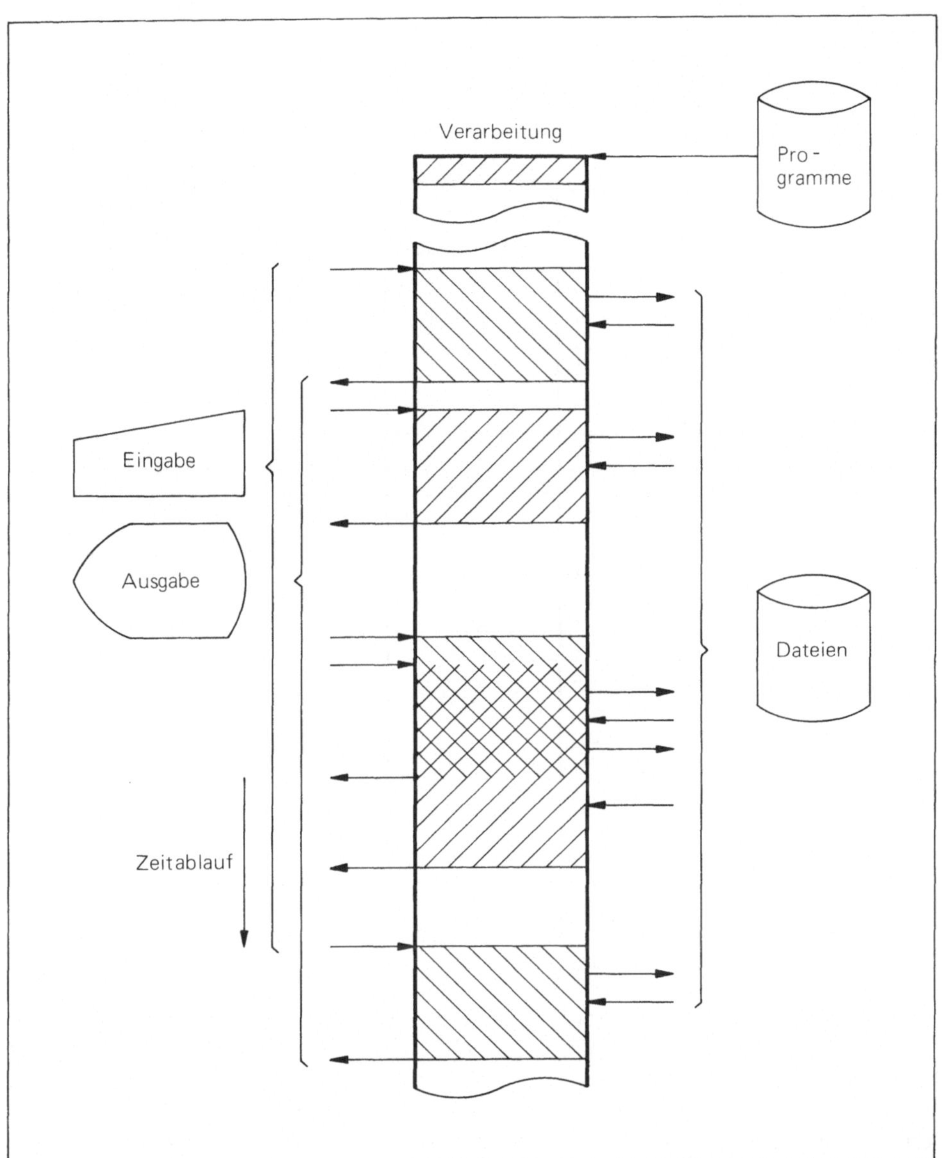

Abb. 10. Dialogbetrieb

zu vermeiden. Zum anderen kann es bedeuten, daß einer Verarbeitung Priorität gegenüber anderen Anforderungen eingeräumt werden muß. Durch Einführung und Berücksichtigung gestaffelter Prioritäten begünstigt man Anforderungen von höherer vor solchen von geringerer Dringlichkeit. Eine gerade in Verarbeitung befindliche Arbeit mit niedriger Priorität kann dabei von einer dringenderen unterbrochen und während deren Verarbeitung ausgesetzt werden.

Daten und Resultate werden im allgemeinen zu Protokollzwecken nachträglich in Dateien abgespeichert, ohne die zeitgerechte Antwort zu gefährden.

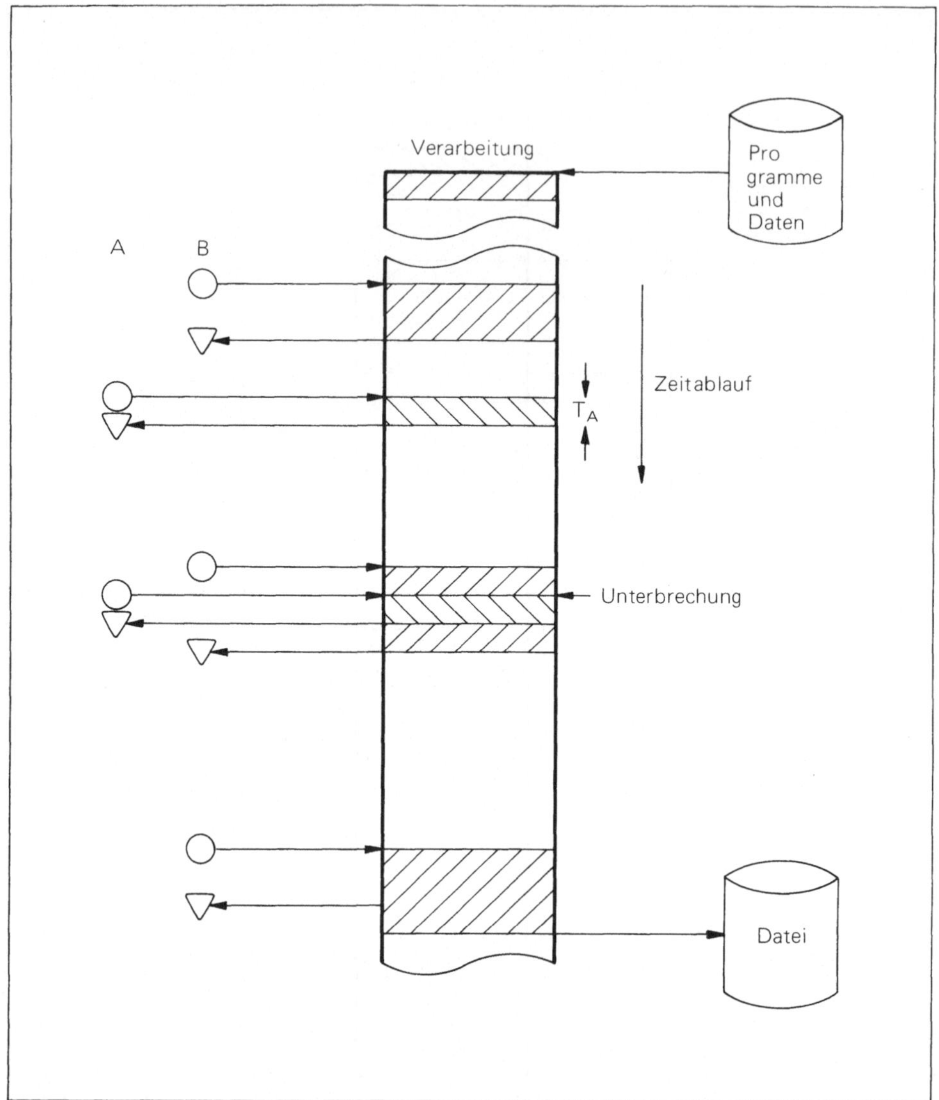

Abb. 11. Realzeitbetrieb (A hat höhere Priorität als B)

2.7 Typische Anwendungsbeispiele

In diesem Abschnitt werden einige typische Anwendungsbeispiele gezeigt, um damit das weite Einsatzgebiet von Datenverarbeitungsanlagen zu skizzieren. Damit wird den folgenden, rein technisch orientierten Kapiteln etwas „Praxis" vorangestellt; gleichzeitig sollen so die zuvor geschilderten Prinzipien verdeutlicht werden.

Die Beispiele (Abb. 12–16) sind selbsterklärend. Die Möglichkeit der Dialogein- bzw. -ausgabe über Fernleitungen wird hier zwar nicht direkt gezeigt, ist aber damit nicht ausgeschlossen. Zu Abb. 15: Sie zeigt einen gemischten Dialog- bzw. Stapelbetrieb, wobei die beiden Dialoge (Auftrags- bzw. Lieferungsannahme) den ganzen Tag währen können, während die gezeigte Stapelverarbeitung des aufeinanderfolgenden Schreibens von Versandbegleitbriefen, Rechnungen und Bestellungen vorwiegend zum Tagesabschluß laufen mag.

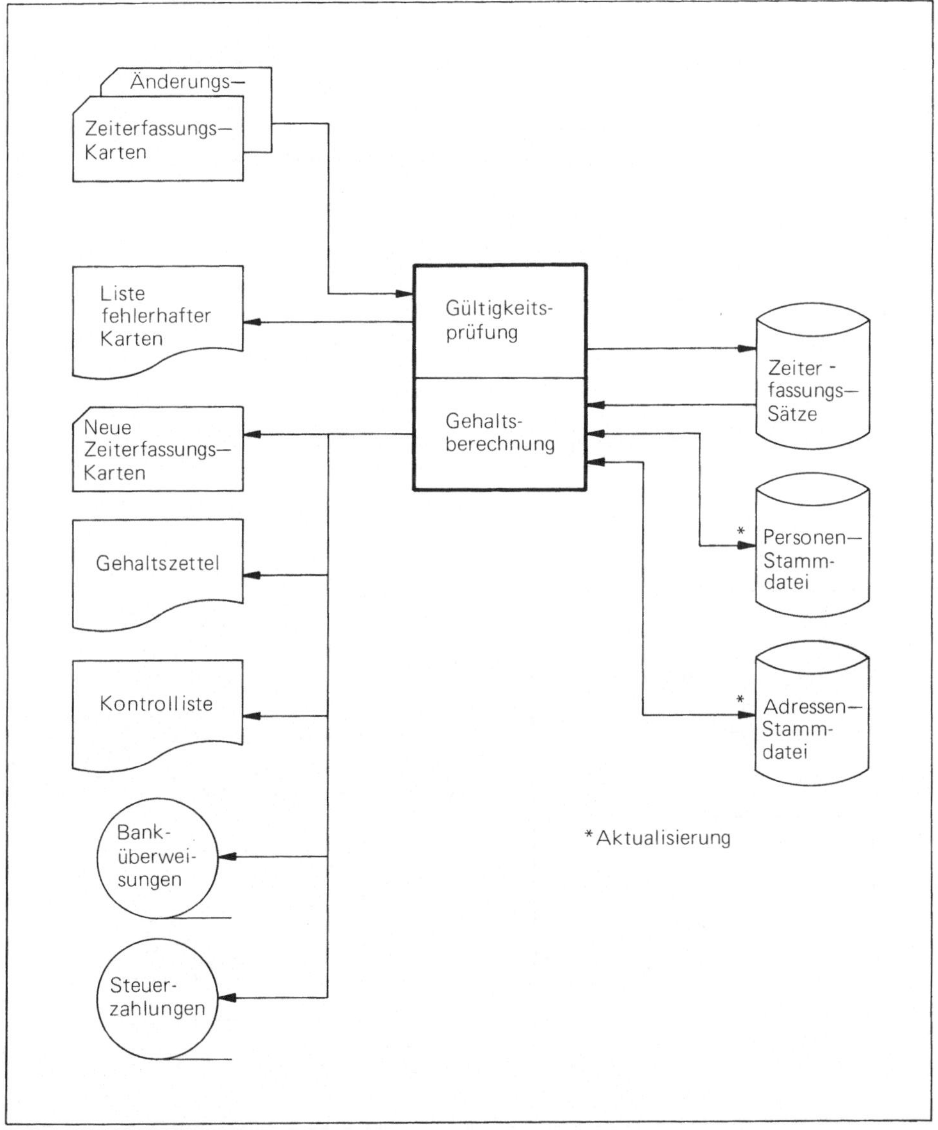

Abb. 12. Gehaltsabrechnung im Stapelbetrieb

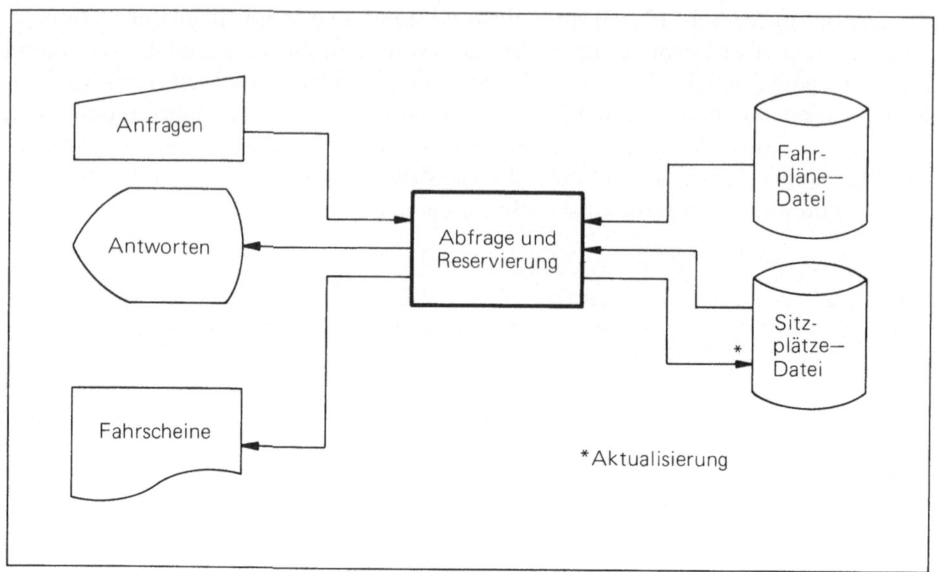

Abb. 13. Platzreservierung im Dialogbetrieb

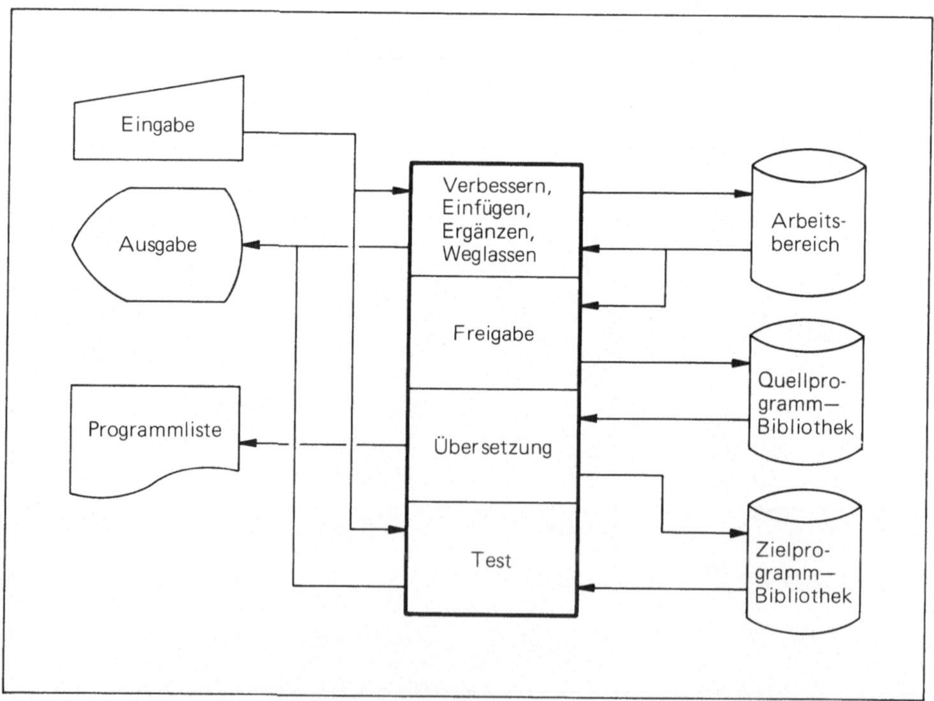

Abb. 14. Programmentwicklung im Dialogbetrieb

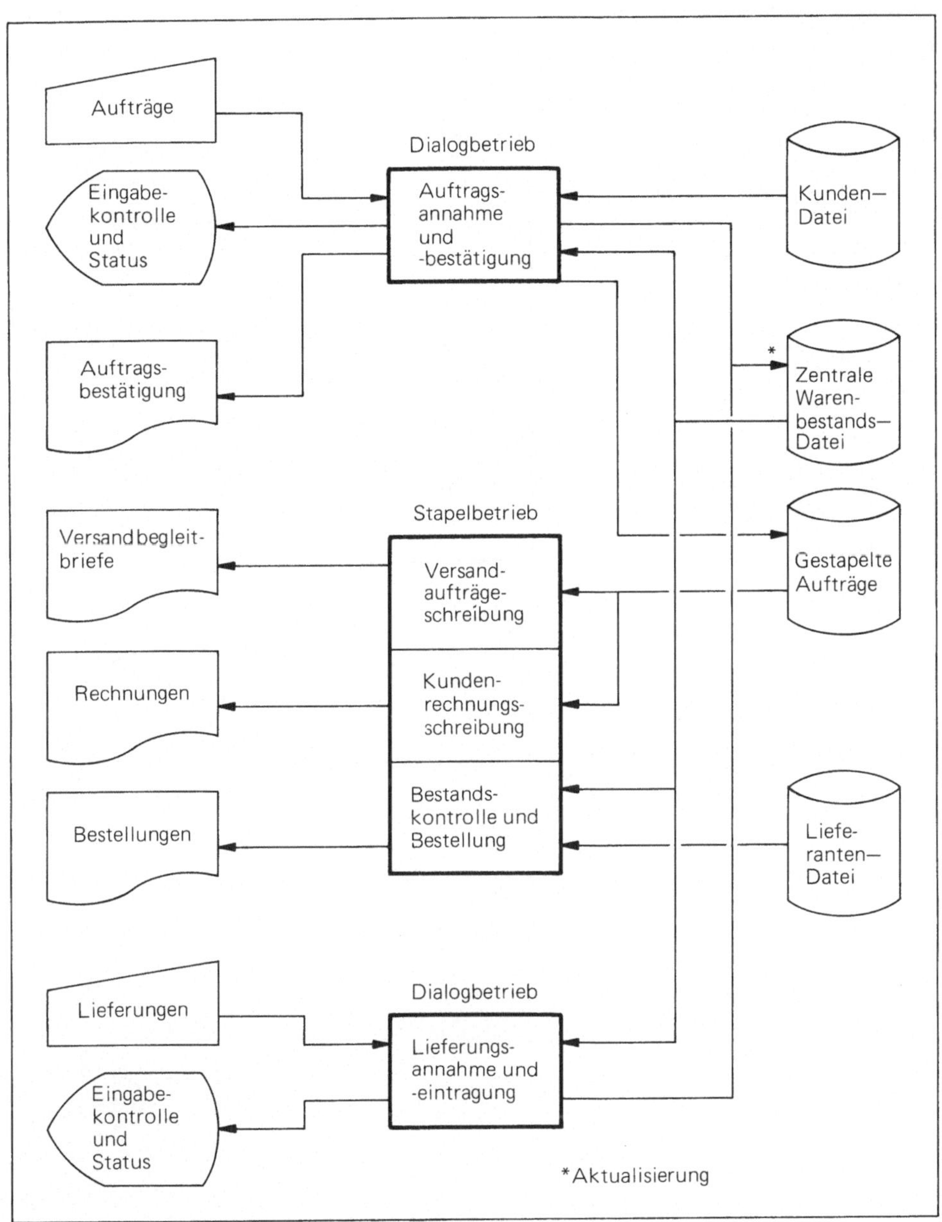

Abb. 15. Lagerhaltung im gemischten Dialog- bzw. Stapelbetrieb

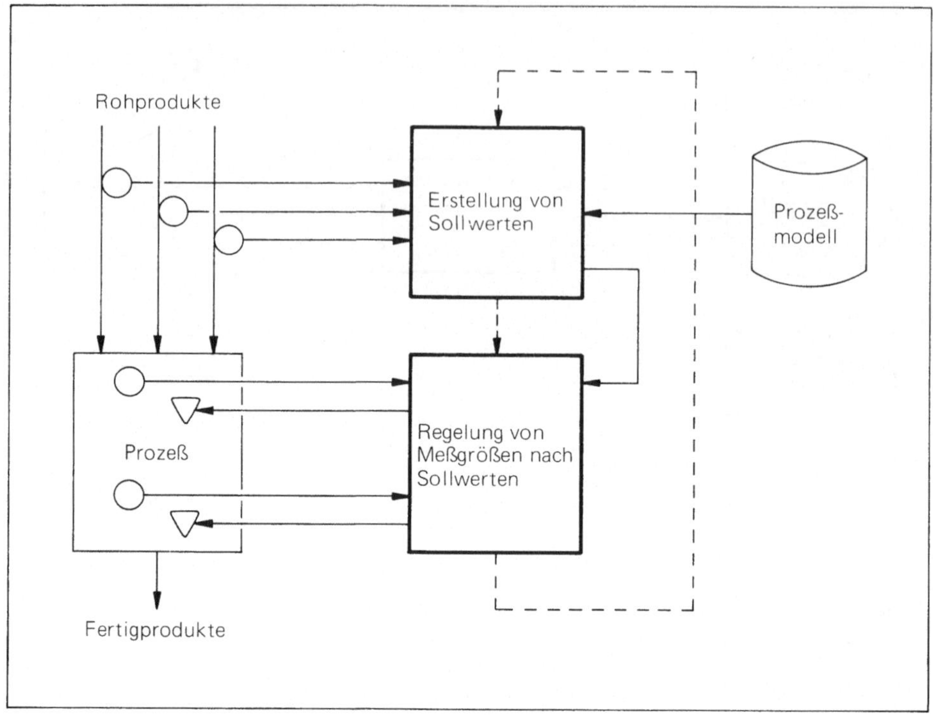

Abb. 16. Prozeßsteuerung im Fertigungsbetrieb (Realzeitbetrieb)

3. Grundfunktionen

Aufbauend auf Abb. 1 bzw. 3 werden in diesem Kapitel die einzelnen Grundfunktionen eines Datenverarbeitungssystems eingehender erläutert. Anschließend wird die grundsätzliche Arbeitsweise eines solchen Systems mit Gespeichertem Programm exemplarisch gezeigt.

3.1 Digitale Informationsdarstellung

Die kleinste Einheit der Information ist das

> **Bit**

mit den Werten „1" oder „0", den Elementen der

> **binären Zeichendarstellung**   (binary character representation),

entsprechend den Aussagen

Eins	*oder*	*Null,*
Ja	*oder*	*Nein,*
Richtig	*oder*	*Falsch,*
Gleich	*oder*	*Ungleich,*
Positiv	*oder*	*Negativ,*
	usw.	

Bit ist die Abkürzung für „Binary Digit".

Die Darstellung von Information durch Bits bzw. als diskrete Werte bezeichnet man als

> **digitale Darstellung**   (digital representation).

Digitale Information ist mit technischen Mitteln besonders leicht, d. h. mit großen Toleranzbreiten, zu realisieren, da nur zwei Zustände benötigt werden, wie z. B.:

Schalter ein	*oder*	*Schalter aus,*
Strom	*oder*	*kein Strom,*
Signalpegel hoch	*oder*	*tief,*
Impuls	*oder*	*kein Impuls,*
	usw.	

Die Zuordnung von beliebigen Zeichen oder Begriffen zu Bitkombinationen wird

> **Codierung**   (coding)

genannt. Ein Code, der sich aus Bits aufbaut, heißt „Binärcode".

Die maximale Zahl N von möglichen Kombinationen aus n Bits ist der

Zeichenvorrat $N = 2^n$ (character set).

Jede Kombination aus der Menge N kann zur Codierung eines Zeichens verwendet werden.

Aufbauend auf der kleinsten Einheit, dem Bit, hat sich für die nächstgrößere Informationseinheit als besonders praktisch die Gruppierung von digitaler Information in

$$8 \ Bits \qquad = \qquad 1 \ Byte \ (N = 256)$$

eingebürgert. Daran schließen sich weitere „Einheiten" an:

$$w \ Bytes \qquad = \qquad 1 \ Wort \ (w = Wortlänge)$$
$$s \ Wörter \qquad = \qquad 1 \ Satz \ (record)$$
$$d \ Sätze \qquad = \qquad 1 \ Datei \ (file)$$

Beispiele von Binärcodes für $n = 4$ (Sedezimalziffern, auch Hexadezimalziffern genannt) und $n = 8$ (Erweiterter Code für alphanumerische Zeichen) zeigen Abb. 17 bzw. 18.

Sedezimal-ziffer	8 4 2 1 (Gewicht)
0	0 0 0 0
1	0 0 0 1
2	0 0 1 0
3	0 0 1 1
4	0 1 0 0
5	0 1 0 1
6	0 1 1 0
7	0 1 1 1
8	1 0 0 0
9	1 0 0 1
A	1 0 1 0
B	1 0 1 1
C	1 1 0 0
D	1 1 0 1
E	1 1 1 0
F	1 1 1 1

Die Zeichen A—F stehen für die dezimalen Werte 10—15

Abb. 17. Binärcodierte Sedezimalziffern

Zeichen	0	1	2	3	4	5	6	7
			(Bitpositionen)					
0	1	1	1	1	0	0	0	0
1	1	1	1	1	0	0	0	1
2	1	1	1	1	0	0	1	0
3	1	1	1	1	0	0	1	1
.								
.								
A	1	1	0	0	0	0	0	1
B	1	1	0	0	0	0	1	0
C	1	1	0	0	0	0	1	1
.								
.								
a	1	0	0	0	0	0	0	1
b	1	0	0	0	0	0	1	0
c	1	0	0	0	0	0	1	1
.								
.								
<	0	1	0	0	1	1	0	0
(	0	1	0	0	1	1	0	1
+	0	1	0	0	1	1	1	0
.								
.								

Abb. 18. Auszug aus 8-Bit
Extended Binary Coded Decimal
Interchange Code (EBCDIC)

3.2 Informationsspeicherung

Binärcodierte Information wird gespeichert, indem jedem Bit ein Speicherelement
mit zwei möglichen diskreten physikalischen Zuständen zugeordnet wird. Dazu
werden magnetische, elektrische (elektrostatische oder stromführende) bzw. optische Speichertechnologien verwendet.

Die Stelle, an der eine Information gespeichert ist, wird lokalisiert durch eine

Adresse (address).

Das ist im allgemeinen die Speicheradresse eines Bytes oder eines Vielfachen davon,
eines Wortes, bzw. auf externen Speichermedien die Adresse eines Satzes oder
vielmehr eines Blocks von Sätzen. Jedoch ist der Zugang zu jeder kleineren Einheit
bis hinab zum Bit durch mehr oder weniger einfache Operationen möglich.

Die Menge aller aufgrund des Adreßaufbaus eines Datenverarbeitungssystems
formulierbaren Maschinenadressen bildet einen

Adreßraum (address space).

Er ist im allgemeinen größer als das Fassungsvermögen des adressierten physikalischen Speichers.

Adressen haben insofern eine fundamentale Bedeutung, als jede einmal in ein System eingegebene Information im allgemeinen nur noch über ihre (Speicher-) Adresse wieder auffindbar ist. Eine Ausnahme stellt der

Assoziativspeicher   (associative storage)

dar, bei dem ein Teil der gespeicherten Information direkt als Suchargument zum Auffinden der gesamten Information dient.

In der Software finden sich eine Reihe assoziativer Adressiertechniken in Form der

Symbolischen Adressierung   (symbolic addressing).

Mit Hilfe von Symbolen bei der Programmerstellung oder Schlüsselwörtern wie Name, Artikelnummer in Datensätzen usw. lassen sich Informationsmengen symbolisch adressieren. In Tabellen werden dabei Symbole und physikalische Adressen „assoziiert", sie stellen Assoziativspeicher der Software dar und ermöglichen erst wirklich die Benutzbarkeit von Datenverarbeitungssystemen.

3.3 Eingabe und Ausgabe

Um Datenverarbeitung überhaupt zu ermöglichen, müssen die zu verarbeitenden Daten erst einmal in das System gebracht („Import") und die resultierenden Daten anschließend wieder vom System zur Verfügung gestellt werden („Export"). Dabei kann der Mensch unmittelbarer oder mittelbarer Lieferant bzw. Empfänger der Daten sein. Es kann sich aber auch um technische Anlagen handeln, die Daten produzieren und andere Daten benötigen, wie z. B. bei der Steuerung eines technischen Prozesses.

Der unmittelbare Übergang zwischen Mensch und Maschine wird gebildet durch Geräte wie Tastaturen oder optische Lesestifte, mit denen Information direkt in das System eingegeben wird, bzw. Drucker, Bildschirme oder sonstige Anzeigegeräte, die dem Benutzer direkt lesbare Informationen liefern.

Ein mittelbarer Übergang ist gegeben, wenn die Information auf einem Zwischenträger (Lochkarte, Lochstreifen, magnetische Diskette usw.) in das System eingeführt wird oder das System verläßt, so daß sie außerhalb des Systems erst auf diesen Zwischenträger gebracht oder von ihm zu weiterverwendbarer Information aufbereitet werden muß.

Der unmittelbare Übergang ist typisch für den Dialogbetrieb (Mensch am Bildschirm), der mittelbare für den Stapelbetrieb (Lochkartenstapel).

Bei dieser Art von Ein- und Ausgabe findet bereits eine

Informationswandlung   (information conversion)

statt, bei der z. B. eine Information durch Tastendruck in binärcodierte systeminterne Daten umgewandelt wird. Die technischen Eigenschaften der verschiedenen Geräte und Datenträger bedingen die Vielfalt der verwendeten Binärcodes (Lochkartencode usw.).

Die Informationswandlung ist oft noch komplexer am Übergang zwischen der datenverarbeitenden Anlage und speziellen technischen Einrichtungen wie z. B. Meßfühlern oder Meßwertgebern (Sensoren), Abtastern (z. B. zur Schrift- oder Mustererkennung), Stellgliedern, Signalgebern und graphischen Schreibern. Dabei handelt es sich meist darum, analoge („kontinuierliche") Information in digitale („diskrete") Information umzusetzen und umgekehrt:

Analog-Digital-Umwandlung   (analog digital conversion).

3.4 Informationstransport

Für das Zusammenwirken der einzelnen Operationseinheiten ist es einerseits notwendig, daß zwischen ihnen Daten übertragen werden können, und anderseits Steuerinformationen vom Leitwerk zu allen Funktionseinheiten gelangen, um den Datenfluß und die nötigen Operationen zu steuern. Dazu gehört insbesondere auch die Datenlokalisierung im Speicher durch Übertragung und Decodierung der Adreßinformation. Jegliche Information im System ist binär codiert und fließt somit als

binäre Signale   (binary signals).

Im allgemeinen sind dies Potentiale oder Impulse, die über

Wegeschalter   (gates)

taktweise weitergeleitet werden.

Information kann seriell oder serienparallel (z. B. byteweise) übertragen werden (Abb. 19). Im letzteren Fall bedarf es mehrerer

Übertragungskanäle   (channels)

(speziell Leitungen), nämlich eines Kanals je Bit.

Grundsätzlich unterscheidet man zwischen individuellen Übertragungskanälen, die nur für bestimmte (z. B. Steuer-) Informationen zwischen zwei speziellen Operationseinheiten verwendet werden, und kollektiven Übertragungskanälen, sog.

Sammelwegen   (bus),

auf denen z. B. die Daten allen Operationseinheiten zur Verfügung stehen. Hier muß jedoch durch entsprechende Steuerung mittels Wegeschaltern, auch „Tore" genannt, vor den verschiedenen Einheiten erreicht werden, daß im Einzelfall die Daten nur für sie bestimmte Wege durchlaufen.

Wesentlich für die Übertragung von Information ist die Identifizierung der einzelnen Bits. Das bedeutet:

1. Die Signale müssen sich von „Rauschsignalen" abheben.
2. Der Informationstransport muß „getaktet" werden, d. h., die

Signaldauer   (signal duration)

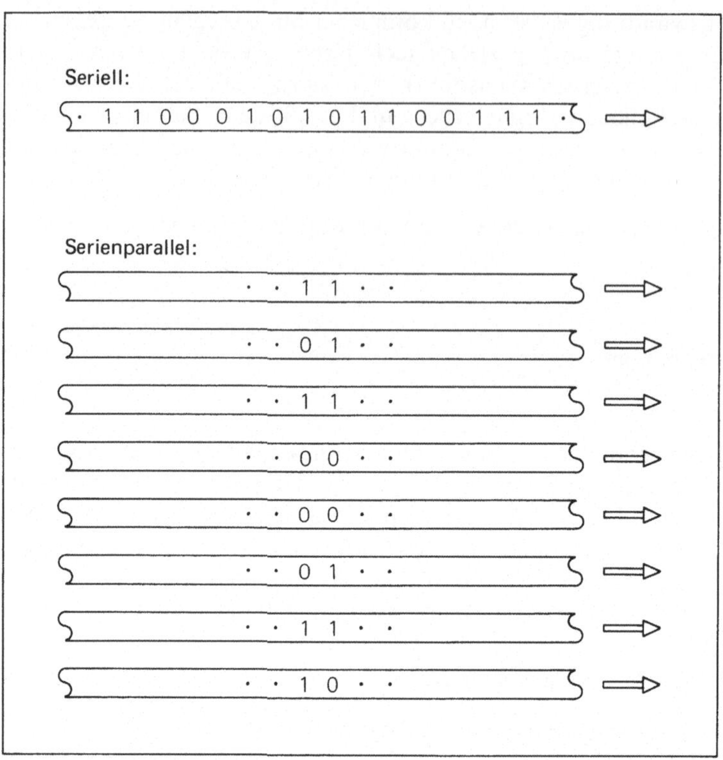

Abb. 19. Informationstransport in Serie (1 Kanal) und serienparallel (byteweise, d. h. 8 Kanäle)

muß mit einem

> **_Takt_**   (clock)

korreliert werden, so daß zwei aufeinanderfolgende Signale als solche separiert und auf diese Weise zeitlich erkannt werden können.

Bei der Übertragung über größere Entfernungen bedingt die Identifizierbarkeit gesonderte Vorkehrungen (zusätzlich zur Signalwandlung), nämlich Signalverstärkung (Regenerierung) und Signalsynchronisation (siehe Kap. 7.4).

3.5 Informationsverknüpfung

Die eigentliche Datenverarbeitung wird durch das Rechenwerk besorgt, indem dieses die binärcodierten Daten umwandelt oder nach bestimmten Regeln, auch Algorithmen genannt, miteinander zu resultierenden Daten verknüpft. Dabei ist jede noch so komplizierte

> **_Verknüpfung_**

komplexer Daten (z. B. Multiplikation von vielstelligen Dezimalzahlen) aus elementaren logischen, bitorientierten Verknüpfungen aufgebaut, die sich nach den Regeln der

BOOLESCHEN *Algebra*

ausdrücken lassen (GEORGE BOOLE, 1815–1864).

Die BOOLESCHE Algebra wendet logische Operationen wie z. B. *die* drei elementaren Operationen

Negation:	NICHT (NOT),
Konjunktion:	UND (AND),
Disjunktion:	ODER (OR)

auf binäre Variable an, die der zwei diskreten Werte „Wahr" und „Falsch" – „1" und „0" – fähig sind, um wieder zu einer sich ergebenden Aussage „Wahr" oder „Falsch" zu gelangen. Ein UND-Verknüpfungsglied z. B. verbindet zwei ankommende Signale derart, daß es nur ein „1"-Signal erzeugt, wenn beide ankommenden Signale „1" sind.

Eine übersichtliche Darstellung beliebiger Verknüpfungen wird erreicht durch

Funktionstabellen   (function tables).

Dabei wird einfach tabellarisch jedem binären Wertesatz der Eingangsvariablen ein Wertesatz der Ausgangsvariablen zugeordnet (Abb. 20).

Prinzipiell lassen sich alle möglichen Verknüpfungen mit Hilfe der BOOLESCHEN Algebra und elementarer BOOLESCHER Verknüpfungen ausdrücken, was für die technische Realisierung bedeutungsvoll ist. Gebräuchliche BOOLESCHE Verknüpfungen und ihre Symbolik sind in Abb. 21 wiedergegeben.

Das Beispiel einer arithmetischen Elementarfunktion, der duale Halbaddierer für einstellige Dualzahlen (Abb. 20), läßt sich in BOOLESCHER Algebra wie folgt formulieren:

$$\textit{Summe:} \quad s = (x \vee y) \wedge -(x \wedge y) = (x \wedge -y) \vee (-x \wedge y),$$
$$\textit{Überlauf:} \quad t = x \wedge y.$$

(Der doppelte Ausdruck für s beruht auf den Umwandlungsregeln der BOOLESCHEN Algebra.)

x	y	s	t
0	0	0	0
0	1	1	0
1	0	1	0
1	1	0	1

Abb. 20. Beispiel einer Funktionstabelle
(Dualer Halbaddierer: s = Summe, t = Überlauf)

Benennung	Schreibweise	Funktionstabelle
NICHT (NOT) Negation	$\bar{x}$ oder $-x$	x | s 0 | 1 1 | 0
UND (AND) Konjunktion	$x \wedge y$	x y | s 0 0 | 0 0 1 | 0 1 0 | 0 1 1 | 1
ODER (OR) Disjunktion	$x \vee y$	x y | s 0 0 | 0 0 1 | 1 1 0 | 1 1 1 | 1
NICHT– UND (NAND)	$\overline{x \wedge y}$	x y | s 0 0 | 1 0 1 | 1 1 0 | 1 1 1 | 0
NICHT– ODER (NOR)	$\overline{x \vee y}$	x y | s 0 0 | 1 0 1 | 0 1 0 | 0 1 1 | 0
SOWOHL–ALS–AUCH (EQUIVALENT) Äquivalenz	$(x \wedge y) \vee (\bar{x} \wedge \bar{y})$ $x \equiv y$	x y | s 0 0 | 1 0 1 | 0 1 0 | 0 1 1 | 1
AUSSCHLIESSLICH–ODER (EXCLUSIVE OR) Antivalenz	$(x \wedge \bar{y}) \vee (\bar{x} \wedge y)$ $x \not\equiv y$	x y | s 0 0 | 0 0 1 | 1 1 0 | 1 1 1 | 0

Abb. 21. Gebräuchliche elementare und komplexe BOOLESCHE Verknüpfungen

Als zweites Beispiel sei noch ein dualer Volladdierer gezeigt, der bei mehrstelligen Dualzahlen auch den Überlauf der vorhergehenden Stelle als Übertrag berücksichtigt (Abb. 22).

x_i	y_i	t_{i-1}	s_i	t_i
0	0	0	0	0
0	0	1	1	0
0	1	0	1	0
0	1	1	0	1
1	0	0	1	0
1	0	1	0	1
1	1	0	0	1
1	1	1	1	1

Abb. 22. Dualer Volladdierer

Wird der resultierende Übertrag über ein Verzögerungsglied um die Takteinheit $\triangle T$ auf den Eingang desselben Addierers zurückgelegt, so vermag dieser Dualzahlen beliebiger Stellenzahl seriell zu addieren (Abb. 23).

3.6 Programmsteuerung

Die den Verarbeitungsablauf im System steuernde Arbeitsanweisung,

> **_Programm_**   (program)

genannt, setzt sich aus

> **_Befehlen_**   (instructions)

zusammen. Sie werden vom Leitwerk nacheinander abgerufen und lösen dort bestimmte Steuerungsfunktionen aus. Die Reihenfolge der Befehle kann durch

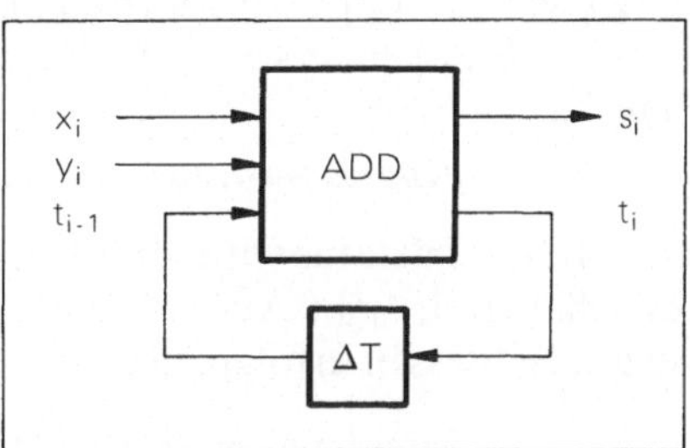

Abb. 23. Dualer Serienaddierer

unbedingte oder bedingte Verzweigungsbefehle
(unconditional or conditional branches)

sehr flexibel gestaltet sein. Bedingte Befehle tragen Bedingungen Rechnung, die sich erst aus dem Verarbeitungsablauf ergeben.

Jede Programmlogik läßt sich zurückführen auf – verschachtelte – Kombinationen der drei elementaren Programmstrukturen (Abb. 24, zur Symbolik siehe Anhang A1):

Folge		(sequence),
Auswahl:	IF_THEN_ELSE_	(selection),
Wiederholung:	DO_WHILE_	(repetition),

bzw. Geradeaus-Programm, bedingte Programmverzweigung und Programmschleife. (Dies stellt eine gewisse Analogie zur Reduktion von Verknüpfungsgliedern auf UND, ODER und NICHT dar.)

Eine Befehlsfolge kann bestehen aus Durchführungs- und Ein- bzw. Ausgabebefehlen:

DO bzw. GET/PUT.

Folgende drei Grundbefehlsarten lassen sich somit unterscheiden

DO:	logische und arithmetische Befehle
GET/PUT:	Ein- bzw. Ausgabebefehle
IF_THEN_ELSE_ bzw. ***DO_WHILE:***	Verzweigungsbefehle

Jeder Befehl hat zwei wesentliche Bestandteile:

Operationsteil und Operandenteil
(operation part and operand part).

Der Operationsteil enthält die funktionelle Anweisung codiert als Operations- oder

Befehlscode   (instruction code),

unter Umständen erweitert durch Markierungen für ergänzende Funktionen. Der Operandenteil enthält die erforderlichen Informationen zum Auffinden des oder der

Operanden   (operands),

insbesondere also die Adressen der Daten bzw. der Befehle bei Programmverzweigungen.

Zu jedem Zeitpunkt führt das Leitwerk Kontrolle über den augenblicklichen Zustand des Rechners bzw. des ihn steuernden Programms. Diesen Zustand nennt man

Programmstatus   (program status).

Der Programmstatus wird als Information in speziellen Speicherstellen (Registern) festgehalten. Er gibt Aufschluß über den Befehl, der gerade ausgeführt wird und zeigt nach dessen erfolgreicher Ausführung im

Befehlszeiger   (instruction counter),

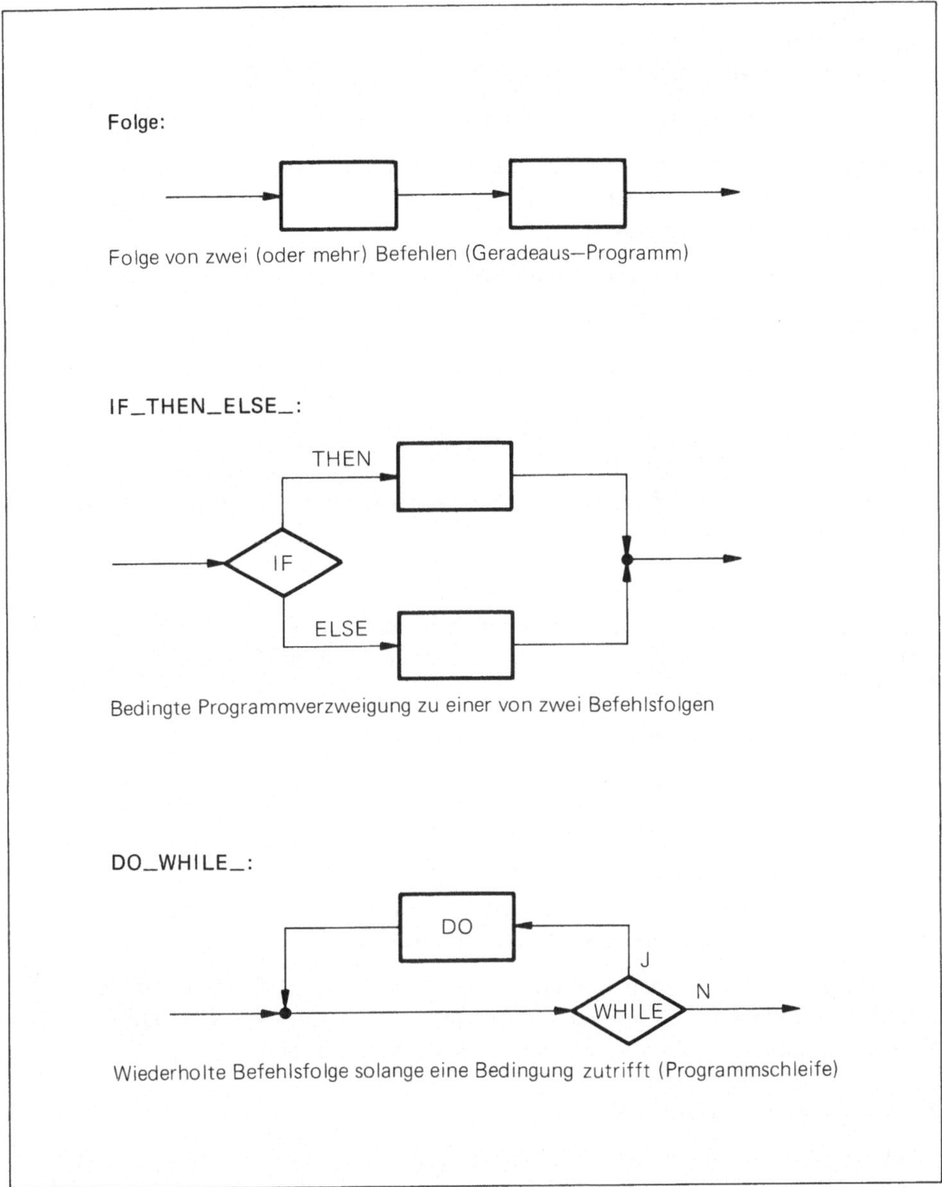

Abb. 24. Elementare Programmstrukturen

meist Befehlszähler genannt, die Adresse des nächsten auszuführenden Befehls an. Das ist bei einem

sequentiellen Programm   (sequential program),

bei dem aufeinanderfolgende Befehle unter fortlaufenden Adressen abgespeichert sind, (außer bei einem Verzweigungsbefehl) die Adresse der auf den Befehl folgenden Speicherstelle.

Zum Programmstatus gehört außerdem der

Bedingungsschlüssel   (condition code).

Er enthält Information über das Ergebnis logischer und arithmetischer Operationen („gleich", „größer", „positiv" usw.). Sie dient bei der nächsten bedingten Verzweigung zur Entscheidungsfindung.

Befehlszeiger und Bedingungsschlüssel

gewährleisten somit den folgerichtigen

Programmablauf   (program flow).

3.7 Grundsätzliche Arbeitsweise eines Datenverarbeitungssystems mit Gespeichertem Programm

Nach Vorstellung aller Grundfunktionen läßt sich die grundsätzliche Arbeitsweise eines Datenverarbeitungssystems leicht verstehen. Jeder Befehl wird im allgemeinen in acht

Elementarprozessen   (elementary processes)

durchgeführt. Es sind dies

Steuerungs- und Verarbeitungsprozesse
(control and execution processes).

Die einzelnen Steuerungsprozesse bilden zusammen die Steuerungsphase, die einzelnen Verarbeitungsprozesse die Verarbeitungsphase.

Die Einzelheiten können anhand des Schemas eines Datenverarbeitungssystems mit Zweiadreßbefehlsformat, d. h. mit maximal zwei Operandenadressen im Operandenteil eines Befehls, wie folgt beschrieben werden (Abb. 25):

1. Steuerungsphase (Haushaltstakt)

A) Die Ausführung eines Befehls innerhalb eines Maschinenzyklus beginnt mit der

Befehls-Adressierung   (instruction addressing).

Dabei wird gemäß dem Inhalt des Befehlszeigers (nächste Befehlsadresse) der nächste Befehl im Speicher lokalisiert.

B) Darauf folgt der

Befehls-Abruf   (instruction call),

wobei der adressierte Befehl aus dem Speicher ausgelesen und ins Leitwerk übertragen wird.

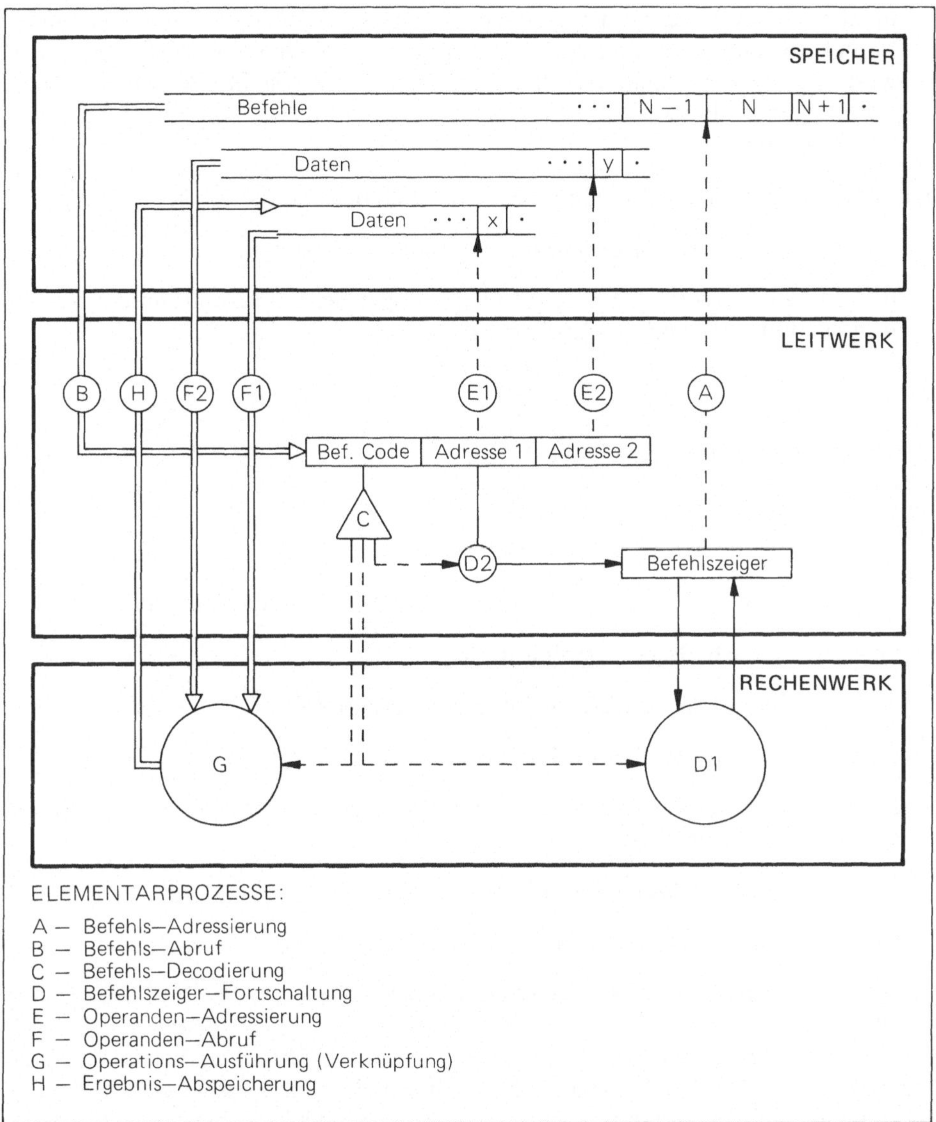

Abb. 25. Schema eines Datenverarbeitungssystems mit Zweiadreßbefehlsformat

C) Anschließend erfolgt die

> **Befehls-Decodierung**   (instruction decoding),

d. h. die Entschlüsselung des Operationsteils des Befehls über einen Operations-decodierer.

D) Die Befehls-Decodierung dient einmal der

> **Befehlszeiger-Fortschaltung**   (instruction counter update),

in dem diese für das entsprechende Weitersetzen des Befehlszeigers unter Berücksichtigung der Befehlslänge sorgt (D1). Bei einem Verzweigungsbefehl wird speziell der Inhalt des Befehlszeigers durch die im Befehl enthaltene Verzweigungsadresse ersetzt (D2); in diesem Fall ist die Befehlsdurchführung damit beendet.

E) Zum anderen wird in Abhängigkeit vom Befehlscode die

> ***Operanden-Adressierung***   (operand addressing),

d. h., die Lokalisierung der Operanden im Speicher auf Grund ihrer Adressen, durchgeführt (E1 und anschließend E2).

2. Verarbeitungsphase (Arbeitstakt)

F) Nun beginnt mit dem

> ***Operanden-Abruf***   (operand call)

die eigentliche Verarbeitung durch Holen der Operanden (F1 und dann F2).

G) Gemäß dem Befehlscode werden in der

> ***Operations-Ausführung***   (operation execution)

die Operanden im Rechenwerk verknüpft.

H) Das Ergebnis wird schließlich in der Speicherstelle des ersten Operanden abgespeichert. Mit dieser

> ***Ergebnis-Abspeicherung***   (result storing)

ist die Befehlsdurchführung beendet.

Diese Arbeitsweise soll an Hand eines einfachen Beispiels (Abb. 26) konkretisiert werden.

Als Beispiel diene eine Programmschleife von zwei Befehlen, die einen Zähler darstellen. Der erste Befehl bewirkt die Addition einer im Speicher stehenden „1" (Inkrement) auf den Inhalt eines im Speicher stehenden Ergebnisfeldes (Zähler). Der Befehl habe den symbolischen Befehlscode „ADDIERE" und eine Länge von 3 Feldern. Er stehe auf den Speicherstellen 0 bis 2. Die beiden Summanden (Zähler und Inkrement), je der Länge von einem Feld, stehen auf den Speicherstellen 6 bzw. 7. Der zweite Befehl sei eine Verzweigung nach Adresse 0, wo erneut die Addition, diesmal auf den veränderten Zählerinhalt, durchgeführt wird. Der Befehlscode des zweiten Befehles sei „VERZWEIGE". Der Befehl habe die Länge von zwei Feldern und stehe also auf den Speicherstellen 3 und 4.

Der Zähler habe zu Beginn den Wert „0", sein Überlaufen, wenn die größtmögliche Zahl überschritten wird, bleibe unberücksichtigt. Das Ablaufdiagramm (Abb. 27) zeigt, wie die einzelnen Elementarprozesse, gesteuert vom gespeicherten Programm, ablaufen und die Daten dabei verarbeitet werden.

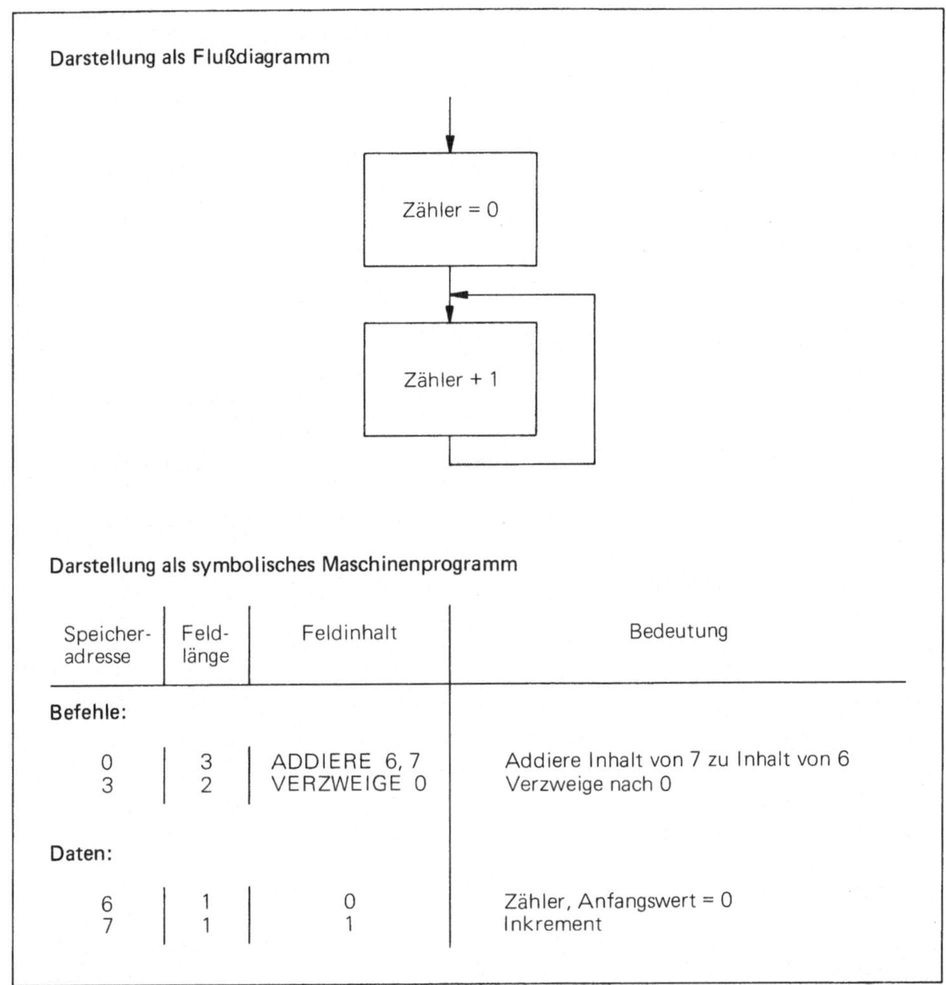

Speicher-adresse	Feld-länge	Feldinhalt	Bedeutung
Befehle:			
0	3	ADDIERE 6, 7	Addiere Inhalt von 7 zu Inhalt von 6
3	2	VERZWEIGE 0	Verzweige nach 0
Daten:			
6	1	0	Zähler, Anfangswert = 0
7	1	1	Inkrement

Abb. 26. Beispiel zur Programmsteuerung (Zählerschleife)

Elementar Prozeß	Beschreibung	Befehls-zeiger	Befehls-code	Adresse A	Adresse B	Operand A	Operand B	Rechenwerk
A	Befehls—Adressierung	0						
B	Befehls—Abruf		ADDIERE	6	7			
C	Befehls—Decodierung		ADDIERE					
D1	Befehlszeiger—Fortschaltung	3						0 + 3 = 3
E1	Operanden—Adressierung			6				
F1	Operanden—Abruf					0		
E2	Operanden—Adressierung				7			
F2	Operanden—Abruf						1	
G	Operanden—Ausführung							
H	Ergebnis—Abspeicherung			6				0 + 1 = 1
A	Befehls—Adressierung	3						
B	Befehls—Abruf		VERZWEIGE					
C	Befehls—Decodierung		VERZWEIGE	0				
D2	Befehlszeiger—Ersetzung	0						
A	Befehls—Adressierung	0						
B	Befehls—Abruf		ADDIERE	6	7			
C	Befehls—Decodierung		ADDIERE					
D1	Befehlszeiger—Fortschaltung	3						0 + 3 = 3
E1	Operanden—Adressierung			6				
F1	Operanden—Abruf					1		
E2	Operanden—Adressierung				7			
F2	Operanden—Abruf						1	
G	Operations—Ausführung							
H	Ergebnis—Abspeicherung			6				1 + 1 = 2
usw.								

Abb. 27. Ablaufdiagramm für Zählerschleife (vgl. Abb. 25 und 26)

Teil II: Das Datenverarbeitungssystem

4. Systemübersicht
5. Information und ihre Speicherung
6. Datenverarbeitung
7. Informationstransport

4. Systemübersicht

Ein System kann allgemein als ein aus vielen Teilen zusammengesetztes, geordnetes Ganzes bezeichnet werden, zwischen dessen Teilen bestimmte Beziehungen bestehen. Mit dem Begriff „System" verbindet man Eigenschaften wie: Größe, Komplexität, Zusammenwirken usw. . . Damit ein System solcher Eigenschaften seine Aufgaben erfüllen kann, muß man es „strukturieren", d. h., es sind seine verschiedenen Funktionen und Unterfunktionen so auf die einzelnen Bestandteile zu verteilen, daß diese in wohlabgegrenzte, organisierte funktionelle Beziehungen zueinander treten (siehe Kap. 10.2).

Ehe die vielerlei Funktionen und Einrichtungen in Datenverarbeitungssystemen im Detail beschrieben werden, soll in diesem Kapitel eine Übersichtsdarstellung der Struktur und des Aufbaus wirklicher, realer Datenverarbeitungssysteme gegeben werden. Alle in den vorausgehenden Kapiteln geschilderten Prinzipien und Grundfunktionen sind in einem solchen System realisiert. Wegen der vielerlei komplexen Anwendungen, aber auch bedingt durch die technischen Möglichkeiten und Grenzen, entstehen dabei oft komplizierte Strukturen, die sich jedoch stets aus den vorgenannten Grundfunktionen aufbauen.

4.1 Systemaufbau

Der zentrale Bestandteil eines Systems ist (Abb. 28) die

Zentraleinheit (Central Processing Unit = CPU),

das ist der aus

Leitwerk und Rechenwerk (control unit and arithmetic unit)

bestehende

Prozessor (processor)

mit einem direkt adressierbaren Speicher, dem

Hauptspeicher (main storage).

In den Prozessor integriert sind weitere für die Verarbeitung benötigte bzw. sie beschleunigende Schnellspeicher, nämlich

Register (register)

und (unter Umständen)

Pufferspeicher (buffer storage).

Zentraleinheit
Hauptspeicher
Verarbeitungs—
Programme
System—
Programme
Prozessor
Leitwerk
Rechenwerk
Daten
Program-
me
Daten-
speicher
Steuer-
einheit
Kanal
Kanäle
Eingabe—/
Ausgabe—
Einheiten
Steuer-
einheit
Daten-
stationen
Steuer-
einheit
DFÜ—
Steuer-
einheit

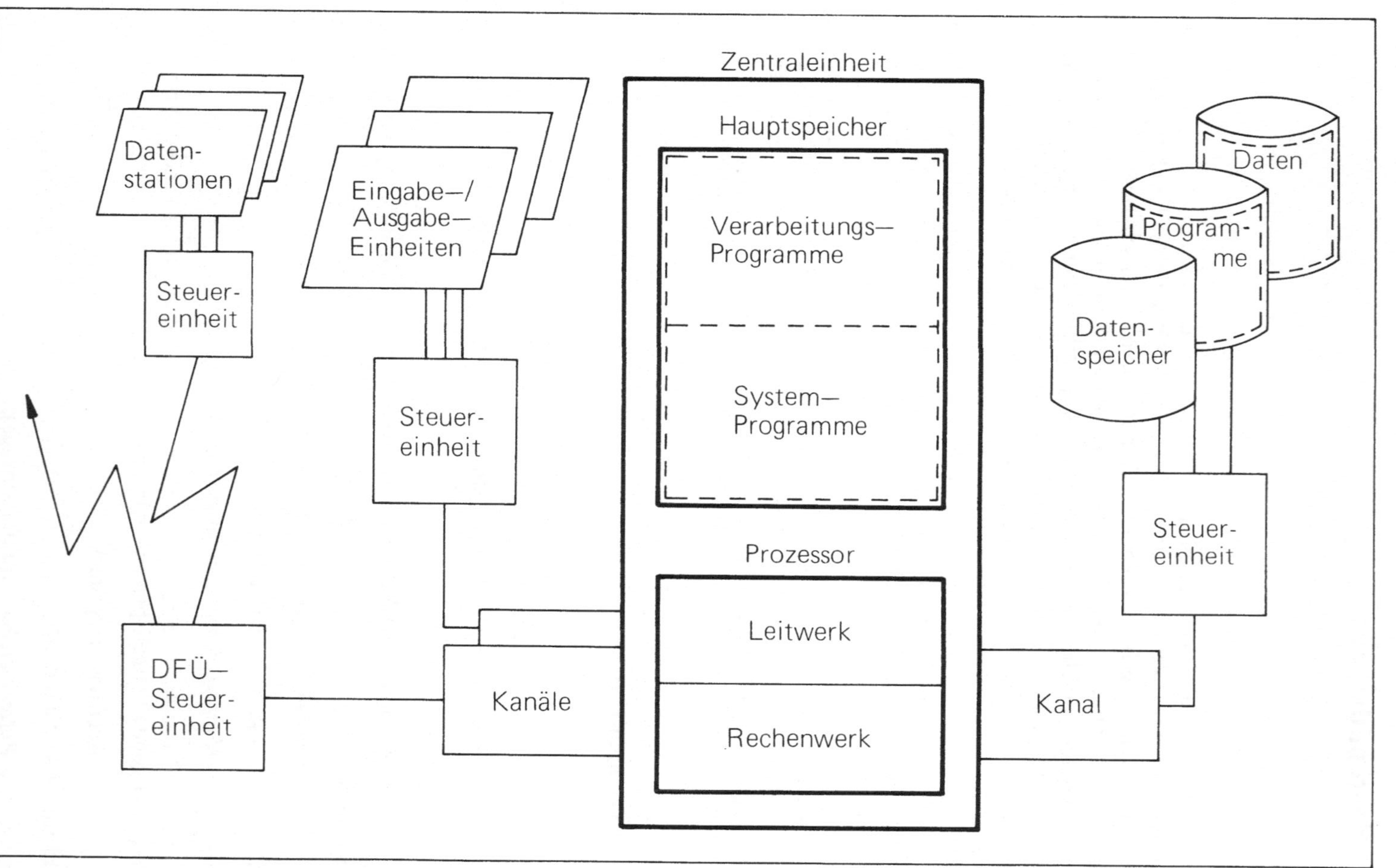

Abb. 28.

Weiterhin enthält ein System eine als

Peripherie   (peripheral equipment)

bezeichnete Vielfalt von Geräten, die über

Kanäle und Steuereinheiten   (channels and control units)

an die Zentraleinheit angeschlossen sind. Solche peripheren Geräte sind entweder weitere Speichereinheiten wie

Daten- und Massenspeicher   (auxiliary and mass storage)

oder

Ein- und Ausgabegeräte   (input and output devices),

kurz E/A-Geräte, wie z. B. Kartenleser, Drucker, Bildschirmgeräte, Magnetband-einheiten, Disketteneinheiten usw..

Kanäle und Steuereinheiten nehmen der Zentraleinheit den größten Teil der Steuerfunktionen für Ein- und Ausgabe ab (Dezentrale Steuerung) und sorgen für effektiven Datentransport. Dazu bekommen sie direkten Zugriff zum Hauptspeicher.

Für weite Entfernungen, wo die Datenübertragung auf Fernleitungen oder über besonders wirtschaftliche Übertragungswege wie Breitbandkanäle und Satelliten-verbindungen erfolgt, werden Modulations- bzw. Demodulationseinheiten, sog. Modems, und Steuereinheiten zur Datenfernübertragung (DFÜ-Steuereinheiten) nötig.

Moderne Anlagen erlauben das Zusammenschalten mehrerer Prozessoren in einem System mit einem gemeinsamen oder mit jeweils individuellen Hauptspeicher(n) und gemeinsamer oder individueller Peripherie, sowie die Kopplung mehrerer Systeme über Fernleitungen (siehe Kap. 8.3).

4.2 Speicherorganisation

Als Speicher für Daten und Programme kommen eine Reihe von Medien in Betracht, die in einem System nebeneinander ihre Daseinsberechtigung haben. Sie unterscheiden sich durch

Zugriffszeit, Kapazität und Preis   (access time, capacity, and price).

Technologisch bedingt, schließen sich kürzeste Zugriffszeit und größte Kapazität aus Kostengründen gegenseitig aus. Daher werden Datenverarbeitungssysteme für verschiedene Zwecke mit Speichern unterschiedlicher Zugriffszeiten und Fassungsvermögen ausgestattet.

◄ **Abb. 28.** Datenverarbeitungssystem mit Zentraleinheit, Kanälen und Peripherie samt ihren Steuereinheiten.

So entsteht eine Hierarchie von Speichern (Abb. 29), beginnend mit

Registern   (registers),

die wenige Bytes für spezielle Zwecke (z. B. als Akkumulatoren) aufnehmen und der Verarbeitung äußerst schnell zuführen können. Register sind direkt dem Leitwerk und Rechenwerk zugeordnet. Ihre Zugriffszeit liegt im Bereich der kurzen Zykluszeiten des Leitwerks.

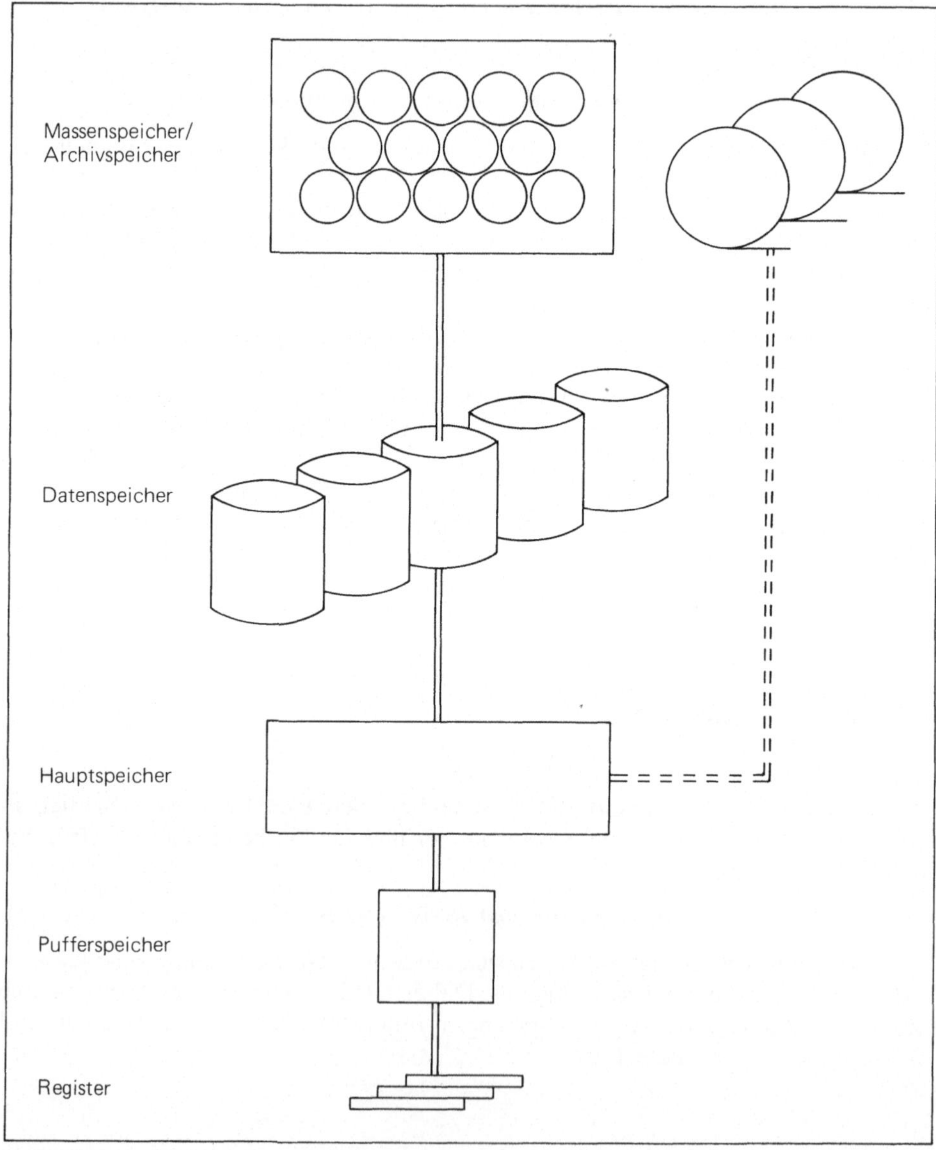

Abb. 29. Speicherhierarchie

Daran schließt sich meist der eigentliche, in der Kapazität zwar begrenzte, dafür aber sehr schnelle

Pufferspeicher   (buffer storage, cache)

an, der dem Prozessor für seine Operationen direkt zur Verfügung steht und die im Augenblick aktiven Befehle und Daten enthält.

Dann folgt der langsamere, aber größere

Hauptspeicher   (main storage),

der – wie schon der Pufferspeicher – dem Byte- bzw. Wortadreßschema des Prozessors unterliegt. Alles, was in diesem Speicher steht, ist dem Prozessor zugänglich, d. h. ohne GET/PUT-Befehle zu erreichen, die auf periphere Speicher zurückgreifen würden. Zur eigentlichen Verarbeitung werden allerdings Teilinhalte des Hauptspeichers intern immer erst blockweise in den Pufferspeicher gebracht. Bei kleineren, langsameren Rechnern kann der Hauptspeicher mit dem Pufferspeicher identisch sein.

Alle bisher erwähnten Speicher, die integraler Bestandteil der Zentraleinheit sind, werden heute in (monolithischer) Halbleitertechnologie realisiert. (Magnetkernspeicher sind bereits historisch, da sie bezüglich Geschwindigkeit, Leistungs- und Raumbedarf, Automatisierungsgrad bei der Herstellung und somit Kosten gegenüber Halbleiterspeichern mit integrierten Schaltkreisen nicht mehr konkurrenzfähig sind.)

Für größere, seltener gebrauchte Datenmengen (Dateien oder sogar Datenbanken) sowie für Programmbibliotheken bieten sich auf der nächsten, langsameren Stufe der Hierarchie

Datenspeicher   (auxiliary storage),

ausgeführt als magnetische Plattenspeicher (seltener Trommelspeicher), an. Ihre Zugriffszeiten sind zwar etwa 10^5 mal länger, dafür ihre Kapazität aber auch etwa 10^4 mal größer als die des Hauptspeichers.

Diese Datenspeicher werden nun ihrerseits bezüglich hoher Kapazität noch ergänzt durch sog.

Massenspeicher   (mass storage),

die sich aus vielen Magnetbandkassetten zusammensetzen, aber immer noch maschinell zugänglich sind.

Daten- wie Massenspeicher unterliegen nicht mehr dem direkten Adressierschema der Zentraleinheit. Der Zugriff zu ihnen erfolgt – wie zu allen peripheren Einheiten – über GET/PUT-Befehle.

Zugriff zu Daten und Programmen auf einer bestimmten Hierarchieebene bedeutet immer, daß diese Daten auf die jeweils nächstniedrigere Ebene herabgeholt werden müssen, bis sie schließlich im Pufferspeicher vom Prozessor verarbeitet werden können. Dies geschieht weitgehend automatisch, d. h. unbemerkt vom Benutzer, nicht jedoch vom Programmierer, der die nötigen GET/PUT-Befehle gesetzt hat. Moderne Systeme bieten daher den Eindruck *eines* einheitlichen Speichers, der scheinbar die Größe des Daten- bzw. Massenspeichers hat, in seiner Zugriffszeit jedoch in der Größenordnung des Arbeits- bzw. Hauptspeichers liegt.

Während Daten in Daten- bzw. Massenspeichern für das System noch durch automatischen Zugriff (online) verfügbar sind, gibt es noch wirtschaftlichere Speichermedien, die nur mehr durch manuellen Beistand zugänglich werden, nämlich die sog.

Archivspeicher   (offline storage).

Hier handelt es sich um Magnetbänder (vereinzelt noch Lochkarten), die in großen Archiven (offline) lagern und in ein System erst manuell eingelegt (importiert) werden müssen, bevor sie durch GET/PUT-Befehle erschlossen werden können.

Magnetblasenspeicher sowie optische und elektrostatische Speichertechnologien sind vorerst nur in Sonderfällen anzutreffen. Ihre künftigen Einsatzmöglichkeiten werden durch die Entwicklung ihres Preis/Leistungsverhältnisses bestimmt werden.

4.3 Software

Die Software, die Gesamtheit aller Programme, verleiht einem System generell seine funktionelle Ablaufsteuerung. Sie gliedert sich in verschiedene Komponenten, die sich in Verarbeitungs- und Systemprogramme zusammenfassen lassen (Abb. 30).
Die

Verarbeitungsprogramme   (processing programs)

werden vom Benutzer erstellt oder beschafft und betreffen die Arbeitsabläufe einer

```
• Verarbeitungsprogramme
  •• Anwendungsprogramme
  •• Übersetzer
     ••• Assemblierer
     ••• Kompilierer
     ••• Interpretierer
  •• Dienstprogramme
• Systemprogramme (Betriebssystem)
  •• Betriebsorganisationsprogramme
     ••• Einleitendes Ladeprogramm
     ••• Supervisor
     ••• Zugriffsmethoden
     ••• Datenbankroutinen
     ••• Datenkommunikationsroutinen
     ••• Auftragssteuerung
  •• Betriebsverwaltungsprogramme
     ••• Programmbinder
     ••• Bibliotheksführung
```

Abb. 30. Softwarekomponenten

bestimmten Problemlösung (z. B. Gehaltsabrechnung). Dabei handelt es sich einerseits um eigentliche

Anwendungsprogramme   (application programs)

und anderseits um

Übersetzer   (translators),

welche die vom Benutzer in symbolischer Maschinensprache oder einer höheren problemorientierten Sprache (wie ALGOL, COBOL, FORTRAN, PL/1 usw.) formulierten Anwendungsprogramme mit Hilfe von „assemblierenden" bzw. „kompilierenden" Methoden in Maschinensprache übersetzen. Die Übersetzung kann getrennt von der Ausführung des Anwendungsprogramms im voraus erfolgen. Dabei entsteht aus dem

Ursprungsprogramm   (source program),

auch Quellprogramm genannt, durch die Übersetzung das

Zielprogramm   (object program),

das getrennt vom Ursprungsprogramm im System abgespeichert und verfügbar bleibt. Die Ausführung kann aber auch – wie z. B. bei APL – direkt über einen Sprach-

Interpretierer   (interpreter)

erfolgen. Dieser übersetzt das Ursprungsprogramm Anweisung um Anweisung und führt dabei jede Anweisung gleich durch. In diesem Fall entsteht kein Zielprogramm.

Die Vorausübersetzung empfiehlt sich in Fällen, in denen ein Programm, einmal übersetzt, häufig verwendet wird, da ein Zielprogramm natürlich schneller abläuft als eine Interpretation und daher seine Ausführung wirtschaftlicher ist. Die direkte Interpretation wird für Ursprungsprogramme angewandt, die meist in dieser Form nur einmal laufen müssen, so daß sich Erstellung und Speicherung eines Zielprogramms nicht lohnen.

Interpretative Methoden spielen auch eine Rolle in Fällen, in denen ein für eine bestimmte Maschine übersetztes Programm auf einer anderen Maschine laufen soll, die eine abweichende Maschinensprache aufweist. In diesem Fall nennt man den Interpretierer

Simulierer   (simulator).

(Er „simuliert" *einen* Maschinentyp auf einem anderen.)

Zu den Verarbeitungsprogrammen gehören weiterhin sog.

Dienstprogramme   (service programs);

das sind Datensortierprogramme, Programme für den Datenaustausch zwischen verschiedenen Datenträgern und Testhilfen.

Neben den Verarbeitungsprogrammen – und deren Ausführung überhaupt erst ermöglichend – steht die Gruppe der

Systemprogramme   (system programs),

die zusammen ein

Betriebssystem   (operating system)

bilden. Sie steuern und überwachen die Abwicklung der Verarbeitungsprogramme und bestimmen zusammen mit den Hardwareeinrichtungen der Maschinenanlage die funktionelle Struktur und Betriebsart des Systems. Die Systemprogramme sind wiederum unterteilbar in Programme für die Betriebsorganisation und solche für die Betriebsverwaltung.

Betriebsorganisationsprogramme

sind das

Einleitende Ladeprogramm   (Initial Program Loader = IPL),

das zu Betriebsbeginn vom Systembediener aus dem Systembibliotheksspeicher in den Hauptspeicher geladen wird. Es versetzt das Datenverarbeitungssystem in die „Grundstellung". Seine Hauptfunktion ist das einleitende Laden des Supervisors in den Hauptspeicher.

Der

Supervisor,

ein weiteres Betriebsorganisationsprogramm, stellt das für die übergeordnete Steuerung und Koordinierung aller Funktionen verantwortliche „Systemleitwerk" dar. Er weist im wesentlichen den Verarbeitungsprogrammen die Betriebsmittel wie Prozessorzeit und Hauptspeicher zu. Alle benötigten Funktionen des Supervisors können in den Verarbeitungsprogrammen durch entsprechende „Makrobefehle" angesprochen werden.

Ein

Makrobefehl   (macro instruction)

stellt eine mehr oder weniger lange Befehlsfolge dar. Aus solchen Makrobefehlen oder „Routinen" besteht auch ein ganzer Komplex weiterer Betriebsorganisationsprogramme, nämlich die

Zugriffsmethoden   (access methods),

die den Datenverkehr mit der Peripherie steuern, sowie die

Datenbank- bzw. Datenkommunikationsroutinen
(data base/data communication routines).

Diese fixieren und erhalten die logischen und organisatorischen, anwendungs- bzw. maschinenorientierten Zusammenhänge der Daten bei der Speicherung und bei der Übertragung.

Ein weiteres sehr wichtiges Betriebsorganisationsprogramm ist die

Auftragssteuerung   (job control).

Sie bewirkt die Steuerung des Aufgabenflusses in die Anlage hinein und aus der Anlage heraus. Ein Auftrag (Job) kann aus einem oder mehreren Teilaufträgen bestehen und umfaßt eine auszuführende Arbeit. Die Auftragssteuerung bereitet die Ausführung eines jeden Teilauftrags vor, indem sie den nächsten auszuführenden Programmteil bestimmt, die dazu benötigten Betriebsmittel zuordnet und das Laden des Programmteils selbst veranlaßt. Nach Durchführung des (Teil-)Auftrages ermittelt sie die Belegungszeiten der jeweils zugeteilten Betriebsmittel.

Die Auftragssteuerung übt ihre Tätigkeit zeitlich zwischen den einzelnen Teilaufträgen aus und wird daher während deren Ausführung nicht benötigt. Deswegen wird sie im allgemeinen nur zwischen zwei Teilaufträgen durch den Supervisor temporär in den Hauptspeicher geladen und zwar in den Bereich, den anschließend das nächste Verarbeitungsprogramm einnimmt.

Die zweite Gruppe von Systemprogrammen sind die

Betriebsverwaltungsprogramme.

Dazu gehört der

Programmbinder   (linkage editor),

der die Aufgabe hat, aus verschiedenen Programmsegmenten fertige, mit echten Adressen versehene, ausführbare Programme zu erzeugen.

Ferner gehören dazu Programme zur

Bibliotheksführung   (librarian),

die dem Aufbau und der Verwaltung von Systembibliotheken dienen, die Ursprungs- und Zielprogramme enthalten, und Funktionen wie z. B. Katalogisieren, Löschen oder Umbenennen von Bibliothekselementen umfassen.

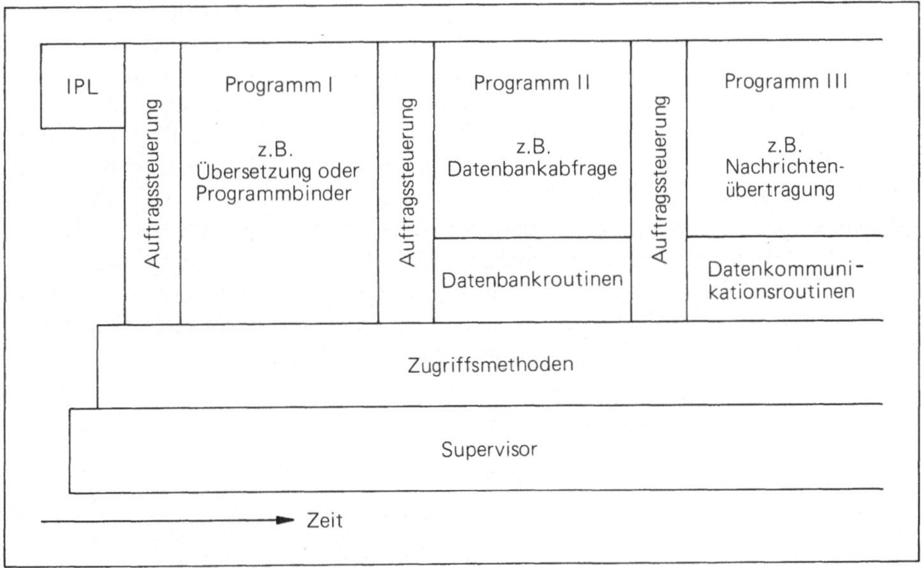

Abb. 31. Zeitliche Residenz der Software im Hauptspeicher.

Alle Programme, die dem System zugänglich sein sollen, befinden sich als Ursprungs- oder Zielprogramme in der oder den Systembibliotheken. Sie werden in den Hauptspeicher geladen wie gewöhnliche Daten, sofern sie selbst verarbeitet, also z. B. übersetzt werden sollen, oder kommen dort als Zielprogramme direkt zur Ausführung. Die Verarbeitungsprogramme wechseln sich im Hauptspeicher gegenseitig mit der Auftragssteuerung ab. Dabei bringen sie etwa benötigte Datenbank- bzw. Datenkommunikationsroutinen mit. Die Zugriffsmethoden hingegen, von allen auszuführenden Programmen benutzt, „residieren" im allgemeinen wie der Supervisor dauernd im Hauptspeicher (Abb. 31).

4.4 Das Zusammenwirken von Software, Firmware und Hardware

Die Datenverarbeitung vollzieht sich im Zusammenwirken von Software und Hardware eines Datenverarbeitungssystems. Datenverarbeitung bedeutet Umwandlung oder Verknüpfung von Daten, die entweder gespeichert sind oder eingegeben werden, gemäß der vom Benutzer vorgegebenen Anweisungen. Diese Anweisungen sind informatorisch festgelegte Funktionsabläufe, Programme genannt. Sie müssen wie die zu verarbeitenden Daten erst in das System eingegeben werden. Innerhalb des Systems werden sie auf Datenspeichern in Programmbibliotheken gespeichert, wo sie auch bei abgeschaltetem System erhalten bleiben, bis sie gelöscht bzw. überschrieben werden (Abb. 28).

Ein Programm verkörpert eine bestimmte Aufgabe, eine Problemlösung, und definiert so die Anwendung des Datenverarbeitungssystems. Es wird daher oft auch als „Anwendung" bezeichnet. Eine derartige Anwendung wird vom Benutzer meist in einer höheren problemorientierten Programmiersprache programmiert.

Die Umsetzung von problemorientierten Anweisungen in Steuersignale, welche die elementaren Maschinenfunktionen auslösen, ist ein informatorischer Prozeß, der vom System ausgeführt wird. Er erfolgt im allgemeinen stufenweise in mehreren Schritten. Auf jeder Stufe, weiterhin „Ebene" genannt, wird die Problemlösung weiter detailliert und in einer dieser Ebene eigenen „Sprache" beschrieben. Jede Anweisung wird bei dieser Umsetzung in jeweils eine Folge von – meist einfacheren – Anweisungen (Befehlen) der nächstniedrigeren Ebene umgesetzt (Abb. 32).

Jede Befehlseinheit einer bestimmten Ebene stellt eine bestimmte Funktion dar. Funktionen niedrigerer Ebenen sind einfacher, elementarer. Funktionen höherer Ebenen setzen sich aus solchen der jeweils nächstniedrigeren zusammen. Man hat es also mit einer Hierarchie von Funktionsebenen oder besser

Funktionsschichten   (function layers)

zu tun.

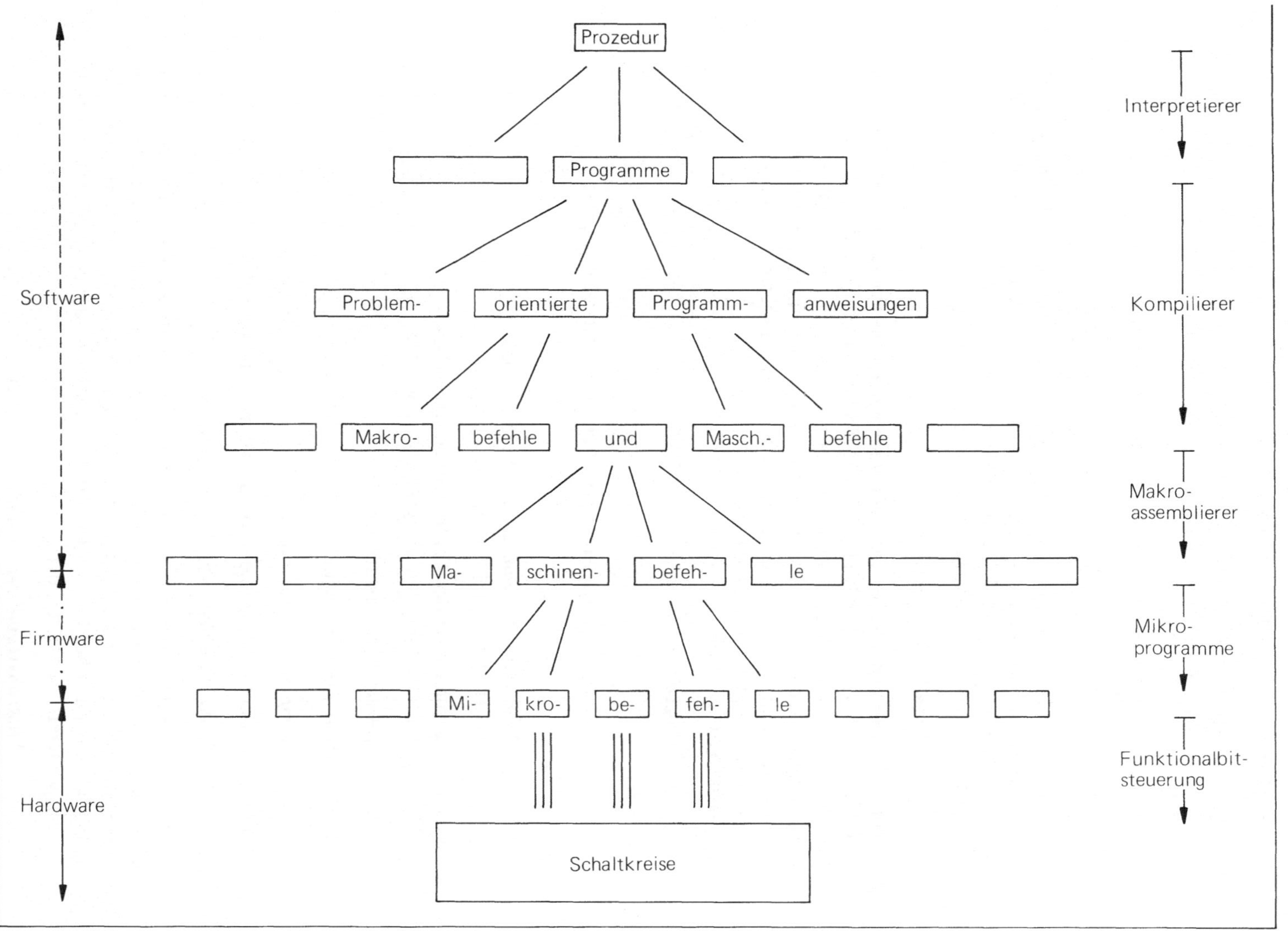
Prozedur
Programme
Problem-
orientierte
Programm-
anweisungen
Makro-
befehle
und
Masch.-
befehle
Ma-
schinen-
befeh-
le
Mi-
kro-
be-
feh-
le
Schaltkreise
Software
Firmware
Hardware
Interpretierer
Kompilierer
Makro-assemblierer
Mikro-programme
Funktionalbit-steuerung

Diese Funktionsschichten werden durch

Software, Firmware und Hardware

realisiert. Sie bilden die

Steuerungs-Hierarchie   (hierarchy of control)

einer Datenverarbeitungsanlage.

Die verschiedenen Softwareebenen ermöglichen dem Benutzer, seine Anwendung in dem Problem angepaßten Anweisungen zu formulieren und verlangen von ihm nur ein entsprechendes Minimum an Systemkenntnissen. Das System übersetzt dann die Anweisungen auf die niedrigeren Ebenen.

Solche Anweisungen werden auf der höchsten Ebene

Prozeduren   (procedures)

genannt. So wird z. B. aus einer einfach aussehenden, aber inhaltsreichen Prozedur „COMPILE AND EXECUTE GEHALTSABRECHNUNG", die in einem kurzen Satz die Durchführung einer Gehaltsabrechnung auf der Datenverarbeitungsanlage bedeutet, über mehrere Ebenen schließlich ein steuerndes Mikroprogramm, aus dem sich die erforderlichen Steuersignalfolgen für die Hardware-Schaltkreise direkt ableiten lassen.

Dazu werden für die

Prozedur   (procedure)

durch den

Auftragssteuerungs-Interpretierer   (job control interpreter)

die zugehörigen

Programme in problemorientierter Sprache
(programs in problem oriented language)

definiert, aufgerufen und der Zentraleinheit übergeben.

Das System muß nun diese Programme, bzw. ihre

Anweisungen   (statements),

(z. B. in COBOL) mit Hilfe eines

Kompilierers   (compiler)

in ein (symbolisches) Maschinenprogramm, meist bestehend aus

Makrobefehlen   (macroinstructions),

übersetzen. Solche stehen für vorprogrammierte Routinen, die Funktionen der Zugriffsmethoden oder des Supervisors – allgemein des durch Benutzerroutinen ergänzten Betriebssystems – darstellen. Mittels eines Makrobefehls wird die Durchführung einer bestimmten Funktion dieser Softwarekomponenten verlangt.

Ein weiterer Übersetzer, der

Makroassemblierer   (macroassembler),

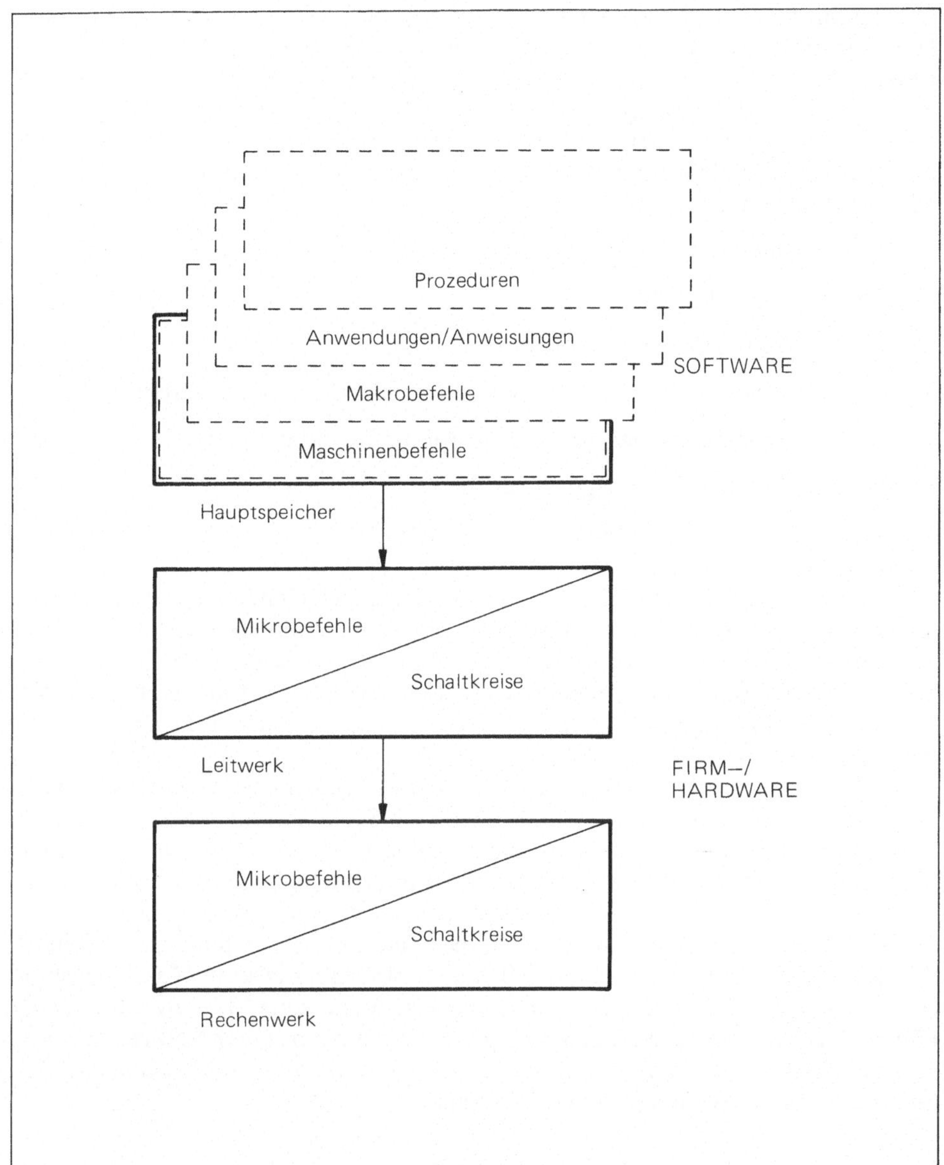

Abb. 33. Steuerungshierarchie in der Zentraleinheit

erstellt daraus ein Programm, das nun in

> ***Maschinenbefehle***   (instructions)

aufgeschlüsselt ist und die erforderlichen Routinen der Zugriffsmethoden und des Supervisors eingebaut hat bzw. die Verbindung zu ihnen enthält.

Maschinenbefehle bilden den Übergang zwischen Software und Maschine, d. h. Hardware bzw. Firmware. Als solche bestimmen sie die Maschinenarchitektur ganz wesentlich.

Maschinenbefehle werden heute meist nicht mehr direkt decodiert, d. h., in Steuersignale umgewandelt. Sie werden vielmehr maschinengerecht nochmals informatorisch in elementarere Vorgänge aufgegliedert. Jedem der Maschinenbefehle wird dazu ein

>   ***Mikroprogramm***   (microprogram)

zugeordnet. Dieses besteht aus

>   ***Mikrobefehlen***   (microinstructions),

die den Maschinenbefehl interpretieren und mehr oder weniger direkt in die

>   ***Funktionalbitsteuerung***   (control by functional bits)

führen, d. h., letztlich Steuersignale für die

>   ***Hardware-Schaltkreise***   (hardware circuits)

erzeugen.

Eine Anwendung, auf die Ebene von Maschinenbefehlen herabkompiliert bzw. assembliert, wird schließlich in Maschinensprache im Hauptspeicher plaziert. Von dort aus steuert sie zusammen mit den ebenfalls dort residierenden Routinen des Supervisors und der Zugriffsmethoden das Leitwerk der Zentraleinheit (Abb. 33). Für alle logischen und arithmetischen Operationen wird dabei das Rechenwerk herangezogen.

Leitwerk und Rechenwerk bestehen heute im allgemeinen aus einer Kombination von Mikrobefehlsroutinen und Hardware-Schaltkreisen. Komplexe, nicht zeitkritische Operationen existieren als Mikrobefehlsroutinen, die mit ihren Signalfolgen erst Schaltkreise aktivieren. Einfache logische und zeitkritische Operationen sind direkt durch schnelle Hardware-Schaltkreise realisiert.

In verschiedenen realen Systemen können einzelne Ebenen fehlen, also Schichten zusammengefaßt sein. So kann z. B. ein Kompilierer direkt in Maschinensprache oder sogar in Mikrobefehlssprache übersetzen oder eine Maschine direkt eine höhere Sprache „verstehen". Auch mag zur Erzielung größerer Verarbeitungsgeschwindigkeiten die Firmware ausgespart sein, d. h., mögen Maschinenbefehle direkt durch Hardware interpretiert werden.

4.5 Mikroprozessorsysteme

Die überaus großen Fortschritte der Halbleitertechnik in den letzten Jahren haben dazu geführt, daß man heute ganze Funktionseinheiten auf einem einzelnen Siliziumscheibchen, in der Fachsprache „Chip" genannt, unterbringen kann. Gängige

>   ***Mikroprozessorsysteme***   (microprocessors)

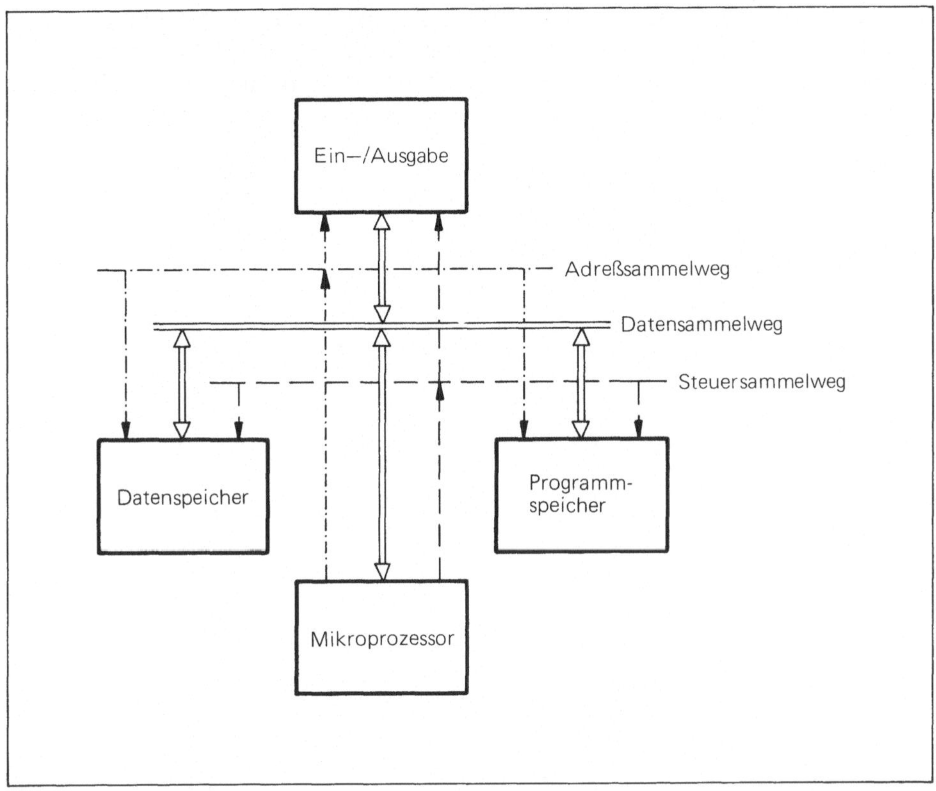

Abb. 34. Mikroprozessorsystem

enthalten, auf Steckeinheiten montiert, bereits sämtliche Funktionseinheiten eines Datenverarbeitungssystems mit Gespeichertem Programm (Abb. 34) auf wenigen Chips.

Im Gegensatz zum VON NEUMANNSCHEN Maschinenkonzept ist der Speicher hier meist aufgeteilt in einen Programmspeicher (Festspeicher, Read-Only Memory = ROM) und einen Datenspeicher (Schreib-/Lesespeicher, Random Access Memory = RAM). Der Festspeicher wird im allgemeinen zur Speicherung unveränderlicher Daten wie Tabellen und vor allem als Programmspeicher verwendet. Änderungen von Programmen lassen sich dann nur durch vorsorgliches Einspeichern von Alternativprogrammen bewerkstelligen. Der Schreib-/Lesespeicher hingegen nimmt veränderliche Daten auf.

Der Mikroprozessor selbst entspricht in seiner Funktion einem Leitwerk, d. h., er ist in der Hauptsache für die Programmsteuerung zuständig. Außerdem enthält er das Rechenwerk (Arithmetische und Logische Einheit = ALE). Für den Verkehr mit der Systemperipherie sind spezielle Ein-/Ausgabeeinheiten vorgesehen. Sammelwege – im gezeigten Fall ein Adreß-Sammelweg, ein Daten-Sammelweg und ein Steuer-Sammelweg – verbinden die Funktionseinheiten intern miteinander und ermöglichen effektiven und flexiblen Informationsfluß. Mikroprozessorsysteme sind hinsichtlich Speicherkapazität, Befehlsumfang, Softwareausstattung usw.

zwar begrenzt, wegen ihrer Preisgünstigkeit, Kleinheit und Flexibilität für vielerlei Aufgaben jedoch hervorragend geeignet und finden immer größere Verbreitung. Selbst sog. Ein-Chip-Computer, die z. B. auf einer Chipfläche von $5,6 \times 5,6$ qmm alle eben genannten Funktionseinheiten nebst Sammelwegen enthalten, sind bereits auf dem Markt.

5. Information und ihre Speicherung

Unter Information sollen hier digital dargestellte Daten und Programme verstanden werden.

5.1 Datenarten

Daten sind Information in einer entsprechenden

Darstellung, Syntax (syntax),

mit einer bestimmten

Bedeutung, Semantik (semantics).

Z. B. stellt „Schmidt" eine Folge von maximal n alphanumerischen Zeichen dar mit der Bedeutung eines Namens. Dabei muß das erste Zeichen ein großer Buchstabe sein.

Daten gliedern sich in Dateien, Sätze und Wörter. Diese wiederum werden aufgebaut aus den informatorischen Grundeinheiten Byte und Bit (siehe Kap. 3.1).

Man unterscheidet im wesentlichen zwischen numerischen und alphanumerischen Daten.

5.1.1 Darstellung numerischer Daten

Numerische Daten (numeric data)

können in drei verschiedenen Weisen dargestellt werden: in der Stellen-, Radix- oder Gleitkommaschreibweise. Außerdem können sie in Matrizen beliebiger Ordnung und Dimension auftreten.

Bei der

Stellenschreibweise (positional notation)

hängt der Beitrag jeder Ziffer von ihrer Stelle und ihrem Zahlwert ab.

Als Beispiel diene die Zeitangabe:

Jahr/Monat/Tag/Stunde/Minute/Sekunde.

Ergänzende und weiterführende Literatur: [1, 3, 4, 9, 14, 16, 23, 27, 28, 33, 34, 37, 38, 40, 46, 49, 51, 52, 58, 61–63, 65, 68, 70, 71–74, 77–80, 82–84]

Bei der

Radixschreibweise   (radix notation),

auch Festkomma- oder Festpunktschreibweise genannt, entsteht der Beitrag jeder Ziffer zum numerischen Wert als Produkt aus dem Zahlwert der Ziffer und der Potenz der Stelle zur „Basis" B:

$$Z = \sum_{i=-m'}^{+m''} z_i \cdot B^i.$$

Speziell gilt für den

Zahlenvorrat des dualen Zahlensystems (B=2):

$$Z = \sum_{i=-m'}^{+m''} z_i \cdot 2^i.$$

Dabei ist

$$Z \qquad\qquad = \text{numerischer Wert,}$$
$$z_i \qquad\qquad = 0 \text{ oder } 1 \text{ in der i-ten Stelle,}$$
$$m' \text{ bzw. } m'' = \text{niedrigste bzw. höchste vorkommende Zweierpotenz.}$$

B = 10 Dezimal	2 Dual	8 Oktal	16 Sedezimal
0	0	0	0
1	1	1	1
2	10	2	2
3	11	3	3
4	100	4	4
5	101	5	5
6	110	6	6
7	111	7	7
8	1000	10	8
9	1001	11	9
10	1010	12	A
11	1011	13	B
12	1100	14	C
13	1101	15	D
14	1110	16	E
15	1111	17	F
16	10000	20	10
17	10001	21	11
.	.	.	.
.	.	.	.
.	.	.	.
			.

Abb. 35. Dezimal-, Dual-, Oktal- und Sedezimalzahlen

Abb. 35 zeigt die ersten 18 Zahlen in der Dezimal-, Dual-, Oktal- und Sedezimal-schreibweise (letztere oft auch als „hexadezimal" bezeichnet).

Kompliziertere Beispiele sind:
37.36 als Dezimalzahl:
$$37{,}36 = 3 \cdot 10^1 + 7 \cdot 10^0 + 3 \cdot 10^{-1} + 6 \cdot 10^{-2}$$

als Dualzahl:
$$10\ 0101{,}0101 \ldots = 2^5 + 2^2 + 2^0 + 2^{-2} + 2^{-4} + \ldots$$

als Sedezimalzahl:
$$25{,}5C \ldots = 2 \cdot 16^1 + 5 \cdot 16^0 + 5 \cdot 16^{-1} + C \cdot 16^{-2} + \ldots$$

Bei der

Gleitkommaschreibweise   (floating-point notation),

oft auch als Gleitpunktschreibweise bezeichnet, wird der numerische Wert einer Zahl Z durch Zahlenpaare x und y angegeben mit der Bedeutung

$$Z = x \cdot b^y$$

Dabei werden x und y als

Mantisse bzw. Exponent   (mantissa/exponent)

bezeichnet und erscheinen beide in Radixschreibweise, jedoch nicht notwendig zur gleichen Basis. $b =$ Basis der „halblogarithmischen" oder „Gleitkomma"-Darstellung.

Zur Vermeidung negativer Exponenten y werden diese um eine frei, aber zweckmäßig gewählte

Vorgabe v

erhöht, die weder die Bedeutung von y noch die Arithmetik beeinflußt. So wird aus dem Exponent y die

Charakteristik $c = y + v$.

Beispiel:
157,25 (dezimal) = 9D,4 (sedezimal)
= 0,9D4 (sedezimal) · 16 (dezimal) hoch 10 (dual = 2 (dezimal)). Mit einer Exponenten-Vorgabe $v = 64$ (dezimal) ergibt sich dann als Charakteristik 2 + 64 (dezimal) = 100 0010 (dual) (Abb. 36).

Um mit möglichst hoher Genauigkeit rechnen zu können, wählt man für die Mantisse die

normalisierte Form.

Dabei wird, wie bereits im vorhergehenden Beispiel angewendet, die Darstellung einer Zahl so gewählt, daß $x < 1$ ist, jedoch so, daß die höchste Stelle der Mantisse $\neq 0$ ist. Das bedeutet also z. B. im Dualsystem $2^{-1} \leq x < 1$.

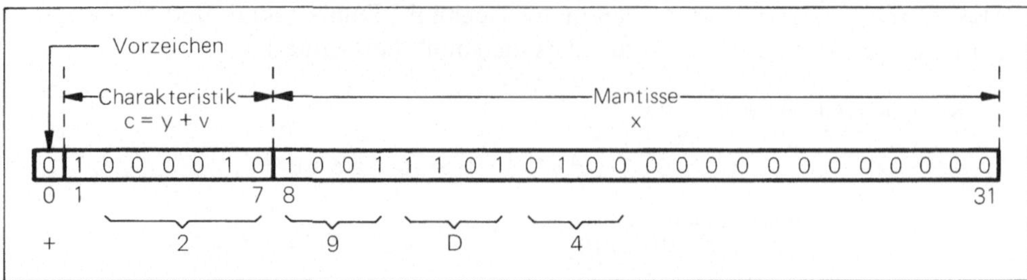

Abb. 36. Gleitkommaschreibweise mit Vorgabe zu obigem Beispiel

$Z = 1$ in normalisierter Form stellt sich demnach wie folgt dar:

Dualsystem: $\quad 0,1 \cdot 2^1 = 1/2 \cdot 2^1$

Dezimalsystem: $\quad 0,1 \cdot 10^1 = 1/10 \cdot 10^1$

Sedezimalsystem: $\quad 0,1 \cdot 16^1 = 1/16 \cdot 16^1$

Für Addition und Subtraktion müssen die Exponenten gleich sein, die normalisierte Form muß demnach bei ungleichen Exponenten verlassen werden. Nach allen arithmetischen Operationen muß renormalisiert werden.

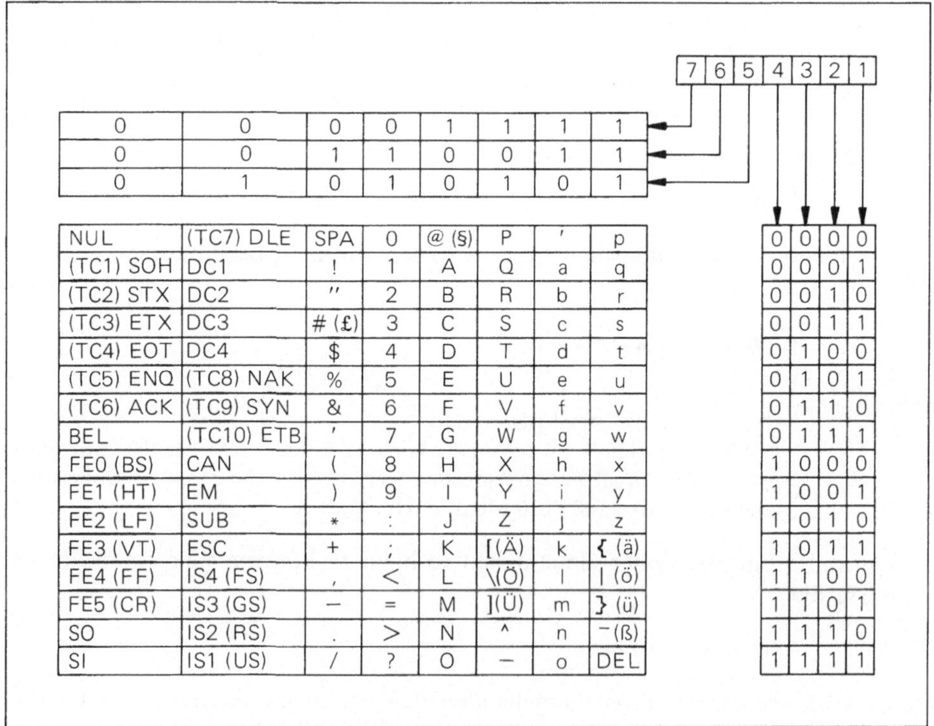

										7	6	5	4	3	2	1
0		0	0	0	1	1	1	1								
0		0	1	1	0	0	1	1								
0		1	0	1	0	1	0	1								
NUL	(TC7) DLE	SPA	0	@ (§)	P	'	p		0	0	0	0
(TC1) SOH	DC1	!	1	A	Q	a	q		0	0	0	1
(TC2) STX	DC2	"	2	B	R	b	r		0	0	1	0
(TC3) ETX	DC3	# (£)	3	C	S	c	s		0	0	1	1
(TC4) EOT	DC4	$	4	D	T	d	t		0	1	0	0
(TC5) ENQ	(TC8) NAK	%	5	E	U	e	u		0	1	0	1
(TC6) ACK	(TC9) SYN	&	6	F	V	f	v		0	1	1	0
BEL	(TC10) ETB	'	7	G	W	g	w		0	1	1	1
FE0 (BS)	CAN	(	8	H	X	h	x		1	0	0	0
FE1 (HT)	EM	)	9	I	Y	i	y		1	0	0	1
FE2 (LF)	SUB	*	:	J	Z	j	z		1	0	1	0
FE3 (VT)	ESC	+	;	K	[(Ä)	k	{ (ä)		1	0	1	1
FE4 (FF)	IS4 (FS)	,	<	L	\(Ö)	l	| (ö)		1	1	0	0
FE5 (CR)	IS3 (GS)	−	=	M	](Ü)	m	} (ü)		1	1	0	1
SO	IS2 (RS)	.	>	N	^	n	~(ß)		1	1	1	0
SI	IS1 (US)	/	?	O	−	o	DEL		1	1	1	1

Abb. 37a. ISO 7-Bit-Code

5.1.2 Darstellung alphanumerischer Daten

Platz (Spalte/Zeile)	Kurzzeichen	Benennung	Platz (Spalte/Zeile)	Kurzzeichen	Benennung
0/0	NUL	Nil (Null)	0/15	SI	Rückschaltung (Shift-in)
0/1 und weitere	TC	Übertragungssteuerung (Transmission Control)	1/0	DLE	Datenübertragungs-umschaltung (Data Link Escape)
0/1	SOH	Anfang des Kopfes (Start of Heading)	1/1 bis 1/4	DC	Gerätesteuerung (Device Control)
0/2	STX	Anfang des Textes (Start of Text)	1/5	NAK	Negative Rückmeldung (Negative Acknowledge)
0/3	ETX	Ende des Textes (End of Text)	1/6	SYN	Synchronisierung (Synchronous Idle)
0/4	EOT	Ende der Übertragung (End of Transmission)	1/7	ETB	Ende des Datenübertragungsblocks (End of Transmission Block)
0/5	ENQ	Stationsaufforderung (Enquiry)	1/8	CAN	Ungültig (Cancel)
0/6	ACK	Positive Rückmeldung (Acknowledge)	1/9	EM	Ende der Aufzeichnung (End of Medium)
0/7	BEL	Klingel (Bell)	1/10	SUB	Substitution (Substitute Character)
0/8 bis 0/13	FE	Formatsteuerung (Format Effector)	1/11	ESC	Umschaltung (Escape)
0/8	BS	Rückwärtsschritt (Backspace)	1/12 bis 1/15	IS	Informationstrennung (Information Separator)
0/9	HT	Horizontal–Tabulator (Horizontal Tabulation)	1/12	FS	Hauptgruppen–Trennung (File Separator)
0/10	LF	Zeilenvorschub (Line Feed)	1/13	GS	Gruppen–Trennung (Group Separator)
0/11	VT	Vertikal–Tabulator (Vertical Tabulation)	1/14	RS	Untergruppen–Trennung (Record Separator)
0/12	FF	Formularvorschub (Form Feed)	1/15	US	Teilgruppen–Trennung (Unit Separator)
0/13	CR	Wagenrücklauf (Carriage Return)	2/0	SP	Zwischenraum (Space)
0/14	SO	Dauerumschaltung (Shift-out)	7/15	DEL	Löschen (Delete)

Abb. 37 b. ISO 7-Bit-Code, Erläuterungen

Alphanumerische Daten (alphanumeric data),

kurz alphamerisch genannt, sind einzelne oder Folgen von Buchstaben (groß und klein), Ziffern und Sonderzeichen, die ganze Texte bilden können und durch alphanumerische Codes dargestellt werden.

Zur Darstellung des lateinischen Alphabets plus zehn Dezimalziffern benötigt man bereits mehr als $32 = 2^5$ Bitkombinationen, also mindestens eine aus 6 Bits aufgebaute Bildmenge. Die Forderung der Praxis nach Groß- und Kleinschreibung sowie nach Sonder- und Steuerzeichen, führte darüber hinausgehend schließlich zu den beiden folgenden Codes (Abb. 37 bzw. 38):

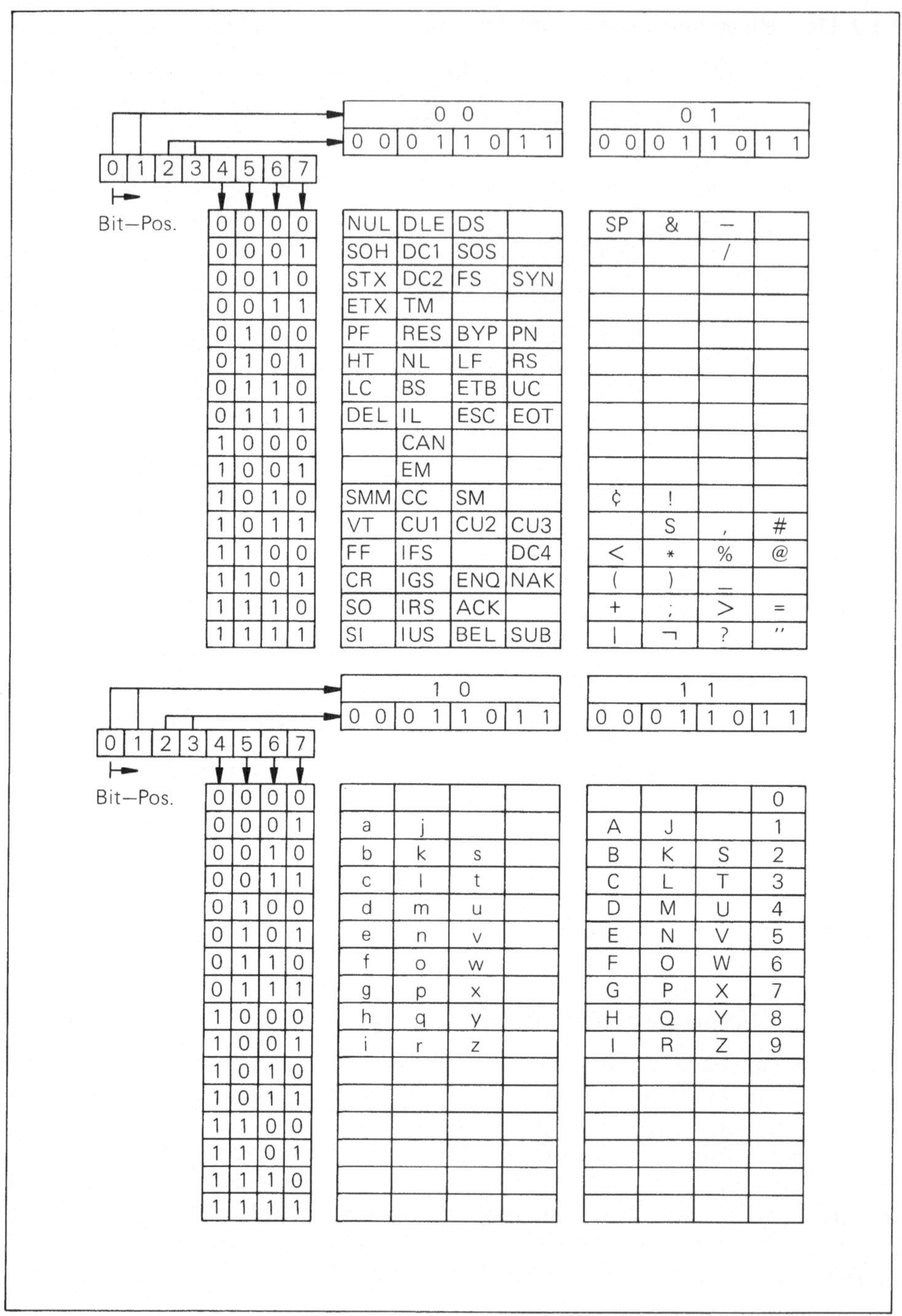

Abb. 38. 8-Bit Extended Binary Coded Decimal Interchange Code (EBCDIC)

ISO 7-Bit-Code   (International Standards Organisation)

(Bits b_7 bis b_1) mit $2^7 = 128$ Kombinationen und

EBCDIC   (Extended Binary Coded Decimal Interchange Code)

(Bits b_0 bis b_7) mit $2^8 = 256$ Kombinationen. Später wurde auch der ISO 7-Bit-Code auf 8 Bits erweitert:

ASCII-8   (American Standard Code for Information Interchange).

Dazu wurde zwischen b_6 und b_5 des 7-Bit-Codes ein weiteres Bit eingeschoben.

5.1.3 Entscheidungsgehalt, Informationsgehalt, Redundanz

Wird ein Code aus n Bits aufgebaut und erlaubt so $N = 2^n$ verschiedene Zeichen, so nennt man

$$n = \mathrm{ld}\ N\ [\text{bit}]$$

auch den

Entscheidungsgehalt   (decision content)

der Menge von N Zeichen, gemessen in bit. Dieser Zusammenhang besagt, daß ein bestimmtes Zeichen (allgemein: Zustand) durch n Binärentscheidungen aus N möglichen Zeichen eindeutig festgelegt ist.
Davon zu unterscheiden ist der

Informationsgehalt   (information content)

n_i eines Zeichens N_i. Er ist definiert als der Logarithmus dualis des Kehrwertes der Wahrscheinlichkeit $p(N_i)$ für das Auftreten dieses Zeichens:

$$n_i = \mathrm{ld}\ 1/p(N_i)\ [\text{bit}].$$

Der mittlere Informationsgehalt $\bar{n}$ (Entropie) einer Gesamtheit von N möglichen verschiedenen Zeichen N_i mit jeweils der Wahrscheinlichkeit $p(N_i)$ ist dann der Mittelwert der Informationsgehalte der einzelnen Zustände:

$$\bar{n} = \sum_{i=1}^{N} p(N_i)\ \mathrm{ld}\ 1/p(N_i)\ [\text{bit}].$$

Sind alle Zeichen gleichwahrscheinlich, gilt also:

$$p(N_i) = p = 1/N,$$

so werden beide Werte identisch und gleich dem Entscheidungsgehalt n:

$$n_i = \bar{n} = \mathrm{ld}\ 1/p = \mathrm{ld}\ N = n\ [\text{bit}].$$

Sind nur zwei verschiedene Zeichen (0 und 1) möglich, und treten beide mit gleicher Wahrscheinlichkeit $p = 1/2$ auf, so ist ihr Informationsgehalt:

$$\bar{n} = \mathrm{ld}\ 1/p = \mathrm{ld}\ 2 = 1\ [\text{bit}],$$

die kleinste Informationseinheit, das Quantum der Information.

Haben die Zeichen verschiedene Wahrscheinlichkeiten und sind sogar bestimmten Bitkombinationen gar keine Zeichen zugeordnet, so wird der Unterschied zwischen Entscheidungsgehalt n und mittlerem Informationsgehalt $\bar{n}$ als

$$\textbf{\textit{Redundanz}}\ r = n - \bar{n}\ [\text{bit}]\quad (\text{redundancy})$$

bezeichnet. Redundanz ist typisch für Texte, bei denen die einzelnen Zeichen (Buchstaben usw.) nicht nur mit verschiedenen Häufigkeiten auftreten, sondern auch statistisch voneinander abhängig sind (statistische Bindung), und für Codes, bei denen gewisse Bitkombinationen undefiniert sind, der Zeichenvorrat also kleiner ist als die Gesamtheit aller möglichen Bitkombinationen.

5.1.4 Datenformate

Die gezeigte Darstellung numerischer und insbesondere alphanumerischer Daten legt das Byte als kleinste adressierbare Einheit, unterteilbar in zwei Sektionen zu je 4 Bits, nahe. Das Byte kann also bedeuten:

- eine achtstellige Dualzahl,
- eine siebenstellige Dualzahl mit Vorzeichen,
- zwei Dezimalziffern in „gepackter" Form im BCD-Code ($2 \cdot 4$ Bits),
- ein alphanumerisches Zeichen im EBCDIC-Code oder ASCII-Code,
- Vorzeichen und Charakteristik oder Mantissenteile von Gleitkommazahlen,
- spezielle, binär verschlüsselte Informationen (z. B. Funktionsstatus).

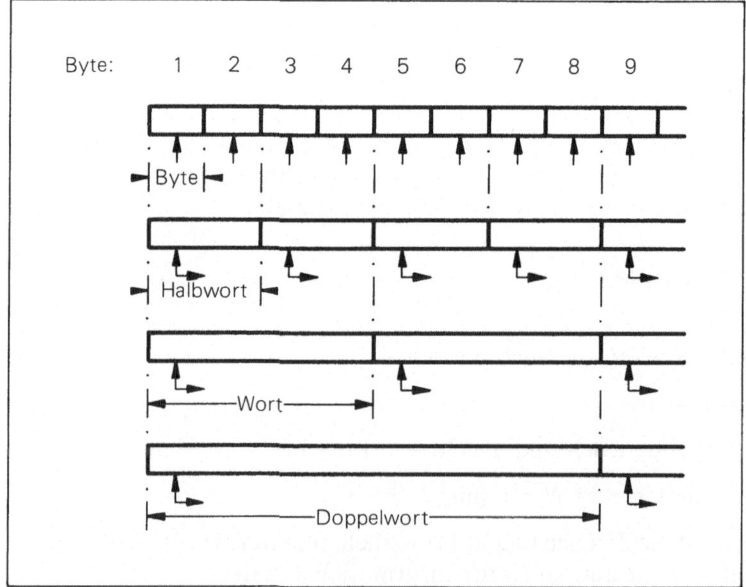

Abb. 39. Speicheraufteilung eines byteorganisierten Hauptspeichers

Die spezielle Bedeutung richtet sich dabei nach dem Verwendungszweck, d. h., wie der Computer bestimmt ist, Daten jeweils zu interpretieren.

Die kleinste, direkt speicher- und adressierbare Informationseinheit im Hauptspeicher ist somit im allgemeinen das Byte:

byteorganisierter Speicher   (byte organized storage).

Zwei Bytes bilden ein Halbwort, vier Bytes ein Wort und acht Bytes ein Doppelwort *(System/370*-Architektur). Adressiert werden sie jeweils durch das am weitesten links stehende Byte (Abb. 39).

Im Gegensatz zum byteorganisierten Speicher erlaubt ein

wortorganisierter Speicher   (word organized storage)

(Wort = beliebiges ganzzahliges, festes oder variables Vielfaches eines Bytes oder sogar Bits) die Adressierung nur ganzer Wörter, was normalerweise wegen der vielen Leerstellen den Speicher nur schlecht ausnutzt (Abb. 40).

5.1.5 Programme als Daten

Auch Programme sind Daten im allgemeinsten Sinne codierter Information. Dabei kann es sich um Ursprungs- oder Zielprogramme handeln. Ursprungsprogramme sind die symbolische Darstellung von Algorithmen oder Funktionsabläufen in einer geeigneten (problemorientierten) Programmiersprache. Sie bilden typische Texte, wobei die einzelnen Programmanweisungen Sätze darstellen. Zielprogramme sind die Übersetzung der Ursprungsprogramme in eine spezielle Maschinensprache. Deren Sprachelemente oder Befehle sind letztlich Bitkombinationen, die den jeweils vorhandenen Maschinenfunktionen zugeordnet sind, d. h., die Befehle sind in maschinentypische Steuersignalfolgen umsetzbar. Ein Zielprogramm ist somit nur eine mehr oder weniger lange Bitfolge und seine Semantik daher nur unter großem Aufwand zu „verstehen".

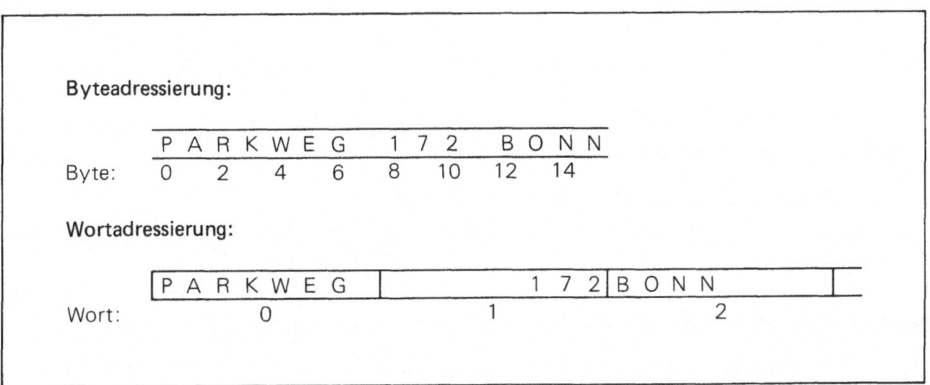

Abb. 40. Vergleich byte- und wortorganisierter Hauptspeicher (hier ein Wort zu acht Bytes)

5.2 Datenbanken

5.2.1 Definition und Eigenschaften

Eine

Datenbank   (data base)

besteht aus

1. einer großen Ansammlung von

Daten   (data)

auf Daten- bzw. Massenspeichern,

2.   *Beziehungen*   (relations)

(Relationen) zwischen den Datenelementen, sowie

3.   *Routinen*   (routines),

die diese Daten oder entsprechende Untermengen davon handhaben, d. h. lesen, modifizieren, ergänzen, löschen, kombinieren.

Im Prinzip können alle Daten einer Datenbank von allen Anwendungen benutzt werden (Integrierte Datenbank). Charakteristiken einer Datenbank sind:

1.   *allseitige Benutzbarkeit*   (data sharing)

der gemeinsamen Daten,

2.   *reduzierter Speicherbedarf*   (reduced storage requirements)

durch Verminderung von Redundanz in den Daten, die sich notwendigerweise ergeben würde, wenn die Daten für jede Anwendung individuell in eigenen Dateien, also mehrfach, bereitgestellt werden würden,

3. systematisch organisierte

zentrale Kontrolle   (central control)

aller Daten (Gültigkeitsprüfung) und Datenzugriffe (Berechtigungsprüfung),

4.   *Datenübereinstimmung*   (data consistency),

d. h. Verhinderung von Unvereinbarkeiten zwischen Daten, hervorgerufen durch unkorrelierte Änderungen.

Die allseitige Benutzbarkeit bedingt zweierlei:
Zum einen können die Daten einer Datenbank, die ja von vielen Anwendungen benutzt werden, nicht mehr anwendungsspezifisch organisiert und dargestellt sein. Das bedeutet aber, daß auch Änderungen der Datenbank „transparent" sein müssen, also ohne Einfluß auf die Anwendungsprogramme. Dies wird mit

Datenunabhängigkeit   (data independence)

bezeichnet.

Zum anderen müssen für die einzelnen Anwendungen Selektionsmöglichkeiten beim Zugriff zu den Daten existieren; man muß eine

Datenauswahl   (data selection)

vornehmen können. Eine einzelne Anwendung wird im allgemeinen nicht alle Daten benötigen.

5.2.2 Datenbankmodelle

Ein

Datenbankmodell   (data base model)

ist eine abstrakte Beschreibung, die für den Benutzer die einzelnen Datenelemente mit den zwischen ihnen geltenden logischen Beziehungen wiedergibt. Sie ist unabhängig von ihrer Realisierung bezüglich der Anordnung und Codierung der Elemente in Sätzen bzw. der Sätze und Dateien auf physikalischen Speichermedien (Datenunabhängigkeit). Die Abstraktion von jeglicher Realisierung ist insbesondere deshalb erforderlich, weil ein Datenbankmodell

Untermodelle   (submodels)

enthalten kann, die nur Untermengen der Daten und Beziehungen für bestimmte Anwendungen (Benutzer) enthalten (Datenauswahl).

Beim Aufbau eines Datenbankmodells muß man zwischen „ordnenden" Datenelementen,

Erkennungsschlüsseln   (keys),

und zugeordneten Datenelementen (attributes) unterscheiden. Bei zueinander in Beziehung stehenden Datenelementen stellt wenigstens *ein* Element einen Erkennungsschlüssel dar, der es erlaubt, diese Daten jederzeit zu identifizieren. Zu einem solchen eindeutigen, womöglich zusammengesetzten sog. Primärschlüssel (primary key) können Sekundärschlüssel (secondary keys) kommen, die bezüglich der gesamten Datenbank nicht mehr eindeutig sein müssen. In diesem Fall vermögen sie jedoch eine Untermenge der in Beziehung stehenden Datenelemente eindeutig zu identifizieren. (So identifiziert z. B. eine Artikelnummer eindeutig einen Artikel, während dieselbe Artikelbezeichnung auf mehrere Artikel zutreffen kann.)

Zur Veranschaulichung eines Datenbankmodells diene das Beispiel der auszugsweisen Bestelldaten eines Textilgroßhändlers (Abb. 41). Hier beschreibt jede Tabellenzeile einen Artikel sowie seine Bestellmenge bei einem bestimmten Lieferanten. Derselbe Artikel kann in verschiedenen Mengen bei mehreren Lieferanten bestellt sein. Das wird in mehreren Tabellenzeilen festgehalten. Primärschlüssel, d. h., eindeutige Identifikation einer Tabellenzeile, stellt z. B. die Kombination aus Artikelnummer und Lieferantennummer dar, während z. B. die Artikelnummer allein nur die Untermenge der Artikelattribute identifiziert, also nur mehrdeutiger Sekundärschlüssel sein kann.

Artikel					Lieferanten		
No.	Bezeichnung	Farbe	Größe	Menge	No.	Name	Adresse
A1	Hosen	rot	38	150	L1	Schmidt	Kassel
A1	Hosen	rot	38	250	L2	Maier	Bonn
A2	Jacken	grün	42	350	L1	Schmidt	Kassel
A2	Jacken	grün	42	450	L2	Maier	Bonn
A2	Jacken	grün	42	550	L3	Becker	Bonn
A3	Pullis	blau	42	650	L1	Schmidt	Kassel
A4	Pullis	rot	40	750	L3	Becker	Bonn

Abb. 41. Beispiel eines Datenbankmodells

Die Anordnung aller Datenelemente in zweidimensionalen

Tabellen   (tables),

wobei jede Zeile alle Zeilenelemente in eine Beziehung (Relation) setzt, ist charakteristisch für eine Datenbankstruktur, die man als

Relationales Datenbankmodell   (relational data base model)

bezeichnet. Jedem Datenelement entspricht ein Tabelleneintrag. Alle Datenelemente einer Spalte sind gleichartig. Sie stellen nur verschiedene Verwirklichungen des Spaltennamens dar. Alle Datenelemente einer Zeile sind verschiedenartig, stehen aber miteinander in Beziehung. Sie gehören zueinander, bilden eine Relation. Die verschiedenen Zeilen sind wenigstens in einem Datenelement verschieden. Zeilen und Spalten besitzen keine notwendigerweise bestimmte Reihenfolge. Somit ändert das Vertauschen von Zeilen oder Spalten nichts am Inhalt der Tabelle, ebensowenig an ihrer Verwendung. Also können auch leicht Zeilen oder sogar Spalten hinzugefügt oder weggelassen werden.

Die Tabellendarstellung für das Beispiel in Abb. 41 ist jedoch erst die Ausgangsform für ein Relationales Datenbankmodell. Sie weist nämlich Redundanz auf und genügt so nicht dem eingangs geschilderten Datenbankkonzept (siehe Kap. 5.2.1): Gewisse Datenelementgruppen (z. B. A2/Jacken/grün/42 oder L1/Schmidt/Kassel) kommen mehrfach vor. Die Änderung eines Datenelementes müßte also unter Umständen an mehreren Stellen in der Tabelle gleichzeitig durchgeführt werden, was umfangreiche Suchvorgänge durch die ganze Datenbank bedingen würde.

Zur Vermeidung von Redundanz und des damit verbundenen Aufwandes bei Änderungen in der Datenbank führt man eine

normalisierte Form

des Relationalen Datenbankmodells ein. Dazu teilt man das Datenbankmodell in mehrere Tabellen auf, in denen alle zugeordneten Datenelemente nur noch einmal auftreten und damit auch leicht änderbar sind. Die normalisierte Form trägt den Abhängigkeitsstrukturen zwischen den einzelnen Datenelementen Rechnung. Sie entsteht aus der Ausgangsform, indem man aus dieser alle sich wiederholenden Datenelementgruppen herauszieht und zu neuen, kleineren und gleichsam selbständigen Tabellen zusammenfaßt. Solche sich wiederholende Datenelementgruppen bestehen aus Datenelementen, von denen eines eine ordnende Funktion ausübt, d. h. ein mehrdeutiger Sekundärschlüssel ist, dem allein alle anderen Elemente der Gruppe zugeordnet sind. Dadurch reduziert sich die ursprüngliche Tabelle auf eine Rumpftabelle, die keine Redundanz mehr aufweist. Das Datenbankmodell besteht nun aus der so entstandenen Rumpftabelle, in welcher der Primärschlüssel weiterhin ordnendes und identifizierendes Datenelement für die ganze Datenbank bleibt, sowie den herausgezogenen Teiltabellen, in denen die mehrdeutigen Sekundärschlüssel die Identifikation übernehmen.

Die Abhängigkeitsstruktur (Abb. 42) der Datenelemente des oben benutzten Beispiels (Abb. 41) führt auf eine normalisierte Form, die aus drei Tabellen besteht (Abb. 43):

Die Artikeldaten mit Schlüssel Ai kommen mehrfach vor, man bildet daher nun eine eigene Tabelle. Das gleiche gilt für die Lieferantendaten mit Schlüssel Lj. So kommt z. B. in Abb. 41 die Kombination L1/Schmidt/Kassel dreimal vor, wobei Schmidt von L1 direkt und Kassel von L1 indirekt, nämlich über den Namen

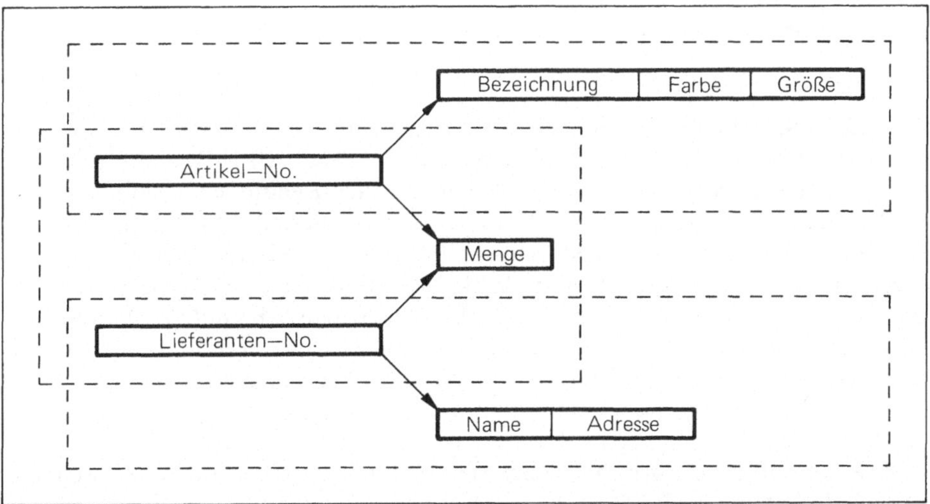

Abb. 42. Abhängigkeitsstruktur der Datenelemente und Struktur der normalisierten Form der Relationalen Datenbank (vgl. Abb. 41)

Artikel—Relationen

No.	Bezeichnung	Farbe	Größe
A1	Hosen	rot	38
A2	Jacken	grün	42
A3	Pullis	blau	42
A4	Pullis	rot	40

Lieferanten—Relationen

No.	Name	Adresse
L1	Schmidt	Kassel
L2	Maier	Bonn
L3	Becker	Bonn

Bestellungs—Relationen

A—No.	L—No.	Menge
A1	L1	150
A1	L2	250
A2	L1	350
A2	L2	450
A2	L3	550
A3	L1	650
A4	L3	750

Abb. 43. Beispiel des normalisierten Datenbankmodells (vgl. Abb. 41 und 42)

Schmidt, abhängen. Die Artikelmenge hängt nicht allein von der Artikelnummer Ai ab, sondern von einem „zusammengesetzten" Schlüssel AiLj. Dadurch reduziert sich nach Herausziehen der beiden Tabellen „Artikel-Relationen" und „Lieferanten-Relationen" die ursprüngliche Tabelle auf die „Bestellungs-Relationen" mit dem zusammengesetzten Erkennungsschlüssel AiLj und der Artikelmenge als zugeordnetem Datenelement. Die Artikel-Relationen stellen Beziehungen her zwischen den Informationen, welche die einzelnen Artikel betreffen. Dasselbe gilt für die Lieferanten-Relationen. Das verbindende Element sind die Bestellmengen bzw. Bestell-Relationen. Sie bringen bestimmte Artikelinformationen in Beziehung mit Lieferanteninformationen und quantifizieren sie durch Mengenangaben, d. h. die Anzahl der einzelnen Artikel vom entsprechenden Lieferanten.

Die normalisierte Form hat neben der Redundanzfreiheit noch den weiteren Vorteil, daß Daten in der Datenbank beschrieben werden können, auch wenn sie nicht in einem aktuellen Bezug stehen. (Im Beispiel können das Lieferantendaten sein für Lieferanten, bei denen im Augenblick nichts bestellt ist.)

Ein Relationales Datenbankmodell wird also durch Tabellen dargestellt, wobei eine Tabelle als Datei aufgefaßt werden kann, desgleichen Tabellenzeilen als Datensätze und die einzelnen Tabelleneinträge (Datenelemente) als Datenwerte. Dies ist das übersichtlichste und handlichste Modell einer Datenbank. Es zeigt zudem einen „symmetrischen" Aufbau, was bedeutet, daß der Zugang zu allen Datenelementen gleichartig erfolgt.

Im Gegensatz zu anderen Datenbankmodellen (siehe weiter unten) liegt die Stärke des Relationalen Modells außerdem darin, daß sich ein Untermodell für einen bestimmten Benutzer leicht durch Weglassen von Zeilen und Spalten und durch Zusammenfügen von Tabellen konstruieren läßt. Dabei ist auch eine gewünschte Reihenfolge der Datenelemente leicht zu erreichen.

Zwei weitere Datenbankmodelle sind völlig anders strukturiert. Sie sollen am gleichen Beispiel verdeutlicht werden:

Das

Hierarchische Datenbankmodell   (hierarchical data base model)

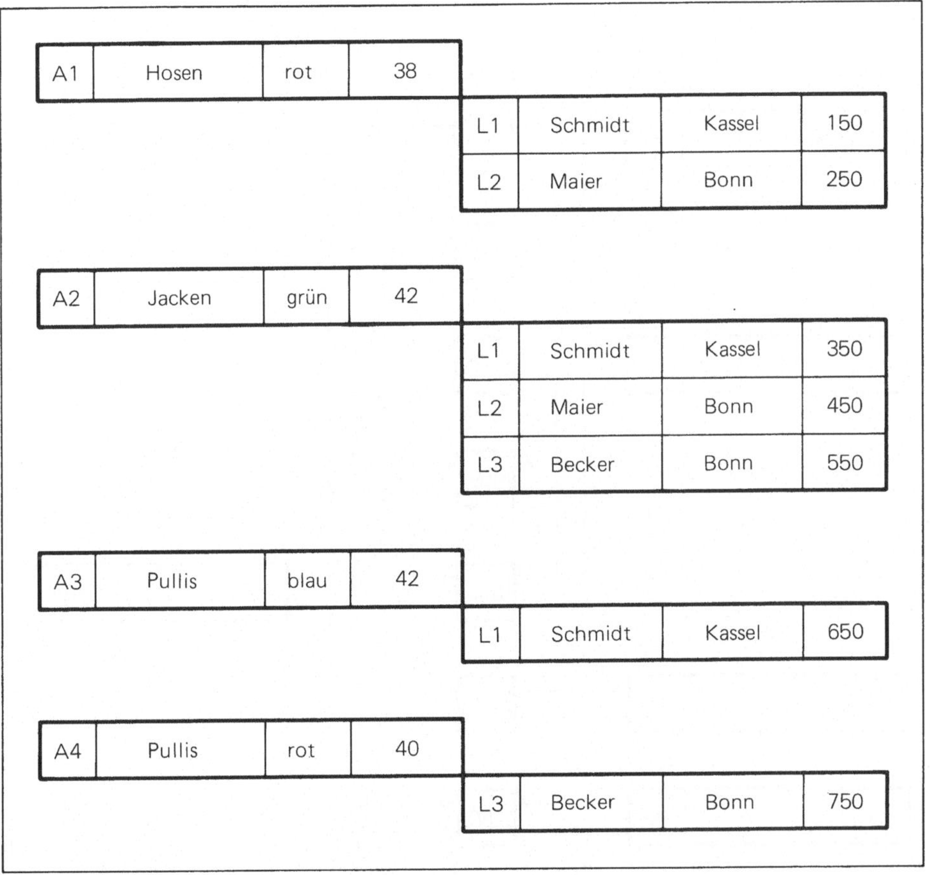

Abb. 44. Beispiel eines Hierarchischen Datenbankmodells

vermeidet bis zu einem gewissen Grad die Redundanz durch eine hierarchische Anordnung der Daten (Abb. 44). Dabei weist es eine Unsymmetrie auf, die sich darin ausdrückt, daß der Zugang zu den verschiedenen Datenelementen unterschiedlich verläuft: Der Zugang zu den die Hierarchie anführenden Elementen ist einfach, während die in der Hierarchie untergeordneten Elemente nur durch Suche durch die gesamte Hierarchie vollständig erfaßt werden können.

Das

Netzwerk-Datenbankmodell   (network data base model)

ist ziemlich komplex, wie schon das einfache Beispiel zeigt (Abb. 45) und ist wegen seiner Kettenverarbeitung von der Speicherstruktur abhängig (Speicheradressierung). Hier sind die einzelnen Artikel über die verschiedenen Bestellmengen mit den Lieferanten verbunden. Dabei stellen geschlossene Zeigerketten auf der linken Seite den Zusammenhang her zwischen allen Bestellungen des gleichen Artikels bzw. auf der rechten Seite zwischen solchen beim gleichen Lieferanten. Sie erlauben symmetrischen Zugriff sowohl zu Artikeln als auch zu Lieferanten bei geringstem Zeigeraufwand (im Vergleich zu anderen Zeigertechniken).

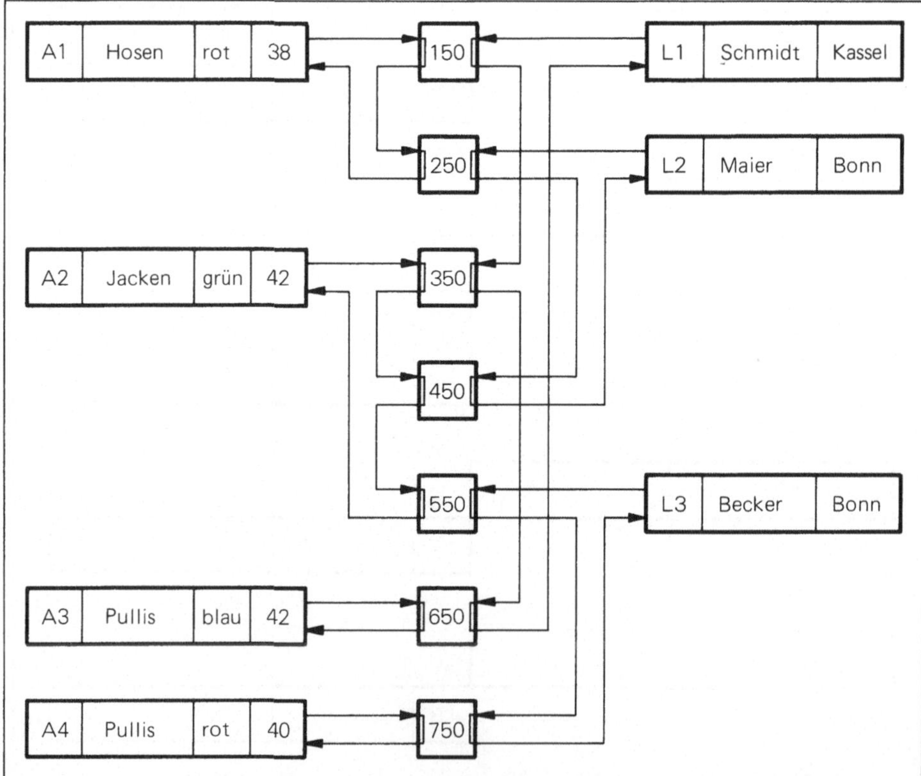

Abb. 45. Beispiel eines Netzwerk-Datenbankmodells

Die Erstellung einer Datenbank aus allen ihren Datenelementen in Form eines Datenbankmodells ist ein nichttrivialer Vorgang. Es gilt dabei, aus den verschiedenen sich überschneidenden, anwendungsorientierten Untermodellen ein Gesamtmodell zu bilden, das alle Zusammenhänge der Daten richtig wiedergibt und eine optimale Struktur besitzt. Es kommt also dabei darauf an, alle den Daten innewohnenden Abhängigkeiten zu berücksichtigen und Unabhängigkeit von den einzelnen Anwendungen, wie auch von Hardware- bzw. Softwareeinrichtungen zu erzielen.

5.2.3 Datenbankarchitektur

Während ein

Datenbankmodell   (data base model)

nur abstrakt, „modellmäßig" vom Benutzerstandpunkt aus, darstellt, *was* eine Datenbank enthält (Semantik), also die Datenelemente und ihre logischen Beziehungen untereinander, gibt die

Logische Datenbank   (logical data base)

die Organisation der Daten in Dateien an, d. h. *wie* die Daten gespeichert und codiert sind (Syntax) (Abb. 46).

Modelle und Untermodelle, sowie die logische Datenbank werden von Routinen gehandhabt, die als

Datenbanksoftware   (Data Base Management System = DBMS)

bezeichnet werden. Sie besorgt mit den dazu nötigen abgespeicherten Beschreibungen der Datenbankmodelle die von den einzelnen Anwendungen gewünschten Operationen wie Lesen, Modifizieren, Ergänzen und Löschen von Datenelementen. Dafür enthält sie Abbildungsroutinen, die den Übergang von einem Untermodell zum Gesamtmodell bewerkstelligen. Ferner betätigt sie die Abbildung vom Datenbankmodell zur logischen Datenbank und schließlich bedient sie sich der Datenzugriffsmethoden für die eigentlichen Zugriffe zur Information in der

Physikalischen Datenbank   (physical data base).

Somit kennt die Datenbanksoftware alle zur Datenbank gehörenden Dateien, die Struktur ihrer Sätze, Erkennungsschlüssel und zugeordneten Datenelemente. Sie kennt jedoch keine physikalischen Blöcke, Indexstrukturen und dergleichen.

Erst die Physikalische Datenbank gibt schließlich an, *wo* die Daten wirklich auf Daten- bzw. Massenspeichern gespeichert sind, wobei Satzblockung zur besseren Speicherausnutzung und Indexstrukturen zum schnelleren Zugriff dienen. Dazu werden die Datenzugriffsmethoden verwendet (siehe Kap. 5.3).

5.2.4 Datenbankzugriff

Die Operationsweise der Datenbanksoftware soll am Beispiel des Lesens einer Datenrelation in einer Anwendung, basierend auf Abb. 46, erläutert werden (Abb. 47).

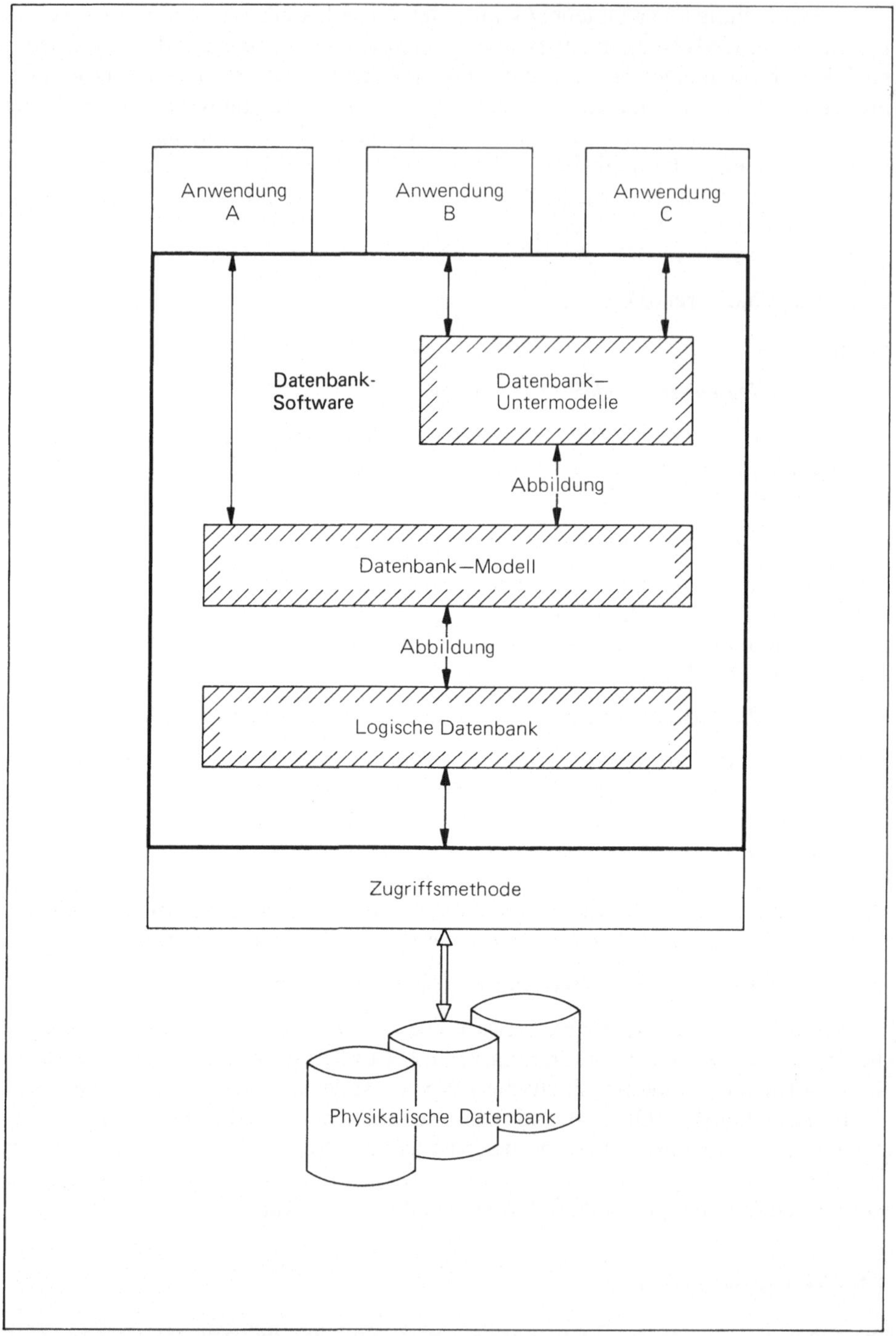

Abb. 46. Datenbankarchitektur

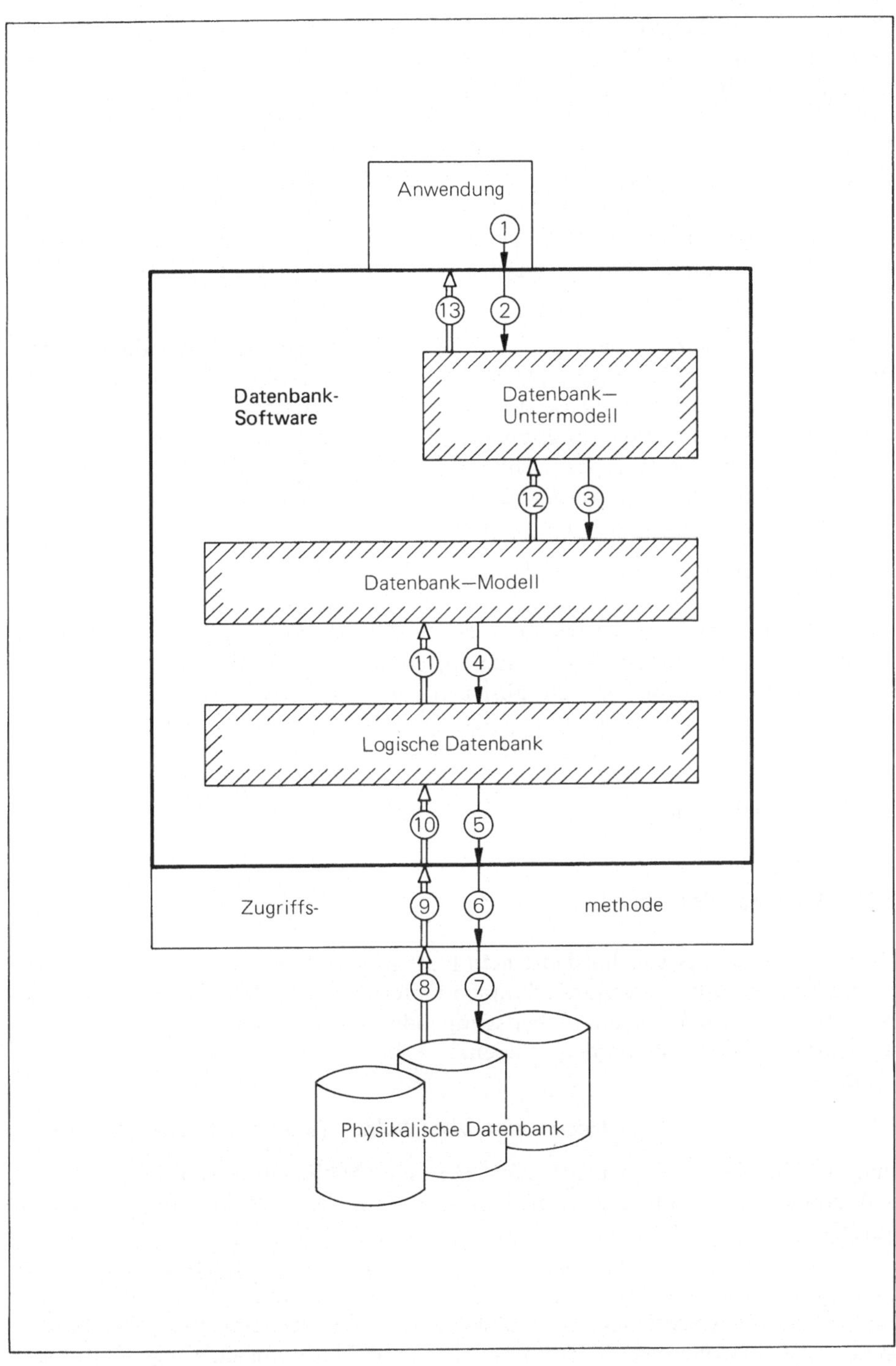

Abb. 47. Datenbankzugriff

Der Vorgang beginne innerhalb der Anwendung mit einem Aufruf zum Lesen gewisser Daten (1). Die Datenbanksoftware bestimmt das zur Anwendung gehörige Datenbankuntermodell, das die für die Anwendung zutreffende Beschreibung der Datenbank zur Verfügung stellt (2). Damit wird der Aufruf im Sinne des Untermodells verstanden. Die Datenbankroutinen benutzen nun die Beziehungen (Abbildungsalgorithmen) zwischen Untermodell und Datenbankmodell, beziehen den Aufruf nun also auf das Modell der gesamten Datenbank (3). Die Logische Datenbank wird aufgerufen und dabei entschieden, welche Dateien bzw. Datensätze durch den Aufruf verlangt werden (4). Danach wird die Kontrolle an die Zugriffsmethode übergeben (5).

Die Zugriffsmethode besorgt mit Hilfe des Supervisors das eigentliche Datenlesen (6 und 7) in Form von Datenblöcken (8), aus denen sie die verlangten Datensätze herausholt (9). Diese stellt sie den Datenbankroutinen zur Verfügung, die sie als Bestandteile der Logischen Datenbank identifizieren (10). Die Daten werden in das anwendungsspezifische Format gebracht (11), die für die Anwendung relevanten Datenelemente werden selektiert (12) und schließlich der Anwendung als Datenrelation zur Verfügung gestellt (13).

In ähnlicher Weise verlaufen alle anderen Datenbankoperationen. Dazu bedient sich die Datenbanksoftware einer Sprache, die als Teil einer höheren, problemorientierten Programmiersprache erlaubt, nicht nur Daten einschließlich Relationen im Modell bzw. Untermodell zu definieren, sondern auch die Datenhandhabung (Lesen, Schreiben, Löschen, Aktualisierung usw.) durchzuführen.

5.3 Datenspeicherung

5.3.1 Datenorganisationen

Die Gesamtheit aller gleichbedeutenden Datensätze bildet eine Datei. Je nach den Erfordernissen ihrer Anwendung können Dateien verschieden organisiert sein, sei es, daß alle Sätze in einem Arbeitsgang oder nur einzelne Sätze in beliebiger Reihenfolge verarbeitet werden müssen.

Bei der

Sequentiellen Organisation ohne Index   (sequential organization)

sind die Sätze in der Reihenfolge eines (Primär-) Schlüssels angeordnet (Abb. 48) und können daher im allgemeinen auch nur in dieser Reihenfolge abgerufen werden.

Um an einen bestimmten Satz zu gelangen, müssen bei sequentiellen Speichermedien alle vorhergehenden Sätze durchsucht werden. „Direkter" Zugriff zu einem Satz mittels seines Schlüssels – also unter Umgehung aller vorhergehenden Sätze – ist nur bei nichtsequentiellen Speichermedien (z. B. Plattenspeicher, vgl. Kap. 5.4.2) möglich, jedoch mangels eines Index erschwert. Ein stichprobenartiges Aufsuchen durch Überspringen von Sätzen, ähnlich einem „Binären" Suchen, kann hier den

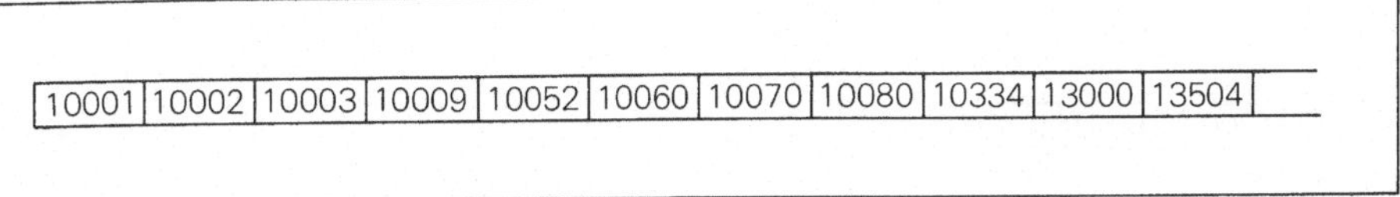

Abb. 48. Beispiel einer Sequentiellen Datenorganisation ohne Index (je Datensatz ist nur der Erkennungsschlüssel angegeben)

Datenzugriff beschleunigen. Dabei wird zuerst in die Mitte der Datei gesprungen, in der Folge die Sprungweite jeweils halbiert und je nach dem Ergebnis des letzen Vergleichs vorwärts oder zurück gesprungen, bis der gesuchte Satz gefunden worden ist (Abb. 49: Um an den Satz mit Schlüssel 10080 zu gelangen, genügen in diesem Beispiel beim Binären Suchen 3 Sprünge an Stelle von 8 Schritten bei sequentiellem Suchen).

Im Gegensatz dazu läßt die

Gestreute Organisation   (direct organization)

jegliche Reihenfolge der Datensätze auf Grund von Erkennungsschlüsseln unberücksichtigt. Hier dient ein geeigneter

Adressier-Algorithmus   (addressing algorithm)

dazu, aus einem Schlüssel eine Adresse auf dem Speichermedium zu errechnen, unter welcher der betreffende Satz zu finden ist. D. h., im allgemeinen stehen Sätze nicht in der Reihenfolge ihrer Schlüssel.

Diese Organisationsform ist nur bei nichtsequentiellen Speichern möglich. Ihr Vorteil besteht darin, daß jeder Satz direkt erreichbar ist, ohne daß vorhergehende Sätze durchlaufen werden müssen oder ein Index durchsucht werden muß. Die Methode ist also sehr schnell beim Zugang zu den Sätzen in beliebiger Reihenfolge. Allerdings eignet sich diese Organisationsform nicht für sequentielle Verarbeitung.

Eine weitere Schwierigkeit stellt die Auswahl eines geeigneten Algorithmus zur Umsetzung von Schlüsseln in Adressen dar. Er darf möglichst nicht mehrere verschiedene Schlüssel auf die gleiche Speicheradresse führen und zu viele Speicheradressen unbenutzt lassen. Im ersteren Fall werden Zusatzmaßnahmen nötig, wie z. B. das Bereitstellen von „Überlaufbereichen" für sog. Synonyme. Man

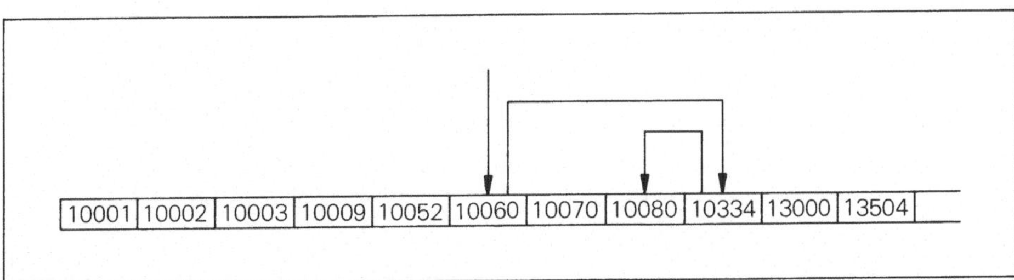

Abb. 49. Beispiel eines Binären Suchens in Sequentieller Datenorganisation

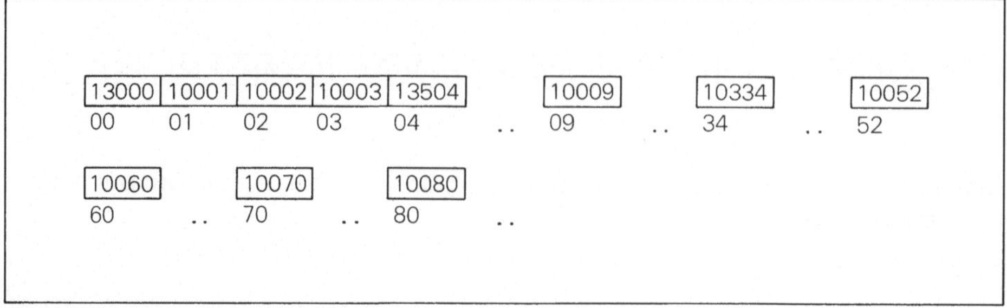

Abb. 50. Beispiel einer Gestreuten Organisation

wird also erst verschiedene Algorithmen ausprobieren müssen, um den geeignetsten herauszufinden.

Als Beispiel sei für die Schlüssel der Abb. 48 ein Algorithmus gewählt, der jeweils die beiden letzten Schlüsselziffern als Speicheradresse interpretiert. Damit ergibt sich eine Speicherbelegung, die zwar in diesem Beispiel keine Doppelbelegung, jedoch große Speicherlücken verursacht (Abb. 50).

Bei der

Sequentiellen Organisation mit Index
(sequential organization with index)

sind die Sätze in der Reihenfolge ihrer Schlüssel angeordnet und können daher auch

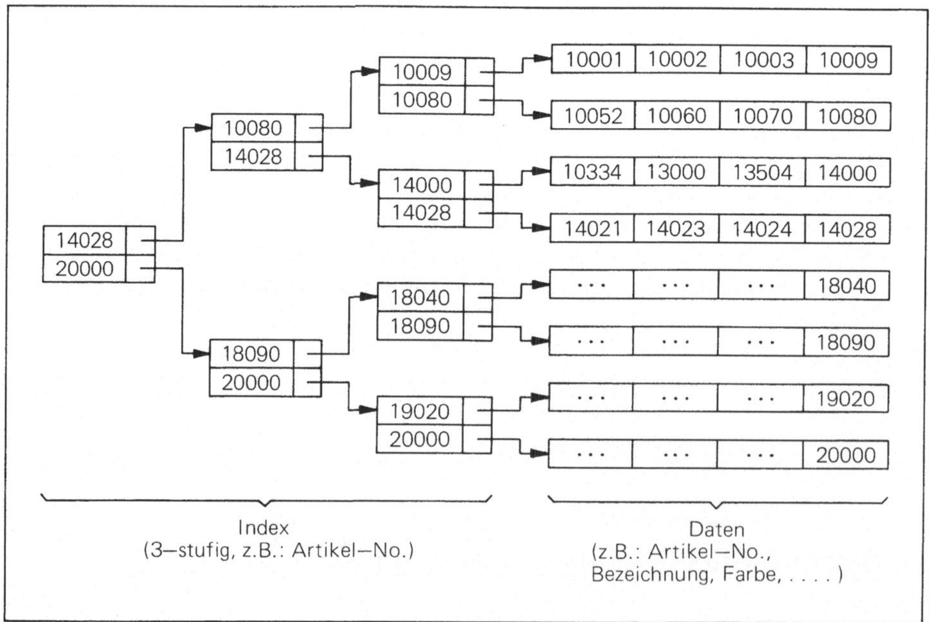

Abb. 51. Beispiel einer Sequentiellen Organisation mit Index

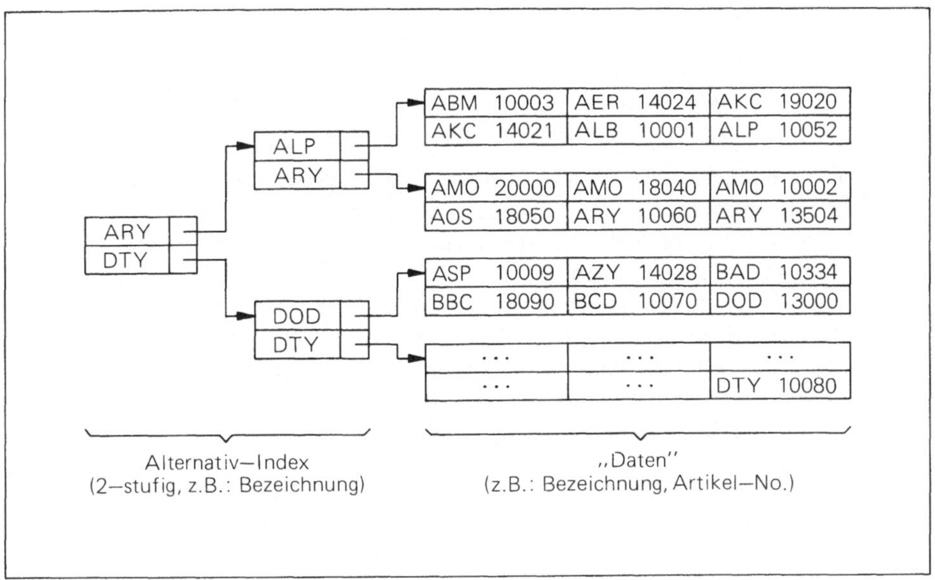

Abb. 52. Beispiel eines Alternativindex zu Fig. 51

bei Bedarf in dieser Reihenfolge (sequentiell) verarbeitet werden. Zusätzlich enthält eine separate Liste von (Primär-) Schlüsseln,

Index   (index)

genannt, für jeden n-ten Schlüssel in der Reihenfolge einer Speicheradresse zum direkten Aufsuchen der Sätze. Diese Organisation verbindet also die sequentielle Anordnung der Sätze zur sequentiellen Bearbeitung mit dem Vorteil des relativ schnellen Auffindens eines beliebigen einzelnen Satzes mittels Index.

Ein Index ist im allgemeinen in mehrere Ebenen strukturiert, so daß das Aufsuchen eines einzelnen Satzes in mehreren Schritten erfolgt, beginnend mit einem groben Oberindex, über Zwischenindices zur detaillierten untersten Indexebene. Jede höhere Ebene beinhaltet jeweils nur eine Untermenge von Schlüsseln der nächstniedrigeren Ebene, sowie zu jedem Schlüssel einen Zeiger zu einer Schlüsselgruppe der nächstniedrigeren Ebene (Abb. 51). Die Schlüssel jeder Ebene sind in Reihenfolge angeordnet. Dabei stellt ein Schlüssel einer Ebene jeweils den letzten Schlüssel einer Schlüsselgruppe der nächsten Ebene dar. D.h., sobald beim suchenden Durchlaufen einer Schlüsselgruppe ein Schlüssel gefunden wird, der größer als der (oder gleich dem) gesuchte(n) Schlüssel ist, muß in der nächsten Ebene die entsprechende Schlüsselgruppe aufgesucht und in ähnlicher Weise durchsucht werden. So gelangt man schließlich von der letzten Ebene des Index aus in die Datei selbst, wo der Suchvorgang sich nun in einer Satzgruppe abspielt, die den Satz mit gesuchtem Schlüssel enthalten muß, sofern der Satz überhaupt vorhanden ist. Das explizite Beispiel eines Indexsuchvorganges wird weiter unten gezeigt (Abb. 53).

Zum „Primär"-Index, der sich aus Primärschlüsseln zusammensetzt, können aus Sekundärschlüsseln aufgebaute

Alternativindizes   (alternate indexes)

kommen, die es erlauben, die Daten auch noch nach anderen, unter Umständen nicht mehr eindeutigen Erkennungsschlüsseln anzugehen (Abb. 52). Im „Daten"-Teil des Alternativindex werden jedem Sekundärschlüssel ein oder mehrere Primärschlüssel zugeordnet, die dazu dienen, über den Primärindex an die eigentlichen Daten zu gelangen.

Als Beispiel eines Indexsuchvorgangs anhand der Abb. 51 und 52 werde der Artikel mit der Bezeichnung „BAD" gesucht (Abb. 53). Das bedeutet zunächst Durchlaufen des Alternativindex. In den einzelnen Indexebenen werden entsprechende Schlüsselgruppen sequentiell durchsucht ($>$), bis jeweils das Suchargument („BAD") einem Sekundärschlüssel in der alphabetischen Reihenfolge vorsteht ($<$) oder ihm gleich ist ($=$), so daß mittels des dabeistehenden, in die nächste Ebene weisenden Zeigers, die Suche dort fortgesetzt werden kann. Das führt schließlich zum „Daten"-Teil des Alternativindex, in dem nun das Suchargument gefunden wird ($=$), versehen mit einem dazugehörenden Primärschlüssel. Da der Sekundärschlüssel nicht eindeutig zu sein braucht (vgl. „ARY" in Abb. 52 mit zwei verschiedenen Artikelnummern „10060" und „13504"), muß geprüft werden, ob „BAD" mehrmals vorkommt. Die Suche wird also fortgesetzt, bis ein alphabetisch nachstehender Schlüssel ($<$) festgestellt wird. Auf diesen wäre man auch automatisch gestoßen, wenn zum Suchargument „BAD" kein Dateiinhalt existiert hätte. Mit dem (den) Primärschlüssel(n) – hier „10334" – können nun im Primärindex auf ähnliche Weise die eigentlichen Daten gefunden werden.

Neben dem schnellen sequentiellen Zugriff ohne Zuhilfenahme des Index ist so über den Index ein verhältnismäßig schneller direkter Zugriff zu einem beliebigen Satz möglich. Je nach den äußeren Umständen lassen sich durch verschiedene Indextiefen (Anzahl der Ebenen) und -breiten (Anzahl der Schlüssel je Ebene) sowie der Anordnung von Index und Daten zueinander, womöglich sogar auf verschiedenen Speichermedien (einschließlich Hauptspeicher), optimale Zugriffszeiten erzielen.

Auch diese Organisationsform eignet sich nur für nichtsequentielle Speichermedien.

Die Dynamik einer Datei, d. h. das laufende Hinzufügen bzw. Weglassen von Sätzen, verlangt geeignete Maßnahmen bzw. Vorkehrungen, die Datei auf dem neuesten Stand zu halten.

Eine einfache sequentielle Datei muß bei Veränderungen jeweils neu erstellt (kopiert) werden, wenn entsprechende Sätze eingefügt bzw. entfernt werden sollen.

Demgegenüber hat eine Gestreute Organisation den Vorteil, daß sie dafür keiner besonderen Maßnahmen oder Vorkehrungen bedarf, obwohl sich mit der Zeit herausstellen mag, daß ihr Adressieralgorithmus nicht mehr optimal ist.

Eine Indiziert-sequentielle Datenorganisation sieht dafür z. B.

Freiräume   (free space)

zwischen Satzgruppen vor, in die neue Sätze eingefügt werden können, bzw. in die vorhandene Sätze beim Einfügen von neuen Sätzen ausweichen können. Das

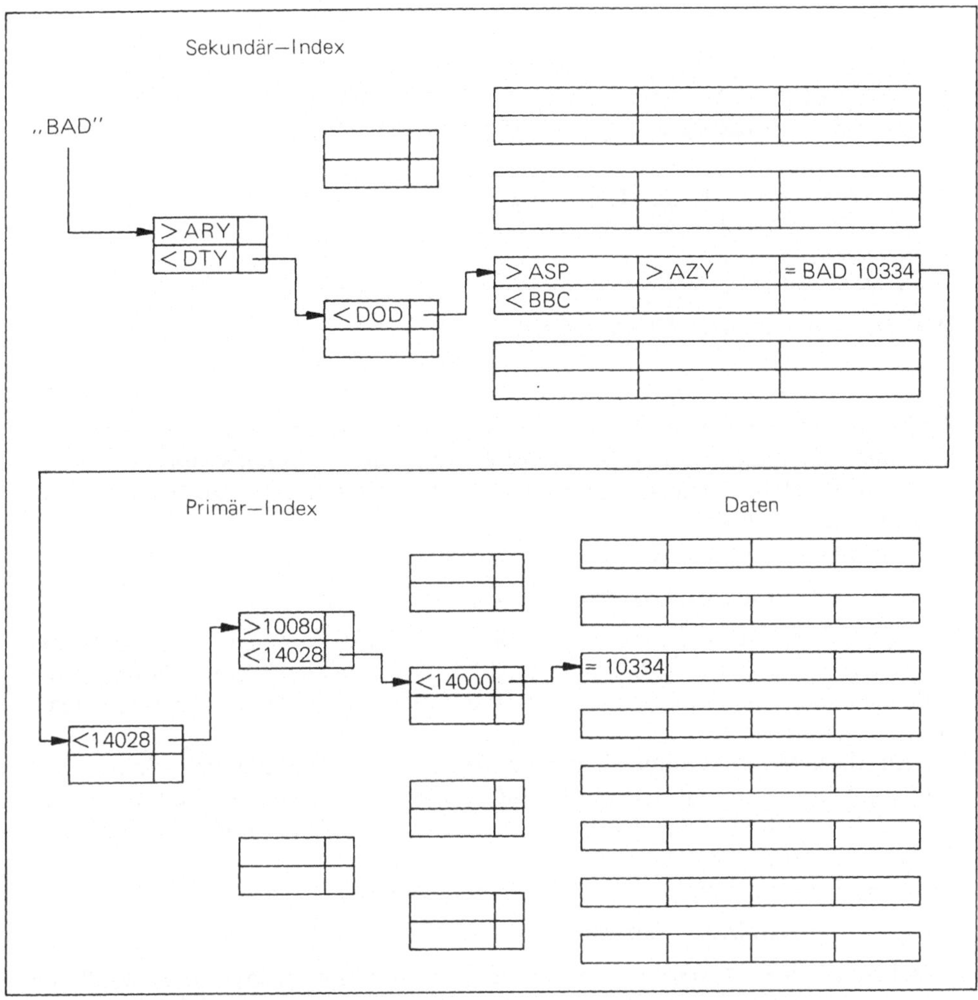

Abb. 53. Beispiel eines Indexsuchvorgangs für das Suchargument „BAD" (vgl. Abb. 51 und 52). Die Zeichen $> / = / <$ haben folgende Bedeutung:

$>$: Suchargument größer als Schlüssel, d. h. sequentielle Suche in Schlüsselgruppe des Index oder Satzgruppe der Datei fortsetzen;

$=$: Suchargument gleich Schlüssel, d. h. sequentielle Suche abbrechen; im Index mittels zugeordnetem Zeiger zu Schlüsselgruppe der nächsten Ebene oder Satzgruppe der Datei übergehen und sequentielle Suche dort fortsetzen; in Datei Satz mit gesuchtem Schlüssel gefunden;

$<$: Suchargument kleiner als Schlüssel, d. h. sequentielle Suche abbrechen; im Index mittels zugeordnetem Zeiger zu Schlüsselgruppe der nächsten Ebene oder Satzgruppe der Datei übergehen und sequentielle Suche dort fortsetzen; im „Datenteil" des Sekundärindex Beendigung des Suchens nach „Synonymen"; in Datei Satz mit gesuchtem Schlüssel nicht vorhanden.

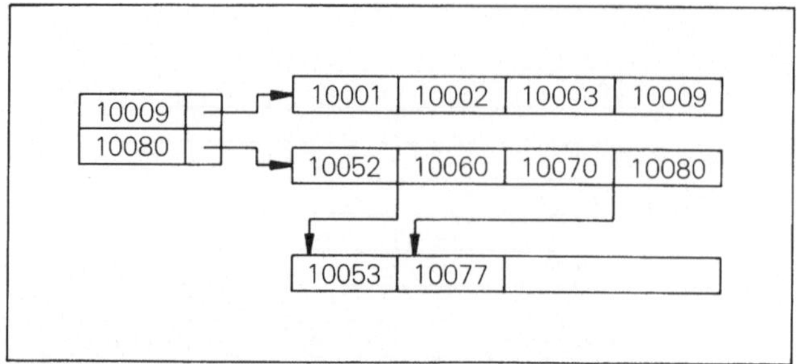

Abb. 54. Zeigertechnik im Überlaufbereich

Löschen von vorhandenen Sätzen erfolgt unter Vergrößerung des nächsten Freiraums. Von Zeit zu Zeit ist dann allerdings eine Reorganisation der ganzen Datei zur Beschaffung neuer Freiräume oder Verkleinerung von zu groß gewordenen Freiräumen nötig.

Eine andere Möglichkeit besteht darin, spezielle

Überlaufbereiche   (overflow areas)

zur Verfügung zu stellen, in die zusätzliche Sätze kommen, und diese über Zeigertechniken „adressierbar" zu machen. D. h., an Stelle eines Satzes in der Satzreihenfolge steht nur ein Zeiger, der auf diesen Satz im Überlaufbereich hinweist (Abb. 54).

Alle diese Manipulationen haben natürlich auch Einfluß auf die Indizes, sei es, daß nur Adressen aktualisiert werden müssen, sei es, daß Schlüssel im Index direkt betroffen sind, da der dazugehörige Satz nicht mehr existiert oder nicht mehr am Ende einer Gruppe von Sätzen steht.

Auch Dateien sind mit Erkennungsschlüsseln, sog.

Kennsätzen   (labels)

versehen, die ihrer Charakterisierung und Lokalisierung dienen und die alle im System in einem

Katalog   (catalog)

zusammengefaßt sind.

5.3.2 Blockungstechnik

Physikalische Speichermedien haben meist individuelle Speichergrundeinheiten, die mit der Größe der logischen Datensätze nicht übereinstimmen. Auch sprechen meist Preis/Leistungsgesichtspunkte für Speicher- bzw. Übertragungsgrößen, die von den Satzgrößen abweichen.

Sind die logischen Sätze kleiner, so können zur besseren Ausnutzung des jeweiligen Speichermediums, bzw. um größere Datenübertragungsgeschwindigkeiten zu erreichen, mehrere Sätze zu

Blöcken   (blocks)

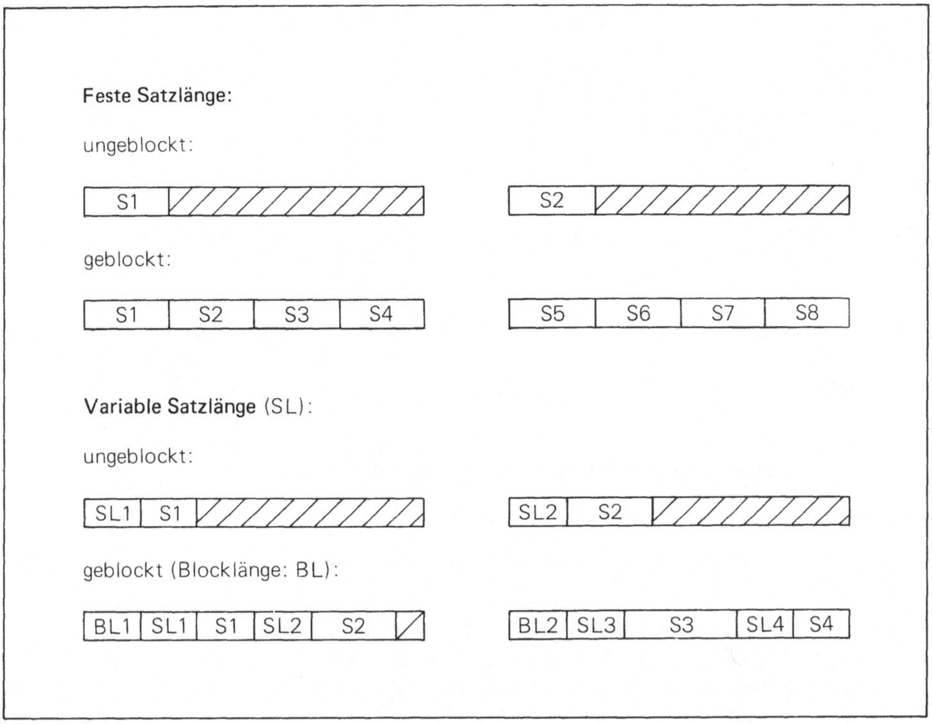

Abb. 55. Blockung von Sätzen fester bzw. variabler Satzlänge (BL = Blocklänge, SL = Satzlänge)

zusammengefaßt werden, während ein etwaiger Rest unbenutzt bleibt. Beim „Blocken" muß man unterscheiden, ob es sich um Sätze fester oder variabler Länge handelt. Bei ersteren gehört die Längenangabe der Sätze zur Beschreibung der Datei, bei letzteren zum einzelnen Satz. Danach richtet sich der Aufbau der Blöcke (Abb. 55).

Für direkten Zugriff auf Plattenspeichern kann noch der jeweils höchste Satzschlüssel je Block einem Block vorausgehen, um einen Suchvorgang nach einem bestimmten Schlüssel zu beschleunigen (Abb. 56).

Ist ein logischer Satz größer als die Grundeinheit des Speichermediums, so kann er sich als sog.

Spannsatz (spanned record)

über mehrere Blöcke erstrecken (Abb. 57).

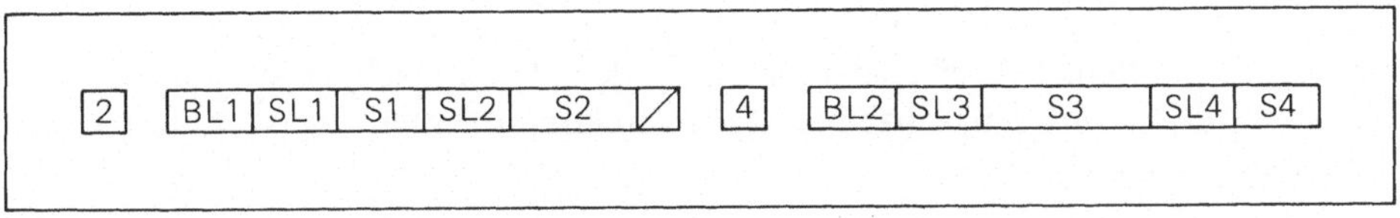

Abb. 56. Blockung mit vorausgestelltem Schlüssel (BL = Blocklänge, SL = Satzlänge)

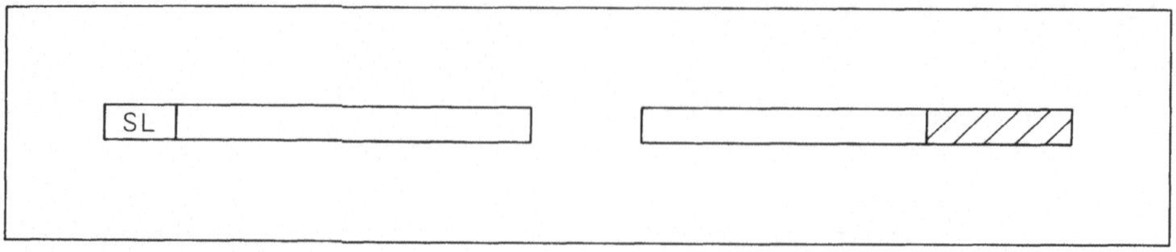

Abb. 57. Spannsatz, zwei Blöcke überspannend (SL = Satzlänge)

5.3.3 Datenzugriffsmethoden

Die verschiedenen Datenorganisationen sowie Blockungstechniken werden von den

Datenzugriffsmethoden   (data access methods)

unterstützt. Das sind Routinen im Betriebssystem. Sie besorgen

- die Verarbeitung der zu den Dateien gehörenden und sie charakterisierenden Kennsätze,
- das Blocken bzw. Entblocken von Datensätzen (vgl. Kap. 5.3.2),
- das eigentliche Lesen und Schreiben solcher Blöcke in sequentieller oder direkter Weise, gegebenenfalls über den Index (vgl. Kap. 5.3.1); (wenn direkt auch nur ein Satz interessiert, so muß doch der ganze, den betreffenden Satz enthaltende Block gelesen bzw. geschrieben werden),
- die bei Modifikationen einer Datei notwendige Aktualisierung der Indizes und Verwaltung der Freiräume.

Datenzugriffsmethoden stehen zwischen den Anwendungen bzw. den von ihnen benutzten Datenbankroutinen und dem Supervisor. Dem Anwender offerieren sie Makrobefehle, mit denen dieser die von ihm gewünschte Operation angeben kann. Andererseits etablieren sie sog. Kanalprogramme, durch die sie den Supervisor veranlassen, einen bestimmten GET/PUT-Befehl zu starten (Abb. 58).

Der SCHREIBE-Makrobefehl bedingt die Übertragung eines Datensatzes aus dem Schreibbereich in den Pufferbereich, wo die Sätze geblockt werden. Ist der Pufferspeicher, d. h. ein physikalischer Block, voll, so kann – sofern der Kanal von der Zentraleinheit zum Datenspeicher frei ist – vom Supervisor aus ein Kanalprogramm zum eigentlichen Schreiben der Daten gestartet werden. Das von der Zugriffsmethode konstruierte Kanalprogramm wird letztendlich im Kanal durchgeführt. Ist der Kanal nicht frei, so wird der PUT-Befehl vom Supervisor in eine Warteschlange (vgl. Kap. 5.8.1) gestellt, um bei nächster Gelegenheit wieder einen Versuch zu starten. Nach erfolgter Datenübertragung wird eine entsprechende Meldung an Supervisor, Zugriffsmethode und schließlich Datenbankroutine zurückgegeben. Beim Schreiben der Daten auf den Datenspeicher etwa aufgetretene Fehler werden von den einzelnen Softwarekomponenten meist automatisch korrigiert.

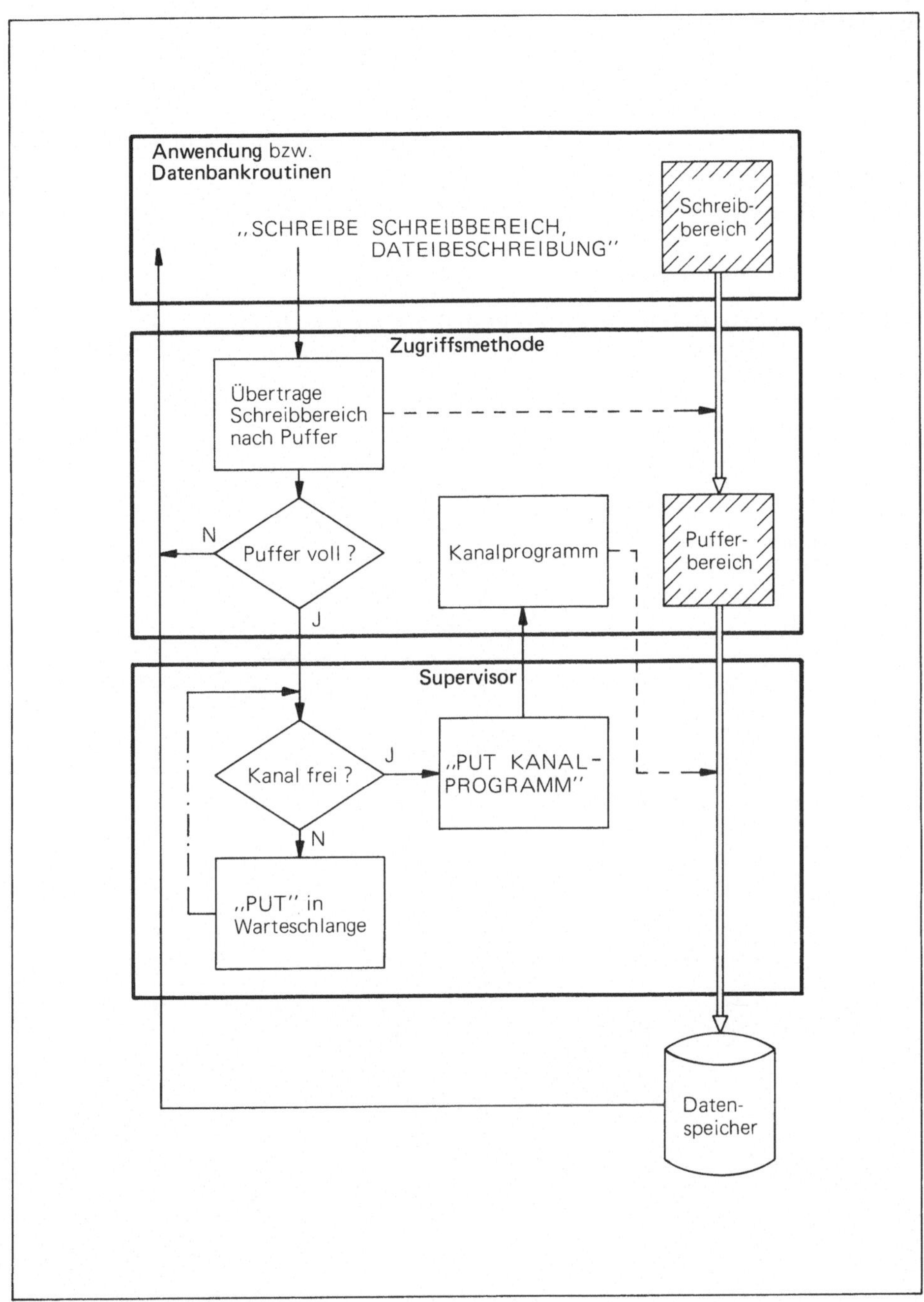

Abb. 58. Operationsweise von Zugriffsmethode und Supervisor (schematisch) am Beispiel eines SCHREIBE-Makrobefehls

5.4 Speichermedien

Als Speicher für digitale Information kommen verschiedene Technologien in Frage, die sich in ihren Eigenschaften und den dafür geeigneten Anwendungsarten unterscheiden (Abb. 59).

Speichern setzt sich im allgemeinen aus drei wesentlichen Vorgängen zusammen:

Schreiben, Speichern und Lesen   (write, store and read).

1. *Schreiben* heißt, daß Information in den Speicher geladen wird.

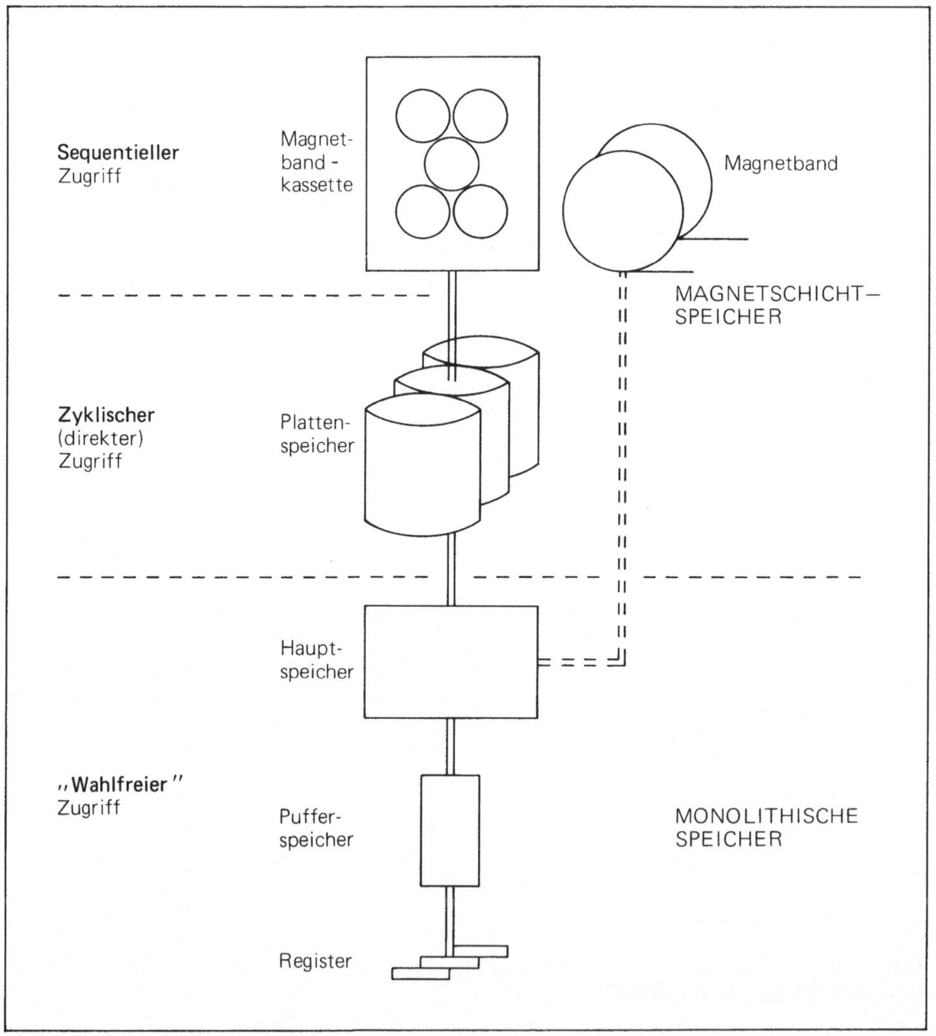

Abb. 59. Speichertechnologien

2. *Speichern* bedeutet, daß die geladene Information im Speicher festgehalten wird. Dazu muß sie bei einigen Technologien nach bestimmter Zeit wieder aufgefrischt werden.
3. Beim *Lesen* wird die gespeicherte Information abgegeben und steht so wieder zur Verfügung. Bei bestimmten Technologien löscht der Lesevorgang die gespeicherte Information, so daß anschließend an das Lesen die ausgelesene Information automatisch wieder eingeschrieben werden muß.

Sog.

Festspeicher (read-only storage)

enthalten dagegen fest eingespeicherte, nichtlöschbare Information. Diese wird bei der Herstellung der Speicher ein für alle Male eingeprägt. Solche Festspeicher eignen sich für unveränderliche Informationen und spielen unter anderem bei Mikroprozessorsystemen eine Rolle.

5.4.1 Zentralspeicher

Die Speicher innerhalb der Zentraleinheit eines Datenverarbeitungssystems bzw. innerhalb seines Prozessors, aber auch Speicher innerhalb von Steuereinheiten, sind heute vorwiegend

monolithische Speicher (monolithic storage).

Sie zeichnen sich durch hohe Zugriffsgeschwindigkeit, kleinen Raumbedarf und relativ niedrige Herstellkosten aus. Es sind integrierte Schaltungen (Transistoren),

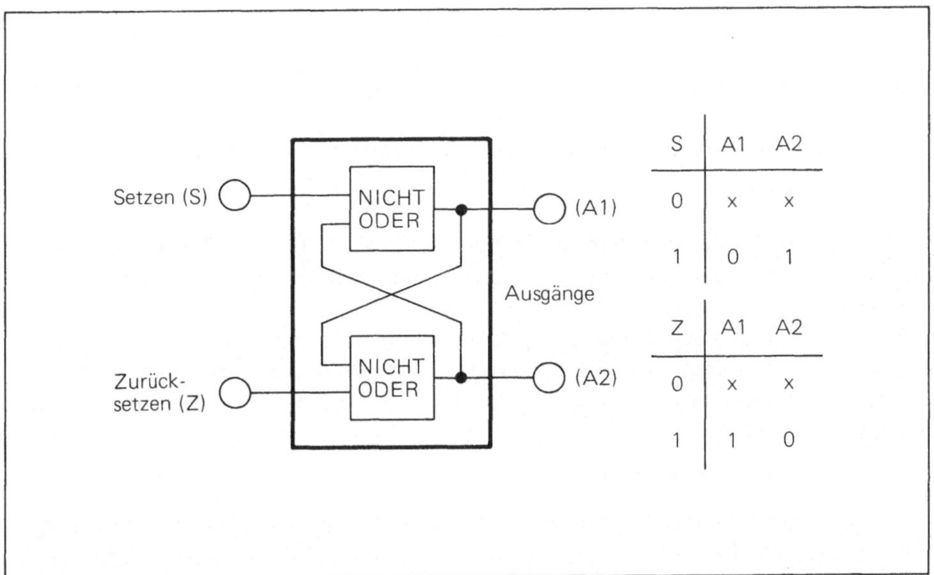

S	A1	A2
0	x	x
1	0	1

Z	A1	A2
0	x	x
1	1	0

Abb. 60. Flipflop-Speicherelement (x bedeutet unentschieden, d. h. bisheriger Zustand bleibt)

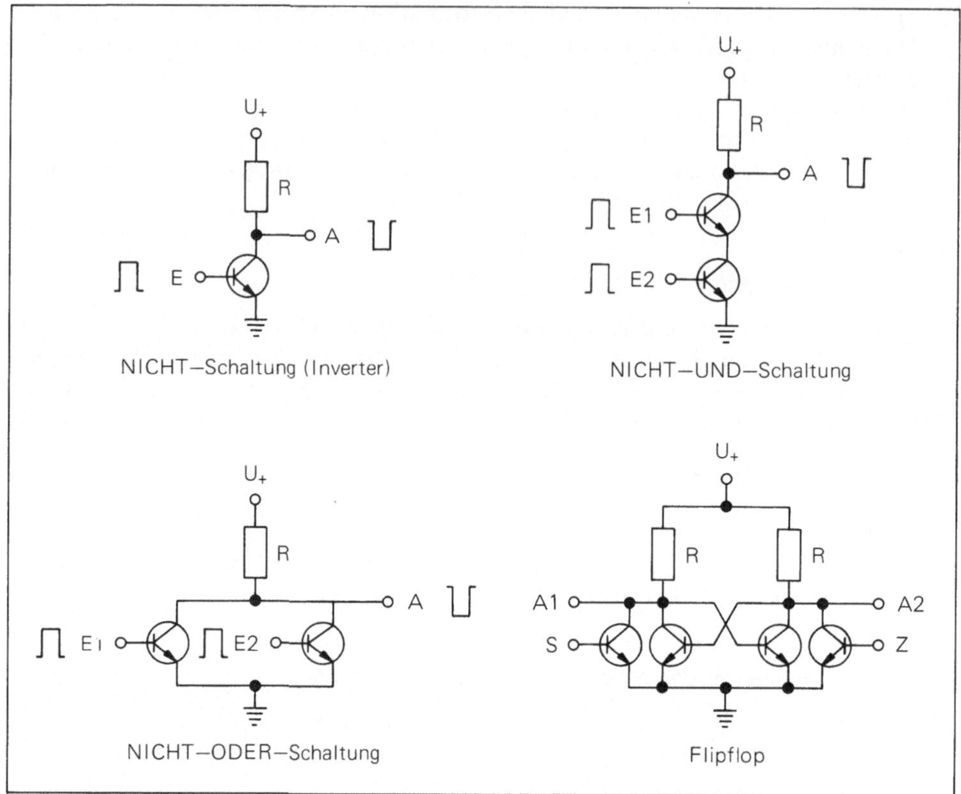

Abb. 61. Logische Schaltungen in einer Transistortechnologie

die dichtest gepackt auf kleinen dünnen Siliziumscheibchen, sog. Chips, angeordnet sind.

Die kleinste (nicht regenerationsbedürftige) Speichereinheit ist das

Flipflop,

ein Speicherglied mit zwei symmetrischen stabilen Zuständen. Durch geeignete Ansteuerung kann es von dem einen in den anderen Zustand gebracht werden (Abb. 60).

Die Speichereigenschaft eines Flipflops beruht im wesentlichen auf der Rückkopplung der Ausgänge auf die Eingänge in der Weise, daß sich ein erreichter Zustand selbst stabilisiert. Ein Flipflop speichert also ein Bit, gekennzeichnet durch die beiden Zustände

$$1: A1 = 0, A2 = 1 \quad bzw. \quad 0: A1 = 1, A2 = 0.$$

Die Verwendung von Negationen („NICHT") trägt der Tatsache Rechnung, daß sich negierte BOOLESCHE Verknüpfungen („NICHT-UND" bzw. „NICHT-ODER") in der Transistortechnologie natürlich anbieten, weil ein Transistor ein Signal auf den Basiseingang am Kollektor invertiert wiedergibt (Abb. 61).

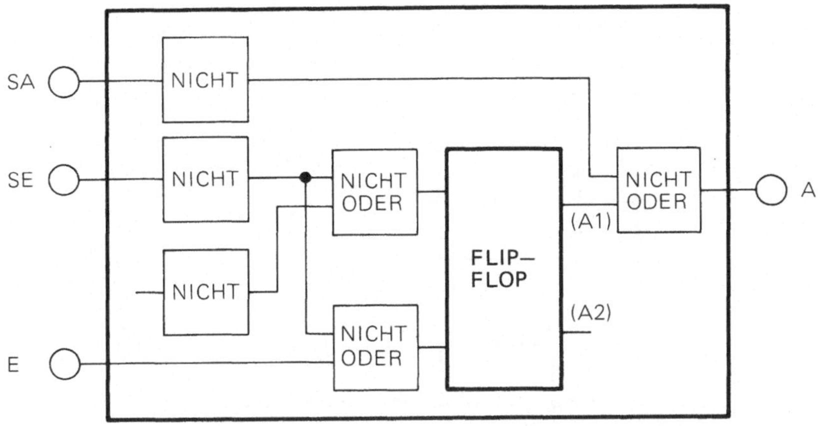

SE	E	A1	A2
0	0	x	x
0	1	x	x
1	0	1	0
1	1	0	1

SA	A1	A2	A
0	1	0	(0)
0	0	1	(0)
1	1	0	0
1	0	1	1

Abb. 62. Gesteuertes Flipflop (E = Dateneingang, SE = Eingangssteuerung, A = Datenausgang, SA = Ausgangssteuerung; x bedeutet unentschieden, d. h. bisheriger Zustand bleibt)

Zum An- und Aussteuern (gesteuertes Lesen und Schreiben) muß ein Flipflop durch geeignete Logik ergänzt werden (Abb. 62 bzw. vereinfacht Abb. 63). Nun können Daten nur eingelesen (E) bzw. wieder ausgelesen (A) werden, wenn die entsprechenden Steuereingänge (SE bzw. SA) von Null verschiedene Steuerimpulse empfangen. Die Steuereingänge werden als

Wegeschalter (gate)

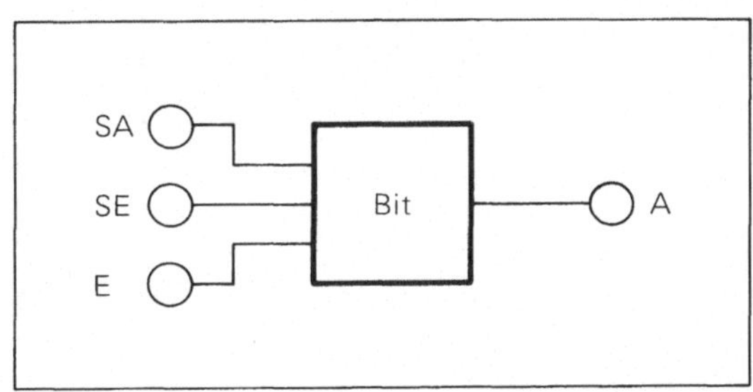

Abb. 63. Gesteuertes Flipflops, schematisch

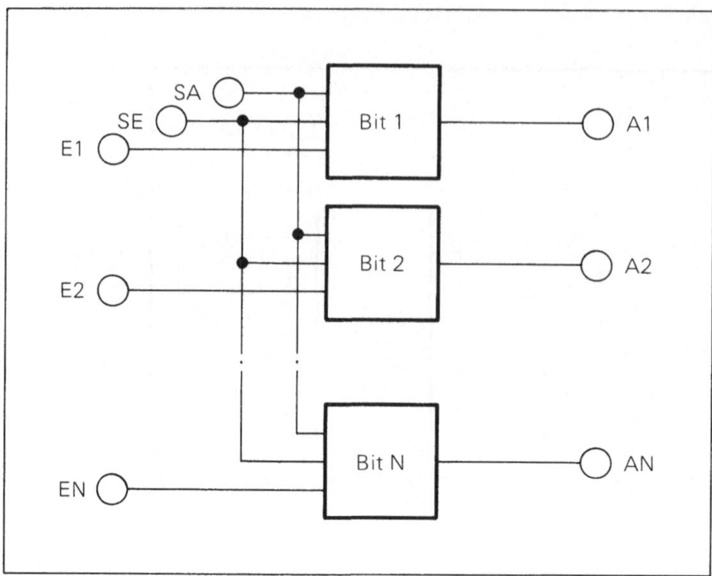

Abb. 64. *N*-stelliges Register

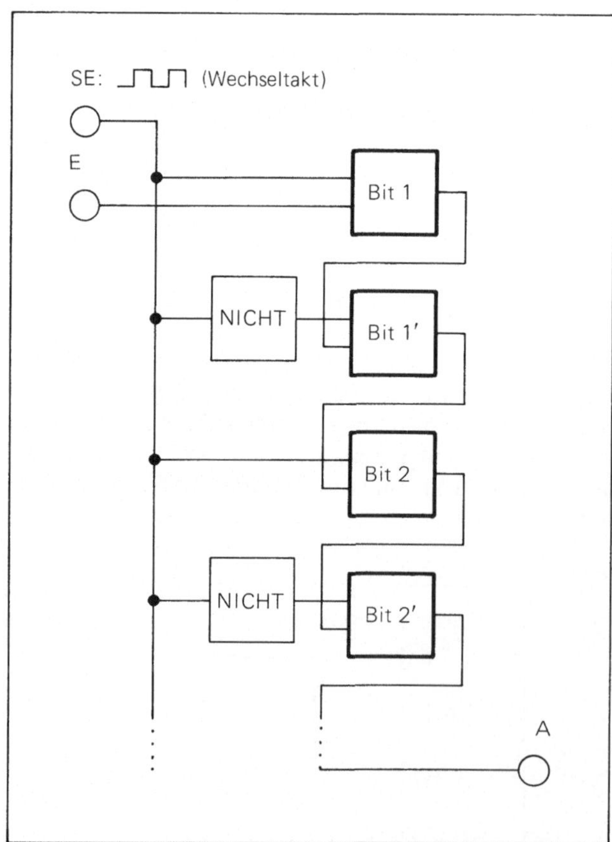

Abb. 65. Schieberegister

oder auch „Tore" bezeichnet, da sie die Zu- bzw. Abgänge von Flipflops öffnen bzw. schließen und so im System den Daten Wege definieren und zeitlich eingrenzen.

Mehrere Flipflops parallel geschaltet (z. B. $N = 32$) ergeben ein sogenanntes

Register   (register),

das ein Wort (z. B. = 4 Bytes) Information speichern kann (Abb. 64). Register werden in der Maschine gesondert adressiert, sie unterliegen nicht dem allgemeinen Adreßschema.

Eine spezielle Art von Register stellt das

Schieberegister   (shift register)

dar. Seine besondere Eigenschaft besteht darin, daß sein Inhalt bitweise im Takt der Maschine verschoben werden kann. Dies wird erreicht durch Verdoppelung der Flipflops und entsprechende Steuerung durch den Maschinenwechseltakt. Nur so läuft die Information im Takt durch das Register, ohne beim Taktschritt verloren zu gehen (Abb. 65, hier ist während des Schiebens die Ausgangssteuerung (SA) immer auf Durchgang gestellt und wird daher nicht gezeigt).

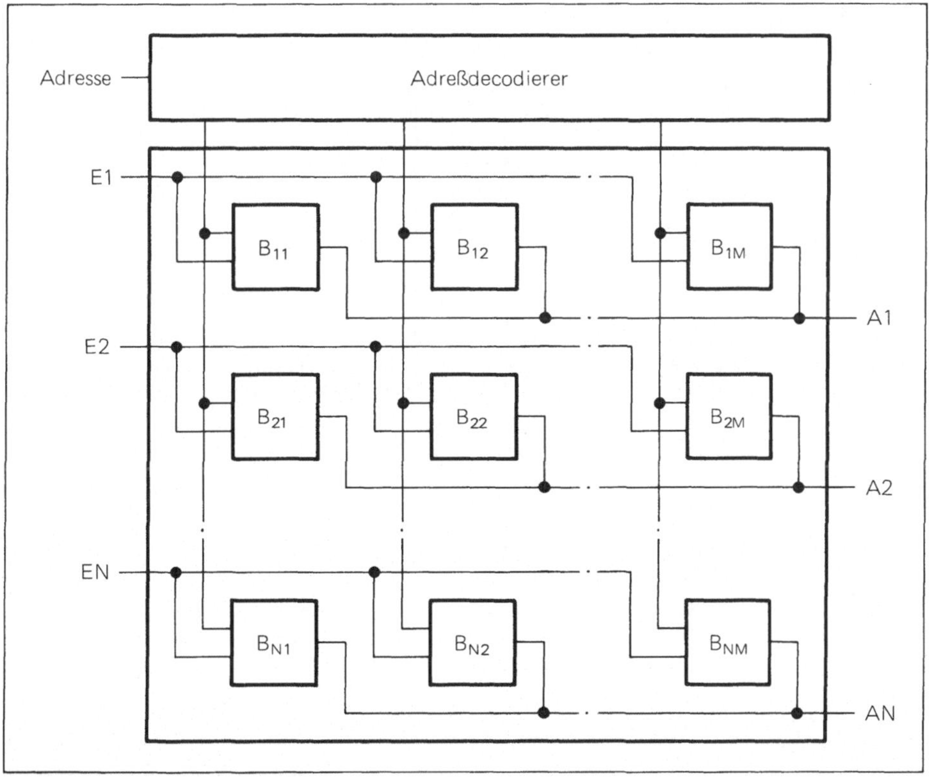

Abb. 66. Linearer Wortspeicher

Durch Aneinanderreihen von M Worten mit je N Bits ergibt sich (Abb. 66) ein

Linearer Wortspeicher.

Die Adressierung der einzelnen Spalten erfolgt über einen

Adreßdecodierer   (address decoder),

der binäre Adressen entschlüsselt. Mittels einer m-stelligen Binäradresse können so $2^m = M$ Worte adressiert werden (Abb. 67 für $m=3$, $M=8$).

Die Eigenschaft, daß jedes Wort gleich schnell zu erreichen ist, wird als

„wahlfreier" Zugriff   (random access)

bezeichnet.

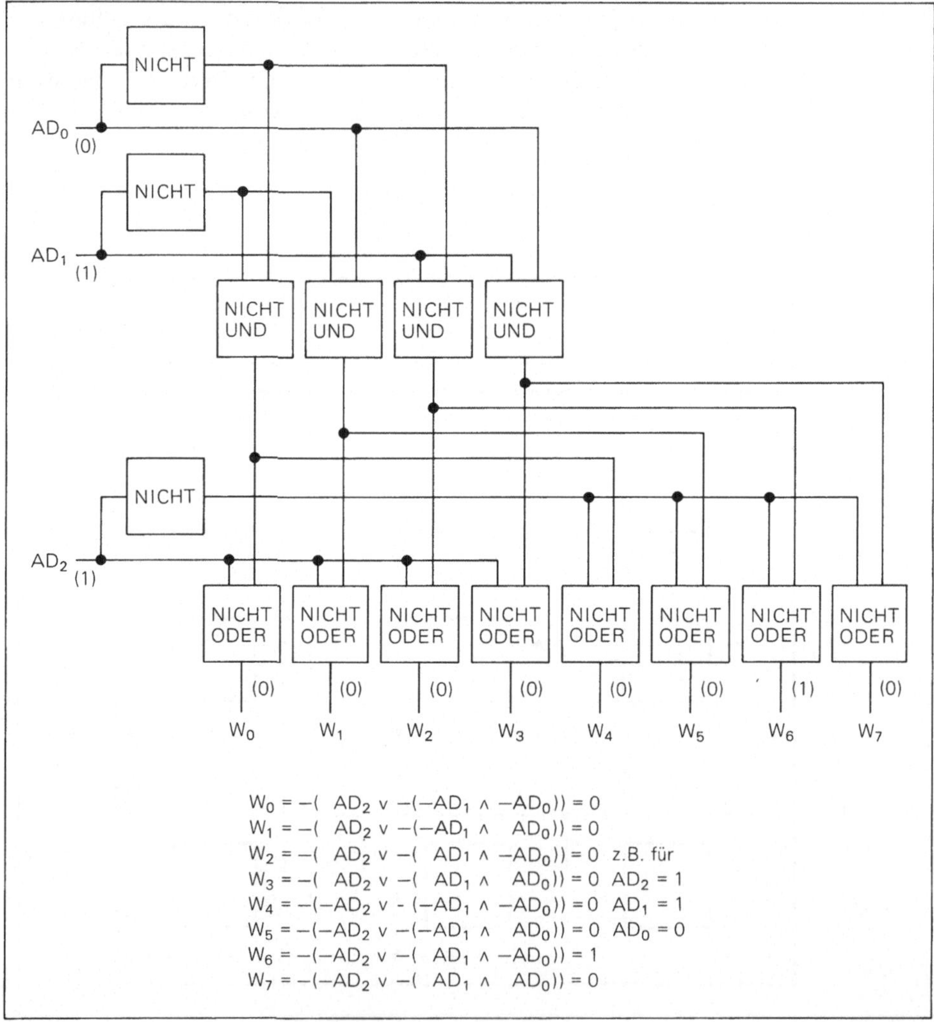

$$W_0 = -(\ AD_2 \lor -(-AD_1 \land -AD_0)) = 0$$
$$W_1 = -(\ AD_2 \lor -(-AD_1 \land \ AD_0)) = 0$$
$$W_2 = -(\ AD_2 \lor -(\ AD_1 \land -AD_0)) = 0 \quad \text{z.B. für}$$
$$W_3 = -(\ AD_2 \lor -(\ AD_1 \land \ AD_0)) = 0 \quad AD_2 = 1$$
$$W_4 = -(-AD_2 \lor - (-AD_1 \land -AD_0)) = 0 \quad AD_1 = 1$$
$$W_5 = -(-AD_2 \lor -(-AD_1 \land \ AD_0)) = 0 \quad AD_0 = 0$$
$$W_6 = -(-AD_2 \lor -(\ AD_1 \land -AD_0)) = 1$$
$$W_7 = -(-AD_2 \lor -(\ AD_1 \land \ AD_0)) = 0$$

Abb. 67. Adreßdecodierer für 3-stellige Binäradressen

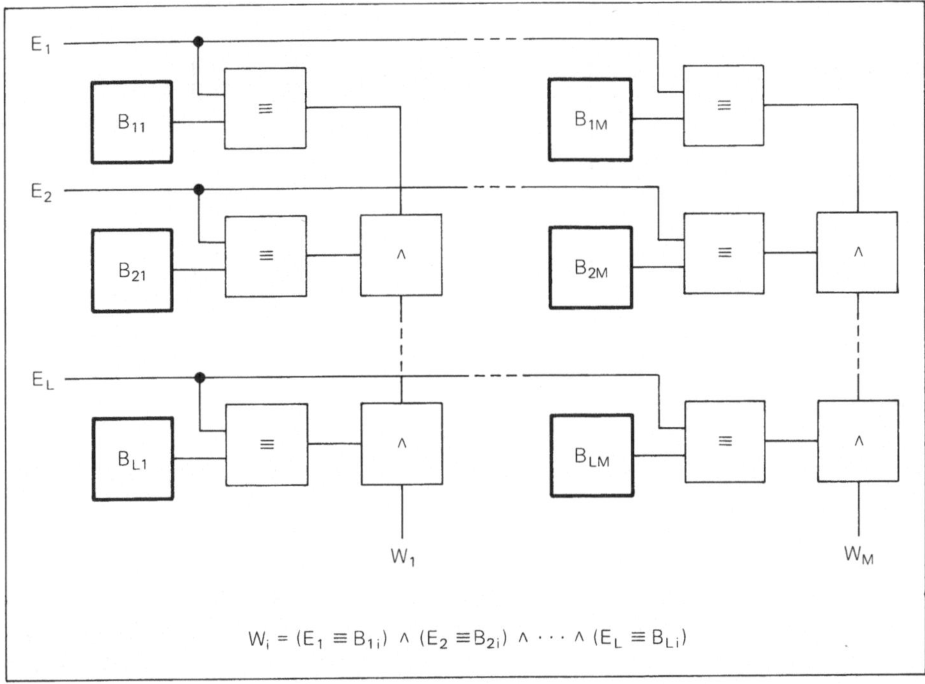

$$W_i = (E_1 \equiv B_{1i}) \wedge (E_2 \equiv B_{2i}) \wedge \cdots \wedge (E_L \equiv B_{Li})$$

Abb. 68. Adressierteil eines Assoziativspeichers für Suchargumente der Länge L Bits

Arbeitet der Adressierteil so, daß er nicht Binäradressen decodiert, sondern eine binärcodierte Information (Suchargument) mit Speicherinhalten vergleicht, die im Adressierteil enthalten sind, so handelt es sich um einen

Assoziativspeicher   (associative storage).

Die Ansteuerung eines bestimmten Wortes erfolgt hier also bei Identität des Sucharguments mit einer Spalte im Adressierteil (Abb. 68). Die Speicherzellen des Adressierteils können natürlich auch umgeladen werden, was hier jedoch nicht gezeigt werden soll.

Zur Ausführung verschachtelter Arbeitsvorgänge dient ein besonderer Speichertyp, der

Stapelspeicher   (stack),

auch Kellerspeicher (push down storage) genannt (Abb. 69 a, b). Er besteht aus einer Folge gleichartiger Speicherelemente W_1 bis W_k, von denen immer nur das zuletzt eingespeicherte aufgerufen werden kann (Last-In/First-Out = LIFO). Bei Eingaben in den Stapelspeicher wird der Inhalt jedes Speicherelementes automatisch in das nächste Element weitergeschoben und das neu zu speichernde Wort in das so frei gewordene oberste Element geschrieben. Bei der Ausgabe wird der Inhalt des obersten Elementes gelesen und der Inhalt jedes übrigen Speicherelementes automatisch in das vorhergehende Element zurückübertragen (a). Oft wird nicht der Inhalt der Speicherelemente verschoben, sondern nur die Adresse des zu

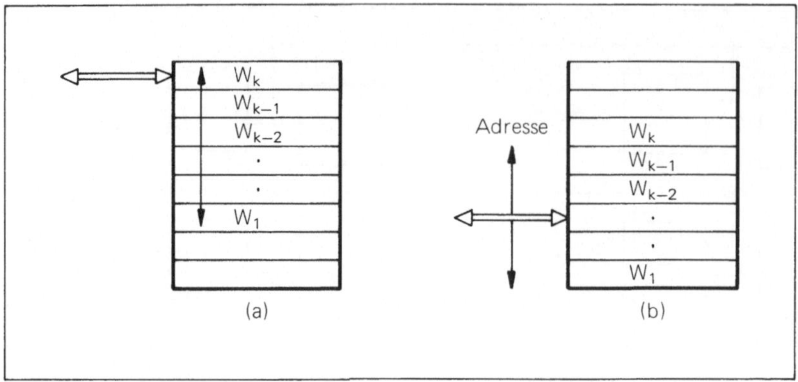

Abb. 69 a, b. Stapelspeicher

schreibenden bzw. zu lesenden Speicherelementes bei jedem Zugriff erhöht bzw. erniedrigt (b).

Stapelspeicher können Verwendung finden bei der Verarbeitung geschachtelter Prozesse, also von Programmen mit sog. Blockstruktur, speziell beim verschachtelten Unterprogrammaufruf zur Zwischenspeicherung der Rückkehradressen (siehe Kap. 6.1) und insbesondere zur Steuerung von Programmunterbrechungen, bei denen der augenblickliche Programmstatus zwecks späterer Fortsetzung zwischengespeichert werden muß (siehe Kap. 6.3.5). Oftmals werden sie nur durch Software simuliert. Stapelspeicher kommen auch in sog. Stapelrechnern vor, die speziell in der Lage sind, geklammerte arithmetische Ausdrücke leicht zu berechnen (siehe Kap. 6.5.3).

Ein anderer linearer Wortspeicher ist die

Warteschlange   (queue).

Sie speichert Elemente so, daß das nächste zugängliche Element stets dasjenige ist, das sich schon am längsten in der Warteschlange befindet (First-In/First-Out = FIFO) (Abb. 70).

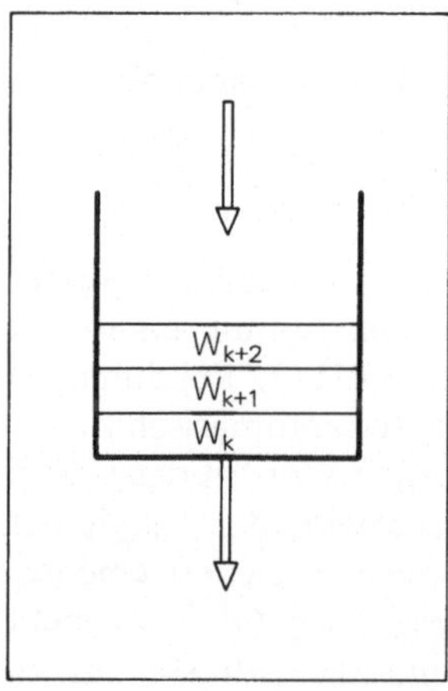

Abb. 70. Warteschlange

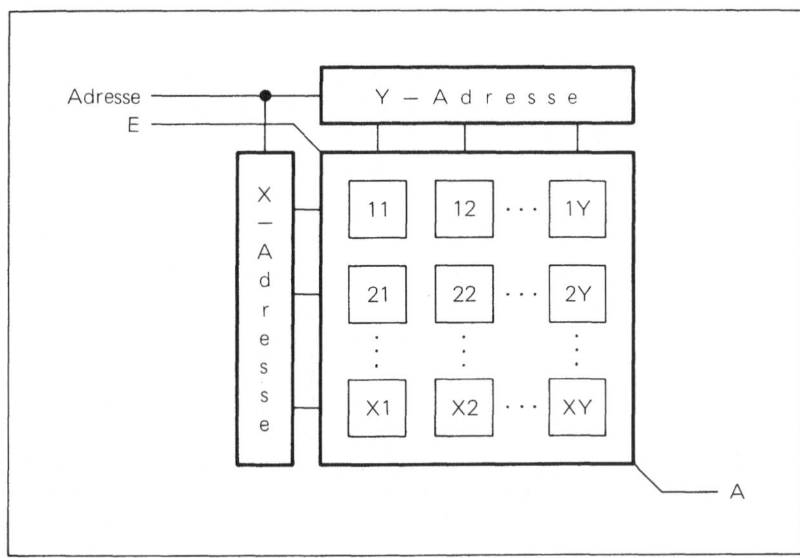

Abb. 71. Matrixspeicher X · Y

Als

Matrixspeicher (matrix storage)

wird schließlich eine Anordnung von Speicherelementen in Form einer Matrix bezeichnet. Diese Anordnung erlaubt schnellsten „wahlfreien" Zugriff zu den einzelnen Speicherelementen.

Die Adressierung erfolgt dadurch, daß eine Zeile und eine Spalte in Koinzidenz angesteuert werden (Abb. 71). Um einen Matrixspeicher für X · Y Bytes zu je 8 Bits aufzubauen, muß man also 8 solcher X · Y Speichermatrizen parallel aneinanderreihen.

5.4.2 Externe Speicher

Als periphere Speichermedien großer Kapazität werden heute vornehmlich

Magnetschichtspeicher

verwendet. Das Speicherprinzip beruht darauf, daß verschiedene Magnetisierungsrichtungen innerhalb einer dünnen Magnetschicht zur Speicherung von Information dienen. Die Magnetisierung, besser gesagt Magnetisierungsänderung, erfolgt durch ein über die Schicht sich bewegendes, variierendes magnetisches Streufeld eines Schreibkopfes (Abb. 72). Sie kann in einem entsprechenden Lesekopf durch Induktionseffekte wieder „gelesen" werden.

Man unterscheidet

zyklische Speicher (cyclic storage),

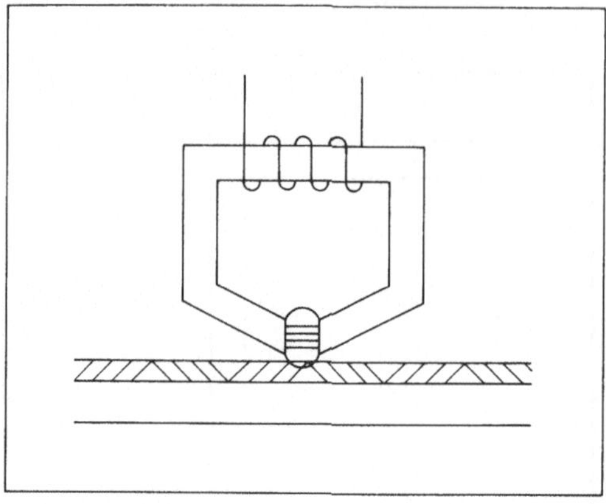

Abb. 72. Prinzip
des Magnetschichtspeichers

bei denen die Magnetschicht unter den Schreib- bzw. Leseköpfen rotiert, so daß
nach einem „Zyklus" dieselbe Information wieder gelesen werden könnte, und

> *sequentielle Speicher*   (sequential storage),

die sich im Prinzip vorwärts und rückwärts bewegen können, die aber zum Lesen
und Schreiben vorwiegend nur vorwärts betrieben werden.

Zyklische Speicher erlauben verschiedene Datenorganisationen, insbesondere
Gestreute bzw. Indiziert-sequentielle Organisationen für

> *direkten Zugriff*   (direct access),

während sich sequentielle Speicher nur für eine Speicherorganisation eignen, bei der
die gesamte Information hintereinander – sequentiell – eingespeichert ist und auch
nur so wieder zugänglich wird:

> *sequentieller Zugriff*   (sequential-access).

Heute übliche zyklische Magnetschichtspeicher sind Platten- und Diskettespeicher,
seltener Trommelspeicher.

Beim

> *Plattenspeicher*   (disk, Direct Access Storage Device = DASD)

gibt es mehrere Arten der Ausführung, nämlich solche mit nur einer Speicherplatte,
oder Speicher, bei denen mehrere Platten auf einer gemeinsamen Achse zu einem
Plattenstapel vereinigt sind (Abb. 73).

Eine heute weitverbreitete Anordnung für Plattenstapel arbeitet mit einem
untereinander starr verbundenen Satz von Schreib-/Leseköpfen, und zwar für jede
Oberfläche ein Kopfpaar. Bei der Einzelplatte kann der Zugriff dadurch verbessert
werden, daß mehrere Schreib-/Leseköpfe über den Umfang verteilt angeordnet
sind, die außerdem gleichzeitig auf verschiedene Spuren eingestellt werden können.

Die Organisation des Speichers erfolgt heute meist im sogenannten

> *Zylinderkonzept*   (cylinder concept),

bei dem auf allen Platten gleichzeitig die gleiche

> *Spur*   (track)

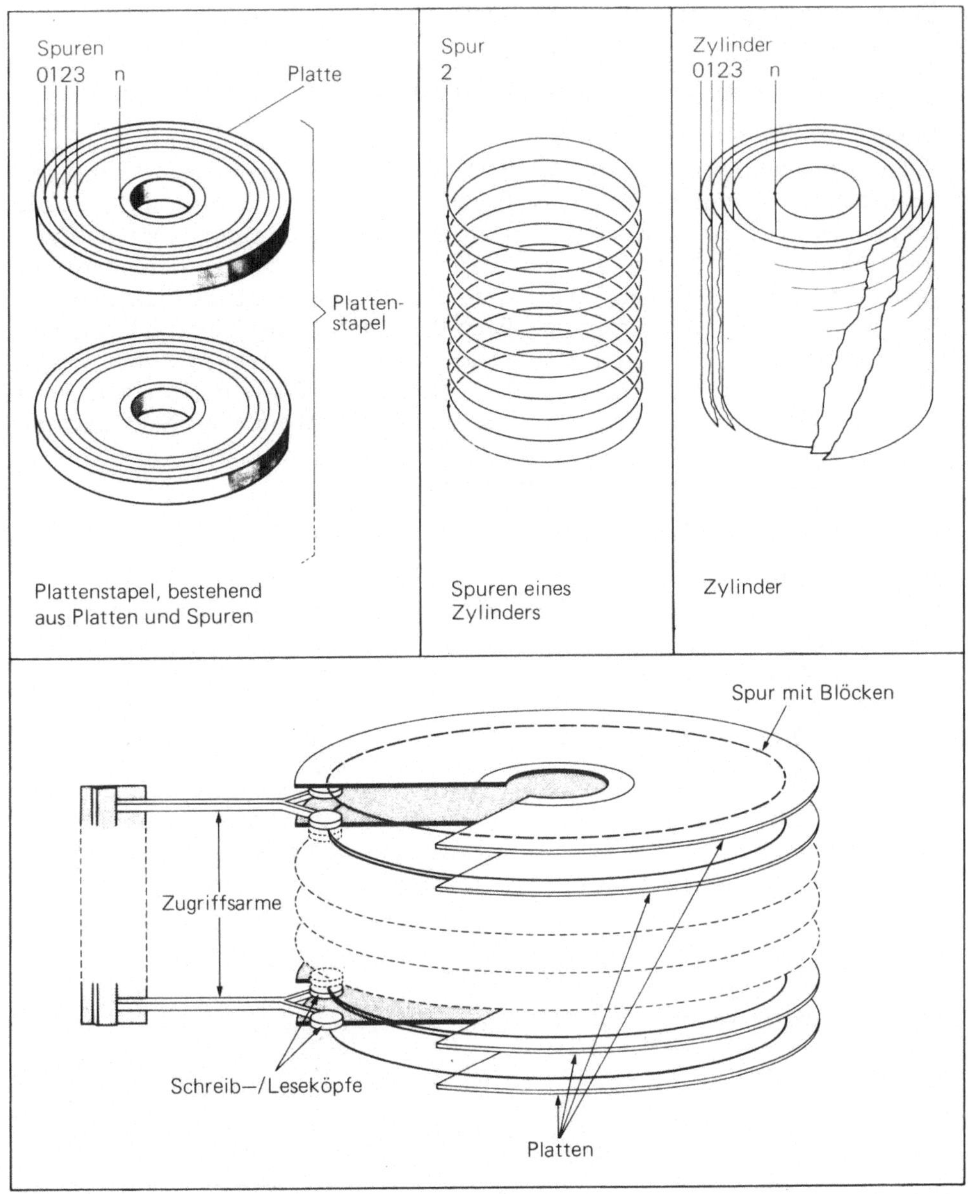

Abb. 73. Zylinderkonzept und Zugriffsmechanismus eines Plattenspeichers

angesteuert wird. Die Schreib-/Leseköpfe greifen aus den Plattenoberflächen gewissermaßen einen senkrechten Zylinder heraus. Jede Spur ist weiter in

Blöcke (blocks)

unterteilt, die zyklisch an den Köpfen vorbeigleiten und einzeln adressierbar sind.

Zur Adressierung eines bestimmten Blocks sind demnach anzugeben:

Zylinder-, Spur- und Blockadresse
(cylinder, track and block address).

Mittels der Zylinderadresse werden die Zugriffsarme auf einen bestimmten Zylinder positioniert. Durch die Spuradresse wird ein bestimmter Schreib-/Lesekopf, d. h. eine bestimmte Plattenoberfläche ausgewählt. Ist die Spur nicht in feste Sektoren unterteilt, so muß der gewünschte Block am Anfang seine Adreßinformation enthalten und durch assoziatives Lesen – alle Blockadressen werden mit der gesuchten Adresse verglichen – in der Spur lokalisiert werden. Bei Unterteilung der Spur in gleiche Sektoren ist dagegen deren Position bezüglich eines Indexpunktes durch die Stellung eines Sektorzählers gegeben und kann direkt adressiert werden (Abb. 74). Dazu läuft der Sektorzähler synchron zur Platte mit. Er wird beim Passieren des Indexpunktes auf Null gesetzt und nach Ablauf einer Sektorzeit um Eins erhöht.

Es gibt ferner Plattenspeicher, sogenannte

Festkopf-Plattenspeicher   (fixed head disk),

die mit einem bzw. mehreren zusätzlichen Sätzen sogenannter Festköpfe ausgerüstet sind. Diese sind auf einige Zylinder fest eingestellt, so daß für diese Zylinder das Positionieren der Zugriffsarme entfällt und somit die Information sehr viel schneller zur Verfügung steht.

Eine

Diskette   (diskette)

besteht aus einer einzelnen, leicht auswechselbaren und transportablen Magnetplatte (vergleichbar einer Schallplatte). Disketten sind meist aus einem flexiblen Kunstoffmaterial hergestellt, auf das eine magnetische Beschichtung aufgebracht wurde.

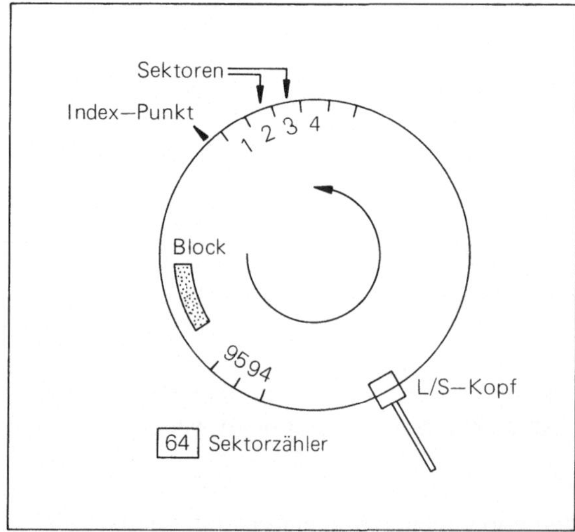

Abb. 74. Blockindizierung
bei Blöcken fester Länge

Beim

Trommelspeicher   (drum)

handelt es sich um einen rotierenden, magnetisch beschichteten Metallzylinder mit
so vielen Schreib-/Leseköpfen wie Spuren auf dem Zylinder.

Der älteste Magnetschichtspeicher ist ein sequentieller Speicher, nämlich das

Magnetband   (magnetic tape),

bei dem die Information auf wenigen parallelen Spuren in Blöcken so geschrieben
bzw. gelesen wird, daß sich das Band dabei an den Schreib-/Leseköpfen vorbeibe-
wegt und anschließend in einer „Lücke" zwischen den Informationsblöcken zum
Stehen kommt, um für die nächste Operation wieder neu gestartet zu werden.

Weiterhin gehören zu den sequentiellen Magnetschichtspeichern Massenspeicher, bestehend aus

Magnetband-Kassetten   (cartridge).

Eine Kassette enthält ein kurzes, dafür breites Magnetband, auf dem die
Information auf Schrägspuren aufgezeichnet ist (Abb. 75). Die Kassetten sind in
bienenwabenförmig angeordneten Zellen untergebracht, aus denen sie zur Datenübertragung durch einen entsprechenden Zugriffsmechanismus geholt werden. In
der Datenaufzeichnungseinheit wird die Bandspule der Kassette entnommen und in
einer Spiralwindung um einen Hohlzylinder gewickelt. Ein rotierender Schreib-/
Lesekopf, der sich in einem radialen Schlitz innerhalb des Hohlzylinders bewegt,
schreibt bzw. liest die Information einer Spur. Das Band bewegt sich zur nächsten
Spurposition, sobald eine Spur geschrieben oder gelesen ist. Das schließlich
bearbeitete Band wird auf einer Aufnahmespule wieder aufgewickelt, wieder in
seine Kasette eingelegt und in die betreffende Zelle zurücktransportiert.

Kassettenspeicher arbeiten immer mit Plattenspeichern zusammen derart, daß
z. B. zwei Kassetten den Inhalt eines Plattenspeichers bestimmter Größe aufnehmen können (Virtueller Plattenspeicher, siehe Kap. 5.5.5). Solche Massenspeicher
stellen heute die größten direkt maschinell (online) zugänglichen Schreib-/Lesespei-
cher dar (Größenordnung: 10^{11} Bytes).

Eine bedeutende Rolle spielten in der Vergangenheit die

Lochkarten   (punched card),

typisch sequentielle Speicher, die aber maschinell sortierbar sind. Sie wurden früher
als Speicher und als Ein- bzw. Ausgabemedien benützt, werden aber heute mehr und
mehr von Disketten verdrängt.

5.4.3 Neuere Speichertechnologien

Von verschiedenen neueren Speichertechnologien sei hier nur der

Magnetblasenspeicher   (magnetic bubble storage)

erwähnt. Hierbei handelt es sich um als Informationsträger dienende, kleine
zylinderförmige, magnetisierte Blasen in dünnen Magnetschichten (Orthoferrite

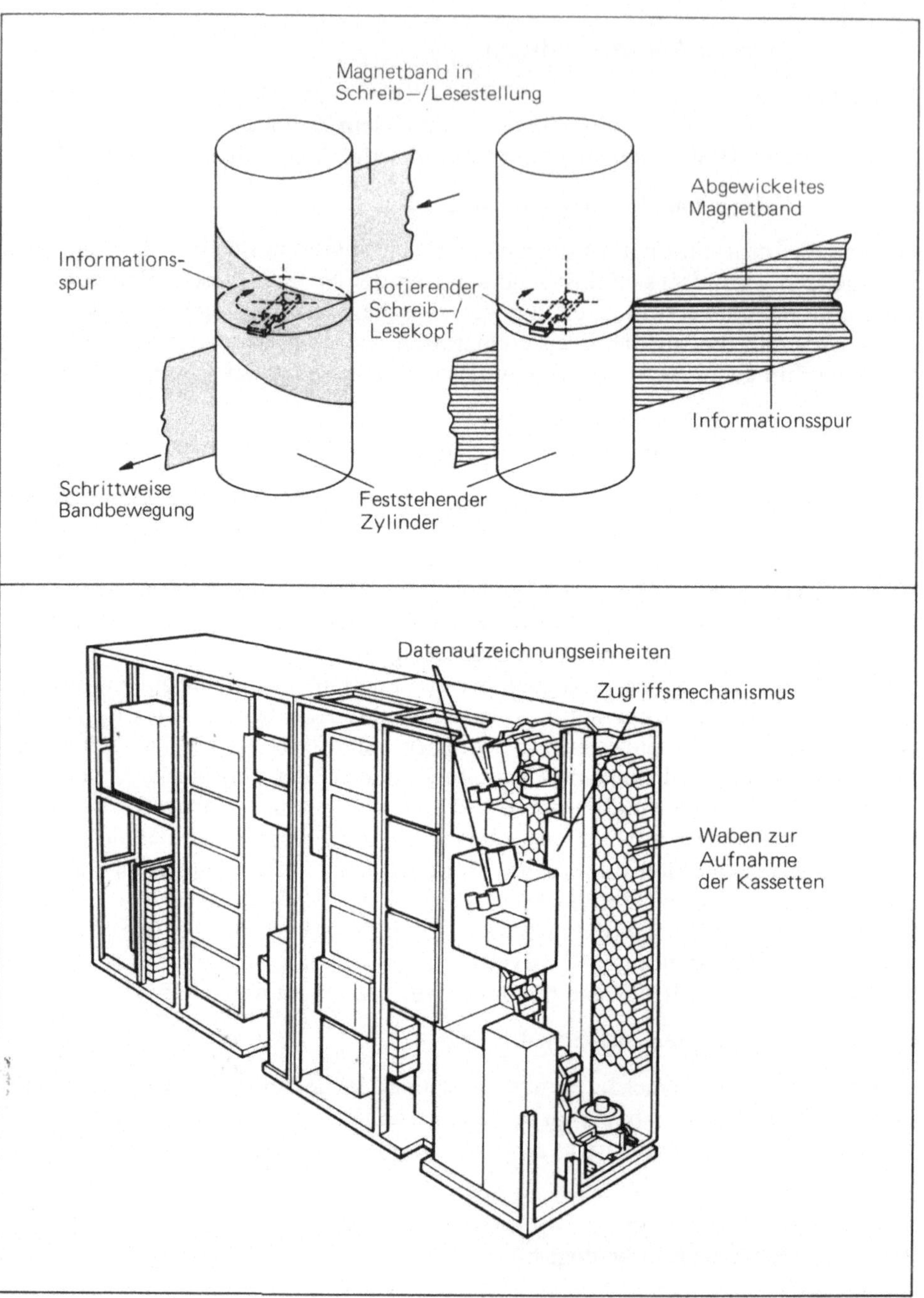

Abb. 75. Speicherkonzept und Zugriffsmechanismus von Magnetbandkassette (Beispiel *IBM 3850* mit maximal 9440 Kassetten zu je $5 \cdot 10^7$ Bytes entsprechend $4{,}72 \cdot 10^{11}$ Bytes).

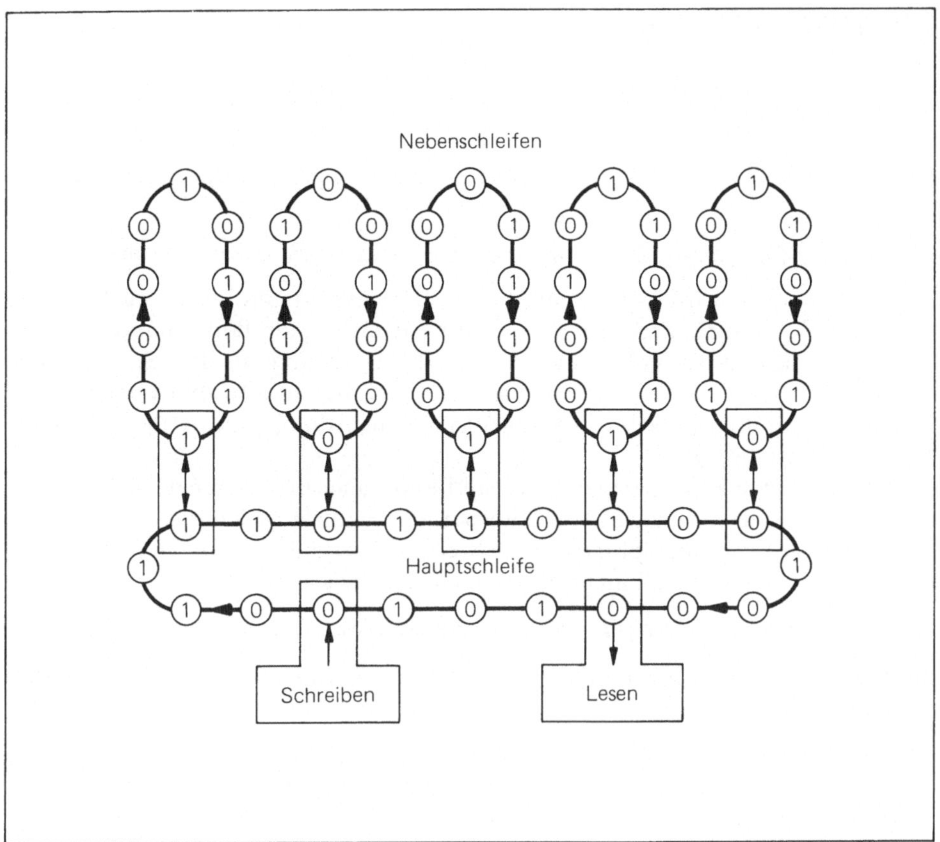

Abb. 76. Magnetblasenspeicher

bzw. magnetische Granate). Sie existieren in einem permanenten magnetischen
Stützfeld senkrecht zur Schicht und können mit Hilfe von Leiterschleifen und
entsprechenden Stromimpulsen oder mittels eines Musters aus weichmagnetisier-
tem Material und einem in Richtung der Schicht verlaufenden magnetischen
Drehfeldes, also nichtmechanisch, bewegt werden. Man kann so die Blasen
innerhalb von Schleifen umlaufen lassen. Dazu organisiert man einen Magnetblasenspeicher meist in Form einer Hauptschleife, an die mehrere Nebenschleifen
angekoppelt sind (Abb. 76). Somit stellt der Magnetblasenspeicher einen zyklischen
Speicher dar. Er ist deshalb bedeutungsvoll, weil er als nichtmechanischer,
zyklischer Speicher zwischen Platten- und Halbleiterspeicher eine Lücke bezüglich
Zugriffszeit und Kapazität zu füllen verspricht.

5.5 Speicherhierarchien

5.5.1 Speicherkenngrößen

Wie schon in Kap. 4.2 kurz erwähnt, sind für digitale Informationsspeicher folgende Eigenschaften ausschlaggebend (Abb. 77):

Zugriffszeit, Kapazität und Preis   (access time, capacity and price).

Die Kapazität wird in Bytes angegeben. Die Zugriffszeit, ausgedrückt in sec, stellt die Zeitspanne zwischen der Übergabe einer Adreßinformation an die Zentraleinheit und der Vollendung der Datenübertragung aus dem Speicher dar. Obwohl der Preis eine wichtige Rolle spielt, soll er hier nur erwähnt werden, da er nicht nur technologisch bedingt ist, sondern u. a. auch durch produktionsabhängige Faktoren bestimmt wird.

Da nun kurze Zugriffszeiten teuer sind und daher nur begrenzte Kapazitäten erlauben, andererseits billige Großraumspeicher relativ lange Zugriffszeiten haben, bietet sich zur Erzielung optimaler Preis/Leistungsverhältnisse für ein Datenverarbeitungssystem eine Kombination verschiedener Speicherarten als

Speicherhierarchie   (storage hierarchie)

an. Solch eine Hierarchie umfaßt heute (von unten nach oben, beginnend mit den schnellsten Speichern):

1. Einen besonders schnellen, monolithischen Pufferspeicher,
2. einen größeren, langsameren, ebenfalls monolithischen Hauptspeicher,
3. magnetische Plattenspeicher,
4. Massenspeicher.

5.5.2 Hierarchisches Konzept

Das Hierarchische Konzept für die Speicher eines datenverarbeitenden Systems bedingt, daß alle Information auf der jeweils höchsten Ebene der Hierarchie „residiert" und bei Bedarf auf die niedrigeren Ebenen herabgeholt wird, bis aus dem Pufferspeicher heraus mit schnellstem Zugriff schließlich die eigentliche Verarbeitung erfolgt. Das bedeutet aber auch, daß alle Veränderungen an der Information wieder „nach oben zurückgemeldet" werden müssen, so daß sich auf der obersten Ebene möglichst immer der letzte Stand der verarbeiteten Information befindet.

Dieses Konzept kann nur dann voll wirksam werden, wenn zwei Bedingungen zutreffen:

1. Programme und Daten erfüllen gewisse

Lokalitätseigenschaften.

D. h., daß Referenzen zu Programmen und Daten sich zeitlich auf *beschränkte* Untermengen konzentrieren, so daß nicht alle Information jederzeit gebraucht wird. Dies ist im allgemeinen der Fall, da Programme im wesentlichen

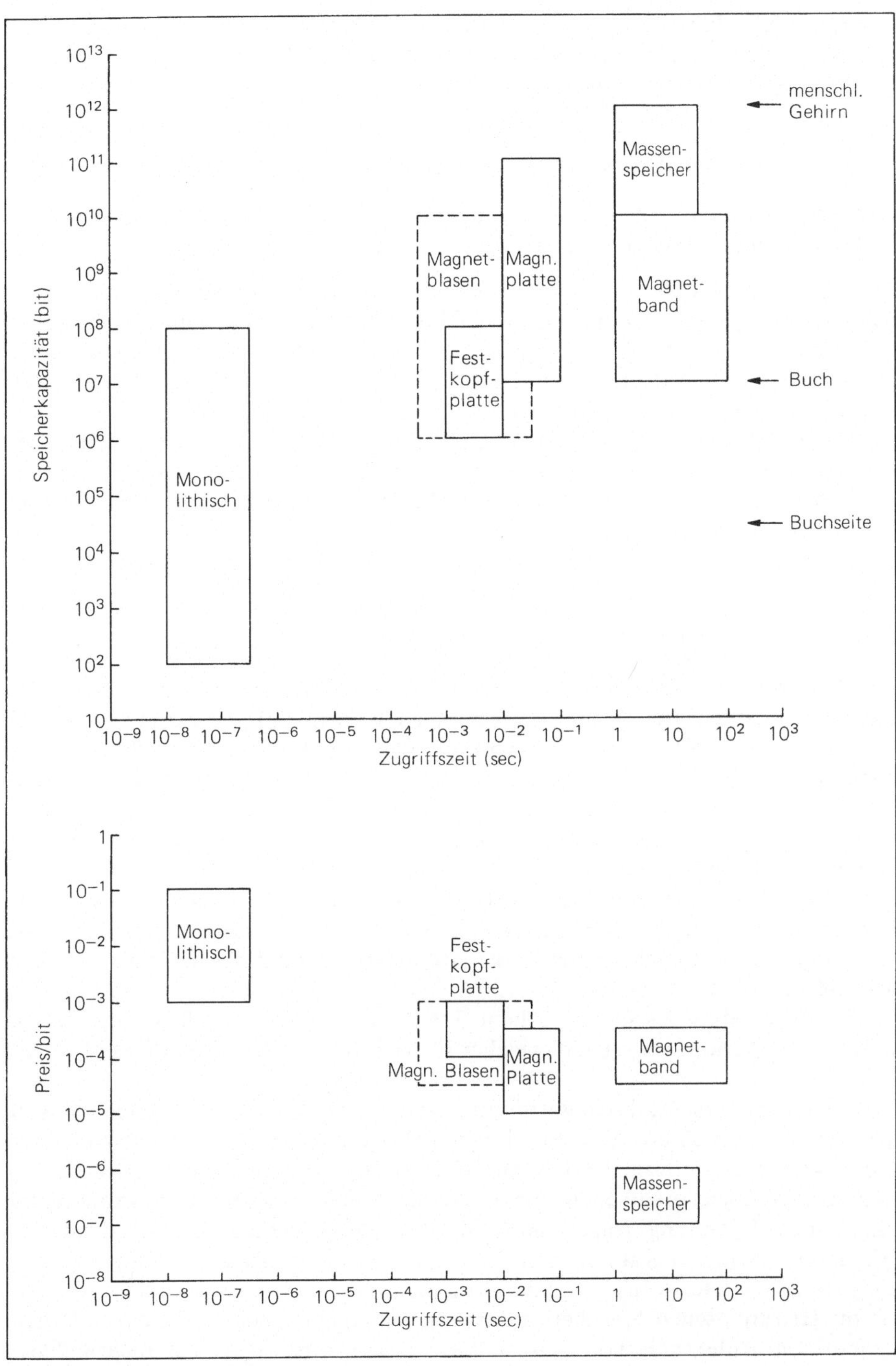

Abb. 77. Speichereigenschaften (systembezogen)

sequentiell ablaufen, Verzweigungsbefehle zu räumlich begrenzten Schleifen gehören und auch Daten vielfach lokal konzentriert sind.
2. Benötigte Programme bzw. Daten müssen jederzeit *schnellstens* zwischen den Hierarchie-Ebenen wechseln können. Der zweckmäßigste

Wechselalgorithmus   (replacement algorithm)

bestimmt dabei mit die Leistungsfähigkeit einer Speicherhierarchie, gemessen an der mittleren effektiven Zugriffszeit.

Das Konzept wirkt sich so aus, daß die Information innerhalb eines Datenverarbeitungssystems sich immer auf *der* Ebene befindet, die ihrem Aktivitätsgrad entspricht. D. h., wenig aktive Programme und Daten bleiben auf den langsameren, größeren Speichermedien, während häufig benötigte Information sich auch in den schnelleren unteren Hierarchieebenen aufhält.

Es bedarf also Einrichtungen und Algorithmen, die bewirken, daß innerhalb der Hierarchie die benötigten Speicherinhalte automatisch in die jeweils nächstniedrigere Speicherebene und veränderte Speicherinhalte zurück in die nächsthöhere Speicherebene wechseln.

Wird auf einer bestimmten Hierarchie-Ebene eine gewisse, nicht vorhandene Information gebraucht, so tritt eine sogenannte

Adreßfehlreferenz   (address fault)

auf. Als Folge wird erst einmal bestimmt, welche vorhandene Information nicht mehr gebraucht wird und somit überschrieben werden kann, nachdem sie – sofern sie auf dieser Ebene verändert worden war – auf die nächsthöhere Ebene zurückgeschrieben wurde. Dieser Wechselalgorithmus kann z. B. die Information aussuchen, die am längsten nicht gebraucht wurde („Least Recently Used") oder – weniger optimal, aber einfacher – die, welche sich schon am längsten auf der Hierarchie-Ebene befindet (Fist-In/First-Out = FIFO). Nach diesem Räumungsprozeß kann die benötigte Information geholt werden. So wird erreicht, daß auf der höheren Ebene immer wieder ein korrektes Abbild der Information vorliegt und selten oder gar nicht gebrauchte Information den Platz auf der niedrigeren Ebene nicht blockiert.

Zur Verwaltung des Speichers dient eine Reihe von Adreßtabellen, die angeben, welche Information sich z. B. auf welcher Ebene befindet oder wie häufig sie benutzt wurde.

Die Güte eines Wechselalgorithmus drückt sich somit in der Seltenheit von Wechseloperationen aus, d. h. durch einen Programmablauf, der nicht zu häufig durch Wechseloperationen gehemmt wird. Dabei spielt auch die Größe der zu wechselnden Speichereinheiten eine Rolle. Sie muß der Lokalität der Programme und Daten Rechnung tragen und mit den Zugriffszeiten der verschiedenen Hierarchie-Ebenen abgestimmt sein. Während sie so auf der untersten Ebene nur einige Bytes (Wörter) sein kann, sind es auf der obersten Ebene Millionen von Bytes.

Im Hierarchischen Speicherkonzept dienen untere Speicherebenen nur dem temporären Aufenthalt von Information. Diese wird sogar bei mehrmaligen Referenzen – sofern sie zwischendurch wieder auf eine höhere Ebene verdrängt wurde – auf verschiedene Speicherstellen geladen. Somit besteht keine feste

Beziehung zwischen Information und physikalischen Speicheradressen außer auf der obersten Speicherebene. Die Adressierung auf den unteren Ebenen muß daher jeweils dynamisch erfolgen. Das bewirkt eine gewisse Unabhängigkeit zwischen Information und Speicher und erlaubt problemlos Speichererweiterungen bzw. auch das leichte Abschalten von Speicherbereichen bei Ausfall oder Wartung während des Betriebs.

In heutigen Systemen kann man drei verschiedene Speicher-Subhierarchien unterscheiden (Abb. 78).

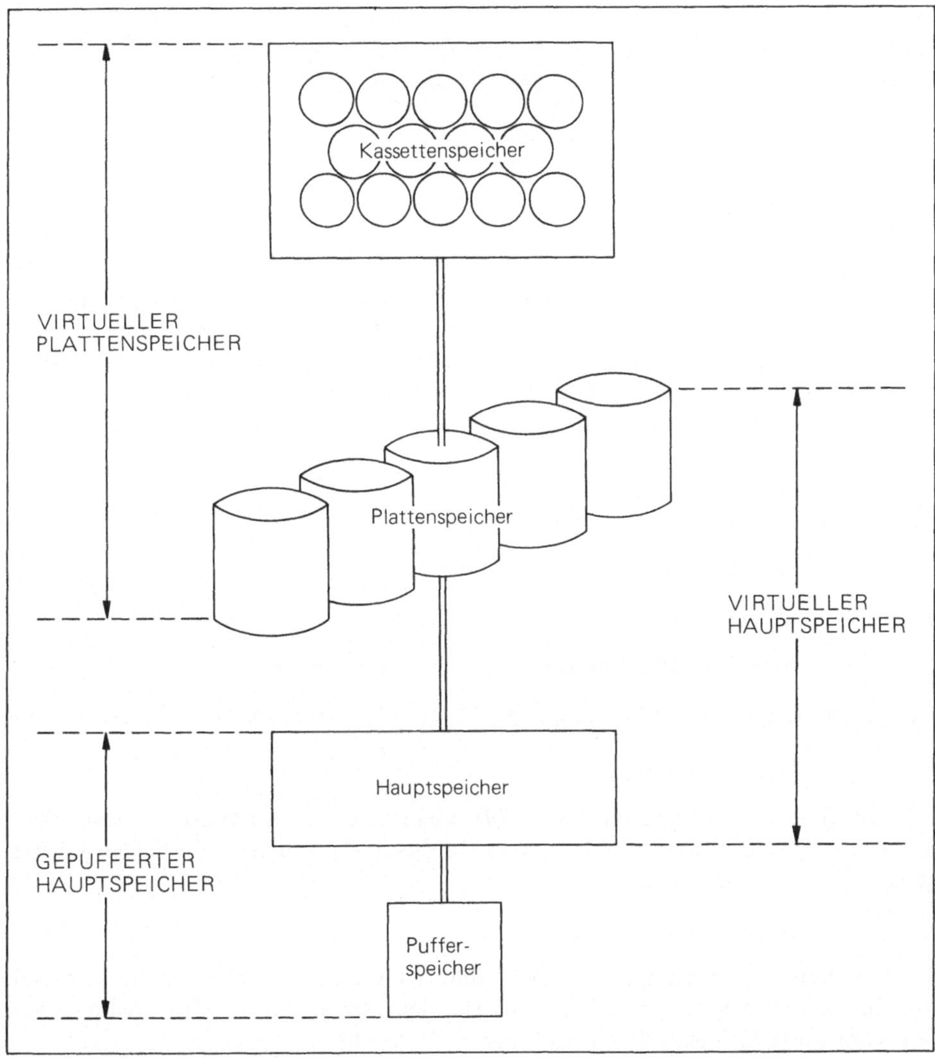

Abb. 78. Speicher-Subhierarchien

5.5.3 Gepufferter Hauptspeicher

Durch diese Technik wird erreicht, daß der Prozessor praktisch einen schnelleren Zugriff zum Hauptspeicher erhält, indem Hauptspeicherblöcke in den schnelleren Pufferspeicher geladen werden. Dieser wirkt also als Puffer. Aus ihm heraus erfolgt die eigentliche Verarbeitung.

Wird eine bestimmte Information im Hauptspeicher n-mal gebraucht, so würde das bedeuten, daß der Prozessor n-mal die Zugriffszeit zum Hauptspeicher aufbringen müßte. Wird die gleiche Information von einem Pufferspeicher aus benutzt, so braucht der Prozessor nurmehr n-mal die viel kürzere (z. B. Faktor 5) Zugriffszeit zum Pufferspeicher und dazu im allgemeinen nur noch einmal die Zugriffszeit zum Hauptspeicher beim Laden der Information in den Pufferspeicher. Allerdings werden dabei stets Blöcke von Informationen geladen. Da im allgemeinen die nacheinander zu verarbeitende Information auch fortlaufend gespeichert ist, ergibt sich jedoch eine hohe „Trefferwahrscheinlichkeit" im Pufferspeicher.

5.5.4 Virtueller Hauptspeicher

Gebräuchliche Adressierungsbreiten für Hauptspeicher sind z. B. 24 Bits, somit sind $2^{24} = 16.777.216$ direkte Byteadressen möglich. Als realer Hauptspeicher läßt sich eine so große Speicherkapazität wirtschaftlich meistens heute noch nicht rechtfertigen. Man kombiniert daher die große Speicherkapazität eines Plattenspeichers mit den schnellen Zugriffszeiten eines monolithischen „realen" Hauptspeichers und benutzt dazu ein als

Virtueller Speicher   (Virtual Storage = VS)

bezeichnetes Konzept. Dabei umfaßt der

reale Hauptspeicher   (real storage)

einen Bruchteil des gesamten

virtuellen Adreßraumes   (virtual address space).

Er wird bei Bedarf mit Hilfe geeigneter Algorithmen vom Plattenspeicher her mit sog.

Seiten   (pages)

von Information nachgeladen (Abb. 79). Gebräuchliche Seitengrößen sind 2048 und 4096 Bytes. Ein Abschnitt des realen Hauptspeichers, in den eine beliebige Seite geladen werden kann, heißt

Seitenrahmen   (page frame).

Zwischen realen Rahmenadressen und virtuellen Seiten bestehen keinerlei logische Zusammenhänge. Diese müssen vielmehr vermittels Hardware- bzw. Software-Einrichtungen, deren wichtigster Bestandteil

Adreßtabellen   (address tables)

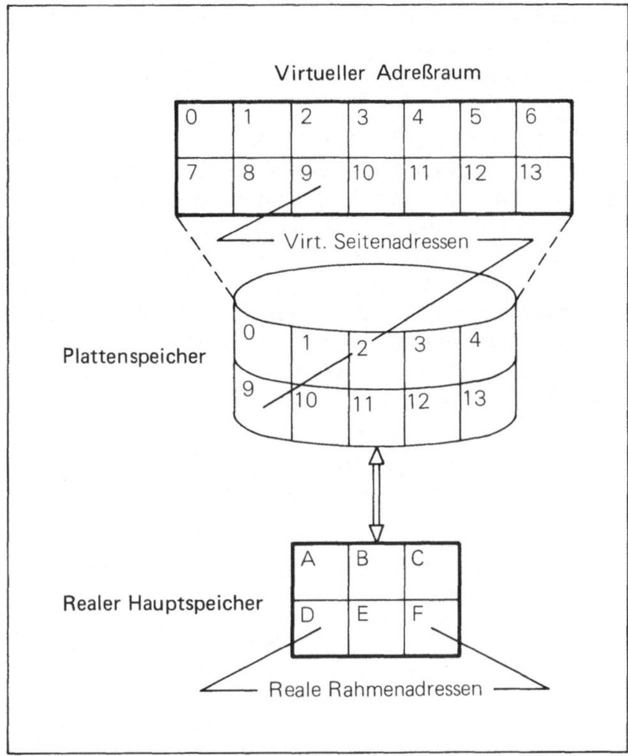

Abb. 79. Virtueller
Hauptspeicher

sind, hergestellt werden. In diesen Tabellen wird festgehalten, auf welcher realen
Rahmenadresse eine bestimmte Seite gerade gespeichert ist, wie häufig eine solche
virtuelle Seite geändert wurde und wo sich die Seite auf dem Plattenspeicher
befindet.

Wird im Zuge einer Programmausführung erkannt, daß eine bestimmte Seite
benötigt wird, die im Hauptspeicher nicht vorhanden ist, so muß sofort nachgeladen werden. Der Wechselalgorithmus bestimmt dabei, welche virtuelle Seite ersetzt
werden kann. Ist der Inhalt der zu ersetzenden Seite im Hauptspeicher verändert
worden, so muß sie auf den Plattenspeicher zurückgeschrieben werden, bevor die
neue Seite hereingelesen werden kann. Anschließend müssen die Adreßtabellen
noch berichtigt werden.

Zur Durchführung von Speicherzugriffen und Nachladeprozessen (paging) und
zum Berichtigen der erforderlichen Adreßtabellen dienen in der Hardware bzw.
Firmware die

Dynamische Adreßumsetzung (dynamic address translation),

die in besonders leistungsfähigen Anlagen durch einen assoziativen

Adreßumsetzungsspeicher (translation lookaside buffer)
ergänzt wird, und der

Seitensupervisor (paging supervisor),

der Bestandteil des Supervisors ist. Sie transformieren die virtuellen Adressen in reale und sorgen dafür, daß die adressierte Information möglichst schnell im realen Hauptspeicher verfügbar wird.

Bei der Einteilung des virtuellen Speichers von 16.777.216 Bytes in Seiten zu je 4096 Bytes ergeben sich insgesamt 4096 virtuelle Seiten, die man im gewählten Beispiel zur Vereinfachung der Verwaltung in $2^8 = 256$ Segmente zu je $2^4 = 16$ Seiten unterteilt hat (Abb. 80). Eine virtuelle Adresse besteht somit aus einer 8-Bit Segmentnummer und einer 4-Bit Seitennummer, sowie einer „Distanz", die innerhalb einer Seite die Position eines Bytes, d. h. den Abstand zum Seitenanfang, bestimmt (siehe Kap. 6.3.2) und hier maximal $2^{12} = 4096$ Byteabstände betragen kann. In ähnlicher Weise ist die Adresse des realen Hauptspeichers aufgebaut. Rahmen und Seite haben dieselbe Größe, somit ist auch die Distanz in beiden Fällen gleich. Nur die Anzahl der Rahmen hängt von der Größe des Hauptspeichers ab. Beide Adressen haben eine Länge von $8 + 4 + 12 = 24$ Bits.

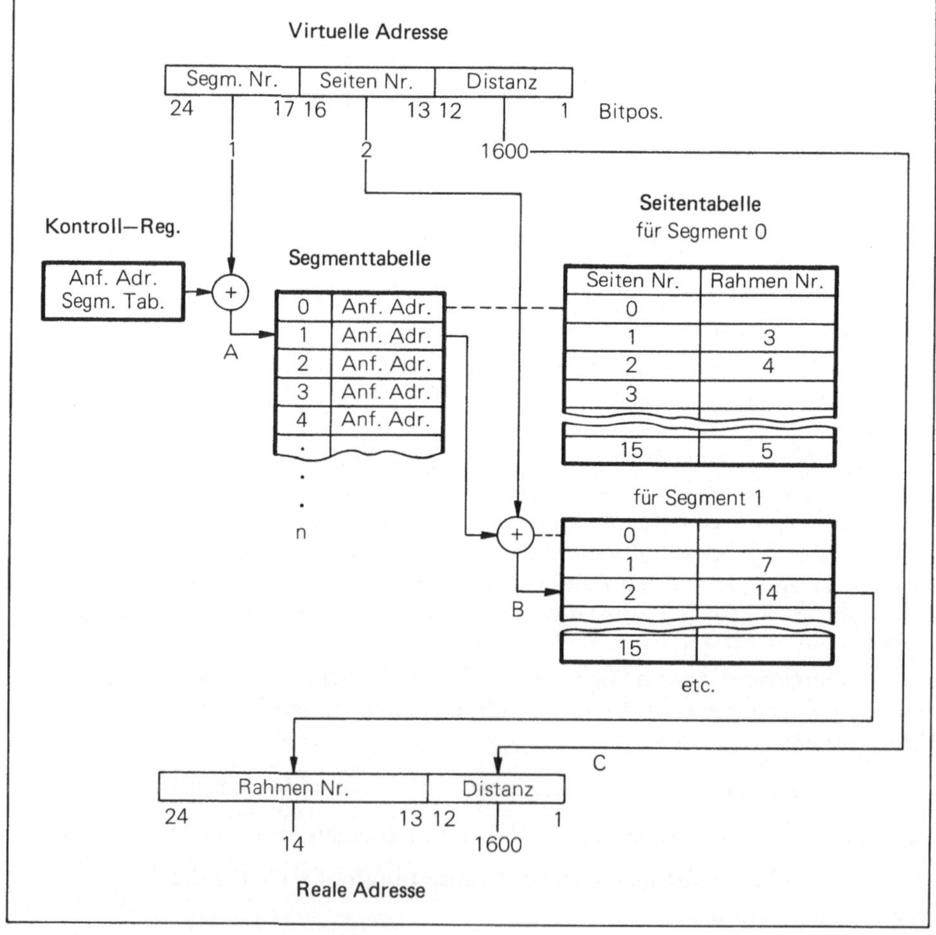

Abb. 80. Dynamische Adreßumsetzung

Die Umsetzung der virtuellen in die reale Adressen erfolgt nicht zum Zeitpunkt des Ladens einer Programmseite in den Hauptspeicher, sondern während der Programmausführung. In einem Kontrollregister ist die Anfangsadresse der „Segmenttabelle" gespeichert. In der Segmenttabelle sind die Anfangsadressen der „Seitentabellen" enthalten, die den Segmenten 0 bis n zugeordnet sind.

Zur Ermittlung der realen Adresse wird zunächst die Segment-Nr. der virtuellen Adresse zur Anfangsadresse der Segmenttabelle, die im Kontrollregister gespeichert ist, hinzuaddiert (A). Das Ergebnis ist die Adresse des Eintragungsfelds der Segmenttabelle, in der die Anfangsadresse der zugehörigen Seitentabelle gespeichert ist. Zu dieser wird dann als nächstes die Seiten-Nummer aus der virtuellen Adresse hinzuaddiert. Das ergibt die Adresse des Eintragungsfelds in der entsprechenden Seitentabelle (B). Dieses Eintragungsfeld enthält die Rahmen-Nummer des realen Hauptspeichers, in dem sich die gesuchte Seite befindet. Zu der Rahmen-Nummer wird schließlich noch die Distanz aus der virtuellen Adresse hinzugefügt, was die gesuchte reale Adresse eines Bytes ergibt (C). Im vorliegenden Beispiel wurde die virtuelle Adresse 1-2-1600 in die reale Adresse 14-1600 umgesetzt.

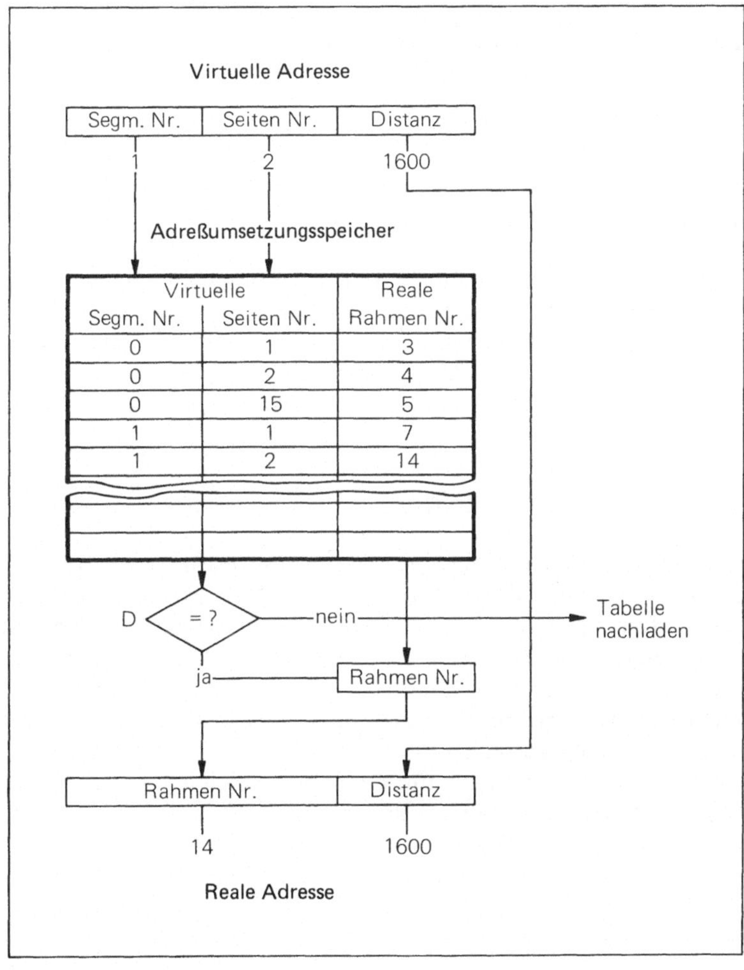

Abb. 81. Adreßumsetzungsspeicher

Um den Prozeß der Adreßumsetzung zu beschleunigen, ist manchmal ein Adreßumsetzungsspeicher vorhanden, der aus einer Anzahl von Assoziativregistern besteht (Abb. 81). Sobald eine virtuelle Seite umgesetzt worden ist, werden Segmentnummer, Seitennummer sowie die zugeordnete Rahmennummer in diesen Assoziativspeicher übertragen. Bei jeder folgenden Adreßanforderung werden zunächst alle gespeicherten Segment- und Seitennummern überprüft, ob eine von ihnen mit der gewünschten Nummer übereinstimmt (D). Ist dies der Fall, so wird die zugehörige reale Rahmennummer entnommen und dieser die Distanz aus der virtuellen Adresse angefügt. Das Ergebnis ist die reale Adresse, z. B. 14-1600, die auf diesem Wege sehr schnell ermittelt wird. Sind dagegen Segment- und Seitennummer der virtuellen Adresse in keinem Assoziativregister verzeichnet, so muß der Adreßumsetzungsspeicher entsprechend nachgeladen werden.

Zu beachten ist, daß der Adreßumsetzungsspeicher weniger Einträge haben kann, als der reale Hauptspeicher Rahmen aufweist. Somit muß das Fehlen einer virtuellen Adresse im Adreßumsetzungsspeicher noch keine Adreßfehlreferenz im Hauptspeicher bedeuten.

Wird während einer Adreßumsetzung erkannt, daß eine Seite im Hauptspeicher fehlt und daher nachgeladen werden muß, so wird das laufende Programm unterbrochen und in den Seitensupervisor verzweigt. Dieser hat folgende Aufgaben:

- Ermittlung eines Rahmens im realen Hauptspeicher, in den die benötigte Seite geladen werden kann (Wechselalgorithmus),

- Auslagerung der augenblicklich im betreffenden Rahmen sich befindenden Seite, sofern diese im Hauptspeicher verändert wurde,

- Laden der benötigten Seite in den Hauptspeicher,

- Berichtigung der Seitentabellen.

Durch die Seitenaufteilung von Programmen und realem Hauptspeicher erzielt man im Mehrprogrammbetrieb noch einen günstigen Nebeneffekt: Man vermeidet, daß der Speicher zerstückelt wird, was sich durch das Nach- und Nebeneinanderladen verschieden großer Programme in nichtvirtuellen Systemen ergibt und eine schlechte Ausnutzung des Hauptspeichers bewirkt (siehe Kap. 8.2.4).

5.5.5 Virtueller Plattenspeicher

Der Massenspeicher bringt eine Erweiterung des virtuellen Speicherkonzepts durch Einbeziehung von Magnetbandkassetten. So wird nun – ähnlich wie man einen realen Hauptspeicher und einen auf reale Plattenspeicher abgebildeten virtuellen Adreßraum unterscheidet – zwischen realen Datenträgern und virtuellen, auf Kassetten abgebildeten Datenträgern unterschieden. So wie beim Konzept des Virtuellen Speichers nur aktive Daten im realen Hauptspeicher gehalten werden, so werden hier auf den realen Plattenspeichern nur aktive Dateien gehalten. Für die rein logische Speicherbenutzung des Systems existieren die Kassetten also scheinbar nicht. Dem Benutzer stellt sich der gesamte externe Speicher so dar, als ob er nur aus Plattenspeichern bestünde.

5.6 Speicherhierarchien – Quantitative Betrachtungen

Betrachtet werde die Hierarchie:

Primärspeicher   = Pufferspeicher,
Sekundärspeicher   = Hauptspeicher,
Tertiärspeicher   = Datenspeicher (Plattenspeicher).

Ausgehend von einer mittleren Befehlsdauer T_P bei unendlich großem Primärspeicher läßt sich für die Befehlsdauer T bei endlichem Primär- und Sekundärspeicher folgender Ausdruck angeben:

$$T = T_P \cdot (1 + R \cdot W(S_P) \cdot T_S/T_P) \cdot (1 + R \cdot W(S_S) \cdot T_T/T_S)$$

mit

R = mittlere Anzahl der Speicher-Referenzen pro Befehl,
T_S = Zugriffszeit zum Sekundärspeicher,
T_T = mittlere Zugriffszeit zum Tertiärspeicher,
$W(S)$ = Wahrscheinlichkeit für das Auftreten einer Speicherfehlreferenz pro Speicherreferenz als Funktion von S, des im primären bzw. sekundären Speichers befindlichen Bruchteils der Gesamtprogrammgröße.

$W(S)$ läßt sich nach BRINCH HANSEN annähern durch die Formel

$$W(S) = ae^{-bS} \text{ mit } 0 < a < 1 < b; \; 0 < S \le 1.$$

Typische Erfahrungswerte für a und b sind: $a = 0{,}1$; $b = 10$. Die Annäherung gibt die Lokalitätseigenschaft von Programmen und Daten wieder.

    Seien T_S und T_T die wirksamen, d. h. nicht durch andere Aktivitäten überlappbaren Zugriffszeiten zum Sekundär- bzw. Tertiärspeicher und gelten z. B. folgende Werte:

R = 1,8,
S_P = 0,1; d. h. 10% des Programms im Pufferspeicher,
S_S = 0,75; d. h. 75% des Programms im Hauptspeicher,
T_S = 10 Maschinenzyklen für einen Befehl,
T_P = 3,2 Maschinenzyklen für einen Hauptspeicherzugriff,
T_T = 5000 Befehle für einen Datenspeicherzugriff (die Ein- bzw. Ausgabeoperationen seien überlappbar),

so ergibt sich:
T $= 1{,}81 \cdot T_P = T_P/0{,}55.$

D. h., die mittlere Befehlsdauer verlängert sich um 81% oder, anders ausgedrückt, die Zentraleinheit kann nur 55% ihrer Leistungsfähigkeit für produktive Arbeit erbringen.

    Im folgenden sollen die optimalen Verhältnisse zwischen Sekundär- und Tertiärspeicher noch genauer erörtert werden. Dabei sei jetzt T_T die volle (unüberlappbare plus überlappbare) Zugriffszeit zum Tertiärspeicher.

    Im Durchschnitt tritt alle $T_S/R \cdot W(S_S)$ sec eine Speicherfehlreferenz auf. Der Tertiärspeicher kann nur alle T_T sec durch Seitenwechsel solch eine Fehlreferenz beheben. Ein ausgeglichenes System ist dadurch gekennzeichnet, daß weder Zentraleinheit noch Datenspeicher aufeinander warten. Somit gilt also:

$$T_S/R \cdot W(S_{S0}) = T_T.$$

Daraus folgt:

$$W(S_{S0}) = T_S/R \cdot T_T = ae^{-bS_{S0}}$$

oder:

$$S_{SO} = (1/b) \cdot \ln a \cdot T_T \cdot R/T_S.$$

S_{SO} gibt an, welcher Bruchteil eines Programms sich im optimalen, ausgeglichenen Zustand im Hauptspeicher befinden muß, und hängt ab vom Verhältnis T_T/T_S (Abb. 82).

Mit

$$T_S = 10^{-6} \text{ sec}, \; T_T = 10^{-2} \text{ sec}$$

ergibt sich z. B.:

$$S_{SO} = 0{,}75,$$

d. h. 75% des Programmes müssen sich im Hauptspeicher befinden. Dieser Wert wurde bereits weiter oben bei der Bestimmung der effektiven Befehlsdauer angenommen.

Der Fall $S_S < S_{SO}$ wird als Flattern (thrashing) bezeichnet. Bei ihm finden je Zeiteinheit zu viele unproduktive Seitenwechsel statt. Er ist von Interesse im Mehrprogrammbetrieb, bei dem sich mehrere Programme gleichzeitig im Hauptspeicher befinden. Hier kann das Flattern dadurch beseitigt werden, daß die Zahl der Programme reduziert wird, so daß jedes einzelne mehr realen Speicher zugestanden bekommt (siehe Kap. 8.2.4).

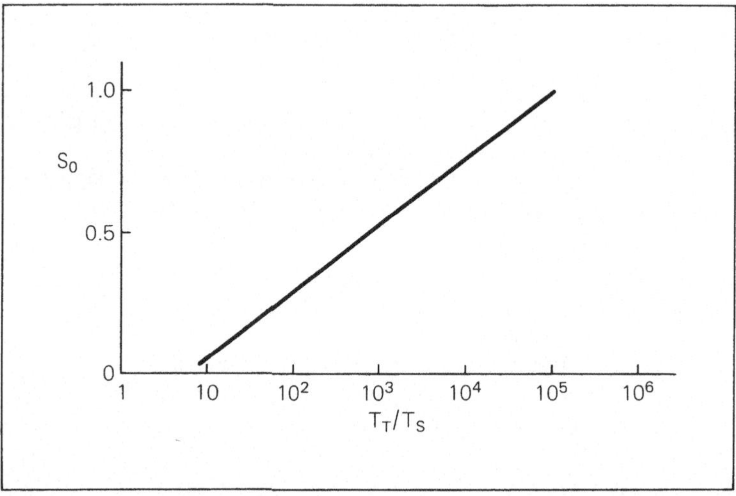

Abb. 82. Optimale Hauptspeicherbelegung in Abhängigkeit vom Verhältnis der Zugriffszeiten zum Tertiär- bzw. Sekundärspeicher (Platten- bzw. Hauptspeicher)

6. Datenverarbeitung

6.1 Programme

Ein Programm stellt die zur Durchführung einer Arbeit erforderliche vollständige Arbeitsanweisung an die Maschine dar. Diese Arbeitsanweisung muß die an einen

Algorithmus (algorithm)

zu stellenden fünf Forderungen (nach P. RECHENBERG) erfüllen:

1. Ein Algorithmus ist aus einzelnen Schritten zusammengesetzt. Jeder Schritt definiert eine Funktion. Außerdem enthält er eine – womöglich vom Ergebnis abhängige – Angabe über den nächsten Schritt.
2. Jeder Schritt muß eindeutig ausführbar sein und für jedes mögliche Ergebnis einen Folgeschritt angeben.
3. Die Funktion des Schrittes muß von der Maschine ausführbar sein. (Sie muß sich auf endlich viele Maschinenfunktionen reduzieren lassen.)
4. Der Algorithmus muß mit endlich vielen Zeichen vollständig formulierbar sein und nach einer endlichen Zahl von Schritten enden.
5. Es müssen endlich viele (vorgegebene) Eingangs- und (gesuchte) Ausgangsgrößen definiert sein.

Ein Programm muß in einer speziellen Sprache geschrieben sein, die codiert von der Maschine eindeutig und vollständig „verstanden" wird, d. h., jedes abgeschlossene Element der Sprache löst eine eindeutig zugeordnete Funktion aus.

Ein Programm setzt sich aus Gruppen von Befehlen, Folgen genannt, zusammen, die durch (bedingte oder unbedingte) Verzweigungsbefehle unterbrochen bzw. verkettet werden. Somit ließen sich beliebige Programmstrukturen konstruieren.

Es hat sich jedoch als notwendig erwiesen, das allzu freie Programmieren durch bestimmte Regeln zu disziplinieren. Das dazu entwickelte Konzept heißt

Strukturierte Programmierung (structured programming).

Es läßt nur noch die im Kap. 3.6 aufgeführten elementaren Programmstrukturen *FOLGE, IF_THEN_ELSE_* und *DO_WHILE_* zu. Aufgrund der damit erzielten klaren, übersichtlichen Programmorganisation wird eine erhöhte Qualität der Programmierung in Bezug auf Lesbarkeit, Fehlerfreiheit und Wartbarkeit erreicht.

Die Strukturierte Programmierung basiert auf einem mathematisch bewiesenen Strukturtheorem. Dieses besagt, daß jegliches korrekte Programm, das ist ein

---

Ergänzende und weiterführende Literatur: [2, 3, 5, 8–11, 16–18, 23, 24, 26, 27, 30, 32–36, 38–47, 55, 59–62, 64, 69–76, 81, 83, 85, 86

Programm mit nur einem Eingang und nur einem Ausgang für den Kontrollfluß, gleichwertig ist einem Programm, das als logische Strukturelemente nur die drei genannten elementaren Programmstrukturen enthält. Dazu wird axiomatisch vorausgesetzt, daß jede der drei Elementarstrukturen selbst ein korrektes Programmteil darstellt. Ein größeres, komplexes Programm entsteht dann durch geeignete Anordnung (Verschachteln) dieser drei Elementarstrukturen.

Der Kontrollfluß eines solch strukturierten Programms läuft dann immer vom Anfang bis zum Ende ohne willkürliche Verzweigungen. Werden nur diese Strukturen in der Programmierung benutzt, so kann es im Maschinenprogramm unbedingte Programmverzweigungen nur von den elementaren Strukturen erzeugt (vgl. Abb. 84b), bzw. beim Unterprogrammaufruf (siehe weiter unten) geben.

Die Struktur einer höheren Programmiersprache mag allerdings Abwandlungen der Elementarstrukturen bedingen. So mag an die Stelle des *DO_WHILE_* ein *DO_UNTIL_* treten (Abb. 83), was logisch dasselbe bedeutet.

Die elementaren Programmstrukturen lassen sich an einfachen Beispielen zeigen (Abb. 84 a–c).

Eine wichtige Rolle im Aufbau von Programmen spielen von einem sog.

Hauptprogramm   (main program)

immer wieder benötigte

Unterprogramme   (subprograms).

Dazu gehören z. B. Zwischenrechnungen, die im Programm nur einmal enthalten sein müssen, aber von verschiedenen Stellen aus aufgerufen werden können (Abb. 85). Dies steht durchaus im Einklang mit den Prinzipien der Strukturierten Programmierung, solange das Unterprogramm selbst diesem Konzept gehorcht.

Der Aufruf eines Unterprogramms verlangt die Beachtung gewisser, in höheren Programmiersprachen einfacher, da ziemlich automatisch erfüllter, in Maschinensprache weniger einfacher Richtlinien (Konventionen). Sie betreffen die Übergabe

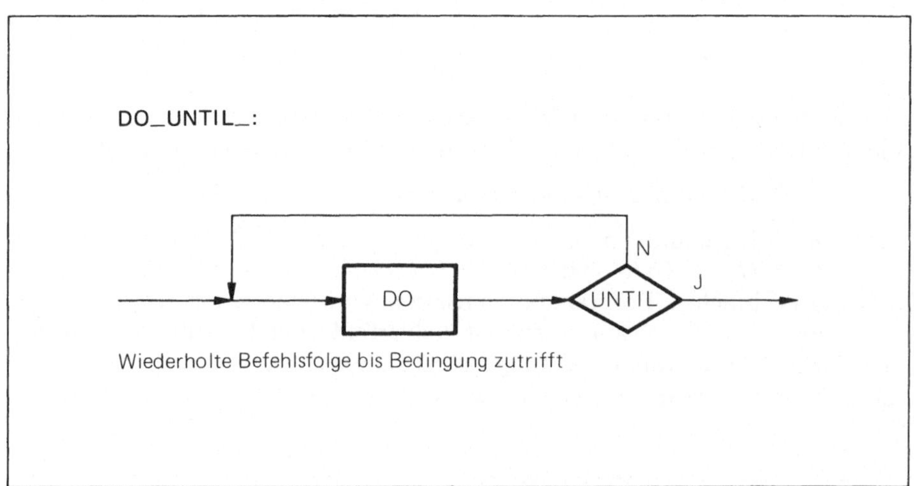

Abb. 83. DO_UNTIL_Elementarstruktur

von Parametern (Argumenten) und die Rückkehr aus dem Unterprogramm ins
Hauptprogramm durch die Festlegung bestimmter Register, welche die Rückkehradresse sowie Daten bzw. Datenadressen aufnehmen.

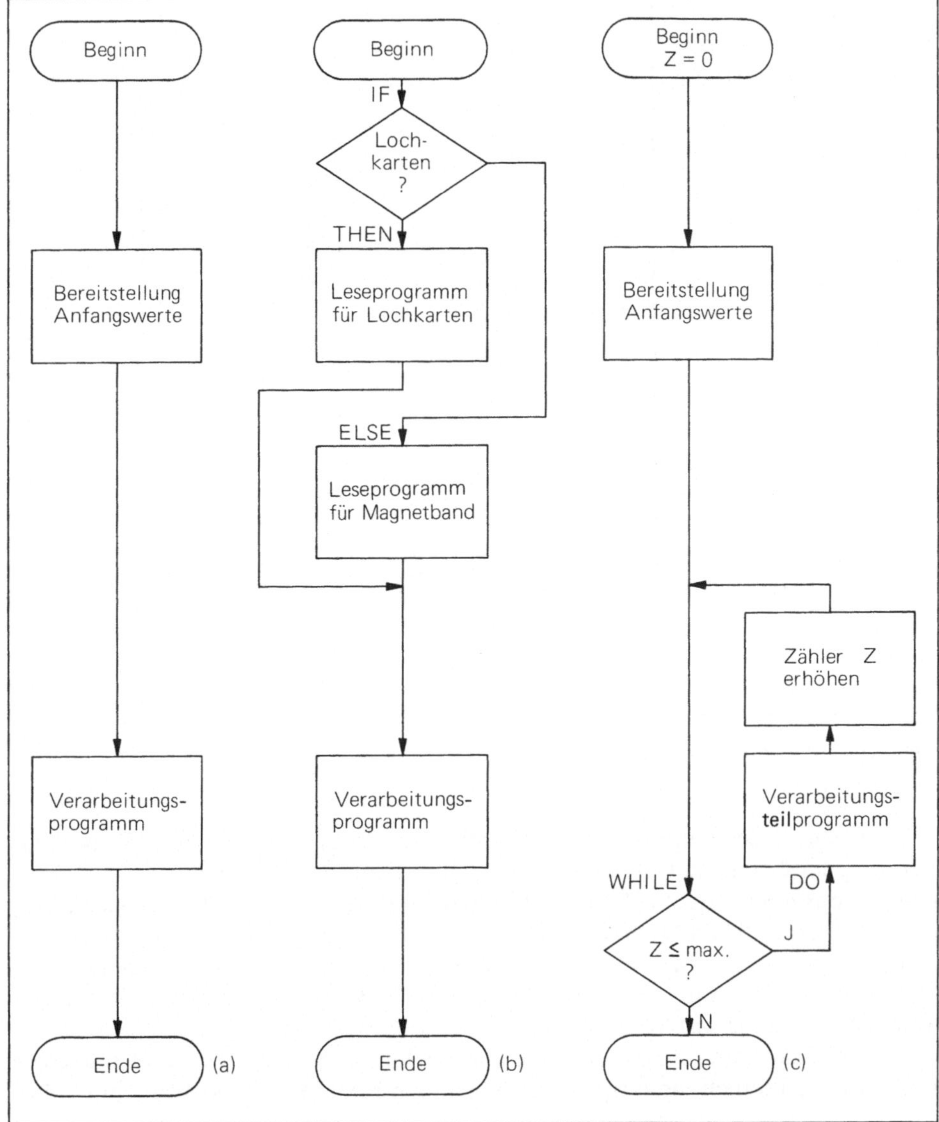

Abb. 84 a–c. Beispiele von Programmstrukturen
(a) FOLGE-Struktur (Sequentielles Programm)
(b) IF_THEN_ELSE_Struktur (Programm mit bedingter Verzweigung)
(c) DO_WHILE_Struktur (Programmschleife mit bedingter Verzweigung zur wiederholte
   Durchführung einer Folge)

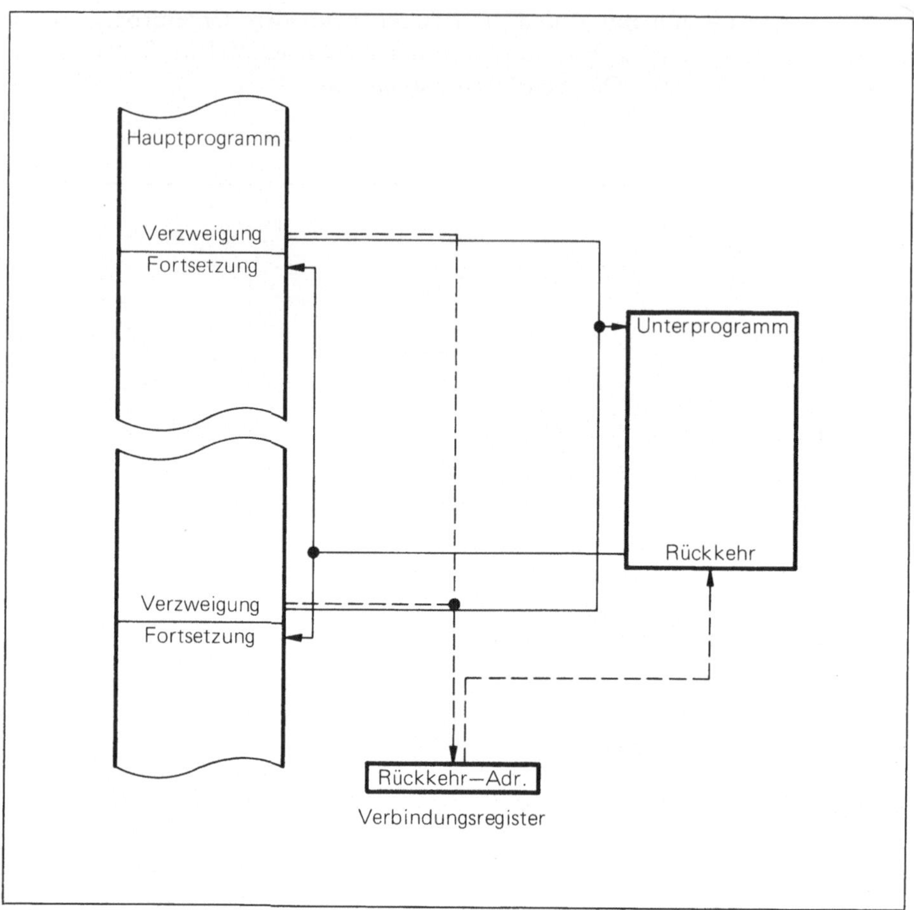

Abb. 85. Unterprogrammaufruf (zweimalig)

Der Aufruf des Unterprogramms (Abb. 85) erfolgt durch einen (unbedingten) Verzweigungsbefehl zur Anfangsadresse des Unterprogramms. Um später ins Hauptprogramm zurückkehren zu können, muß die Adresse des nächsten, auf den Verzweigungsbefehl folgenden Befehls des Hauptprogramms gespeichert werden. Dies geschieht in einem Verbindungsregister, das bei der Rückkehr aus dem Unterprogramm somit die Rückkehradresse als Verzweigungsadresse für einen weiteren (unbedingten) Verzweigungsbefehl wiedergibt.

Braucht das Unterprogramm noch gewisse Parameter zur Durchführung seiner Funktion, so können diese entweder in weiteren Registern direkt bzw. durch ihre Adressen indirekt übergeben werden, oder sie bzw. ihre Adressen stehen im Hauptprogramm gleich hinter dem Verzweigungsbefehl zum Unterprogramm. In diesem Fall dient der Inhalt des Verbindungsregisters direkt zum Referieren dieser Parameter und indirekt, d. h. erst nach entsprechender Veränderung, auch als Rückkehradresse. Beispiele solcher Unterprogrammaufrufe finden sich in Kap. 6.3.3.

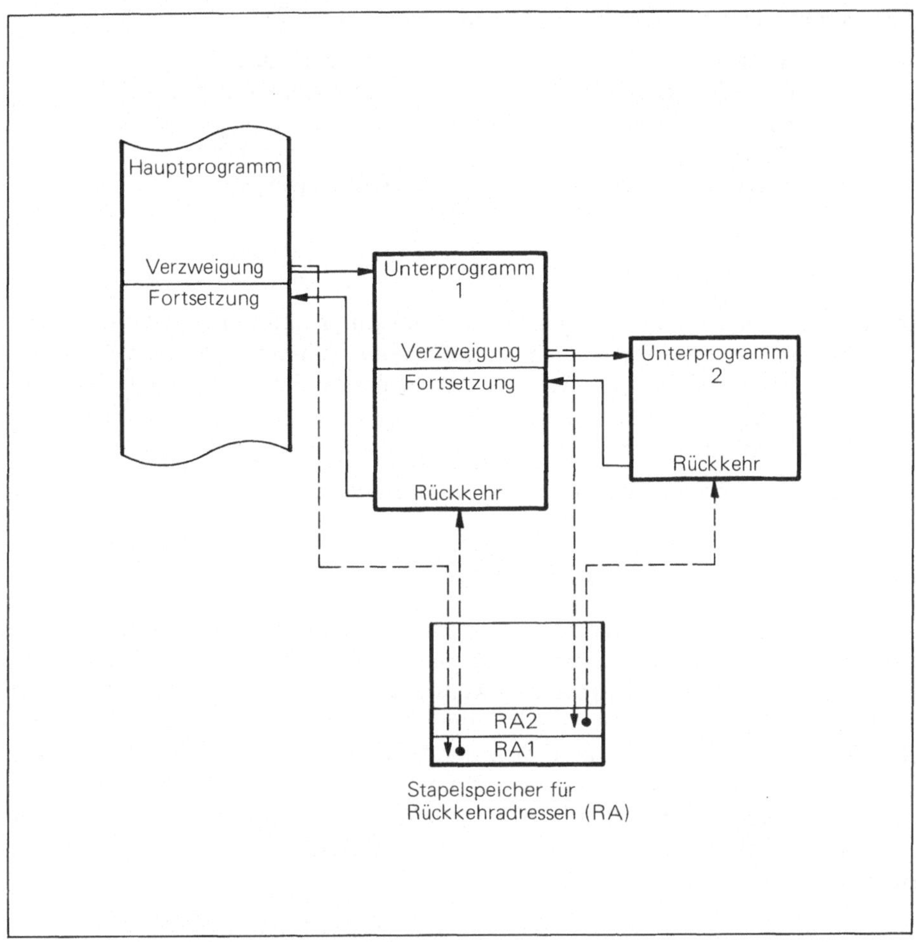

Abb. 86. Unterprogrammaufruf (verschachtelt)

Bei verschachteltem Unterprogrammaufruf bilden die erforderlichen Verbindungsregister einen Stapelspeicher, der – sofern er nicht in der Hardware realisiert ist – von der Software verwaltet, d. h. simuliert werden muß (Abb. 86).

6.2 Betriebssystemfunktionen

Das

> ***Betriebssystem***   (operating system)

überwacht und steuert die Abwicklung der Verarbeitungsprogramme, d. h. die Bewegung und die Verarbeitung der Daten. Es sorgt für den „Betrieb" der datenverarbeitenden Anlage und für den wirkungsvollen Einsatz seiner

> ***Betriebsmittel***   (resources).

Seine wesentlichen Funktionen sind (siehe auch Kap. 4.3)

Auftragssteuerung	(job control),
Datenbankroutinen	(data base routines),
Datenkommunikationsroutinen	(data communication routines),
Zugriffsmethoden	(access methods),
Supervisor	(supervisor).

6.2.1 Auftragssteuerung (siehe auch Kap. 4.3)

Die Auftragssteuerung bestimmt den nächsten durchzuführenden Auftrag bzw. Teilauftrag und veranlaßt das Laden der dafür notwendigen Programme. Sie ordnet die benötigten Betriebsmittel wie Hauptspeicher, periphere Geräte usw. zu. Nachdem ein Auftrag durchgeführt ist, rechnet sie die Benutzung der Betriebsmittel wie Prozessorzeit, Speicherbelegung, Benutzung von peripheren Geräten usw. ab:

Betriebsmittelabrechnung (accounting).

6.2.2 Datenbankroutinen (siehe auch Kap. 5.2)

Diese Routinen berücksichtigen die organisatorischen Zusammenhänge (Relationen) zwischen verschiedenen Dateien und zwischen den Inhalten der sie aufbauenden Sätze. Sie bestimmen die für eine Anwendung (Benutzer) relevante Untermenge von Dateien bzw. Datensätzen und Datenbankrelationen (Datenbankuntermodell). Der Benutzer wird dadurch von der Notwendigkeit befreit, Dateien- und Datensatzorganisation bzw. Datendarstellung zu kennen (sog. Datenunabhängigkeit). Schließlich bewerkstelligen die Datenbankroutinen die Abbildung einer Datenbank auf ein einer Anwendung gerecht werdendes Datenbank-Untermodell bzw. umgekehrt.

6.2.3 Datenkommunikationsroutinen (siehe auch Kap. 7.4)

Diese Routinen bestimmen die Darstellung von zu übertragenden Daten, speziell bei ihrer Ausgabe (z. B. Bildschirmformate). Der Benutzer braucht somit die jeweiligen Gerätecharakteristiken nicht zu kennen (sog. Geräteunabhängigkeit). Durch die Routinen werden Nachrichten aufbereitet. Darunter versteht man Formatieren, Übersetzen, Verdichten bzw. „Verdünnen" von Nachrichten, Verwendung von Steuerzeichen zur Steuerung des Datenaustausches bzw. der Datenstationen. Der Benutzer hat dann mit Übertragungsprotokollen für den Nachrichtenaustausch nichts zu tun. Schließlich regeln die Datenkommunikationsroutinen den disziplinierten Dialog zwischen kommunizierenden Partnern in einer Sitzung.

6.2.4 Zugriffsmethoden (siehe auch Kap. 5.3 und 7.4)

Zugriffsmethoden stellen einmal verschiedene Datenorganisationsformen (sequentiell, sequentiell mit Index usw.) zur Verfügung, von denen eine der Anwendung entsprechende ausgewählt werden kann. Sodann realisieren sie diese Organisationen auf Datenspeichern. Sie verarbeiten die Kennsätze von Dateien zu ihrer Identifizierung und Lokalisierung. Dabei müssen insbesondere etwaige Autorisationsangaben berücksichtigt werden. Die Zugriffsmethoden führen dann die eigentlichen Zugriffe zu den Dateien mit Hilfe sog. Kanalprogramme durch, wobei Datensätze zum Ausgleich von Unterschieden in den Arbeitsgeschwindigkeiten der Zentraleinheit und der Ein- bzw. Ausgabeinheiten geblockt bzw. gepuffert werden. Bei Einfügen bzw. Weglassen von Datensätzen bedarf es ferner noch der Aktualisierung der Dateien einschließlich ihrer Kennsätze und etwaiger Indizes.

Zum anderen etablieren Zugriffsmethoden Kommunikationsverbindungen und kontrollieren sie. Sie erstellen zu dem Zweck Kanalprogramme und besorgen Pufferung, Segmentierung bzw. Blockung von Nachrichten. Sie sorgen für einen geregelten Nachrichtenfluß. Dabei werden sie vom sog. Netzwerksteuerprogramm unterstützt.

Gemeinschaftlich benutzte periphere Betriebsmittel (Dateien, Übertragungsleitungen, Steuereinheiten, Datenstationen usw.) werden von den Zugriffsmethoden zugeteilt.

6.2.5 Supervisor

Der Supervisor steuert Ein- und Ausgabeoperationen durch Übergabe von Kanalprogrammen an den Prozessor zur Weiterleitung an die Kanaleinheiten. Ein- bzw. Ausgabeoperationen können mit anderen Aufgaben der Zentraleinheit überlappt laufen, wodurch eine bessere Auslastung der einzelnen Teile erreicht wird. Nach der Beendigung von Ein- bzw. Ausgabeoperationen werden diese auf Korrektheit geprüft und gegebenenfalls zur Durchführung von Fehlerkorrekturmaßnahmen automatisch wiederholt.

Der Supervisor teilt im Falle mehrerer gleichzeitiger Bewerber (Mehrprogrammbetrieb) zentrale Betriebsmittel wie Prozessorzeit oder Hauptspeicher zu und steuert ihre gemeinsame Benutzung. Zur wirkungsvollen Systemausnutzung bedient er sich dabei geeigneter Strategien und bestimmt so die Reihenfolge, in der konkurrierende Bewerber bedient werden (siehe auch Kap. 8.2.4). Bei virtuellen Systemen schließt dies die Belegung und Verwaltung des realen Hauptspeichers durch den Seitensupervisor ein (siehe Kap. 5.5.4).

Der Supervisor lädt Programmteile in den Hauptspeicher. Er bewirkt den gegenseitigen Schutz von Benutzerprogrammen und -daten und bedient sich dabei der Speicherschutzvorkehrungen (siehe Kap. 9.2). Schließlich sammelt er Meßdaten bezüglich der Betriebsmittelausnutzung und Fehlerhäufigkeit für Kostenabrechnung, Leistungsanalyse und Fehlerdiagnose.

6.3 Maschinenfunktionen

Die vom Prozessor eines Datenverarbeitungssystems angebotenen Funktionen zusammen mit den möglichen Datenformaten nennt man seine

Maschinenarchitektur (machine architecture).

6.3.1 Befehlsvorrat

Alle Maschinenfunktionen werden durch Maschinenbefehle bewirkt und aufgerufen. Diese bilden den

$$\textit{Befehlsvorrat} \quad \text{(instruction set)}$$

und gruppieren sich wie folgt:

- Logik: Befehle, die logische Operationen (UND, ODER, logischer Vergleich) an Bitstrings durchführen, aber auch Bitstringshiftoperationen,

- Binäre Festkomma-Arithmetik: arithmetische Operationen an Festkommazahlen in Registern und im Hauptspeicher,

- Gleitkomma-Arithmetik: arithmetische Operationen an Gleitkommazahlen in speziellen Gleitkommaregistern,

- Dezimale Arithmetik: arithmetische Operationen an gepackt-dezimal dargestellten Daten im Hauptspeicher,

- Programmablauf: Verzweigungen (unbedingt und bedingt) einschließlich Unterprogrammverbindung,

- Ein- und Ausgabe unter Angabe eines Kanalprogramms (siehe Kap. 7.2.2),

- Steuerung: Operationen speziell für Supervisorfunktionen, („privilegiert"), die z. B. das Programmstatuswort bearbeiten (siehe Kap. 6.3.4).

6.3.2 Befehlsstruktur

Für die Befehlsstruktur haben sich heute bei den sog. Allzweckrechnern (general purpose processor) ein

$$\textit{variables Befehlsformat} \quad \text{(variable instruction format)}$$

und das Prinzip der

$$\textit{Relativen Adressierung} \quad \text{(relative addressing)}$$

durchgesetzt *(System/370*–Architektur). Dabei werden Hauptspeicheradressen aus zwei bzw. drei Anteilen aufgebaut:

$$A = \langle B \rangle + D \, (+ \langle I \rangle)$$

mit

A = Operandenadresse (real bzw. virtuell),

B = Basisadreßregister, $\langle B \rangle$ = Inhalt von B ($B = 0$ bedeutet kein Basisadreßregister),

D = Distanz $(0 \leq D \leq 4095)$,

I = Indexregister, $\langle I \rangle$ = Inhalt von I.

Die grundsätzliche Bedeutung dieses Adreßaufbaus wird im nächsten Kapitel beschrieben.

Es sind je nach Befehlsart bis zu drei Operanden in einem Befehl adressierbar, die in Registern oder im Hauptspeicher stehen können (Abb. 87). Als Datenregister kommen 64-bit-Gleitkommaregister sowie allgemeine 32-bit-Register in Frage, die auch als Basisadreß- bzw. Indexregister fungieren können und damit der normalen Registerbehandlung unterliegen.

Spezielle (nicht *System/370-*) Befehlsformate sind einmal das Ein-Adreßformat, wobei immer der Inhalt eines im Rechenwerk befindlichen Akkumulators den zweiten impliziten Operanden darstellt. Solche Befehle erlauben ein Leitwerk mit einem Minimum an Hardware-Registern, was früher bedeutungsvoll war. Allerdings benötigte man auch mehr Befehle, z. B. für eine Addition drei, während in einem Zwei-Adreßsystem ein Befehl genügt.

Bitpositionen 0—1 des Befehlscodes	Länge in Bytes	Typ	Erklärung
00	2	RR	Register—Register
01	4	RX	Register—Indizierter Speicher
10	4	RS	Register—Speicher
10	4	SI	Speicher—Direktoperand
11	6	SS	Speicher—Speicher

Typ	Maschinenformat	Symbolisches Format
RR	$BC \mid R_1 \mid R_2$	$BC \quad R_1, R_2$
RX	$BC \mid R_1 \mid X_2 \mid B_2 \mid D_2$	$BC \quad R_1, D_2 + <X_2> + <B_2>$
RS	$BC \mid R_1 \mid R_3 \mid B_2 \mid D_2$	$BC \quad R_1, R_3, D_2 + <B_2>$
SI	$BC \mid I_2 \mid B_1 \mid D_1$	$BC \quad D_1 + <B_1>, 'I_2'$
SS	$BC \mid L_1 \mid L_2 \mid B_1 \mid D_1 \mid B_2 \mid D_2$	$BC \quad D_1 + <B_1>(L_1), D_2 + <B_2>(L_2)$
SS	$BC \mid L \mid B_1 \mid D_1 \mid B_2 \mid D_2$	$BC \quad D_1 + <B_1>(L), D_2 + <B_2>$

Bezeichnung	Bedeutung	Feldlänge (Bits)
BC	Befehlscode	8
R	Allgemeines Register	4
X	Indexregister	4
B	Basisadreßregister	4
D	Distanz	12
L	Operandenlänge	4 oder 8
I	Direktwert	8

Abb. 87. Befehlsformate

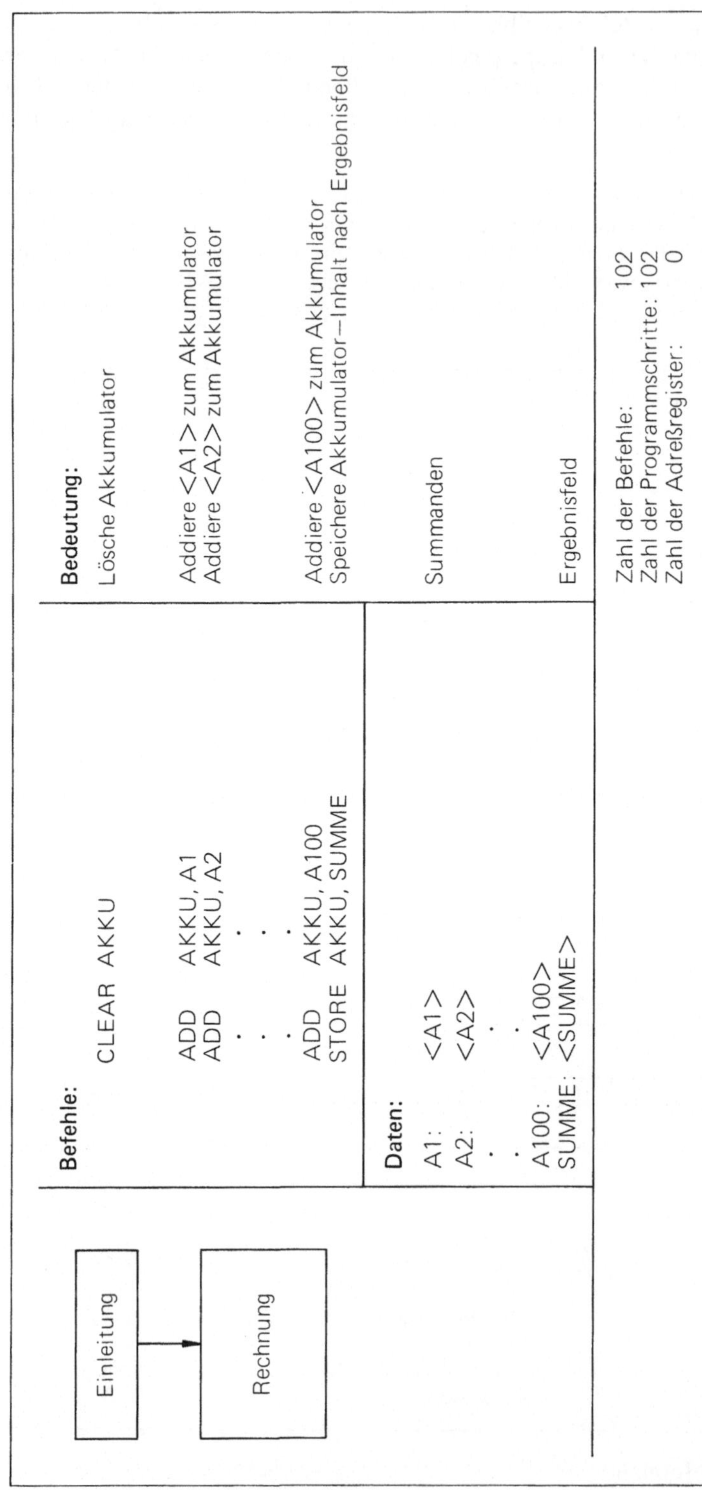

Abb. 88. Beispiel zur Direkten Adressierung

Eine andere Art von Befehlsformaten haben Befehle mit Folgeadressierung, bei denen – abweichend von der Regel für sequentielle Programme – in jedem Befehl zusätzlich die Adresse des nächstfolgenden angegeben ist.

Befehle, die einen Stapelspeicher betreffen, bedürfen keiner Adreßteile, da sie sich stets auf den obersten Speicherinhalt beziehen.

6.3.3 Adressierung

Das mit dem Prinzip der Relativen Adressierung (siehe Kap. 6.3.2) eingeführte

Adressierschema   (addressing scheme)

erlaubt verschiedene Verfahren zur Bestimmung einer

effektiven Adresse   (effective address)

durch den Prozessor aus den Operandenangaben eines Befehls, der so auf verschiedene Daten anwendbar wird. Am Beispiel der Berechnung der Summe von hundert aufeinanderfolgenden Summanden sollen fünf verschiedene Adressiermethoden erläutert und ihre Eigenschaften aufgezeigt werden.

1.   **Direkte Adressierung**   (direct addressing)

Hier handelt es sich um ein einfaches (Geradeaus-) Programm, für das keine Relative Adressierung nötig ist (Abb. 88). Die einzelnen Operanden werden also direkt adressiert. (Bei Angabe von 0 für Basisadreßregister B wird kein Register herangezogen, sodaß nur die Distanz als direkte Adresse dient.)

2.   **Indexierung**   (indexing)

Diese Methode eignet sich besonders für die Aufgabe der Verarbeitung einer Tabelle von vielen gleichen Elementen, indem ein Indexregister (I) während der Verarbeitung über die Tabelle „streicht" (Abb. 89). Bei jedem Befehl mit Bezug auf das Indexregister wird dessen Inhalt zur Distanz der Operandenadresse hinzuaddiert. Daran anschließend erhöht man den Inhalt des Indexregisters um einen Inkrementwert, der dem Adreßabstand der Operanden (hier 4 Bytes) entspricht. Das Programm hat eine Schleifenstruktur mit dem Indexregister als Schleifenzähler, d. h., die Schleife wird solange durchlaufen, bis das Indexregister seinen „Zielwert" erreicht hat.

3.   **Relative Adressierung**   (relative addressing)

Die Relative Adressierung dient dazu, Programme im Speicher verschiebbar (relocatable) zu machen, ohne sie ändern zu müssen. Dazu werden die Operandenadressen nicht mehr absolut angegeben, sondern nur in ihrer

Distanz (displacement)

zu einem Ausgangspunkt, der

Basis (base).

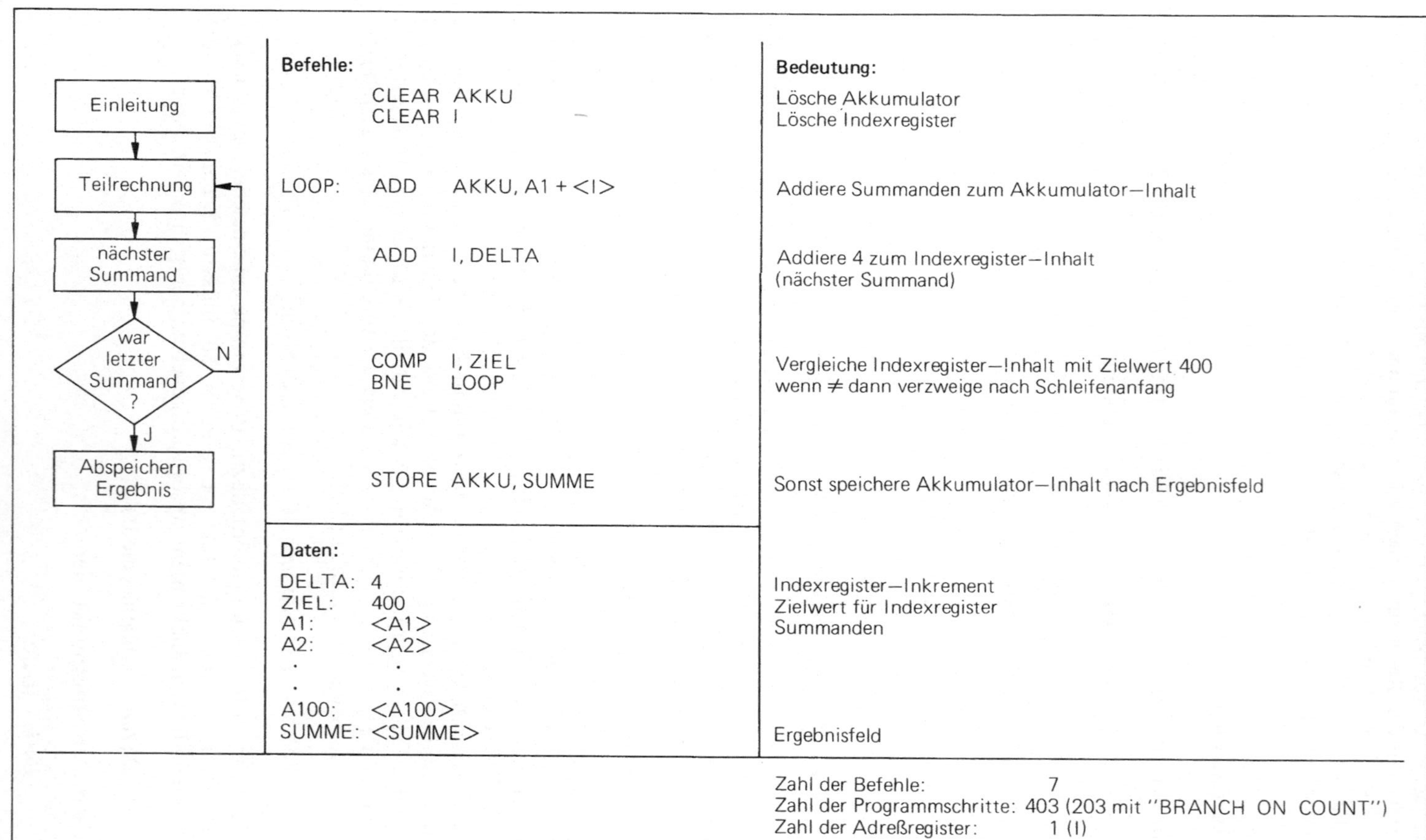

Abb. 89. Beispiel zur Indexierung (Tabellenverarbeitung)

Diese Basis kann in einem dafür vorgesehenen Basisadreßregister gespeichert werden, dessen Inhalt zur Berechnung der sog.

effektiven Adresse   (effective address)

wie folgt herangezogen wird:

$$\textit{effektive Adresse} = \; < \textit{Basisadreßregister} > \; + \; \textit{Distanz}$$

oder mit zusätzlicher Indizierung:

$$\textit{effektive Adresse} = \; < \textit{Basisadreßregister} > \; + \; \textit{Distanz}$$
$$+ \; < \textit{Indexregister} >$$

Damit braucht beim Programmieren keine Rücksicht mehr auf die zur Verarbeitungszeit aktuelle Speicherbelegung genommen zu werden; die Programme werden durch Wahl einer Basis „verschiebbar". Die Distanz überstreicht dabei Speicherblöcke von maximal 4096 Bytes.

Im gewählten Beispiel (Abb. 90) handelt es sich um die gleiche Programmlogik wie im vorhergehenden Fall (Abb. 89). Nur ist das Programm jetzt verschiebbar gemacht worden, indem alle Adressen auf einem Basisadreßregister (B) aufbauen, das zu Beginn mit dem Wert des Befehlszeigers, also der Lage des Programms im Hauptspeicher (START) geladen wird. Verschiebt man das Programm mit all seinen Daten, so ändert sich beim einleitenden Laden (Load Instruction Counter = LDIC) des Basisadreßregisters dessen Inhalt (START) um den Wert der Verschiebung, während alle Adreßdifferenzen (z. B. A1-START) zum Programmanfang gleich bleiben und somit das Programm korrekt ausgeführt werden kann.

4.   *Unterprogrammaufruf*   (subprogram call)

Dieses Beispiel bringt kein neues Adressierverfahren. Es zeigt vielmehr, wie die bisher betrachteten Methoden dazu dienen können, einen Unterprogrammaufruf zu programmieren (Abb. 91). Es handelt sich also jetzt um dieselbe Routine, nur kann sie jetzt als Unterprogramm von verschiedenen Stellen im Hauptprogramm aufgerufen werden. Da zu jedem Aufruf des Unterprogramms eine andere Summandentabelle gehören wird, stehen diese Tabellen ebenfalls im Hauptprogramm und müssen als Parameter beim Aufruf dem Unterprogramm übergeben werden. Das erfolgt hier durch Laden der Adresse der Summandentabelle in ein Datenregister (D),. bevor es zum Aufruf des Unterprogramms kommt. Die Rückkehradresse wird in einem Verbindungsregister (V) gespeichert. Da das Unterprogramm selbst keine veränderbare Information enthält, kann es jederzeit unterbrochen und von einem anderen Programm, das seine eigenen Daten „mitbringt", verwendet werden (reentrant).

5.   *Indirekte Adressierung bzw. Adreßsubstitution*
       (indirect addressing / address substitution)

Indirekte Adressierung bedeutet, daß auf einer Speicherstelle, zu der man mittels einer Adresse im Operandenteil eines Befehles gelangt, noch nicht ein Operand,

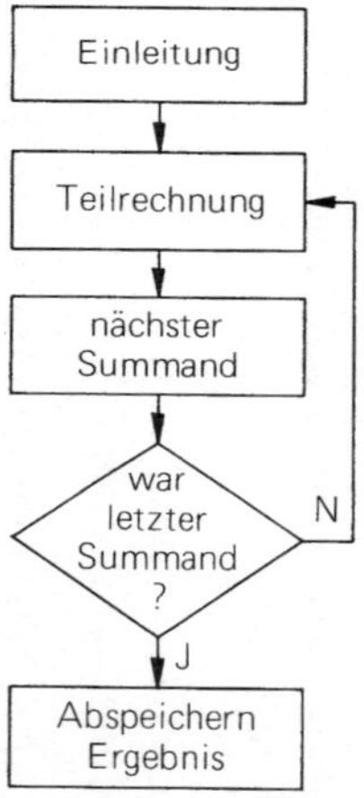

Befehle:

```
START:  LDIC   B
        CLEAR  AKKU
        CLEAR  I

LOOP:   ADD    AKKU, A1—START + <B> + <I>

        ADD    I, DELTA—START + <B>


        COMP   I, ZIEL—START + <B>
        BNE    LOOP—START + <B>


        STORE  AKKU, SUMME—START + <B>
```

Daten:

```
DELTA:  4
ZIEL:   400
A1:     <A1>
A2:     <A2>
  .       .
  .       .
A100:   <A100>
SUMME:  <SUMME>
```

Bedeutung:

Lade Basisregister mit nächster Befehlsadresse
Lösche Akkumulator
Lösche Indexregister

Addiere Summanden zum Akkumulator—Inhalt

Addiere 4 zum Indexregister—Inhalt
(nächster Summand)

Vergleiche Indexregister—Inhalt mit Zielwert 400
wenn ≠ dann verzweige nach Schleifenanfang

Sonst speichere Akkumulator—Inhalt nach Ergebnisfeld

Indexregister—Inkrement
Zielwert für Indexregister
Summanden

Ergebnisfeld

Zahl der Befehle: 8
Zahl der Programmschritte: 404 (204 mit "BRANCH ON COUNT")
Zahl der Adreßregister: 2 (B, I)

Abb. 90. Beispiel zur relativen Adressierung (Verschiebbarkeit)

sondern erst nochmals eine Adresse steht, die dann erst zur Auffindung des Operanden an einer anderen Stelle dient. Der Operand wird also nicht direkt im Operandenteil adressiert, sondern nur *indirekt.* Oder anders ausgedrückt: Die Adresse im Operandenteil muß erst noch durch eine andere Adresse ersetzt, *substituiert* werden. Das wird durch eine entsprechende Markierung im Befehl angedeutet.

Im Prinzip beinhaltet das *System/370*-Adreßschema auch diese Art der Adressierung, nur beschränkt sie es auf Register. D. h., durch Angabe eines Basisadreßregisters bzw. eines Indexregisters in der Adreßformel werden deren Inhalte nicht direkt als Operanden angesprochen, sondern dienen nur indirekt als Adreßzusätze, die erst zusammen mit einer Distanz eine effektive Adresse bilden. Der letzte Befehl im vorhergehenden Beispiel macht das sehr deutlich (Abb. 91): Die Verzweigung erfolgt nicht nach Register *V*, sondern nach der Adresse, die im Verbindungsregister *V* steht, also nach dem Inhalt von *V*. Auch hier dient diese Methode dazu, Programme vollständig zu formulieren ohne Kenntnis der endgültigen Adressen, in diesem Fall der aktuellen Rücksprungadresse.

Wie schon gesagt, ist in der *System/370*-Architektur die Adreßsubstitution auf Register beschränkt, normale Hauptspeicheradressen können nicht substi-

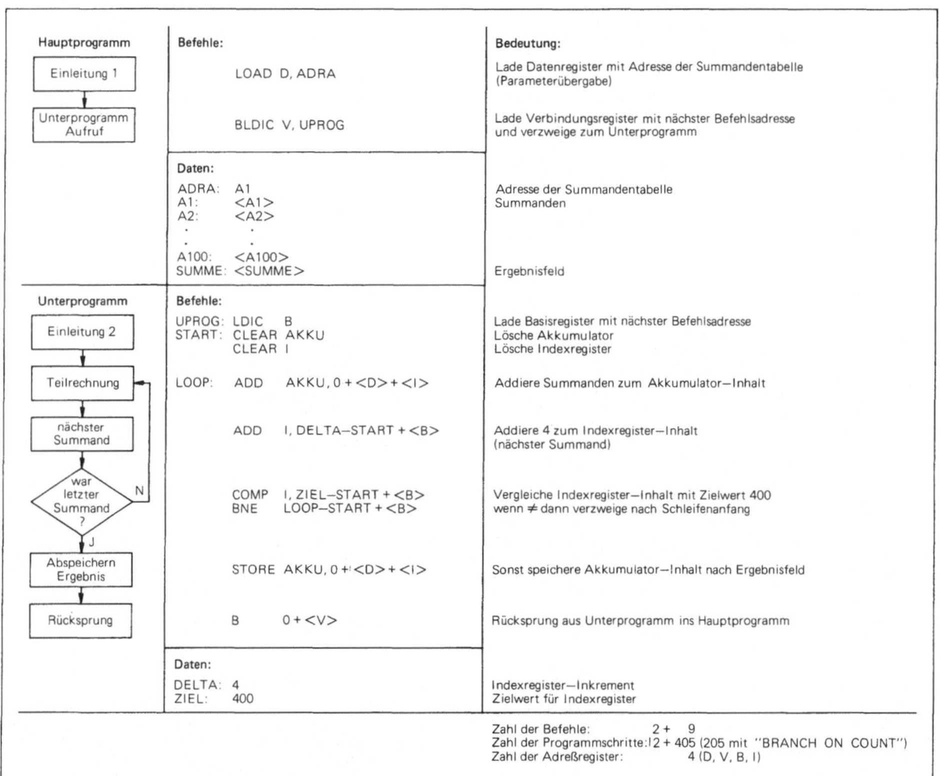

Hauptprogramm	Befehle:		Bedeutung:
Einleitung 1		LOAD D, ADRA	Lade Datenregister mit Adresse der Summandentabelle (Parameterübergabe)
Unterprogramm Aufruf		BLDIC V, UPROG	Lade Verbindungsregister mit nächster Befehlsadresse und verzweige zum Unterprogramm
	Daten:		
	ADRA:	A1	Adresse der Summandentabelle
	A1:	<A1>	Summanden
	A2:	<A2>	
	.	.	
	.	.	
	A100:	<A100>	
	SUMME:	<SUMME>	Ergebnisfeld
Unterprogramm	Befehle:		
Einleitung 2	UPROG: LDIC	B	Lade Basisregister mit nächster Befehlsadresse
	START: CLEAR	AKKU	Lösche Akkumulator
	CLEAR	I	Lösche Indexregister
Teilrechnung	LOOP: ADD	AKKU, 0 + <D> + <I>	Addiere Summanden zum Akkumulator–Inhalt
nächster Summand	ADD	I, DELTA–START + <B>	Addiere 4 zum Indexregister–Inhalt (nächster Summand)
war letzter Summand ?	COMP	I, ZIEL–START + <B>	Vergleiche Indexregister–Inhalt mit Zielwert 400
	BNE	LOOP–START + <B>	wenn ≠ dann verzweige nach Schleifenanfang
Abspeichern Ergebnis	STORE	AKKU, 0 + <D> + <I>	Sonst speichere Akkumulator–Inhalt nach Ergebnisfeld
Rücksprung	B	0 + <V>	Rücksprung aus Unterprogramm ins Hauptprogramm
	Daten:		
	DELTA:	4	Indexregister–Inkrement
	ZIEL:	400	Zielwert für Indexregister

```
Zahl der Befehle:          2 +   9
Zahl der Programmschritte:I2 + 405 (205 mit "BRANCH ON COUNT")
Zahl der Adreßregister:        4 (D, V, B, I)
```

Abb. 91. Beispiel eines Unterprogrammaufrufes

tuiert werden. Dies bedeutet jedoch keine Beeinträchtigung der Universalität. Allgemeine Adreßsubstitution würde nur noch eine weitere Möglichkeit der Parameterübergabe beim Unterprogrammaufruf erlauben, da dann Parameter direkt auf den Aufrufbefehl folgen und leicht übernommen werden können (Abb. 92). Adreßsubstitution wird im Beispiel durch einen Stern (*) angezeigt.

In allen Fällen kann es sich bei der resultierenden effektiven Adresse um eine reale oder virtuelle Adresse handeln. Letztere wird in der Folge noch vom Prozessor in eine reale Adresse umgewandelt (siehe Kap. 5.5.4).

6.3.4 Programmstatus

Der augenblickliche Programmzustand, der den Zustand des Systems wiederspiegelt, wird als Programmstatus im

$$\textit{Programmstatuswort (PSW)} \quad \text{(program status word)}$$

festgehalten. Wichtige Bestandteile des Programmstatusworts sind:

- Der *Zustandsschlüssel;* er gibt an, in welchem Zustand sich der Prozessor befindet:

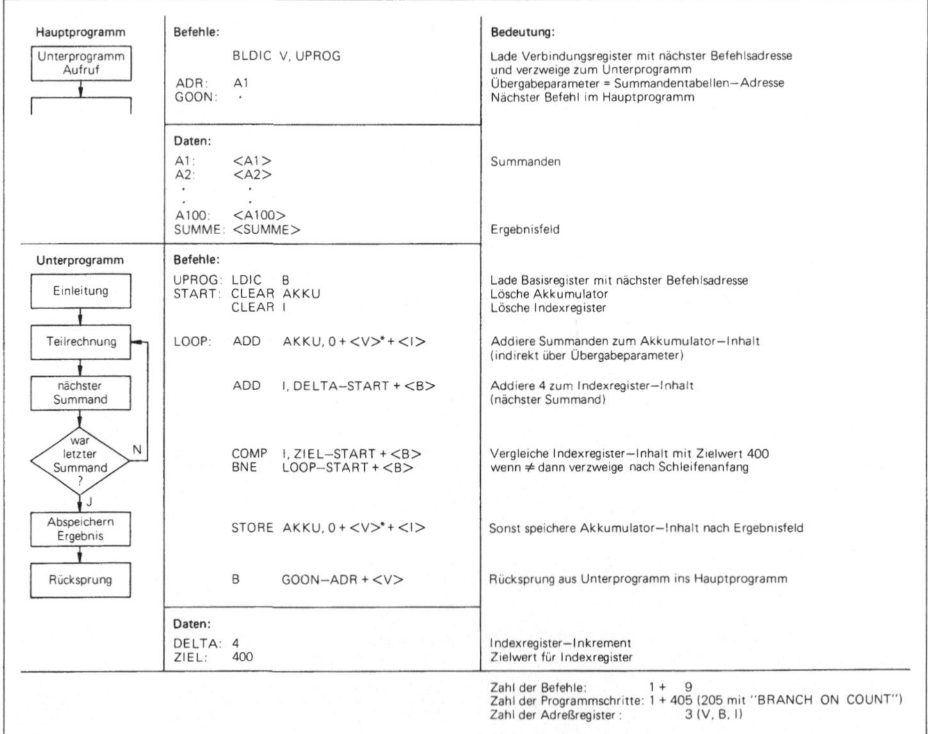

Abb. 92. Indirekte Adressierung (Adreßsubstitution)

●● *Wartezustand,* d. h. augenblicklich untätig, das Eintreffen eines äußeren Ereignisses (z. B. Bereitstellung von Eingabedaten) abwartend.

●● *Supervisorzustand,* d. h. in Betrieb und in der Lage, sog. privilegierte Befehle durchzuführen; das sind Befehle, die der Systemkontrolle dienen und daher nur vom Supervisor benutzt werden dürfen.

●● *Problemzustand,* d. h. in Betrieb, aber nicht im Supervisorzustand.

● Der *Bedingungsschlüssel;* er signalisiert das Ergebnis der letzten logischen bzw. arithmetischen Operation, z. B. „gleich", „ungleich", „größer", „kleiner", „positiv", „negativ".

● Der *Codeschlüssel,* z. B. EBCDIC.

● Der *Speicherschutzschlüssel;* er definiert für bestimmte Hauptspeicherbereiche eine Schreib- bzw. Lesesperre zum Schutz von Daten und Programmen.

● Der *Befehlszeiger;* er enthält die Befehlsadresse, d. h. zeigt auf die Speicherstelle, die den nächsten auszuführenden Befehl enthält (Folge- bzw. Verzweigungsadresse).

● Die *Befehlslänge;* sie gibt die Anzahl von Bytes an, die der augenblickliche Befehl einnimmt und dient zur Feststellung des augenblicklichen Befehls aus dem Befehlszeiger, der bereits auf den nächsten Befehl zeigt, falls Probleme bei der Durchführung des augenblicklichen Befehls zu seiner Analyse bzw. Wiederholung Anlaß geben.

● *Unterbrechungsmasken* und *-schlüssel;* sie werden bei Unterbrechungen benötigt (Erläuterung siehe Kap. 6.3.5).

Ein typisches Programmstatuswort ist 64 bit lang (Abb. 93).

Der für den Programmablauf wichtigste Teil des Programmstatusworts ist die Befehlsadresse, Bitpositionen 40–63. Hierin wird die Anfangsadresse eines Maschinenprogramms (Adresse des am weitesten links stehenden Bytes des ersten Befehlswortes) geladen. Sie wird während jeder Befehlsausführung um den Befehlswortabstand weitergezählt und gibt somit

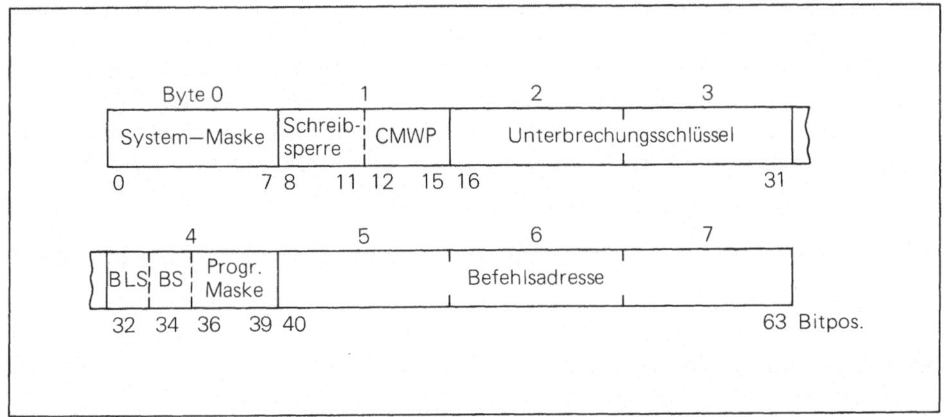

Abb. 93. Aufbau eines Programmstatuswortes (*System/370*-Architektur)

immer die Adresse des nächsten auszuführenden Befehls an (Befehlszeiger). Bei Programmverzweigungen wird hierin die Verzweigungsadresse, d. h. die erste Adresse der Verzwei-
gungsroutine geladen.

Die weiteren Bestandteile des Programmstatuswortes sind wie folgt untergebracht:

* System-Maske (Bitpositionen 0–7):
  Maskierung von Ein- bzw. Ausgabe-Unterbrechungen, Zeitgeber- und externen Unterbrechungen.

* Schreibsperre (Bitpositionen 8–11):
  Werden von der Hauptspeicher-Schreib- bzw. Lesesperre belegt.

* CMWP (Bitpositionen 12–15):
  C – Codeangabe (ASCII/EBCDIC).
  M – Maskierung von Maschinenfehler-Unterbrechungen,
  W – Anzeige für Warte- bzw. Betriebsstatus,
  P – Anzeige für Problem bzw. Supervisorstatus.

* Unterbrechungsschlüssel (Bitpositionen 16–31):
  Gibt nach einer Unterbrechung deren Ursache an.

* Befehlslängenschlüssel (BLS, Bitpositionen 32–33):
  Enthält nach einer Unterbrechung die Länge des zuletzt ausgeführten Befehls.

* Bedingungsschlüssel (BS, Bitpositionen 34–35):
  Bedingung für bedingte Verzweigungen.

* Programm-Maske (Bitpositionen 36–39):
  Maskierung von programmbedingten Unterbrechungen.

6.3.5 Programm-Unterbrechungen

Die Einrichtung

Programmunterbrechungen   (program interrupt)

in einem Datenverarbeitungssystem gibt diesem die Möglichkeit, bei besonderen
Anlässen schnell und effektiv zu reagieren. Man unterscheidet hierbei nicht-
vorhersehbare Unterbrechungen, hervorgerufen z. B. durch Bedienungsanforde-
rungen peripherer Geräte oder Maschinenfehler, sowie im Programm vorgeplante
Unterbrechungen wie den Abruf benötigter Informationen von der Systemperiphe-
rie oder den Übergang vom Problemzustand zum Supervisorzustand (Supervisor-
Aufruf), wenn ein Supervisordienst durch ein Problemprogramm angefordert wird.
Hauptkriterien für die Effektivität einer derartigen Einrichtung sind die

Reaktionszeit   (reaction time),

d. h., wie schnell auf eine Unterbrechungsanforderung reagiert werden kann, sowie
die

Prioritätszuordnung   (priorities)

beim gleichzeitigen Vorliegen mehrerer Anforderungen.

Folgendes passiert bei einer Unterbrechungsanforderung:

• Zuendeführen des gerade in Arbeit befindlichen Befehls;

- Unterbrechung des laufenden Programms, Aufbewahren sämtlicher Statusinformationen und Registerinhalte sowie der Rückkehradresse zur späteren Weiterführung des unterbrochenen Programms;

- Identifizieren der Unterbrechungsursache;

- Verzweigen zu einem Unterprogramm zur Behandlung der Unterbrechungsursache;

- Wiederherstellung des ursprünglichen Status am Ende dieses Unterprogramms und Rücksprung in das unterbrochene Programm.

Bestimmte Unterbrechungsanforderungen können durch Maskierungen gesperrt, d. h. unwirksam gemacht werden. Das ist nötig, wenn die Bearbeitung einer Unterbrechung durch eine weitere nicht gestört werden darf. Diese Unterbrechungsanforderung wird dann erst verzögert und, sobald es das gerade laufende Programm erlaubt, bedient: Anstehende Unterbrechung (pending interrupt).

Eine wesentliche Rolle bei einer Unterbrechung spielt das Programmstatuswort, das alle Informationen über den Programmzustand enthält. Man unterscheidet zwischen drei verschiedenen Programmstatuswörtern:

1.   ***Laufendes Programmstatuswort***   (current PSW)

Hierunter versteht man das PSW, das die gerade laufende Funktion beschreibt.

2.   ***Altes Programmstatuswort***   (old PSW)

Bei einer Programmunterbrechung wird das laufende PSW als altes PSW weggespeichert. Es enthält alle Informationen, die das unterbrochene Programm kennzeichnen und eine spätere Programmfortsetzung ermöglichen.

3.   ***Neues Programmstatuswort***   (new PSW)

Bei den verschiedenartigen Programmunterbrechungen wird jeweils ein neues PSW, das der Unterbrechungsursache zugeordnet ist, als laufendes PSW geladen. Es enthält Unterbrechungsschlüssel, d. h. Informationen, die Aufschluß geben über die Unterbrechungsursache, sowie die Adresse des ersten Befehls einer Spezialroutine im Supervisor zur Analyse des Unterbrechungsschlüssels und Behandlung der Unterbrechung.

Bei verschachtelten Unterbrechungen bilden das laufende und die alten PSW den Stapel eines Stapelspeichers (Abb. 94) (siehe Kap. 5.4.1).

Im *System/370* gibt es folgende Unterbrechungsarten (die Reihenfolge gibt die Priorität an, nach der gleichzeitige Unterbrechungen angenommen werden):

1. *Kritische Maschinenfehler:*
Aussetzen bzw. Beeinträchtigung einer Maschinenfunktion.

2. *Supervisoraufruf:*
Dient zum Übergang vom Problemzustand in den Supervisorzustand zur Durchführung einer Supervisorfunktion (z. B. Starten einer Ein- bzw. Ausgabeoperation).

3. *Programmbedingt:*
Ungültige Befehle oder Daten, Verletzung von Speicherschutzvorkehrungen, Adreßfehlreferenzen bei Virtuellem Speicher.

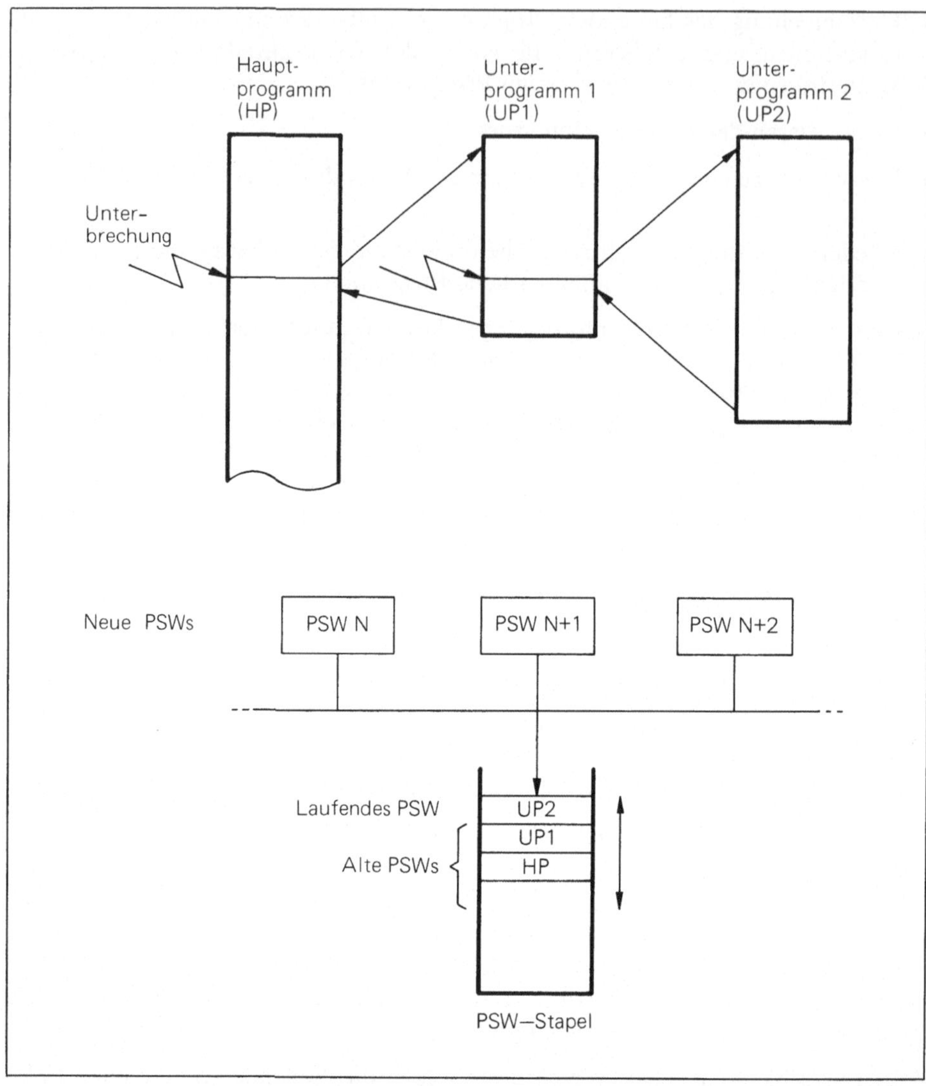

Abb. 94. Programm-Unterbrechung und PSW

4. *Unterdrückbare Maschinenfehler:*
Solche Maschinenfehler, die den augenblicklichen Verarbeitungsprozeß noch
nicht stören und daher verzögert behandelt werden können.
5. *Extern:*
„Externe" Signale wie z. B. Zeitgeber.
6. *Ein- bzw. Ausgabe:*
Mitteilung, daß gewisse Operationen bei Datenein- bzw. -ausgabe beendet sind,
so daß ihre Korrektheit geprüft werden und das darauf wartende Programm
wieder Kontrolle bekommen kann.

7. *Wiederanlauf:*
Aufsetzen der Maschine auf Wiederanlaufroutine durch den Bediener.

Die genannten Unterbrechungsarten zeigen der Maschinensteuerung die Unterbrechungsursache im Unterbrechungsschlüssel, der aufgrund einer Unterbrechungsanforderung in das neue PSW gesetzt wurde, an. In bestimmten Fällen müssen zusätzliche Informationen, welche die Unterbrechungsursache noch näher spezifizieren und auf fest zugeordnete Hauptspeicherplätze geladen sind, analysiert werden.

An einem Beispiel soll der Ablauf einer verschachtelten Programm-Unterbrechung noch genauer verfolgt werden (Abb. 95, siehe auch die beiliegende Schiebeschablone). Es wird ein Hauptprogramm (HP) gezeigt, das durch eine Ein- bzw. Ausgabe-Unterbrechung, gefolgt von einer Unterbrechung wegen Maschinenfehler, unterbrochen wird. Das Unterprogramm, das die Ein- bzw. Ausgabeunterbrechung bedient (UP-E/A), ist eine Weile maskiert, so daß die nächste Unterbrechung erst verzögert behandelt werden kann (UP-M/F).

Der Einfachheit halber werden alle Befehle ein Wort lang angenommen. Im Hauptprogramm werden zuerst die beiden Befehle auf den Adressen 00 und 01 durchgeführt. Sie laufen im Problemzustand und unmaskiert ab, sind also unterbrechbar. Damit kann eine Unterbrechung infolge der Beendigung einer Ein- bzw. Ausgabeoperation durchkommen. Das augenblickliche Programmstatuswort mit Bedingungsschlüssel „+" und nächster Befehlsadresse 02 wird damit vom laufenden zum alten Programmstatuswort, und ein neues Statuswort, das die Ein- bzw. Ausgabeendprüfungsroutine adressiert, wird als laufendes Statuswort in den Stapelspeicher geladen. Die ersten Befehle dieser Routine auf Adressen 38, 39 und 3A laufen maskiert, da bei einer weiteren sofortigen Unterbrechung Information verloren ginge und damit der richtige Ablauf nicht mehr gewährleistet wäre. Die Routine ist Teil des Supervisors, läuft also im Supervisorzustand. Der Unterbrechungsschlüssel U erlaubt die Unterbrechungsursache zu analysieren und entsprechend zu reagieren. Der Befehl auf Adresse 3A setzt übrigens den Bedingungsschlüssel auf „—". Erst der Befehl auf Adresse 3B entmaskiert eine folgende Unterbrechung, hervorgerufen durch einen Maschinenfehler, der schon bei Durchführung des Befehls auf Adresse 39 aufgetreten war. Erneut wird ein neues Programmstatuswort geladen und der Stapelspeicher entsprechend „nach unten gedrückt". Die Behandlungsroutine für Maschinenfehler beginnt auf Adresse 20. Es handelt sich ebenfalls um eine maskierte Supervisorroutine, die zuerst den Unterbrechungsschlüssel U' analysiert. Im Anschluß an die Durchführung dieser Routine wird das alte Programmstatuswort wieder geholt und die Verarbeitung beim Befehl auf Adresse 3C fortgesetzt. Gleichzeitig wird das „ältere" Programmstatuswort wieder zum alten. Der Bedingungsschlüssel ist wieder „—". Am Ende wird wieder ins Hauptprogramm zurückverzweigt durch Holen des ursprünglichen, nun alten Statuswortes, das damit wieder zum laufenden wird.

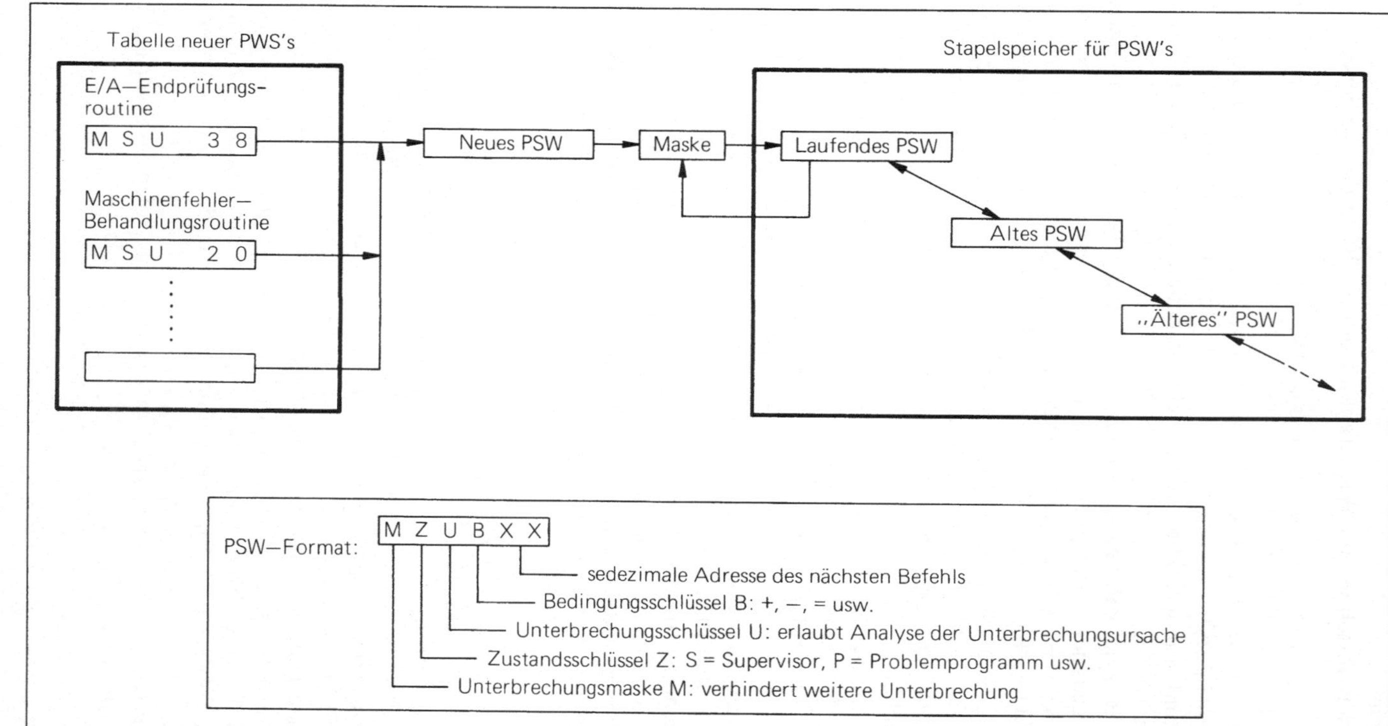

Abb. 95 a. Beispiel einer verschachtelten Programmunterbrechung (Ein- bzw. Ausgabe-Unterbrechung gefolgt von Unterbrechung bei Maschinenfehler)

Durchlaufene Routine	Bef. Adr.	Unterbrechungssituation	Neues PSW	Maske	Laufendes PSW	Altes PSW	"Älteres" PSW
Hauptprogramm	00	unterbrechbar (unmaskiert)			P +01		
Hauptprogramm	01	E/A—Unterbrechung	MSU 38		P +02		
		Holen neues PSW		M	MSU 38	P +02	
E/A—Endprüfung	38	maskiert		M	MSU 39	P +02	
E/A—Endprüfung	39	maskierte Maschinenfehler—Unterbrechung	MSU' 20	M	MSU 3A	P +02	
E/A—Endprüfung	3A	maskierte Maschinenfehler—Unterbrechung	MSU' 20	M	MSU—3B	P +02	
E/A—Endprüfung	3B	Entmaskierung	MSU' 20		SU—3C	P +02	
		Holen neues PSW		M	MSU' 20	SU—3C	P +02
Maschinenfehler—Behandlung	20	maskiert		M	MSU' 21	SU—3C	P +02
Maschinenfehler—Behandlung	21	maskiert		M	MSU' 22	SU—3C	P +02
Maschinenfehler—Behandlung	22	maskiert		M	MSU' 23	SU—3C	P +02
Maschinenfehler—Behandlung	23	Holen altes PSW			SU—3C	P +02	
E/A—Endprüfung Fortsetzung	3C	unterbrechbar			SU—3D	P +02	
E/A—Endprüfung Fortsetzung	3D	unterbrechbar			SU—3E	P +02	
E/A—Endprüfung Fortsetzung	3E	Holen altes PSW			P +02		
Hauptprogramm Fortsetzung	02	unterbrechbar			P +03		
Hauptprogramm Fortsetzung	·	unterbrechbar			·		

Abb. 95 b. Ablaufverfolgung zu Abb. 95 a

6.4 Leitwerk

Die prinzipielle Aufgabe des Leitwerks besteht darin, das als Information gespeicherte Programm in Steuersignale umzusetzen und mit diesen letztlich alle Einheiten eines Datenverarbeitungssystems zu betreiben. Im Kap. 3.7 wurde diese Grundfunktion bereits exemplarisch beschrieben. Hier soll sie nun nochmals detaillierter und heutigen Anlagen entsprechend dargestellt werden.

6.4.1 Leitwerksteuerung (Abb. 96)

In der Steuerungsphase gelangt ein Befehl in einem oder mehreren Schritten vom Hauptspeicher, in dem er mittels des

Befehlszeigers   (instruction counter)

über (1) den

Adreßdecodierer   (address decoder)

lokalisiert wurde (2), zunächst (3) in ein

Speicherregister   (storage register),

sein Operationsteil sodann (4) über den

Datensammelweg   (data bus)

ins

Befehlsregister   (instruction register).

Von dort aus setzt der

Befehlsdecodierer   (instruction decoder)

die codierte Funktionsanweisung in Steuerinformationen (Bits) um, die in einem

Steuerregister   (control register)

gespeichert werden (5). An seinem Ausgang erzeugen diese Steuerbits Steuersignale, die über

Signalleitungen   (signal lines)

das

Rechenwerk   (arithmetic unit)

(6) und die

Wegeschalter   (gates)

(7) für den Datenfluß von und zum Datensammelweg steuern. Die Adreßinformation des Operandenteils wird vom Speicherregister über das Rechenwerk (8), das die nötige Adreßrechnung durchführt, in die

Adreßregister   (address register)

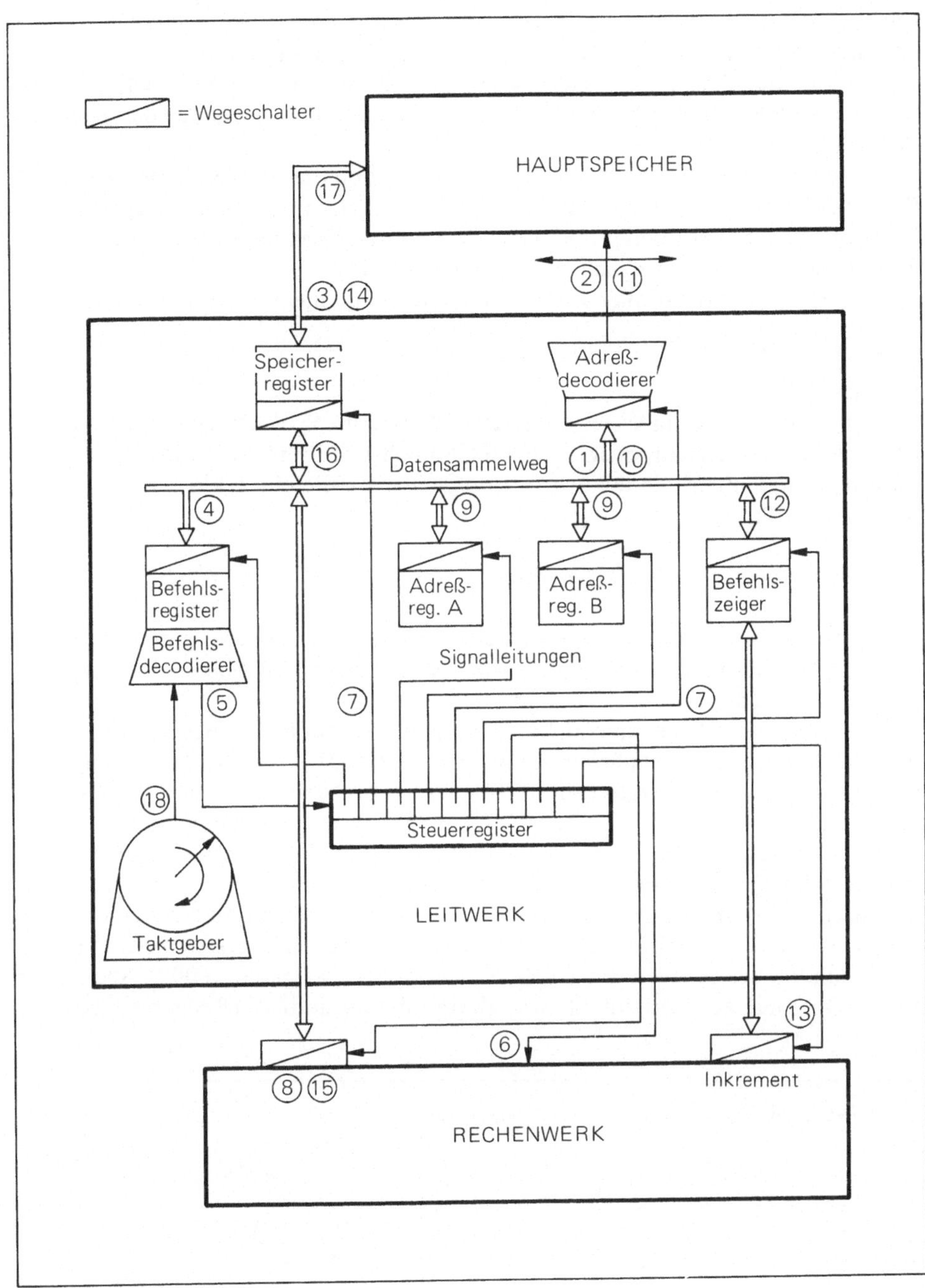

Abb. 96. Leitwerksteuerung schematisch

gebracht (9), von wo sie durch den Adreßdecodierer (10) in Steuersignale zur adreßgerechten Ansteuerung des Hauptspeichers (11) umgewandelt wird. Handelt es sich um eine Verzweigungsadresse, so gelangt diese (12) in den Befehlszeiger. Sonst wird dieser laufend „inkrementiert" (13), so daß er stets auf den nächsten Befehl im Speicher zeigt.

In der Verarbeitungsphase werden nun die durch die Adresse angesprochenen Daten über das Speicherregister (14) aus dem Hauptspeicher geholt und im Rechenwerk (15) verarbeitet und anschließend das Ergebnis über das Speicherregister (16) in den Hauptspeicher zurückgebracht (17).

Der zeitliche Ablauf aller Funktionen wird von einem zentralen

Taktgeber   (clock)

gesteuert (18).

Grundsätzlich ist dabei festzuhalten: Ob eine im Speicherregister befindliche Information als Befehl oder Daten behandelt wird, hängt lediglich von der zeitlichen Lage innerhalb der Ausführungszeit eines Befehlszyklus ab.

6.4.2 Beispiel einer Leitwerksteuerung

An einem Beispiel soll die Arbeitsweise der Leitwerksteuerung näher gezeigt werden. Als Beispiel wird nochmals die Zählerschleife der Abb. 26 im Kap. 3.7 aufgegriffen (Abb. 97).

Die Maschine habe eine 3-Bit-Wortstruktur, direkte Adressierung (keine Adreßrechnung) und einen Speicher, der folglich nur $2^3 = 8$ Worte enthalten kann. Befehlscodes seien ebenfalls nur 3 Bits lang; es bedeuten 001 = ADDIERE, 010 = VERZWEIGE. Befehle haben Ein- bzw. Zweiadreßformat.

Das Beispiel erlaubt die Verfolgung des Ablaufs der einzelnen Ausführungsschritte (Abb. 98, siehe auch die beiliegende Schiebeschablone). *N* numeriert dabei die einzelnen Befehlsschritte im Maschinentakt durch. Bei den Additionsschritten 8 und 10 wird das Rechenwerk herangezogen: Zuerst wird der erste Operand in den Akkumulator des Rechenwerks geladen (Rechenwerksignale „000"), später der zweite Operand auf den Inhalt des Akkumulators addiert (Rechenwerksignale

Symbolisch:		Binärcodiert:		
Adresse	Befehl/Daten	Adresse	Inhalt	
0	ADDIERE 6, 7	0 0 0	0 0 1	1 1 0 1 1 1
3	VERZWEIGE 0	0 1 1	0 1 0	0 0 0
6	0 (Zähler)	1 1 0	0 0 0	
7	1 (Inkrement)	1 1 1	0 0 1	

Abb. 97. Symbolische und binärcodierte Zählerschleife

„001"). Die Ablaufverfolgung zeigt im einzelnen den 5. Durchlauf durch die Zählerschleife, d. h., wie auf den Zwischenwert „4" des Akkumulators „1" addiert wird, so daß als neuer Zwischenwert „5" entsteht.

6.4.3 Operationssteuerung

Die in einem Befehl als Teil des gespeicherten Programms enthaltene Information bewirkt die Steuerung des funktionalen Ablaufs der Datenverarbeitung. Der erste Teil des Befehlsinhalts, der

Operationsteil   (operation part),

enthält in binärer Form die Information zur

Operationssteuerung   (operation control).

Aus dieser Information können die erforderlichen Steuersignale auf dreierlei Weise erzeugt werden:

1.   ***Funktionalbitsteuerung***   (control by functional bits)

In diesem Fall werden die Bits des Operationsteils direkt als

funktionelle Bits   (functional bits)

am Ausgang des Befehlsregisters bzw. des Steuerregisters für Steuersignale verwendet. Charakteristisch für diese Funktionalbitsteuerung ist, daß die für den Operationsteil verwendete Befehlssprache eine direkte binäre Darstellung der Steuersignale ist. Allerdings nimmt man in Kauf, daß es nur so viele Steuersignale geben kann, wie die Zahl der Bits im Operationsteil beträgt.

2.   ***Codierte Steuerung***   (coded control)

Der Operationsteil wird dabei über einen Decodierer in Steuersignale umgesetzt:

Befehlsdecodierung   (instruction decoding).

Der große Vorteil dieser Methode besteht darin, daß aus n Bits des Operationsteils 2^n verschiedene Steuerfunktionen mit beliebiger Anzahl von Steuersignalen erzeugbar sind und damit ein großer Befehlsvorrat gebildet werden kann.

3.   ***Mikroprogrammsteuerung***   (microprogram control)

Diese Art der Operationssteuerung hat die gesamte informatorische Steuerung in Computern um eine Dimension erweitert. Die im Operationsteil enthaltene Information wird dabei als direkte oder indirekte Adreßinformation behandelt, die den Anfang eines gespeicherten

Mikroprogramms   (microprograms)

angibt. Jedem Maschinenbefehl ist ein solches Mikroprogramm zugeordnet, das den Befehl interpretiert und die zur Durchführung des Befehls erforderlichen, maschinentypischen Steuersignale erzeugt.

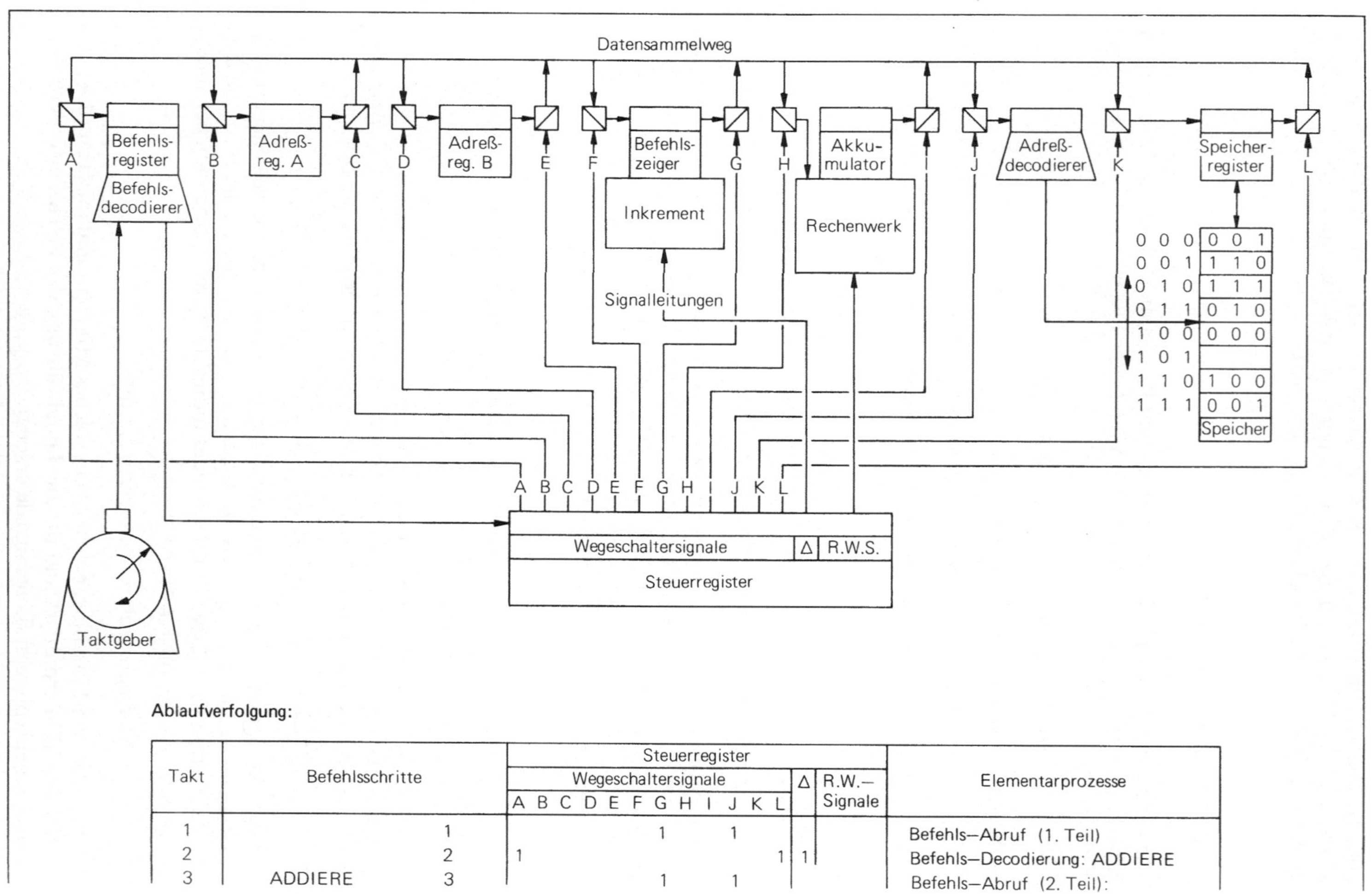

Ablaufverfolgung:

Takt	Befehlsschritte	Steuerregister														Elementarprozesse
		Wegeschaltersignale												Δ	R.W.—Signale	
		A	B	C	D	E	F	G	H	I	J	K	L			
1		1							1		1						Befehls—Abruf (1. Teil)
2		2	1											1		1	Befehls—Decodierung: ADDIERE
3	ADDIERE	3							1		1						Befehls—Abruf (2. Teil):

Mikroprogramm (oberer Teil der Abbildung)

Nr.	Befehl	Adr.	Steuersignale	Beschreibung
4	ADDIERE	4	1 1 1	Adresse A
1	ADDIERE	5	1 1	Befehls—Abruf (3. Teil):
2	ADDIERE	6	1 1 1	Adresse B
3	ADDIERE	7	1 1	Operanden—Adressierung: A
4	ADDIERE	8	1 1 0 0 0	Operanden—Laden
1	ADDIERE	9	1 1	Operanden—Adressierung: B
2	ADDIERE	10	1 1 0 0 1	Operanden—Verknüpfung
3	ADDIERE	11	1 1	Ergebnis—Adressierung: A
4	ADDIERE	12	1 1	Ergebnis—Abspeicherung
1		1	1 1	Befehls—Abruf (1. Teil)
2		2	1 1 1	Befehls—Decodierung: VERZWEIGE
3	VERZWEIGE	3	1 1	Befehls—Abruf (2. Teil)
4	VERZWEIGE	4	1 1	Befehlszeiger—Laden

Ablaufverfolgung (unterer Teil der Abbildung)

Befehls-schritt	Befehlsregister		Adreßregister A			Adreßregister B			Befehlszeiger			Akkumulator			Adreßdecodierer			Speicherregister	
schritt	A	Inhalt	B	Inhalt	C	D	Inhalt	E	F	Inhalt	G	H	Inhalt	I	J	Inhalt	K	Inhalt	L
1		0 0 0		0 0 0			0 0 0			0 0 0	▸		0 0 0		▸	0 0 0		0 0 1	
2	▸	0 0 1		0 0 0			0 0 0			0 0 1			0 0 0			0 0 0		0 0 1	▸
3		0 0 1		0 0 0			0 0 0			0 0 1	▸		0 0 0		▸	0 0 1		1 1 0	
4		0 0 1	▸	1 1 0			0 0 0			0 1 0			0 0 0			0 0 1		1 1 0	▸
5		0 0 1		1 1 0			0 0 0			0 1 0	▸		0 0 0		▸	0 1 0		1 1 1	
6		0 0 1		1 1 0		▸	1 1 1			0 1 1			0 0 0			0 1 0		1 1 1	▸
7		0 0 1		1 1 0	▸		1 1 1			0 1 1			0 0 0		▸	1 1 0		1 0 0	
8		0 0 1		1 1 0			1 1 1			0 1 1		▸	1 0 0			1 1 0		1 0 0	▸
9		0 0 1		1 1 0			1 1 1	▸		0 1 1			1 0 0		▸	1 1 1		0 0 1	
10		0 0 1		1 1 0			1 1 1			0 1 1		▸	1 0 1			1 1 1		0 0 1	▸
11		0 0 1		1 1 0	▸		1 1 1			0 1 1			1 0 1		▸	1 1 0		1 0 0	
12		0 0 1		1 1 0			1 1 1			0 1 1			1 0 1	▸		1 1 0	▸	1 0 1	
1		0 0 1		1 1 0			1 1 1			0 1 1	▸		1 0 1		▸	0 1 1		0 1 0	
2	▸	0 1 0		1 1 0			1 1 1			1 0 0			1 0 1			0 1 1		0 1 0	▸
3		0 1 0		1 1 0			1 1 1			1 0 0	▸		1 0 1		▸	1 0 0		0 0 0	
4		0 1 0		1 1 0			1 1 1		▸	0 0 0			1 0 1			1 0 0		0 0 0	▸
·		·		·			·			·			·			·		·	

Abb. 98. Beispiel zur Leitwerksteuerung mit Ablaufverfolgung (Zählerschleife, 5. Durchlauf, vgl. Abb. 97)

6.4.4 Mikroprogrammsteuerung

Viele Maschinenbefehle bedeuten Operationen, die ihrerseits erst durch eine Folge verschiedener Sätze von Steuersignalen oder

Mikrofunktionen   (microfunctions)

bewirkt werden (vgl. Beispiel in Kap. 6.4.2). Jeder Befehl des Maschinenprogramms wird also durch mehrere

Mikrobefehle   (microinstructions)

so realisiert, daß die Bits der einzelnen Mikrobefehle in Funktionalbit-Steuerung ohne Decodierung direkt in Steuersignale umgesetzt werden können, die dann ihrerseits Wegeschalter und andere Funktionen betätigen.

Das Mikroprogramm, die Gesamtheit aller Mikrobefehle, auch

Firmware

genannt, stellt damit im Prinzip eine

informatorische Speicherung aller Steuerimpulse

dar. Mikroprogramme können in Festspeichern, in speziellen Programm- oder Pufferspeichern oder im Hauptspeicher gespeichert sein.

Die Mikroprogrammsteuerung selbst ist ähnlich einem normalen Leitwerk aufgebaut. Jede Ausführung eines Maschinenbefehls beginnt mit einer speziellen Mikroprogrammroutine, der „Befehlsroutine", zum Abruf und Decodieren des jeweiligen Maschinenbefehls. Die einzelnen Schritte sind (Abb. 99):

1. Automatisches Setzen der Anfangsadresse der Befehlsroutine in den Mikrobefehlszeiger ($N = 1$ im Beispiel der Abb. 99).
2. Weiterleiten der Anfangsadresse in das Adreßregister des Mikroprogrammspeichers, Decodieren der Adreßinformation und Ansteuern des entsprechenden Speicherplatzes.
3. Auslesen des ersten ($N = 1$) Mikrobefehls in das Steuerregister; die einzelnen Bits dienen nun am Ausgang des Steuerregisters als Steuersignale für die Operationssteuerung.
4 a. Bei sequentieller Mikrobefehlsfolge Erhöhung des Mikrobefehlzeigers um die Länge des Mikrobefehls ($N + 1$) oder
4 b. Bei Verzweigungs-Mikrobefehlen oder bei enthaltener Folgeadresse Übertragung der Verzweigungs- bzw. Folgeadresse vom Steuerregister in den Mikrobefehlszeiger.

Sobald im Zuge der Befehlsroutine der Befehlsschlüssel des Maschinenbefehls in das Befehlsregister übertragen ist, erfolgt eine Analyse desselben zur Ermittlung der Anfangsadresse derjenigen Mikroprogrammroutine, die dem betreffenden Maschinenbefehl zugeordnet ist. So besteht z. B. im obigen Beispiel der Abb. 98 die Mikroprogrammroutine zur Durchführung einer Addition aus 10 Mikrobefehlen ($N = 3$ bis 12), die nacheinander durchgeführt werden.

Nach Durchlauf des Mikroprogramms wird zum Anfang der „Befehlsroutine" (Schritt 1: $N = 1$) zurückgesprungen und damit das Holen des nächsten Maschinenbefehls eingeleitet.

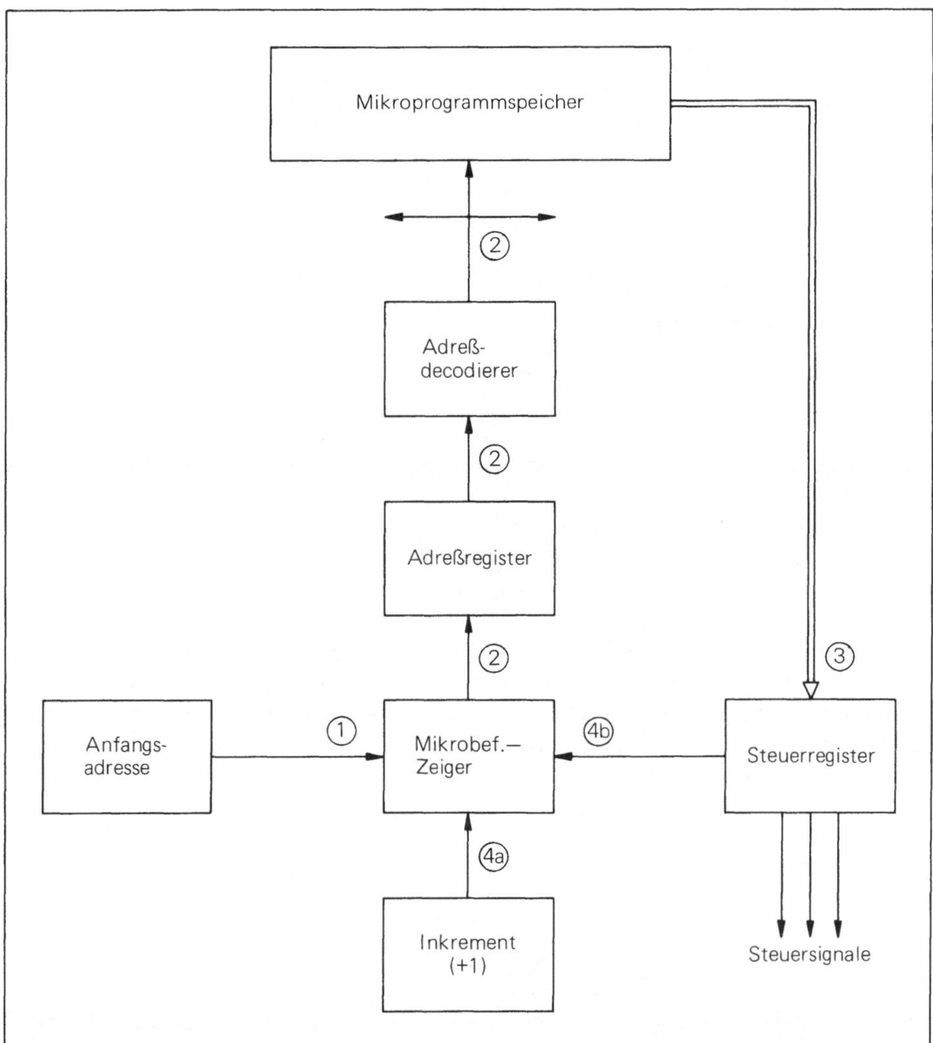

Abb. 99. Mikroprogrammsteuerung

Da das Mikroprogramm als codierte Information in der Zentraleinheit geladen ist, ist durch leichtes Auswechseln der Mikroprogramme ein Wechsel des Maschinenbefehlsvorrates und damit der Maschinenarchitektur möglich. Ein Mikroprogramm, das so z. B. eine alte Maschinenarchitektur auf einer modernen Anlage simuliert, heißt

Emulator   (emulator).

Emulatoren sind oft erforderlich, wenn vorhandene ältere Programme auf neueren Datenverarbeitungsanlagen laufen sollen.

6.5 Rechenwerk

6.5.1 Grundfunktionen

Im Rechenwerk findet letztlich die eigentliche Datenverarbeitung statt. Seine Hauptbestandteile sind

Register   (register)

zur Aufnahme von Operanden und (Zwischen-) Ergebnissen,

Verknüpfungsglieder   (switching elements)

zur Durchführung BOOLESCHER Verknüpfungen, sowie bei Serienverarbeitung

Verzögerungsglieder   (delays)

zur Rückkopplung von Überträgen um eine Takteinheit auf den Eingang eines Rechengliedes.

Das Rechenwerk vermag sowohl einfache BOOLESCHE Operationen wie NICHT, UND, ODER, NICHT-UND, NICHT-ODER auf binär codierte Daten anzuwenden, wie auch komplizierte, sich aus mehreren BOOLESCHEN Operationen zusammensetzende Operationen: arithmetische Addition, Multiplikation usw. durchzuführen (Abb. 100). Vielfach sind solche komplizierten Operationen durch Mikroprogrammroutinen realisiert und greifen nur für die „Basisoperationen" auf Hardwareschaltkreise zurück. Dies gilt insbesondere für Operationen mit numerischen Daten in Gleitkommaschreibweise.

Man unterscheidet zwischen

Serienverarbeitung   (serial processing)

und der schnelleren, jedoch größeren technischen Aufwand erfordernden

Parallelverarbeitung   (parallel processing).

Bei Serienverarbeitung werden z. B. bei der dualen Addition die Summanden taktweise Stelle für Stelle miteinander verknüpft (Abb. 101). Der Übertrag wird über ein Verzögerungsglied um eine Takteinheit auf den Eingang desselben Addiergliedes zurückgekoppelt. Eine Einsparung des Summenschieberegisters ist durch Rückführung der Teilsumme auf den Eingang eines Summenregisters für fortlaufende Addition möglich: Akkumulatives Prinzip.

Die Parallelverarbeitung bei schnellen Maschinen verknüpft die Summanden gleichzeitig in allen n Stellen in einem n-stelligen dualen Addierwerk. Die Überträge werden dabei sofort an die jeweils nächste Einheit des Addierwerkes weitergegeben: „durchlaufender" Übertrag (Abb. 102).

Subtraktionen werden im allgemeinen als Additionen des komplementären Wertes der Subtrahenden ausgeführt.

6.5.2 Erweiterte Arithmetik

Duale Multiplikation bzw. Division lassen sich als fortgesetzte stellenversetzte Addition bzw. Subtraktion darstellen (siehe P. RECHENBERG).

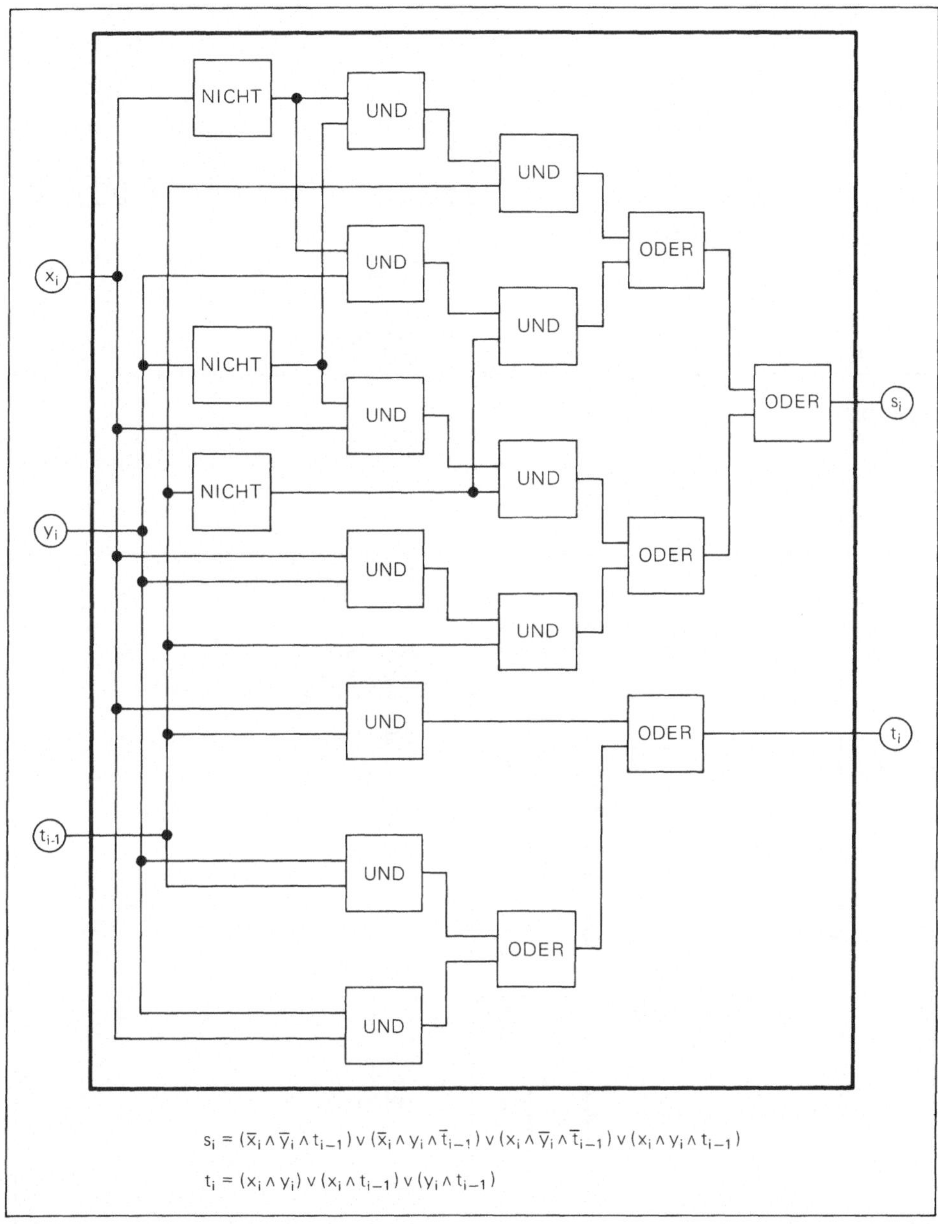

$$s_i = (\overline{x}_i \wedge \overline{y}_i \wedge t_{i-1}) \vee (\overline{x}_i \wedge y_i \wedge \overline{t}_{i-1}) \vee (x_i \wedge \overline{y}_i \wedge \overline{t}_{i-1}) \vee (x_i \wedge y_i \wedge t_{i-1})$$

$$t_i = (x_i \wedge y_i) \vee (x_i \wedge t_{i-1}) \vee (y_i \wedge t_{i-1})$$

Abb. 100. Dualer Volladdierer (vgl. Abb. 22)

Die *duale Multiplikation* besteht in einer fortgesetzten, stellenversetzten Addition (Abb. 103): Wenn Multiplikatorstelle 1, dann Addition; sonst keine Addition. Die Zwischenergebnisse werden nach jeder Teiladdition in der angegebenen Richtung taktweise verschoben. Die niedrigste Stelle des MQ-Registers stellt die Entscheidungsstelle dafür dar, ob addiert wird oder nicht. Nach dem dritten Verschiebungstakt steht im Beispiel das Produkt im AC + MQ-Register, der Multiplikator ist aus dem MQ-Register herausgeschoben und nicht mehr verfügbar.

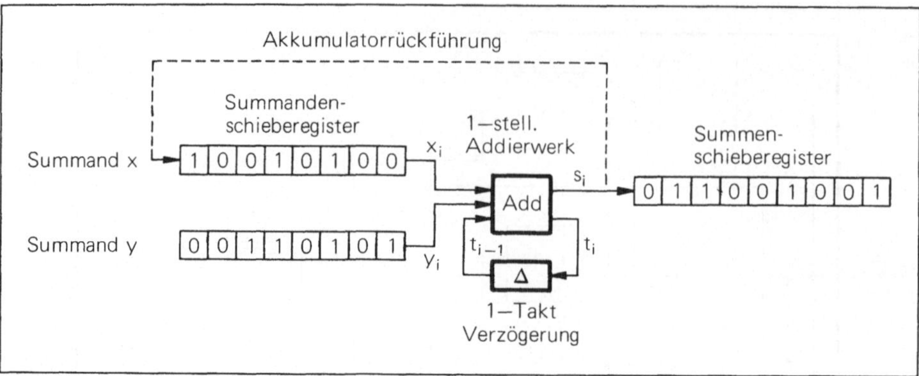

Abb. 101. Duales Serienaddierwerk

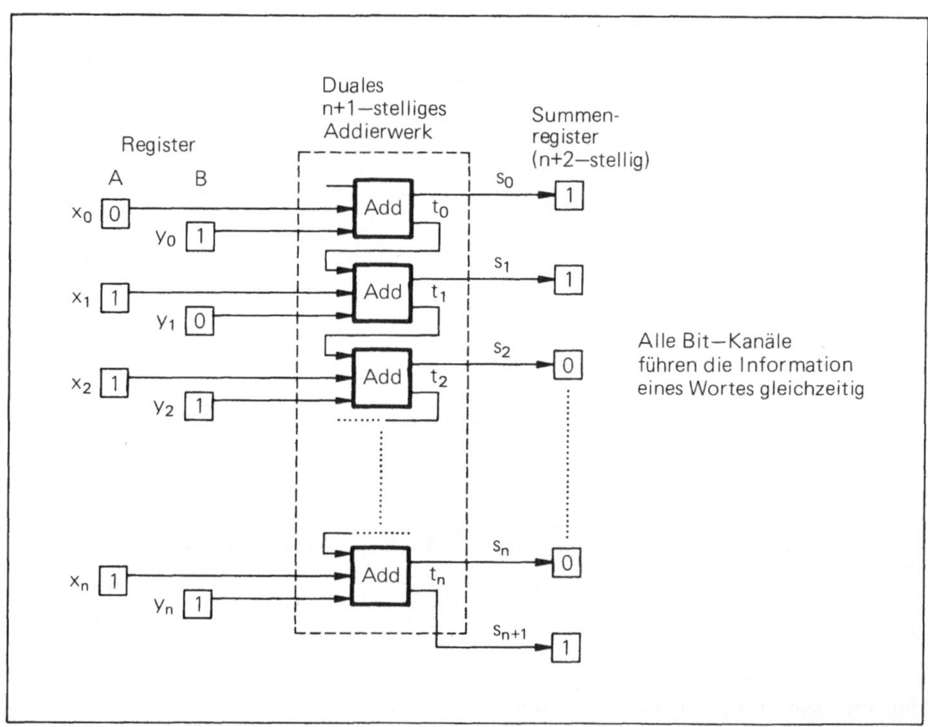

Abb. 102. Duales Paralleladdierwerk

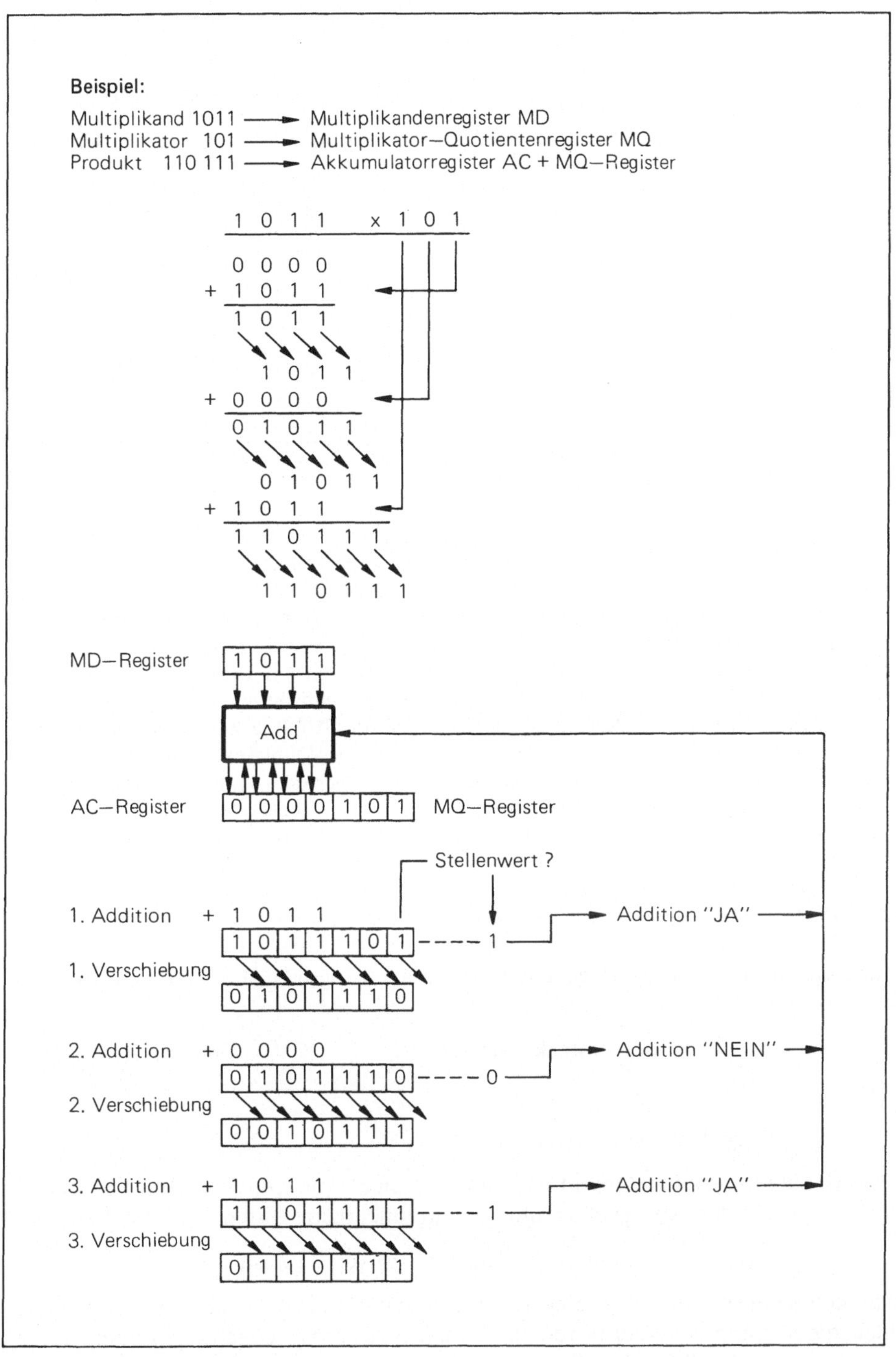

Abb. 103. Duale Multiplikation

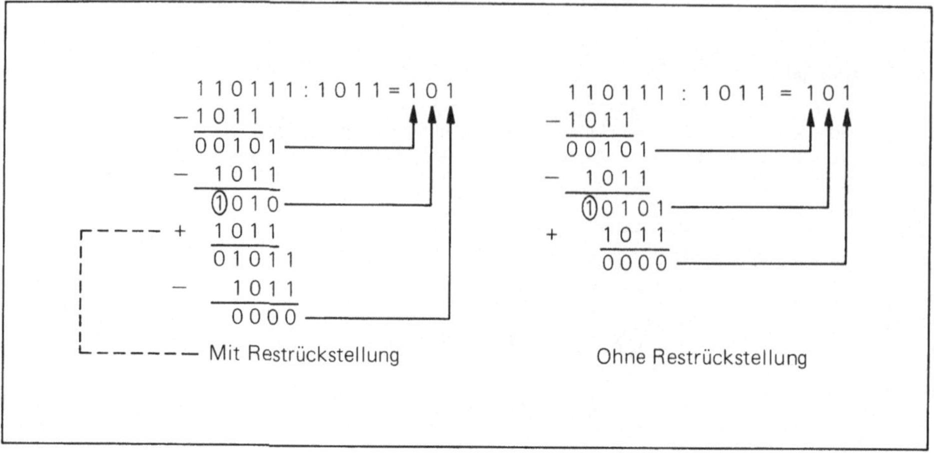

Abb. 104. Restrückstellung bei dualer Division

Die *duale Division* besteht in einer fortgesetzten, stellenversetzten Subtraktion mit oder ohne Restrückstellung (Abb. 104 und 105): Wenn Ergebnis einer Teilsubtraktion ≥ 0, dann Quotient = 1; sonst (kenntlich an einer „1" in der höchsten Stelle) Quotient = 0 sowie Addition des Divisors vor der nächsten Stellenversetzung und Subtraktion im nächsten Takt (mit Restrückstellung) oder Addition des Divisors im nächsten Takt (ohne Restrückstellung). Die Zwischenergebnisse werden nach jeder Teilsubtraktion in zur Multiplikation umgekehrter Richtung verschoben. Die höchste Stelle des AC-Registers bildet die Entscheidungsstelle dafür, ob das Teilergebnis ≥ 0 oder < 0 ist. Der Quotient (0 oder 1) wird jeweils in der niedrigsten Stelle des MQ-Registers gespeichert. Nach dem dritten Verschiebungstakt steht im Beispiel der Quotient im MQ-Register und im AC-Register der nicht mehr teilbare Rest. Der Dividend ist aus dem AC-Register hinausgeschoben und nicht mehr verfügbar.

6.5.3 Berechnung arithmetischer Ausdrücke

Zur Berechnung von arithmetischen (sowie auch logischen) Ausdrücken bedient sich ein

> **Stapelrechner**   (stack computer)

eines

> **Stapelspeichers**   (stacks).

Das erlaubt ihm, sowohl Operatorhierarchie („mal" vor „plus") als auch Klammerung innerhalb der Ausdrücke einfach wahrzunehmen. Durch Übergang zur

> **Umgekehrt Polnischen Notation**   (reverse Polish notation)

läßt sich jeder Ausdruck in eine klammerfreie Schreibweise überführen, bei der allein die Stellung der Operatoren die Reihenfolge der verschachtelten Berechnung bestimmt. So schreibt sich z. B. der Ausdruck:

$$= a(b + c) + d$$

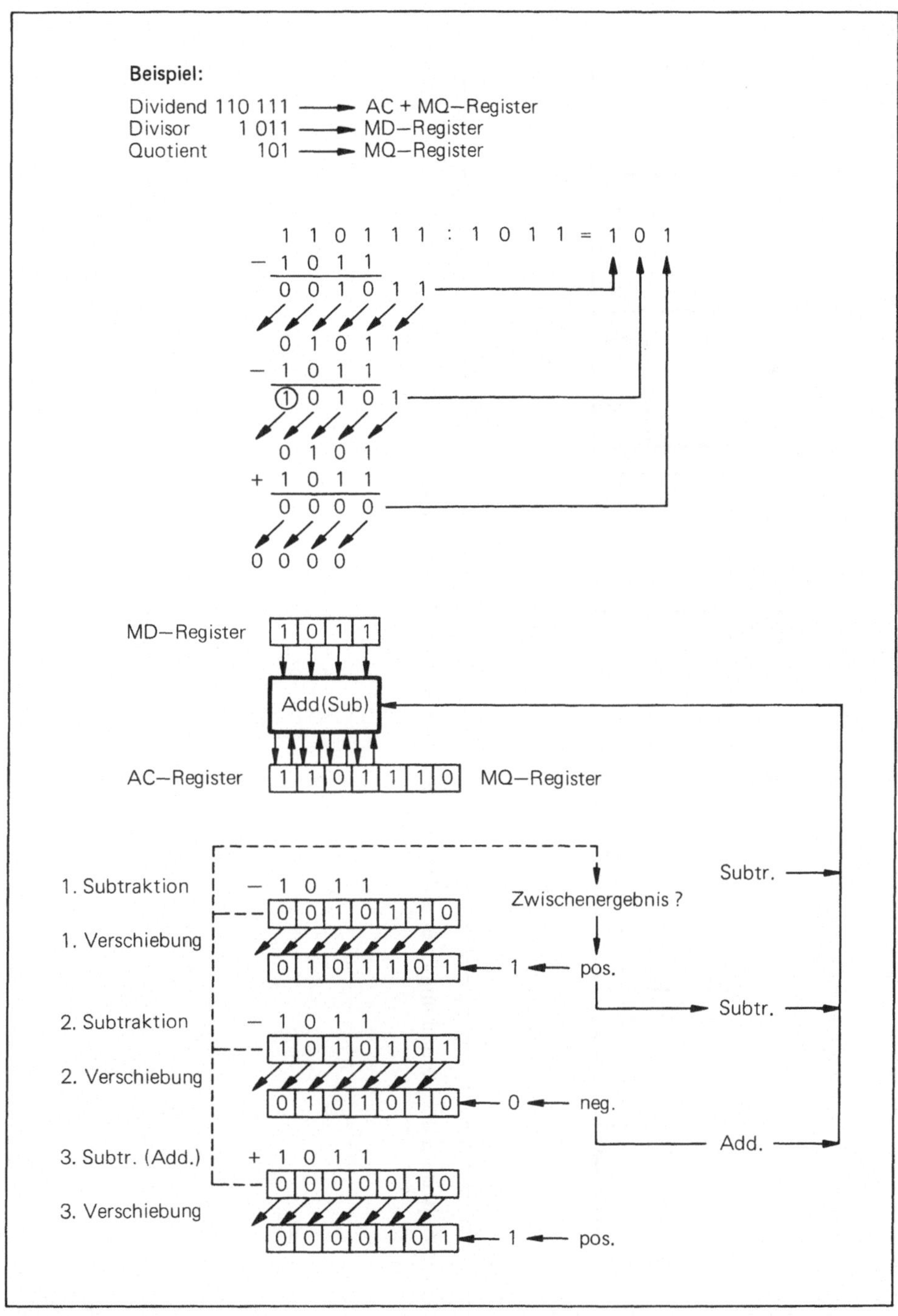

Abb. 105. Duale Division

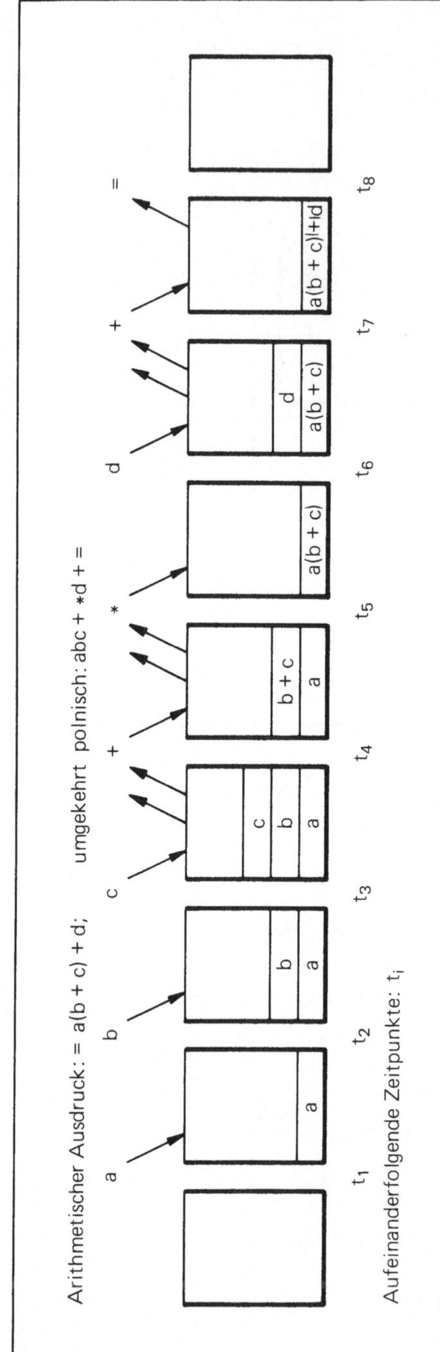

Abb. 106. Beispiel der Berechnung eines arithmetischen Ausdrucks im Stapelspeicher

in Umgekehrt Polnischer Notation wie:

$$abc + *d + =$$

mit der Regel, daß ein Operator jeweils auf die beiden direkt vorangehenden Operanden anzuwenden ist, also im Beispiel das erste $+$ auf b und c, $*$ auf a und die aus b und c erzeugte Summe $b + c$, usw..

Folglich findet der Stapelspeicher bei der Berechnung von allgemeinen Ausdrücken wie folgt Verwendung: Beim Durchgang durch einen Ausdruck in Umgekehrt Polnischer Notation bedingt (Abb. 106)

- ein Operand, daß dieser in den Stapelspeicher eingeschrieben wird,
- ein Operator, daß die beiden letzten Operanden aus dem Stapelspeicher ausgelesen und miteinander verknüpft werden, sowie das Ergebnis wieder zurück in den Stapelspeicher geschrieben wird. Die Ausdruckszuordnung ($=$) bedingt das Leeren des Stapelspeichers durch Zuordnung seines Inhaltes zu einer anderen Größe.

Enthält die Maschinenarchitektur keinen Stapelspeicher zur Berechnung allgemeiner Ausdrücke, so muß dies softwareweise, also auf höherer Ebene, simuliert werden.

6.6 Hierarchie der Datenverarbeitung

Die verschiedenen Aspekte der Datenverarbeitung lassen sich in einer

Hierarchie der Datenverarbeitung   (hierarchy of data processing)

schematisch zusammenfassen (Abb. 107). Dabei kann man den verschiedenen

Funktionsschichten   (function layers)

der Soft-, Firm- bzw. Hardware Arbeitseinheiten, Sprachebenen, sowie Benutzerzugänge zuordnen. Das Schema zeigt, wie sich die

Arbeitseinheiten   (work units)

einer Schicht in solche der nächstniedrigen aufteilen lassen, welche Übersetzungen zwischen den verschiedenen

Sprachebenen   (language levels)

stattfinden und bringt schließlich Beispiele für jede Schicht.

Wie schon eingangs erwähnt (Kap. 4.4), übersetzen gewisse Kompilierer direkt in Maschinensprache, während von anderen erst Programme auf Zwischenstufen erzeugt werden.

Die verschiedenen

Benutzerzugänge   (user interfaces)

sind nicht nur wohldefinierte

Übergänge   (interfaces),

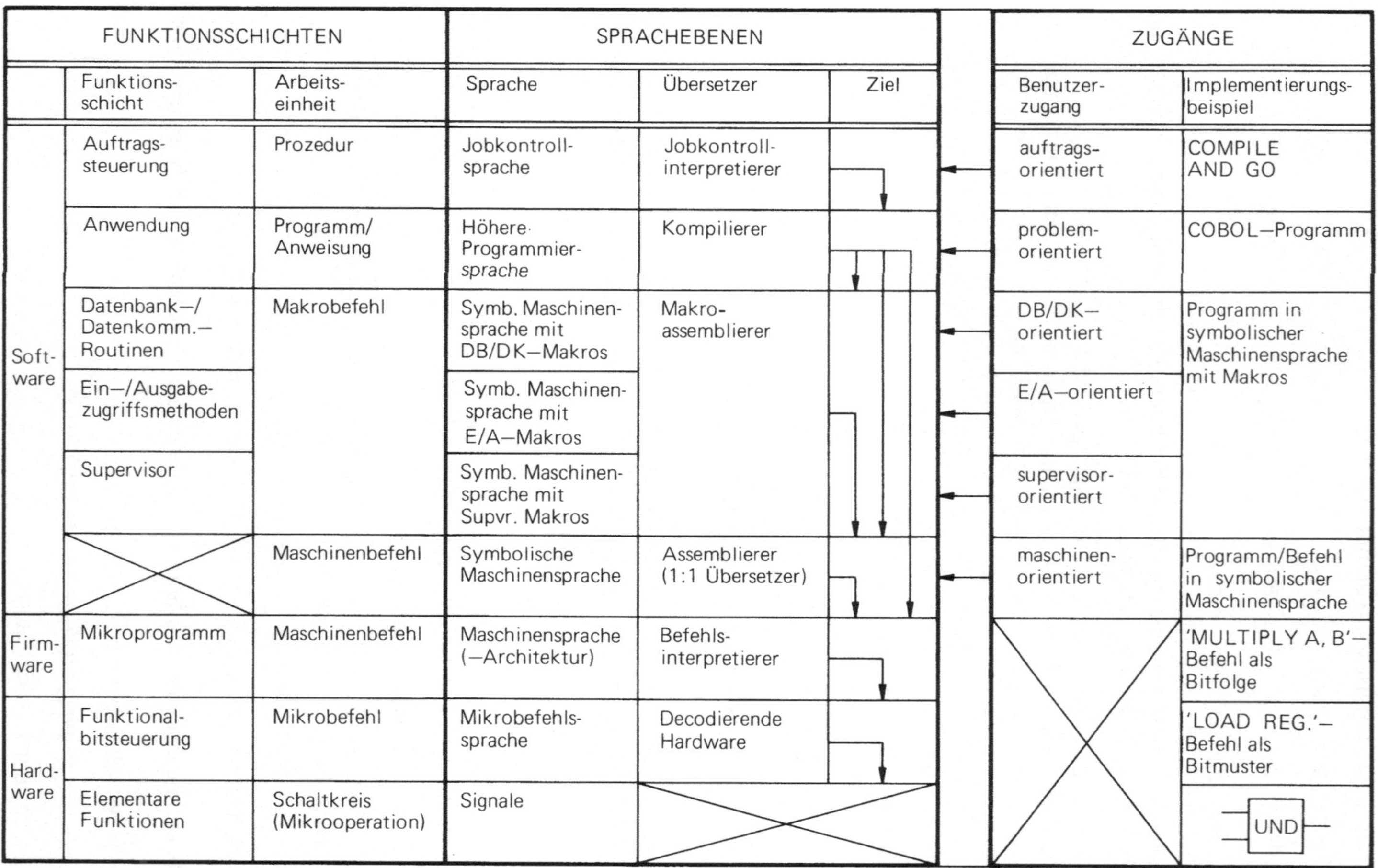

	FUNKTIONSSCHICHTEN		SPRACHEBENEN			ZUGÄNGE	
	Funktionsschicht	Arbeitseinheit	Sprache	Übersetzer	Ziel	Benutzerzugang	Implementierungsbeispiel
Software	Auftragssteuerung	Prozedur	Jobkontrollsprache	Jobkontrollinterpretierer		auftragsorientiert	COMPILE AND GO
	Anwendung	Programm/Anweisung	Höhere Programmiersprache	Kompilierer		problemorientiert	COBOL–Programm
	Datenbank–/Datenkomm.–Routinen	Makrobefehl	Symb. Maschinensprache mit DB/DK–Makros	Makroassemblierer		DB/DK–orientiert	Programm in symbolischer Maschinensprache mit Makros
	Ein–/Ausgabezugriffsmethoden		Symb. Maschinensprache mit E/A–Makros			E/A–orientiert	
	Supervisor		Symb. Maschinensprache mit Supvr. Makros			supervisororientiert	
		Maschinenbefehl	Symbolische Maschinensprache	Assemblierer (1:1 Übersetzer)		maschinenorientiert	Programm/Befehl in symbolischer Maschinensprache
Firmware	Mikroprogramm	Maschinenbefehl	Maschinensprache (–Architektur)	Befehlsinterpretierer			'MULTIPLY A, B'–Befehl als Bitfolge
Hardware	Funktionalbitsteuerung	Mikrobefehl	Mikrobefehlssprache	Decodierende Hardware			'LOAD REG.'–Befehl als Bitmuster
	Elementare Funktionen	Schaltkreis (Mikrooperation)	Signale				UND

Abb. 107. Hierarchie der Datenverarbeitung

auch Schnittstellen genannt, zwischen Schichten. Sie können auch vom Benutzer beim Programmieren einer Anwendung als „Eintrittsniveau" gewählt werden. Im allgemeinen wird man zwar eine höhere und damit universellere, problemorientierte Programmiersprache benützen. Erlaubt diese jedoch nicht, alle Möglichkeiten eines Systems auszuschöpfen, so wird man einen niedrigeren Zugang wählen, dabei allerdings auch auf gewissen Programmierungskomfort verzichten müssen. Auch zeitkritische Routinen, einschließlich solcher, die sehr häufig benutzt werden und somit den Prozessor stark belasten würden, wird man im allgemeinen auf einer niedrigeren Ebene implementieren (z. B. den Supervisor selbst). Das liegt daran, daß ein Kompilierer im allgemeinen niemals effektivsten Code produzieren kann, da er mit allen Möglichkeiten rechnen muß, d. h., daß das übersetzte Programm auf alle Eventualitäten vorbereitet sein muß.

Der Ablauf eines Programms hängt nämlich von den zu verarbeitenden Daten ab. Da diese der Kompilierer nicht kennen kann, muß er Vorkehrungen treffen z. B. in Form von allgemeinen Registerzuordnungen, die das Programm zwar universell, aber auch schwerfällig machen. Sie bedeuten zusätzlichen Verwaltungsaufwand beim Registerzwischenspeichern im Falle von Programmunterbrechungen und so ein weniger effektives Zielprogramm. Beim Programmieren in symbolischer Maschinensprache braucht der Programmierer dagegen nur die wirklich benötigten Register anzusprechen.

Die verschiedenen Funktionen einer Schicht stellen

Dienste (services)

dar, die – von der nächsthöheren Schicht angefordert – diese Schicht für die nächsthöhere erbringt (Abb. 108).

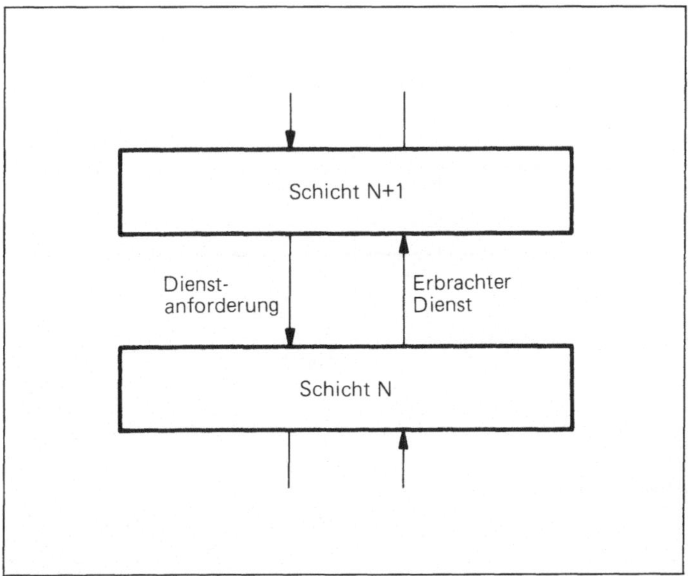

Abb. 108. Diensthierarchien

7. Informationstransport

7.1 Allgemeines

7.1.1 Transportgrößen

Die Übertragung von Information erfolgt durch

Binärsignale (binary signals),

welche die beiden Werte „0" und „1" darstellen können und eine definierte Dauer T haben. Die

Signaldauer T (signal duration),

auch Schrittdauer genannt, ist der kürzeste Zeitabstand aufeinanderfolgender Übergänge zwischen den beiden Signalwerten (Abb. 109).
Der

Informationsfluß f (information rate, transmission speed),

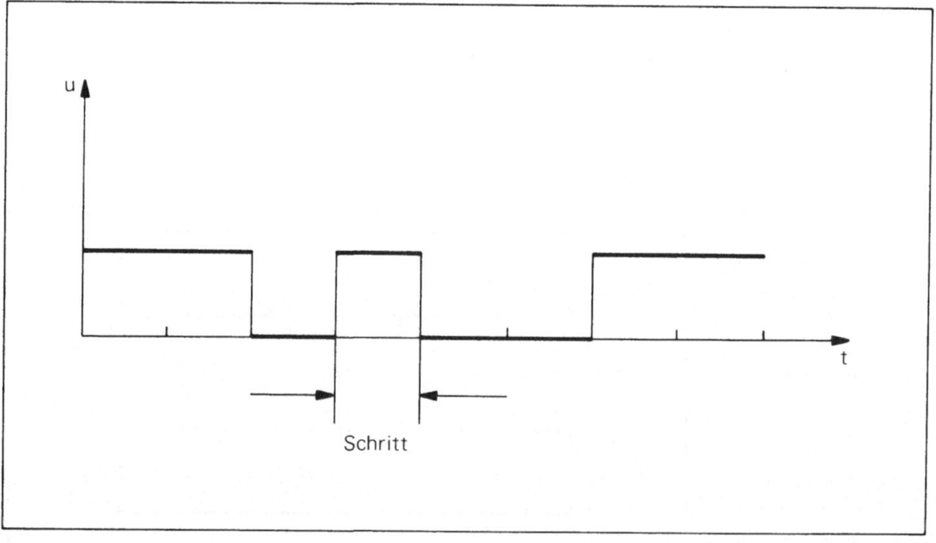

Abb. 109. Binärsignale

Ergänzende und weiterführende Literatur: [7, 12, 15, 22, 27, 29, 31, 34, 36, 40, 50, 54, 67, 72, 73]

auch Übertragungsgeschwindigkeit genannt, ist definiert als die Anzahl der je Zeiteinheit t übertragenen Binärsignale n, gemessen in bit $\cdot$ sec^{-1}. Bei m parallelen binären Übertragungskanälen beträgt sie:

$$f = m \cdot n \cdot t^{-1} \quad [\text{bit} \cdot \text{sec}^{-1}].$$

Allgemein gilt für m nichtbinäre Übertragungskanäle, die s_i verschiedene Signalniveaus im i-ten Kanal haben:

$$f = \sum_{i=1}^{m} \frac{1}{T_i} \cdot \text{ld } s_i \left[\text{bit} \cdot \text{sec}^{-1}\right]$$

mit $T_i =$ Signaldauer im i-ten Kanal.

$$
\begin{aligned}
s_i &= 2 \ : \ \text{Binärsignale,} \\
&= 3 \ : \ \text{Ternärsignale,} \\
&= 10\text{: Dezimalsignale.}
\end{aligned}
$$

Die Übertragunsgeschwindigkeit f unterscheidet sich von der

Transfergeschwindigkeit   (data transfer rate),

die nur richtig übertragene Bits zählt, also bei Übertragungsfehlern wiederholte Bits unberücksichtigt läßt.

Ferner definiert man noch die

Schrittgeschwindigkeit g   (modulation rate).

Das ist der Kehrwert der Schritt-(oder Signal-)dauer. Sie läßt mehrere parallele Kanäle bzw. verschiedene Signalniveaus außer acht und wird in Baud $=$ sec^{-1} gemessen:

$$g = T^{-1} \text{ [Baud]}.$$

In einem Binärkanal ist sie identisch mit dem Informationsfluß f.

7.1.2 Übertragungsarten

Je nachdem, ob die zur Informationsübertragung erforderliche Steuerung durch Signale auf gesonderten Steuerleitungen abgewickelt wird oder aber mittels Steuerinformation erfolgt, die den Datensignalen beigegeben wird, ist der Informationsfluß

signal- bzw. informationsgesteuert   (signal/information-controlled).

Bei der *signalgesteuerten* Übertragung führen Datenkanäle nur „Nutz"-Information, während die erforderliche Steuerinformation über getrennte Signalleitungen geleitet wird (Abb. 110).

So erfolgt z. B. die Wegesteuerung der Daten in Kap. 6.4 signalgesteuert durch Setzen entsprechender Wegeschalter über spezielle Signalleitungen.

Signalgesteuerter Informationsfluß wird bei kurzen Entfernungen angewandt, wo Leitungslängen und -kosten noch keine Rolle spielen, wo es aber auf hohe

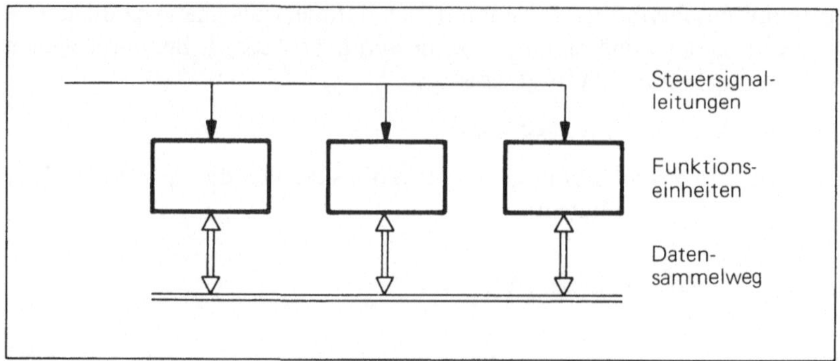

Abb. 110. Signalgesteuerter Informationsfluß

Geschwindigkeit ankommt, also innerhalb eines Systems und seiner engeren Peripherie:

> *interne Datenübertragung*   (internal data transport).

Informationsgesteuerter Informationsfluß dagegen wird bei Fernübertragungen angewandt, wo zusätzliche Leitungen bzw. Übertragungskanäle wirtschaftlich nicht zu vertreten sind:

> *externe Datenübertragung*   (external data transmission).

Hierzu zählen auch sog. Ringleitungen (loops), die periphere Einheiten über wenige hundert Meter „ringförmig" an ein System anschließen.

Zur informationsgesteuerten Übertragung wird die gesamte erforderliche Steuer- und Adreßinformation in „Vor- und Nachsätzen" (siehe Kap. 7.4) zusammen mit der Nutzinformation auf derselben Leitung übertragen.

In einem verteilten Datenverarbeitungssystem können also beide Übertragungsarten vorkommen, allerdings sind sie stets durch Prozessoren mit Pufferspeichern voneinander getrennt, bzw. wird der Übergang zwischen beiden durch derartige Einheiten bewerkstelligt.

7.2 Interne Datenübertragung

7.2.1 Datensammelwege

Für den Informationsfluß zwischen den einzelnen Funktionseinheiten innerhalb einer Zentraleinheit sind interne

> *Datensammelwege*   (data buses)

vorgesehen. Sie sind eine Art Sammelschiene und übertragen Informationen wie die eigentlichen Daten, aber auch Adressen, Statusmeldungen usw., die für verschiedene Funktionseinheiten bestimmt sind. Das entsprechende Verhalten der Funktionseinheiten wird durch Signale auf gesonderten

Steuersignalleitungen   (control signal lines)

bewirkt (Abb. 110). Dabei handelt es sich z. B. darum, die verlangte logische oder arithmetische Operation an das Rechenwerk zu „signalisieren". Des weiteren müssen über Signale entsprechende Wegeschalter geschlossen bzw. wieder geöffnet werden, so daß wahlweise Register und Funktionseinheiten zeitgerecht auf den Datensammelweg aufgeschaltet werden.

Der

Zeitmultiplex-Datensammelweg   (time division multiplex data bus),

der gemeinsam von jeglicher Information *nacheinander* benutzt wird, verlangt vor jeder Funktionseinheit (einschließlich Register) einen Wegeschalter (Abb. 111, vgl. auch Abb. 98).

Beim

Raummultiplex-Datensammelweg   (space multiplex data bus)

wird durch die Einrichtung von getrennten Datenwegen eine Parallelisierung des Informationsflusses erreicht (Abb. 112). Das macht einmal Wegeschalter und dazugehörige Steuersignalleitungen überflüssig. Zudem erlaubt es z. B. gleichzeitiges Laden von Registern und verkürzt somit den Zeitbedarf des Prozessors.

Nach der Art der zu übertragenden Information können in einer Zentraleinheit mehrere verschiedene Sammelwege existieren:

Daten-, Adreß- und Befehlssammelwege
(data, address, and instruction buses).

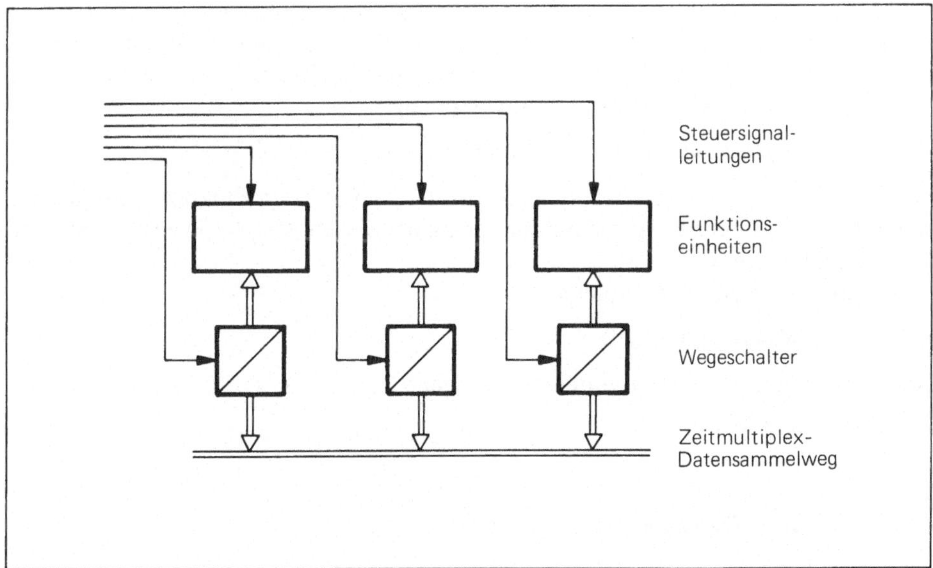

Abb. 111. Zeitmultiplex-Datensammelweg

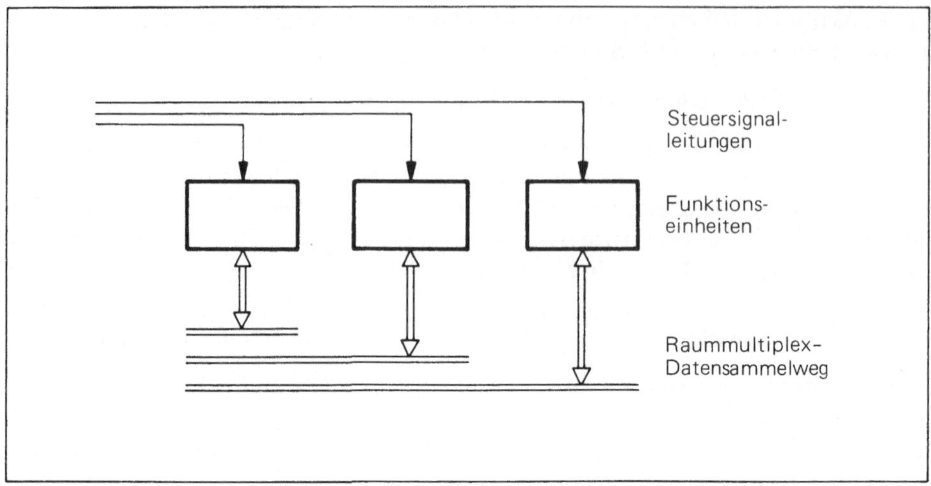

Abb. 112. Raummultiplex-Datensammelweg

Im übrigen hat jeder Datensammelweg – also auch ein Zeitmultiplex-Datensammelweg – meist eine gewisse „Breite" von wenigstens 8 Bits, im allgemeinen aber von 16 bzw. 32 Bits, d. h. es „fließen" stets 8, 16 bzw. 32 Datenbits parallel.

7.2.2 Datenkanäle

Die Auslegung und Organisation des Informationsflusses innerhalb von DV-Anlagen bestimmt weitgehend ihre Struktur, den Grad des zentral gesteuerten Synchronismus und das Ausmaß selbständig operierender Untereinheiten des Systems. Im Sinn fortschreitender Delegation der Steuerung oder Parallelisierung der Arbeit wurde der erste Schritt über eine zentrale Leitwerksteuerung hinaus mit einer Systemarchitektur getan, die auf dem sog.

Kanalkonzept   (channel concept)

basiert: Die Verbindung zwischen der Zentraleinheit und den Ein- bzw. Ausgabegeräten (E/A-Geräte) bzw. Speichereinheiten an der Systemperipherie wird dabei über Datenkanäle hergestellt.

Architektonisch ist ein solcher

Kanal   (channel)

eine unabhängige Funktionseinheit, die eigene

Kanalprogramme   (channel programs),

bestehend aus

Kanalbefehlen   (channel commands),

ausführen kann und somit die Zentraleinheit vom Datenverkehr mit den angeschlossenen Peripheriegeräten entlastet.

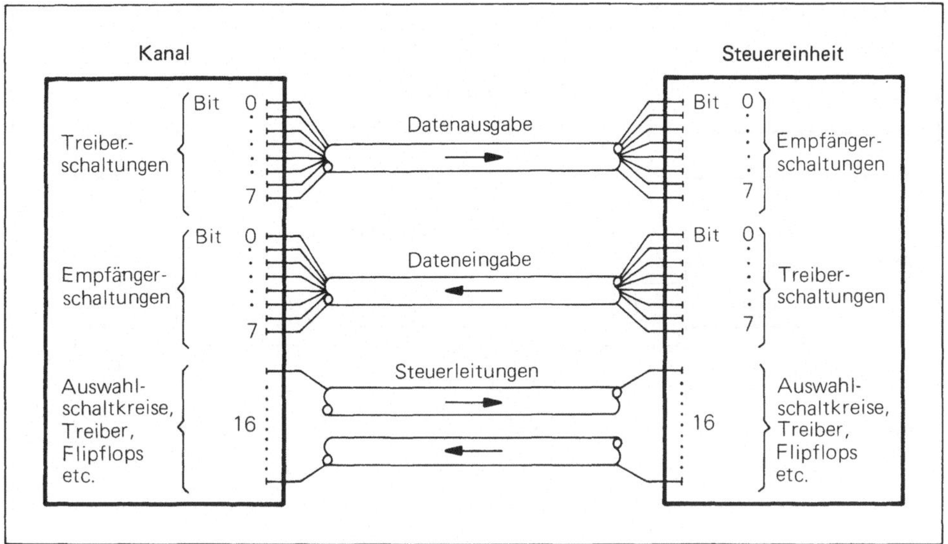

Abb. 113. Kanalkonzept

Die Informationsübertragung über den Kanal erfolgt

signalgesteuert   (signal-controlled).

Hierfür sind parallele Signalleitungen für verschiedene Steuerfunktionen vorgesehen. Für die Informationsübertragung selbst sind mindestens 1 Byte weite
Übertragungswege, je einer für die Ein- und Ausgabe, vorhanden (Abb. 113).

Über die Steuerleitungen werden die Bereitschaftsmeldungen der Steuereinheiten geleitet, die Auswahl und Aufschaltung der Steuereinheiten auf den gemeinsamen Datenkanal durchgeführt und die Fertigmeldung nach fehlerfreier Übertragung übermittelt.

Bezüglich der Betriebsarten unterscheidet man zwei Kanaltypen (Abb. 114), den

Selektorkanal   (selector channel)

und den

Multiplexkanal   (multiplex channel).

Mit Selektorkanal bezeichnet man eine Verbindung zwischen dem Hauptspei-
cher der Zentraleinheit und *einem* angeschalteten Gerät für die ganze Dauer der
Datenübertragung (Bitbündelübertragung). Der Datenverkehr erfolgt halbduplex
(Wechselbetrieb), d. h. entweder in der einen oder anderen Richtung, zwischen dem
Hauptspeicher und dem E/A-Gerät.

Ein Multiplexkanal arbeitet dagegen zeitmultiplex, d. h., er verbindet den
Hauptspeicher abwechslungsweise mit mehreren E/A-Geräten. In jedem Zeitab-
schnitt Δt, der einem „Unterkanal" zur Verfügung steht, wird immer nur eine
bestimmte Informationsmenge in der einen oder anderen Richtung übertragen. Je
nach Größe dieser Informationsmenge spricht man entweder von einem

Byte-Multiplexkanal   (byte multiplex channel)

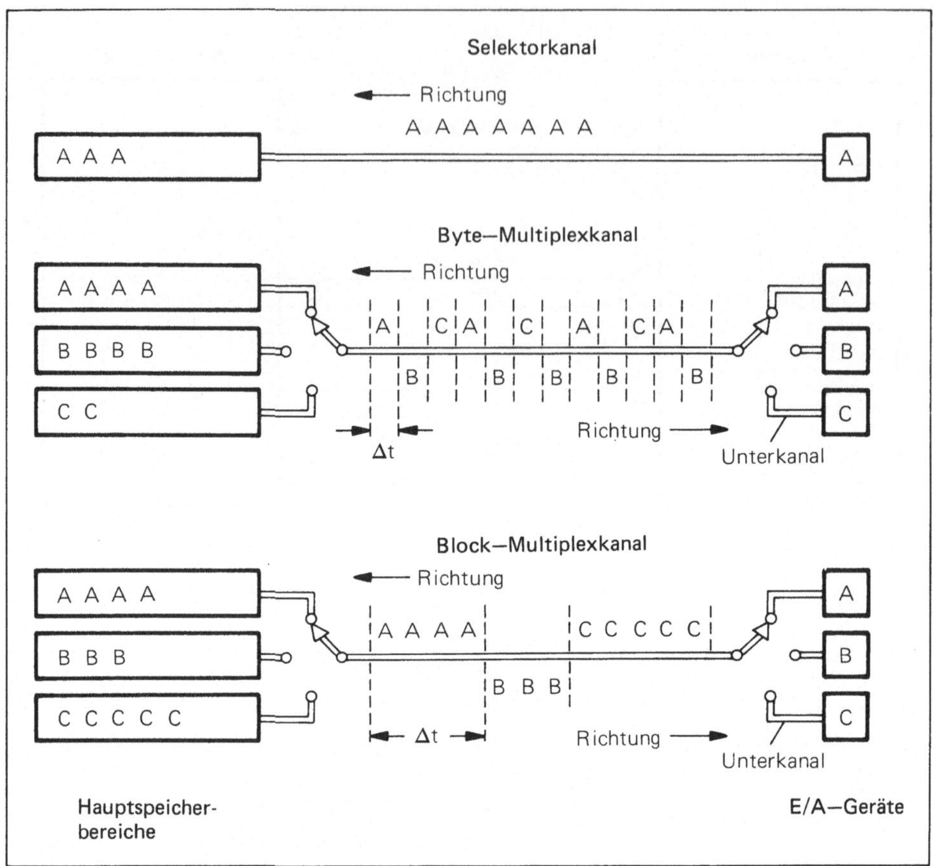

Abb. 114. Betriebsarten des Kanalsystems

oder von einem

Block-Multiplexkanal   (block multiplex channel).

An einem Byte-Multiplexkanal sind in der Regel mehrere langsam arbeitende Geräte wie Drucker oder Lochkartengeräte angeschlossen. Pro Zeiteinheit Δt wird, wie der Name bereits sagt, immer nur ein Byte übertragen. Da die Übertragungsgeschwindigkeit im Kanal wesentlich größer ist als die Schreib- oder Lesegeschwindigkeit der mechanisch arbeitenden E/A-Geräte, wirkt diese zeitmultiplexe Übertragungstechnik praktisch wie eine gleichzeitige Übertragung von bzw. zu allen angeschlossenen Geräten.

Ein Byte-Multiplexkanal kann prinzipiell auch auf einem einzigen Unterkanal wie ein Selektorkanal arbeiten. Die übrigen Unterkanäle werden in diesem Fall ignoriert.

Mit Block-Multiplexkanal bezeichnet man einen Kanal, über den ein zeitmultiplexer, blockweiser Informationsaustausch (burst) mit schnellen Peripheriegeräten wie Plattenspeichern oder auch gepufferten langsameren Geräten wie Druckern oder Karteneinheiten durchgeführt wird. Die Zeitintervalle, die den einzelnen Geräten zur Verfügung stehen, sind jedoch nicht fest und nicht gleich lang wie beim Byte-Multiplexkanal, sondern variabel.

Man nützt hierbei die Tatsache aus, daß beispielsweise bei den Suchbewegungen eines Zugriffsarms bei Plattenspeichern keine Daten übertragen werden, und teilt infolgedessen den Kanal während dieser Zeit einem anderen, zur Übertragung bereiten Gerät zu. Wenn die Suchbewegung beendet ist, hat der Plattenspeicher mittels einer Unterbrechungsanforderung die Möglichkeit, den Kanal wieder zu belegen, wenn dieser gerade frei ist und keine Daten überträgt. Nur zyklisch arbeitende oder gepufferte Geräte, bei denen immer übertragungsfreie Zeitintervalle vorhanden sind, eignen sich somit für einen Block-Multiplexbetrieb. Sie werden in *der* Reihenfolge vom Kanal bedient, wie Datenblöcke zur Übertragung bereitstehen, d. h. nach dem Prinzip: „Wer zuerst kommt, wird zuerst bedient" (First-In/First-Out = FIFD).

Der Datenaustausch erfolgt entlang der Funktionskette Zentraleinheit – Kanal – E/A-Steuereinheit – E/A-Gerät (Abb. 115). In dieser hierarchisch aufgebauten Kette stellt die Zentraleinheit die oberste Instanz dar, von der sämtliche E/A-Operationen durch einen E/A-Befehl im Supervisorzustand eingeleitet werden. Hiermit wird sichergestellt, daß zu einem bestimmten Zeitpunkt immer nur ein einziges E/A-Gerät – es sind in der Regel immer mehrere Geräte an einen Kanal angeschlossen – Informationen senden oder empfangen kann. Dabei verschafft sich ein Kanal zeitgerecht immer wieder einen Maschinenzyklus lang unmittelbaren Zugriff zum Hauptspeicher, um die Daten byteweise zu holen oder zu liefern. Während dieser Zyklen ist der Prozessor von der Arbeit suspendiert, indem er die Kontrolle über den Datensammelweg verliert, der nun vom Kanal als Zugangsweg zum Hauptspeicher gebraucht wird (Zyklenstehlverfahren, cycle stealing).

Die Adressierung von E/A-Geräten erfolgt mittels einer E/A-Adresse (Kanal/Steuereinheit/Gerät) in einem speziellen Befehl, dem

Start-E/A-Befehl   (start I/O command),

und nicht wie die Hauptspeicheradressierung über die Operandenadressen in einem normalen Befehlswort.

Jeder Informationsaustausch beginnt mit dem Senden dieser E/A-Adresse von der Zentraleinheit zur Systemperipherie. Sodann muß erst ein Rückmeldesignal über die Verfügbarkeit der gewünschten Einheiten abgewartet werden, bevor mit dem Senden bzw. Empfangen von Daten begonnen werden kann.

Dieses Verfahren entspricht der allgemeinen Forderung nach möglichst effizienter Arbeitsgeschwindigkeit einer Datenverarbeitungsanlage. Die Zentraleinheit gibt deswegen mit einem E/A-Befehl lediglich den Anstoß zu einer E/A-Operation. Alles andere überläßt sie dem Kanal, ohne sich um die weitere Ausführung zu kümmern. Der Kanal übernimmt die weitere Steuerung, holt sich das Kanalprogramm aus dem Hauptspeicher der Zentraleinheit und sorgt für dessen Durchführung. Aber auch der Kanal kümmert sich um die E/A-Operation nur insoweit, als die Datenübertragung damit verbunden ist. Den mechanischen Teil der E/A-Operation delegiert er sofort durch Übertragung des Befehlscodes an die Steuereinheit, beispielsweise eine Magnetbandsteuereinheit, die das betreffende E/A-Gerät, die Magnetbandeinheit, anwählt und in Betrieb setzt:

Delegation der Steuerung   (delegation of control).

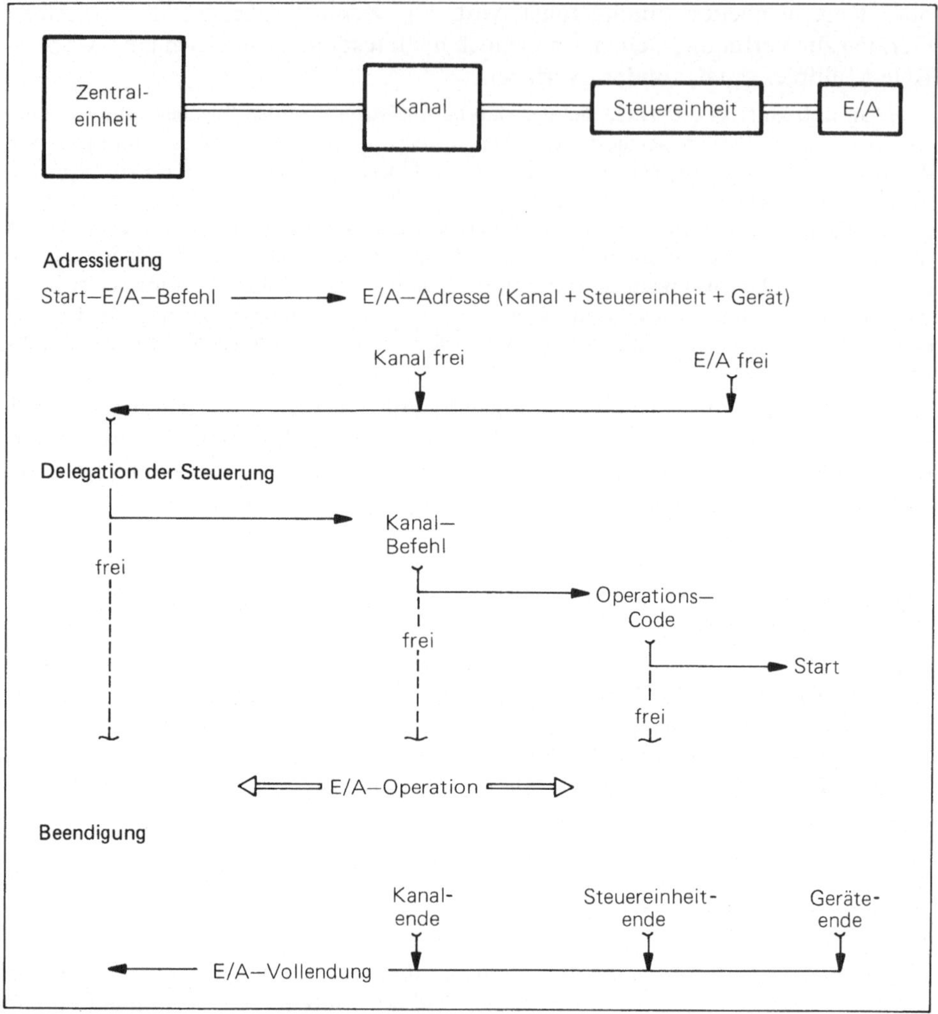

Abb. 115. Hierarchie der Ein-/Ausgabesteuerung

Da die effektiven Verarbeitungsgeschwindigkeiten entlang der Funktionskette in der Regel abnehmen – die mechanisch betriebenen E/A-Geräte sind naturgemäß am langsamsten – kann die Zentraleinheit mehrere Kanäle praktisch gleichzeitig bedienen. Die Zentraleinheit ist überdies wegen ihrer relativ hohen Verarbeitungsgeschwindigkeit noch in der Lage, in den Pausen zwischen den E/A-Operationen ihrer eigentlichen Aufgabe der Datenverarbeitung nachzukommen. Den maximalen Übertragungsrhythmus bestimmt in dieser Funktionskette immer die langsamste Einheit, im allgemeinen das E/A-Gerät an der Systemperipherie.

Die Beendigungsphase einer Kanaloperation wird – mit Ausnahme eines Nothalts – von der Systemperipherie durch eine

E/A-Vollendung (I/O-completion)

eingeleitet, die eine E/A-Unterbrechung, also die sofortige Übernahme der Steuerung durch den Supervisor zur Prüfung der E/A-Endbedingungen („korrekt" oder „fehlerhaft") bewirkt.

7.2.3 Taktsteuerung

Der gesamte Informationsfluß in der Zentraleinheit wird synchronisiert durch

Taktgeber   (clocks),

die in gleichen Zeitabständen Impulse erzeugen, an das ganze System verteilen und so die einzelnen Operationen zeitlich aufeinander abstimmen:

Taktsteuerung   (clocking).

Die Taktlängen in DV-Anlagen werden durch quarzgesteuerte Frequenzgeneratoren bestimmt, von denen durch Frequenzteilung oder Unterteilung mittels Impulszählern alle zeitlich genau zu definierenden Impulse abgeleitet werden (Abb. 116).

In der Regel werden mehrere Taktimpulse erzeugt, die gegeneinander phasenverschoben sind. Hierdurch läßt sich die Takt- und Impulslängensteuerung einfacher bewerkstelligen. Der Grundtakt muß dabei in Einklang stehen mit einem vorgegebenen Zeitraster, das seinerseits durch Verzögerungszeiten der logischen Schaltkreise, Zugriffszeiten zum Hauptspeicher bzw. Pufferspeicher usw. bestimmt ist.

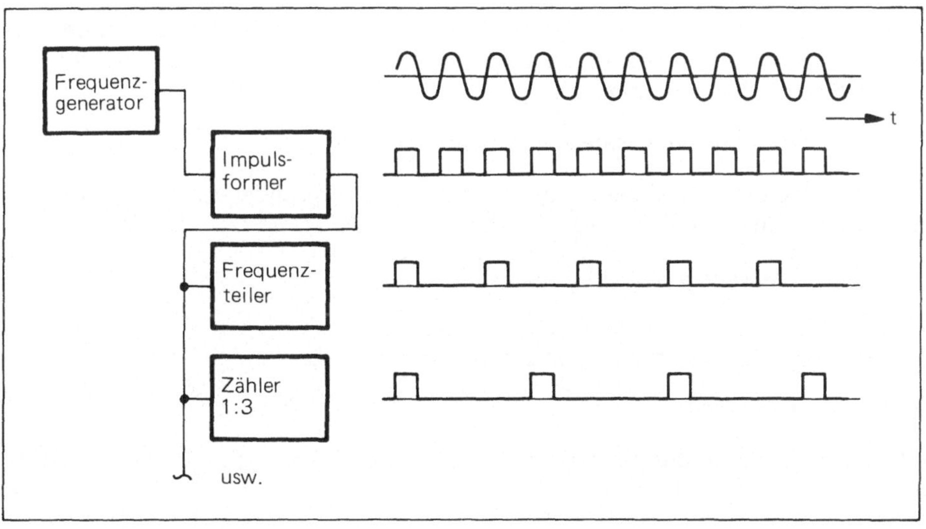

Abb. 116. Taktsteuerung

7.3 Externe Datenübertragungsnetze

7.3.1 Übertragung im Netz

Sind die einzelnen Einheiten eines Datenverarbeitungssystems über größere Entfernungen verteilt, so spricht man von einem

Netzwerk   (network).

Es setzt sich zusammen aus (Abb. 117)

Knoten   (nodes)

und (Knoten-)

Verbindungen   (links).

Als Knoten dienen einmal Zentraleinheiten (einschließlich Kanälen) mit der sie steuernden Software, sowie deren zugeordnete Anwendungsprogramme:

Anwendungsknoten   (application node).

Diese Anwendungsprogramme können von verschiedenen, räumlich getrennten Datenstationen oder anderen Anwendungsknoten aufgerufen werden. Weiterhin gibt es in solchen Systemen Knoten, die als programmierbare Datenfernübertragungseinheiten zur Zwischenspeicherung und Weiterleitung von Nachrichten dienen:

Vermittlungsknoten   (communication controller node).

Schließlich gehören dazu anwendungsspezifische, programmierbare Einheiten bzw. Untersysteme, an welche die Endbenutzereinrichtungen (z. B. Bildschirme, Drucker) angeschlossen sind:

Datenstationsknoten   (workstation node).

Auch einzelne Datenstationen können als Knoten ausgebildet sein. Anwendungsknoten und Datenstationsknoten werden auch als

Endknoten   (ending node)

bezeichnet.

Die räumlich getrennten Netzwerkknoten stehen über

Leitungen   (lines)

miteinander in Verbindung, die sowohl Daten als auch notwendige Steuerinformation übertragen. Die Datenübertragung erfolgt also

informationsgesteuert   (information-controlled).

Daten mit Steuerinformation kombiniert oder reine Steuerinformation bezeichnet man als

Nachrichten   (messages).

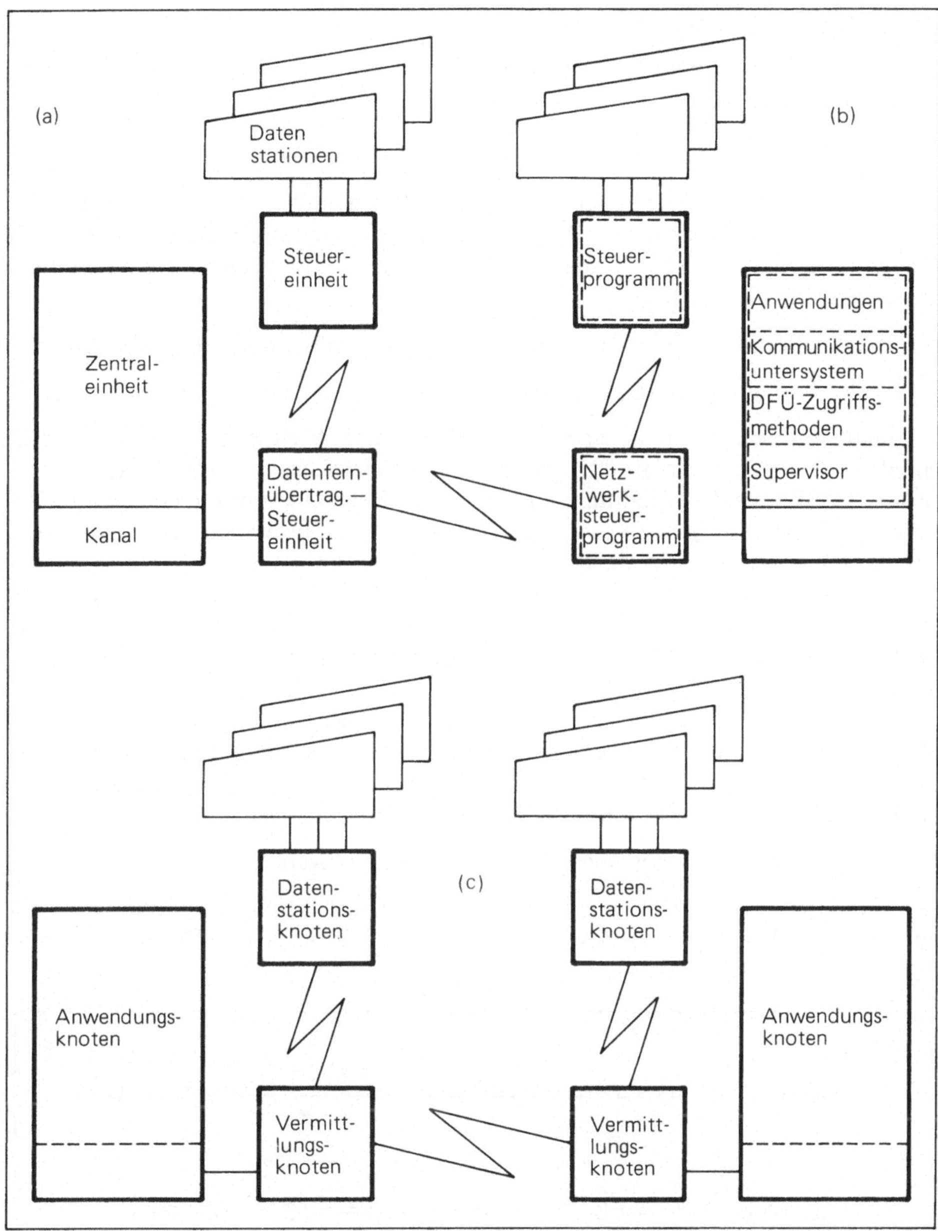

Abb. 117 a–c. Datenfernverarbeitungssystem in Hardware- (a) bzw. Softwaresicht (b) und als allgemeines Netzwerk (c)

Die Leitungen selbst können

Wählleitungen   (switched lines)

oder festgeschaltete sog.

Standleitungen   (nonswitched lines)

sein. Eine Wählleitung ist bei kurzzeitigen Nachrichtenübertragungen angebracht. Erst bei größerem Übertragungsbedarf wird die Standleitung wirtschaftlicher, weil dann die Signalphase zum Aufbau der Verbindung wegfällt (und andere Leitungsgebühren gelten).

Bei der Betriebsart einer Leitung unterscheidet man zwischen (Abb. 118)

simplex, halbduplex oder duplex   (simplex, halfduplex or duplex).

Beim Simplexbetrieb ist grundsätzlich nur eine Richtung der Übertragung möglich (Richtungsbetrieb). Bei der Halbduplexbetriebsart werden Nachrichten abwechselnd in beiden Richtungen übertragen (Wechselbetrieb). Der Wechsel der Übertragungsrichtung bedingt Umschaltzeiten zum Umschalten von Echounterdrückern und Abbau von Schwingungen, so daß eine Halbduplexleitung nicht vollkommen ausgenutzt werden kann. Der Duplexbetrieb schließlich erlaubt die gleichzeitige Nachrichtenübertragung in beiden Richtungen (Gegenbetrieb), braucht dafür aber im allgemeinen eine doppelte Anzahl von Leitungen und ist somit kostspieliger.

Ein wesentliches Kennzeichen eines Nachrichtenübertragungsnetzwerkes ist die Programmierbarkeit der einzelnen Knoten. Dadurch können den verschiedenen Bestandteilen des Netzwerkes Steuerungsfunktionen und sonstige Aufgaben übertragen und die Gesamtleistung des Netzwerkes erhöht werden:

dezentrale „Intelligenz"   (decentral intelligence).

Ein Netzwerk von Datenverarbeitungssystemen, das den geographischen und organisatorischen Gegebenheiten des Anfalls und Bedarfs von Daten und ihrer

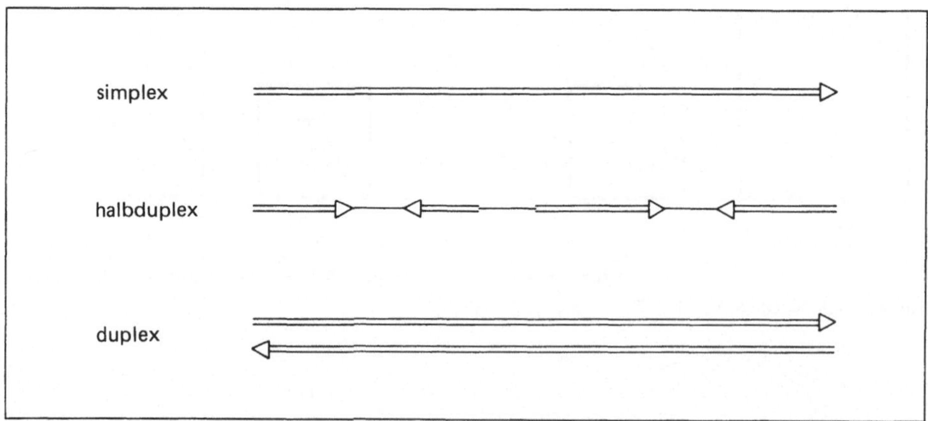

Abb. 118. Leitungsbetriebsarten

Verarbeitung angepaßt ist, weist eine Reihe von Vorteilen gegenüber einem zentralisierten System auf:

- Reduzierter Nachrichtenverkehr und damit
- Kürzere Verarbeitungszeiten,
- Geringere Übertragungskosten,
- Verminderte Abhängigkeit von Leitungsproblemen,
- Erhöhte örtliche Selbständigkeit,
- Anwendungsorientierung.

Diese Vorteile hängen jedoch von Fall zu Fall stark von den Anwendungen und den möglichen Netzwerkkonfigurationen ab.

7.3.2 Netzwerktypen

Bei den Verbindungsarten zwischen Knoten läßt sich grundsätzlich zwischen zwei Typen unterscheiden (Abb. 119):

1.   ***Punkt-zu-Punkt-Verbindung***   (point to point connection)

   zwischen nur zwei Knoten und

2.   ***Mehrpunkt-Verbindung***   (multipoint connection)

   zwischen drei oder mehr hintereinander liegenden Knoten.

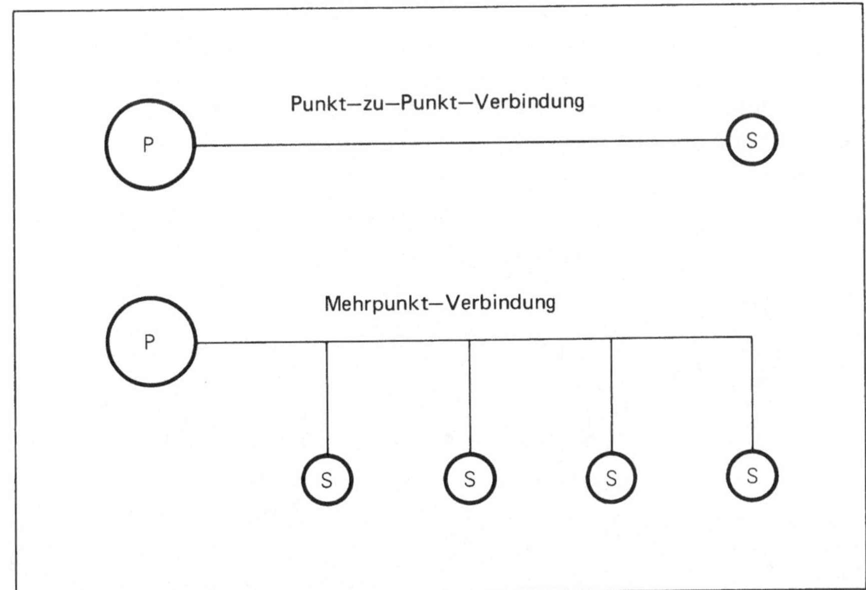

Abb. 119. Netzwerkverbindungsarten

Zur Vermeidung von Konkurrenzsituationen, bei denen zwei Knoten gleichzeitig über eine (z. B. halbduplexe) Leitung zu senden versuchen, bedarf es einer

Verbindungs-Disziplin   (connection discipline).

Zu diesem Zweck werden die Knoten einander hierarchisch zugeordnet. Ein Knoten übernimmt Leitfunktionen (P):

Primärknoten   (primary node),

die anderen sind untergeordnet (S):

Sekundärknoten   (secondary node).

Während der Primärknoten die Verbindung kontrolliert und steuert und – soweit die Leitung frei ist – von sich aus Nachrichten übertragen kann, darf ein Sekundärknoten nur reagieren. Er kann Nachrichten nur senden, wenn der Primärknoten die Leitung dafür freigibt.

Bei Mehrpunkt-Verbindungen, bei denen mehrere Sekundärknoten hintereinander liegen, wird dies durch den sog.

Aufrufbetrieb   (polling/selection mode)

geregelt. Die Sekundärknoten sind dabei mit eindeutigen

Adressen   (addresses)

versehen und werden vermöge dieser Adressen aufgerufen.

Hat der Primärknoten (Leitstation) Information an einen bestimmten Sekundärknoten (Empfangsstation) zu senden, so schickt er die entsprechende Adresse voraus, die den betreffenden Sekundärknoten selektiert. D. h., die Adresse wird nacheinander von allen Sekundärknoten empfangen. Jedoch nur der adressierte Knoten reagiert auf sie. Das kann bedeuten, daß er die nachfolgende Nachricht sofort annimmt oder aber, da er gerade mit anderen Daten beschäftigt ist, die Primärstation veranlaßt, mit der Übertragung zu warten.

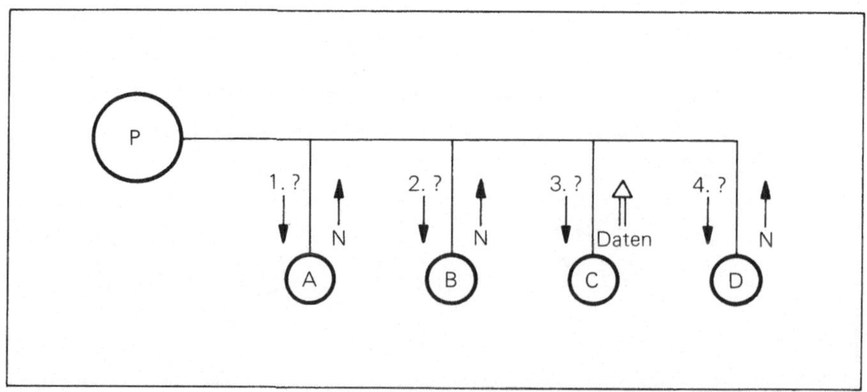

Abb. 120. Aufrufbetrieb (Aufrufreihenfolge: A, B, C, D; C hat Daten für P)

Der umgekehrte Fall der Übertragung von einem Sekundärknoten (jetzt Sendestation) zum Primärknoten erfolgt, indem der Primärknoten in zeitlichen Abständen der Reihe nach alle Sekundärknoten vermöge ihrer Adresse aufruft, ob sie etwas zu senden haben. Alle reagieren negativ bis auf den einen Knoten, der mit seiner Nachricht (Daten) antwortet (Abb. 120).

Verschiedene Algorithmen des Aufrufbetriebs, welche die Sekundärknoten nach bestimmten Prioritäten klassifizieren und behandeln, bedingen verschiedene

Aufrufverfahren (polling techniques).

Zu erwähnen ist noch der nichtorganisierte, statistisch freilaufende

Konkurrenzbetrieb (contention mode),

der es den einzelnen Knoten erlaubt, immer dann zu senden, wenn sie etwas zu senden haben ohne Rücksicht auf andere Knoten. Bei schwachem Datenverkehr mag das im allgemeinen gut gehen. Treten Kollisionen von Daten auf der Leitung auf, so muß eben nochmals gesendet werden. Bei stärkerem Verkehr jedoch wird dieser Betrieb wegen des Überhandnehmens der notwendigen Übertragungswiederholungen problematisch.

Topologisch lassen sich vier verschiedene Grundformen von Netzwerken definieren (Abb. 121):

1. Das

Sternnetz (star network),

eine gebräuchliche Form der Verbindung zwischen Zentraleinheiten und Datenstationen, vorzugsweise auch bei Prozeßrechensystemen verwendet, besteht aus Punkt-zu-Punkt-Verbindungen. Es bedarf daher nur einer einfachen Organisation des Nachrichtenverkehrs und weist keine Verkehrsprobleme auf. Es erweist sich als besonders zuverlässig, da es wenig störanfällig ist. Seine Nachteile sind der Leitungsaufwand, sowie der Aufwand an zentralen Sende- und Empfangseinrichtungen.

2. Das

Liniennetz (line network)

ist wirtschaftlich günstiger, da es den Leitungsbedarf, sowie den Bedarf an zentralen Sendern und Empfängern reduziert. Diesen Vorteilen stehen jedoch Verkehrsengpässe auf der gemeinsamen Leitung gegenüber und erzwingen eine Organisation des Nachrichtenverkehrs (Aufrufbetrieb).

3. Das

Ring- oder Schleifennetz (loop)

ist eine sehr kostengünstige Verbindung von Datenstationen an eine Zentraleinheit über mittlere Entfernungen mittels einer Simplexleitung. Auch hier müssen die Verkehrsprobleme durch eine Organisation des Nachrichtenverkehrs gelöst werden.

4. Schließlich stellt das

Maschennetz (mesh network)

die allgemeinste Form eines Netzes dar. Es ist realisiert beim Nachrichtenverkehr über öffentliche Einrichtungen (z. B. Fernsprechnetz). Dem Vorteil der großen

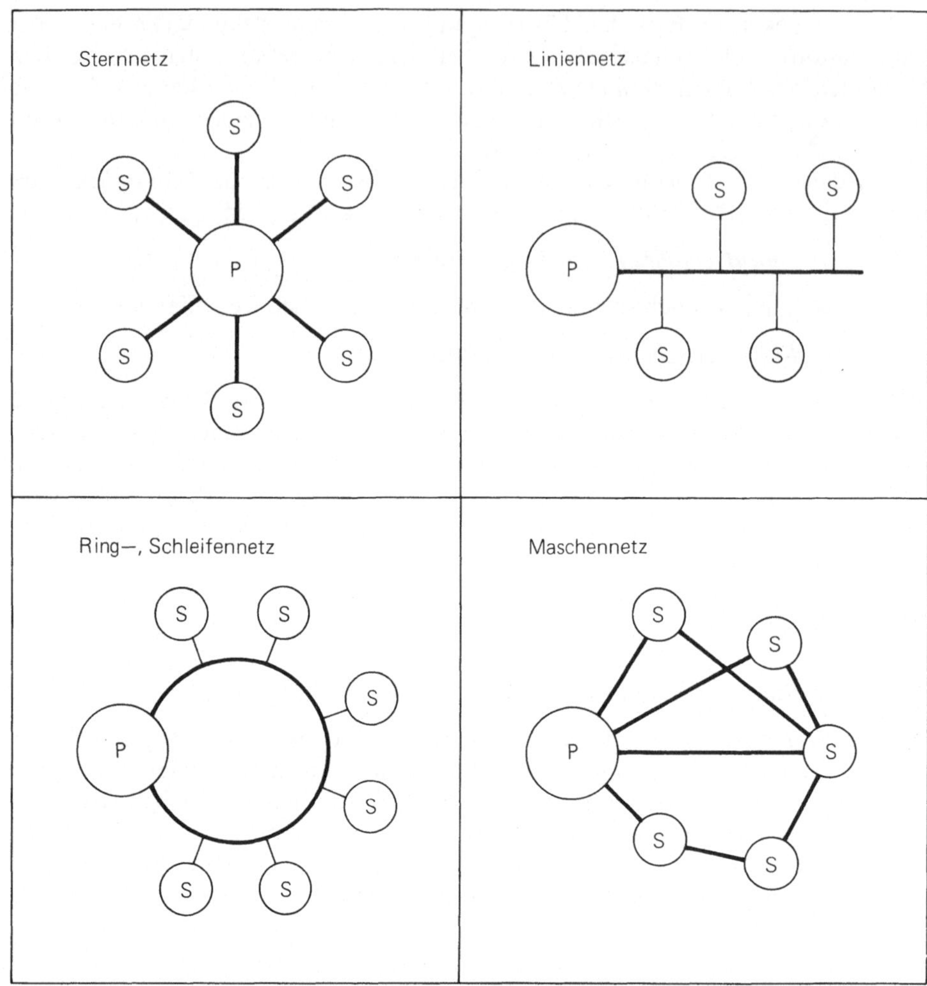

Abb. 121. Topologische Grundformen von Netzwerken

Ausfallsicherheit durch die Vermaschung, die Alternativwege erlaubt, stehen Nachteile wie Aufwand und größere Verkehrsprobleme gegenüber.

Das Ringnetz ist ein zu *einer* Masche degeneriertes Maschennetz. Sternnetz und Liniennetz sind Sonderfälle eines sog. Baumnetzes, eines allgemeinen Netzes ohne Maschen.

7.3.3 Vermittlungsarten

Die Verbindungen zwischen Endknoten (Anwendungsknoten bzw. Datenstationsknoten) in einem allgemeinen Netzwerk über Vermittlungsknoten kann nach verschiedenen Vermittlungsverfahren geschehen.

Eine

Leitungsvermittlung   (line/circuit switching),

auch Durchschaltevermittlung genannt, verbindet die rufende und die gerufene
Datenstation durch einen physikalischen Übertragungskanal, der für die gesamte
Übertragungsdauer ausschließlich diesen beiden Datenstationen zur Verfügung
steht. Die Signale werden unverändert und unverzögert – von Störeinwirkungen
und Laufzeitverzögerungen abgesehen – übertragen (Abb. 122).

Bei Leitungsvermittlungen bewirkt der rufende Endknoten den Verbindungs-
aufbau in den Vermittlungsknoten mit Hilfe einer Wählzeichenfolge. Der erste
angesprochene Vermittlungsknoten wertet die Wählzeichenfolge aus, belegt eine
Leitung zum nächsten Vermittlungsknoten und übergibt diesem die zum weiteren
Verbindungsaufbau notwendigen Wählinformationen. So wird abschnittsweise die
Verbindung zum gerufenen Endknoten hergestellt.

Der Verbindungsabbau läßt sich von jedem der beiden Endknoten einleiten. Ein
Auslösesignal hebt die Durchschaltung in allen beteiligten Vermittlungsknoten
wieder auf.

Bei einer

Speichervermittlung   (store and forward operation)

besteht keine durchgehende Verbindung zwischen den Teilnehmern. Die Sendeda-
ten werden vielmehr in dem Vermittlungsknoten zwischengespeichert und entsprechend einer Leitwegangabe, die den Daten beigefügt ist, zum Empfänger – wenn

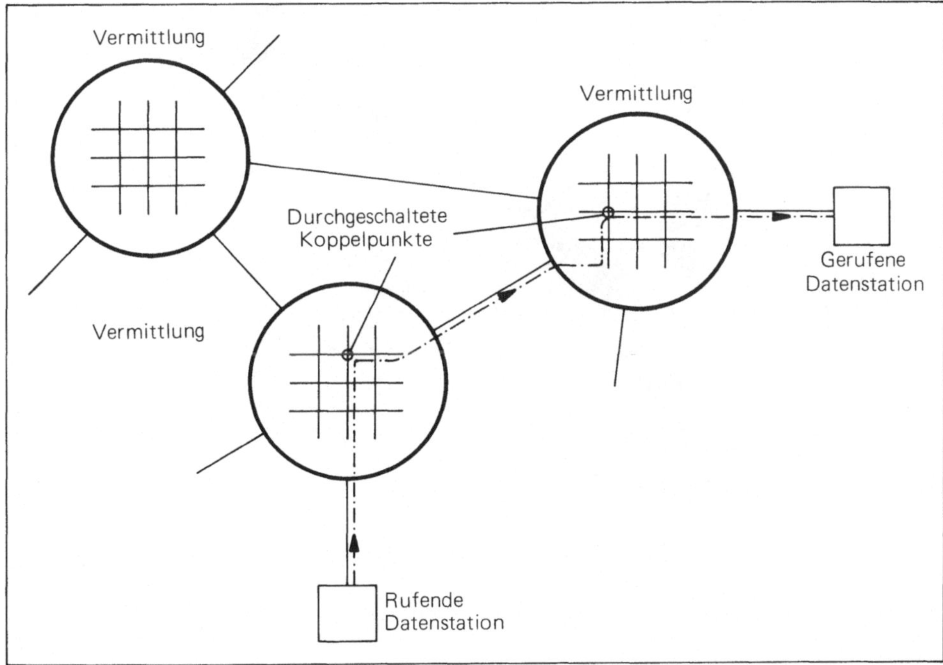

Abb. 122. Leitungsvermittlung

notwendig, auch über mehrere Vermittlungsknoten – weitergeleitet. Man spricht in diesem Fall auch von Netzen mit

Teilstreckenbetrieb.

Wird die Nachricht in einem Stück vermittelt und übertragen, so nennt man diese Betriebsart

Nachrichtenvermittlung   (message switching).

Wird dagegen die Nachricht wegen ihrer Länge in mehrere Teile, sogenannte Pakete, zerlegt und in dieser Form vermittelt und übertragen, so heißt diese Betriebsart (Abb. 123)

Paketvermittlung   (packet switching).

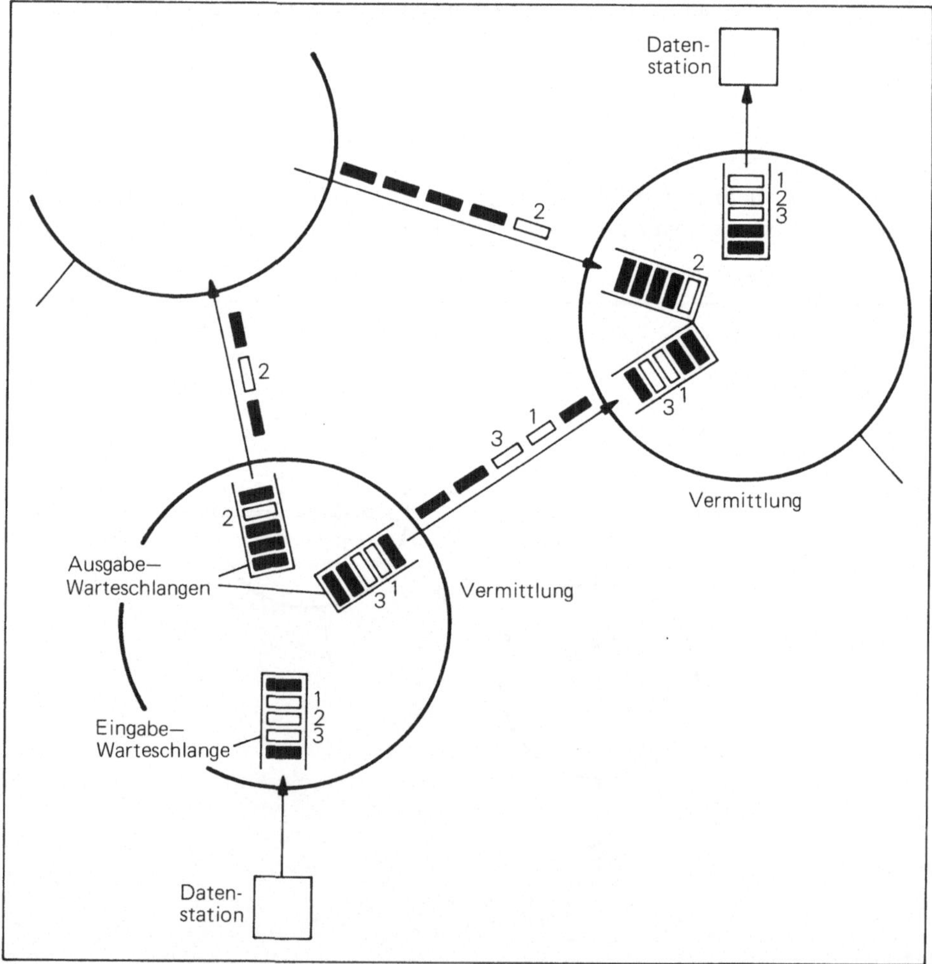

Abb. 123. Paketvermittlung

In der Ursprungsvermittlungsstelle werden die Einzelpakete der sendenden Datenstation in eine Eingabewarteschlange eingereiht und nacheinander abgearbeitet. Die Übertragungssteuerung bestimmt auf Grund der Adressenangabe den einzuschlagenden Weg von Vermittlungsknoten zu Vermittlungsknoten bis zur Empfangsstation. Je nach Belegungszustand der direkten weiterführenden Übertragungsstrecke muß unter Umständen auch ein Umweg mit einer weiteren Verzögerung eingeschlagen werden. Das bedeutet, daß die Einzelpakete mit Adressen versehen werden müssen und daß sie nicht immer in derselben Reihenfolge ankommen, wie sie ausgesendet worden sind (siehe Paket Nr. 2 in Abb. 123). Sie müssen deswegen im Endknoten vor der Ausgabe erst einmal geordnet werden.

In Vermittlungsknoten lassen sich neben den Vermittlungsaufgaben auch Geschwindigkeits- und Codeumsetzungen, Fehlerprüfungen, Vorrangsteuerung usw. durchführen.

Während in Datennetzen mit Durchschaltebetrieb immer Duplexübertragungswege zur Verfügung gestellt werden, kann man in Teilstreckennetzen die Übertragungswege in Vorwärts- und Rückwärtsrichtung unabhängig voneinander, d. h. zur Übertragung von Daten unterschiedlicher Teilnehmer, verwenden. Die Leitungsausnutzung ist somit in Teilstreckennetzen mit Speichervermittlungen besser als in Durchschaltenetzen. Deswegen ist insbesondere bei geographisch ausgedehnten Netzen, bei denen der hohe Leitungskostenanteil den Mehraufwand für Zwischenspeicherung, Übertragungssteuerung, Fehlerprüfung usw. in der Speichervermittlung rechtfertigt, dieses Vermittlungsprinzip vorteilhafter als der Durchschaltebetrieb. Bei kürzeren Entfernungen hingegen, wie sie z. B. in der Bundesrepublik Deutschland gegeben sind, müssen die Kostenvorteile sorgfältig gegeneinander abgewogen werden.

7.4 Externe Kommunikation

7.4.1 Kommunikationsarchitektur

Externe Kommunikation, also der Nachrichtenaustausch zwischen zwei voneinander entfernten Partnern, beinhaltet das Senden und Empfangen von Daten und Anweisungen mit anschließender entsprechender Reaktion des Empfängers. Zur Aufrechterhaltung eines flüssigen, geordneten Übertragungsbetriebs in einem Netzwerk bedarf es eines vollständigen Satzes von Regeln zwischen den kommunizierenden Partnern in Form von

Protokollen (protocols).

Das sind Vereinbarungen über

Bedeutung, Form, Folge und Weg

von Nachrichten zwischen – allgemein – zwei miteinander kommunizierenden Netzwerkknoten, seien es zwei benachbarte Knoten oder zwei Endknoten.

Analog zur Dreiheit bei der Datenspeicherung: *Was/Wie/Wo* benötigt man bei der Datenübertragung eine vierfache Bestimmung: *Was/Wie/Wann/Wohin* bzw. *Woher*.

„Was" meint natürlich die Bedeutung der zu übertragenden Daten, aber auch zusätzliche Steuerinformation für den Empfänger, also Nachrichten:

Semantik   (semantics).

Unter „Wie" ist die Darstellung dieser Nachrichten zu verstehen, d. h. ihre Formate und Codierung:

Syntax   (syntax).

„Wann" bedeutet die Zeitpunkte, zu denen Nachrichten gesendet werden können bzw. müssen (Nachricht/Bestätigung/Antwort/Bestätigung usw.) und beschreibt die Regeln der zeitlichen Reaktionsfolge eines disziplinierten

Dialogs   (dialog)

zwischen Nachrichten austauschenden Knoten.

Schließlich spielt auch hier der Ort eine wesentliche Rolle, da Knoten im Netzwerk räumlich verteilt sind und sich durch ihren „Ort" identifizieren lassen müssen. Alle Netzwerkknoten sind daher durch

Adressen   (addresses)

lokalisierbar. Solche Adressen beschreiben in den Nachrichten das „Woher" und „Wohin" einer Datenübertragung.

Nur wenn beide Partner solche Protokolle verstehen und einhalten, um sich zu verständigen, ist ein geregelter Nachrichtenverkehr gewährleistet. Nur dann ist sichergestellt, daß die Kommunikation effektiv und erfolgreich abläuft. Dabei dient ein wesentlicher Teil der Protokolle der fehlerfreien Übermittlung, d. h. der Fehlererkennung und -behebung.

Protokolle lassen sich weiter strukturieren, indem man unterscheidet zwischen mehr logischen, anwendungsorientierten und mehr physikalischen, netzwerkorientierten Gesichtspunkten. So entsteht eine

Schichtung von Protokollen   (protocol layers),

die einer

Hierarchie von Steuerungsschichten   (hierarchy of control layers)

entspricht (Abb. 124). Jeder Steuerungsschicht ist ein Satz von

Steuerungsfunktionen   (control functions)

zugeordnet, welche die Kontroll- und Steuerungsaufgaben dieser Schicht wahrnehmen.

Indem man die Übertragungsprotokolle so strukturiert, scheinen (virtuell) die korrespondierenden Schichten direkt paarweise miteinander zu kommunizieren. Man bezeichnet dies daher auch als

virtuelle Verbindung   (virtual link).

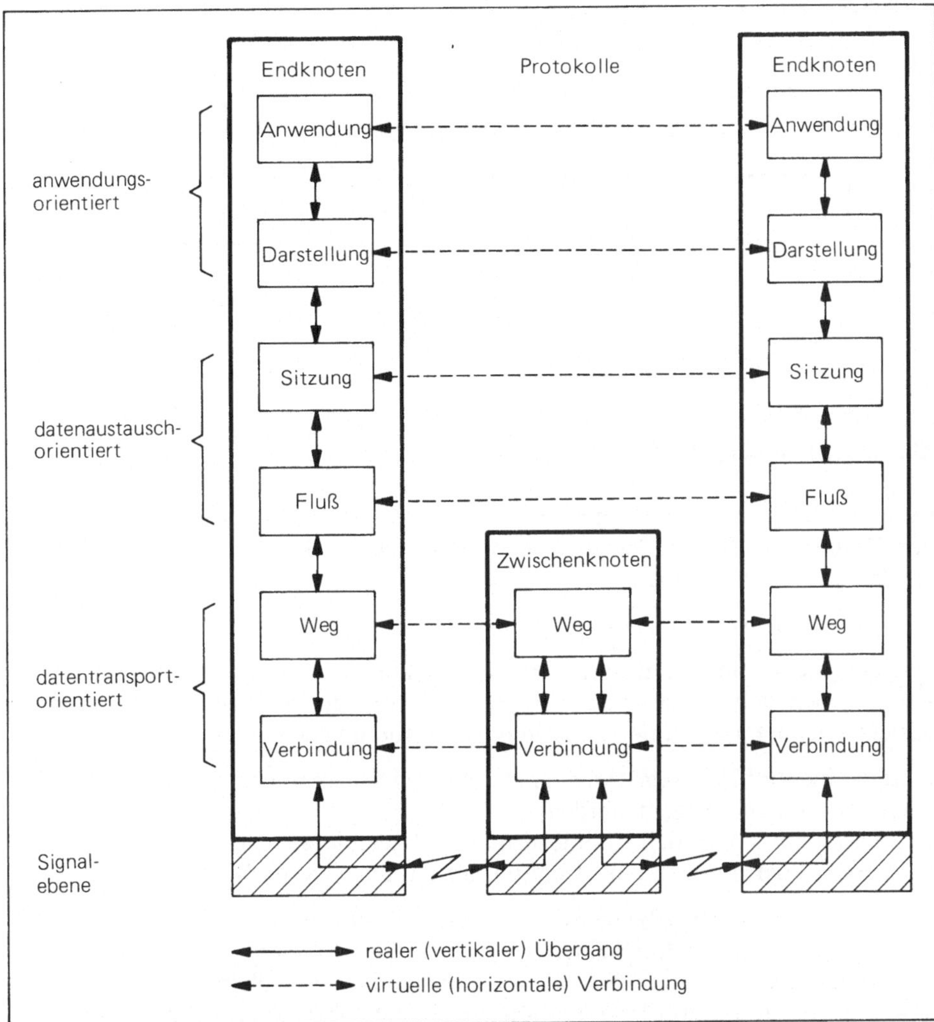

Abb. 124. Schema der Struktur von Steuerungsschichten, Übergängen und Protokollen

Die Protokolle bringen dazu die einzelnen Steuerfunktionen innerhalb einer Schicht in eine Komplementärbeziehung zueinander. Somit hat jede Funktion auf der einen Seite einer virtuellen Verbindung eine entsprechende Partnerfunktion auf der anderen Seite.

Real erfolgt die Kommunikation jedoch über die darunter liegenden Schichten, d. h., die physikalische Nachrichtenübertragung findet nur in der untersten Schicht der Leitungen und Signale statt. Der vertikale Übergang von einer Schicht zur benachbarten stellt einen

realen Übergang   (real interface),

auch Schnittstelle genannt, im System dar. Jede Schicht – außer der höchsten –

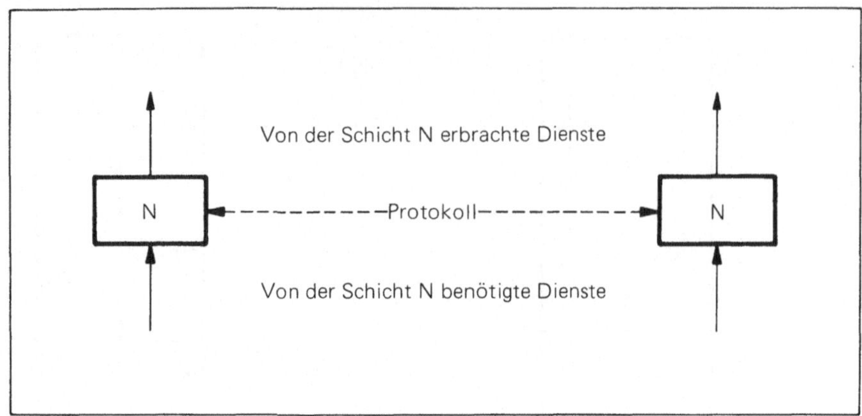

Abb. 125. Anordnung der Dienste (vgl. auch Abb. 108)

kann als Mittel zum Zweck angesehen werden, um die beabsichtigte Kommunikation für die nächsthöhere Schicht zu bewerkstelligen (Abb. 125): Jede Schicht leistet für die nächsthöhere einen

Dienst   (service).

Eine gute Kommunikationsarchitektur mit klar definierten vertikalen Übergängen zwischen den Steuerungsschichten und horizontalen Protokollen auf einer Schicht zeichnet sich dadurch aus, daß die Steuerungsschichten

1. streng hierarchisch angeordnet sind, so daß Dienste nur von oben angefordert und von unten erbracht werden,
2. „selbständig" sind, d. h. funktionsmäßig abgeschlossen, so daß die vertikalen Übergangsdefinitionen ein Minimum an Parametern benötigen.

Änderungen innerhalb einer Schicht, die z. B. Netzwerkmodifikationen Rechnung tragen, haben dann keinen Einfluß auf eine andere Schicht. Allgemein gesprochen sollten untere Schichten „transparent" für obere sein. Das heißt insbesondere, daß man die Operationsweise einer Schicht verstehen kann, ohne diejenige der darunter liegenden Schichten zu kennen. Notwendig ist nur die Kenntnis der Anweisungen und Parameter, die zur Aktivierung der nächstniedrigeren Schicht gebraucht werden, so daß diese ihre Funktion erfüllen kann.

Alle Funktionsschichten, bis auf die unterste physikalische, sind durch Software realisiert. Somit erfolgt die vertikale Kommunikation über Makrobefehle und Parameter. Zur horizontalen Protokollabwicklung verwendet man

Vorsätze   (header),

die den Nachrichten vorangestellt werden. Wenigstens in der untersten Schicht wird einer Nachricht auch noch ein

Nachsatz   (trailer)

mitgegeben.

Beim Durchlaufen der verschiedenen Schichten entstehen so verschachtelte Nachrichten, jedesmal mit einem neuen Vorsatz versehen, der von der nächstniedri-

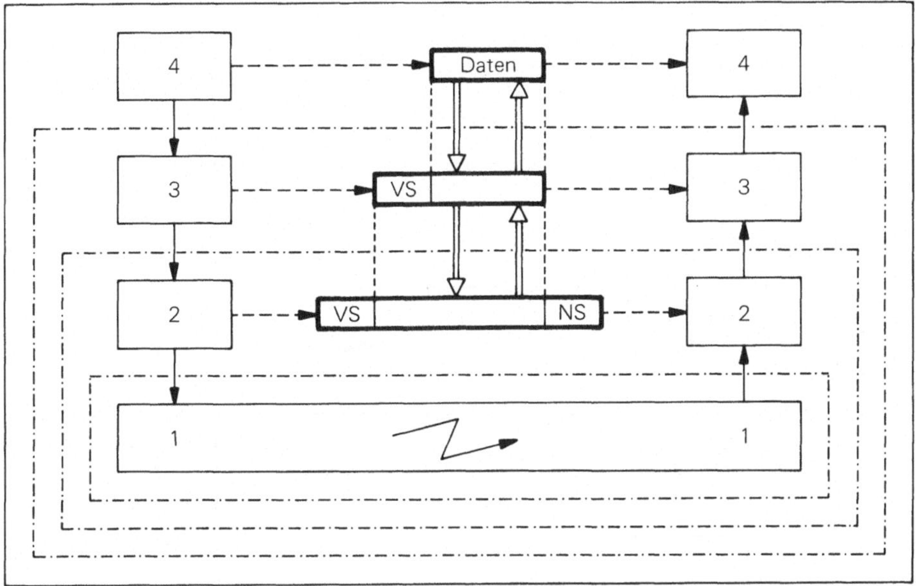

Abb. 126. Entwicklung einer Nachricht beim Durchlaufen der verschiedenen Steuerungsschichten, vereinfacht (VS = Vorsatz, NS = Nachsatz)

geren Schicht als Daten aufgefaßt wird (Abb. 126). Auf der anderen Kommunika-
tionsseite werden diese Vorsätze in den einzelnen Schichten wieder abgebaut und
lösen dabei gewünschte Reaktionen aus.

Im einzelnen kann man funktionell bis zu sieben Steuerungsschichten unterscheiden (Abb. 124): Oben in der Hierarchie stehen anwendungsorientierte
Funktionen, das sind solche, die von Übertragungsfragen unabhängig nur auf die
Anwendung bzw. ein Endgerät ausgerichtet sind. Dann folgen darunter Funktionen für den Datenaustausch, welche die Kommunikation zwischen zwei Endknoten
besorgen, aber noch vom Netzwerk unabhängig sind. Daran schließen sich
transportorientierte Funktionen an, welche die Steuerung und den Transport durch
das Netzwerk über Leitungen und Zwischenknoten regeln. In der untersten Schicht
wird schließlich die eigentliche Signalübertragung physikalisch realisiert.

Von der *International Standards Organisation (ISO)* ist eine Standardaufteilung der
Funktionen in ebenfalls sieben Schichten vorgeschlagen worden, das sog. *ISO*-Referenzmo-
dell (Abb. 127).

Die Aufteilung und Zusammenfassung der verschiedenen benötigten Kommu-
nikationsfunktionen in Schichten hängt von der Gestaltung der Systeme und ihrer
Software-Strukturierung ab. Eine ideale, klare und modulare Aufteilung in sieben
Schichten erlaubt zwar größtmögliche Flexibilität im Verkehr verschiedener
Systeme untereinander, produziert aber gleichzeitig eine Menge an ständig zu
verarbeitender Protokollinformation, d. h. an Vor- und Nachsätzen. Geschlossene
Systeme (in kommerziellen Installationen) bevorzugen daher teilweise „durchgän-
gige" Protokolle, die durch mehrere Schichten „greifen" und damit effizienter sein
können. So variiert gemäß verschiedenartiger Systemstruktur und Zweckoptimie-

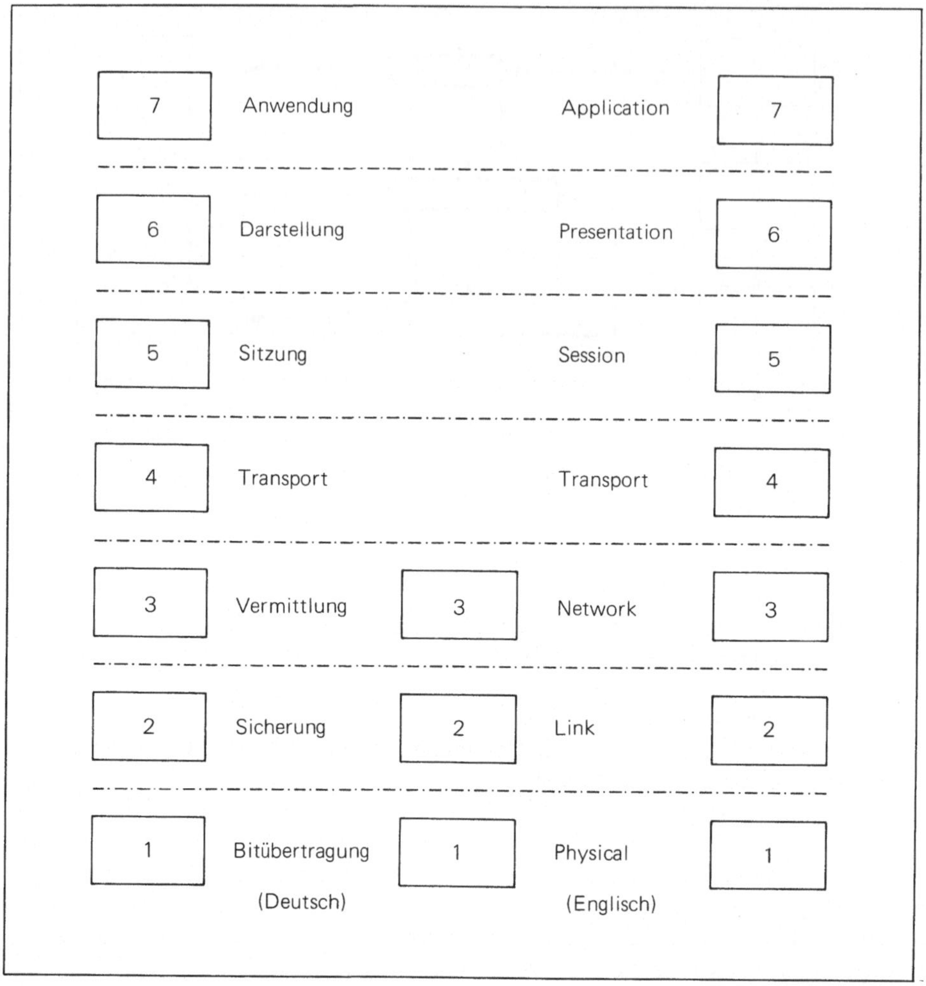

Abb. 127. *ISO*-Referenzmodell

rung die Zuordnung von Funktionen zu Schichten, wie auch diejenige der Schichten zu Softwarekomponenten von Implementierung zu Implementierung. Dabei mögen Informationen, die eigentlich in Vorsätze gehören, erst als Parameter der nächsten Schicht übergeben werden, bevor sie von dieser Schicht in den von ihr erstellten Vorsatz eingebaut werden.

Die einzelnen Steuerungsfunktionen lassen sich z. B. auf folgende Software-Komponenten aufteilen (Abb. 128, entspricht etwa *IBM's System Network Architektur: SNA*): In der Zentraleinheit verteilen sie sich auf

    Datenkommunikationsroutinen (data communication routines),
    Zugriffsmethoden der Datenfernübertragung
    (telecommunication access methods),
    Supervisor.

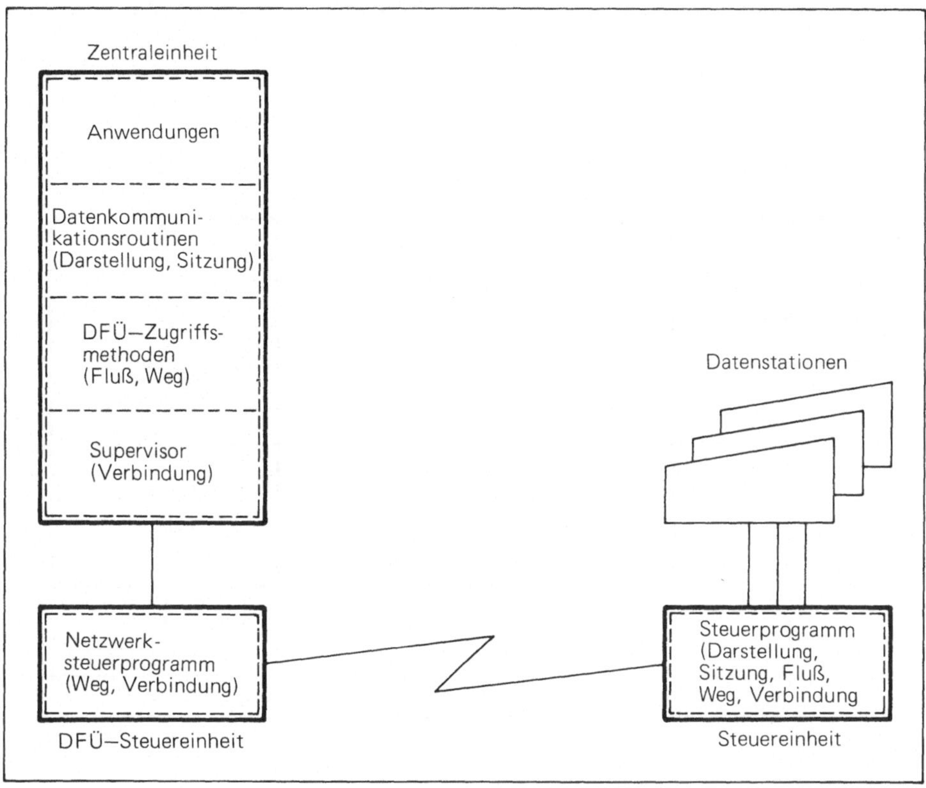

Abb. 128. Softwarekomponenten zur externen Kommunikation

In der Datenfernübertragungs-Steuereinheit wird ein Teil dezentral vom

Netzwerksteuerprogramm   (network control program)

wahrgenommen. Schließlich beherbergen die Steuereinheiten der Datenstationen

Datenstationssteuerprogramme   (workstation control programs).

Im folgenden wird eine prinzipielle Beschreibung, losgelöst von speziellen Implementierungsgesichtspunkten versucht. Dabei wird die oberste Schicht, welche die eigentlichen Anwendungen enthält und zu der spezifische Anwendungsprotokolle gehören, nicht diskutiert.

7.4.2 Datendarstellung

In der zweithöchsten Schicht, direkt unter den Anwendungen bzw. vor den Datenstationen, besorgen die

Datendarstellungsroutinen   (presentation services)

die Interpretation und Anpassung der Daten, die ankommen oder abgehen (Abb. 129).

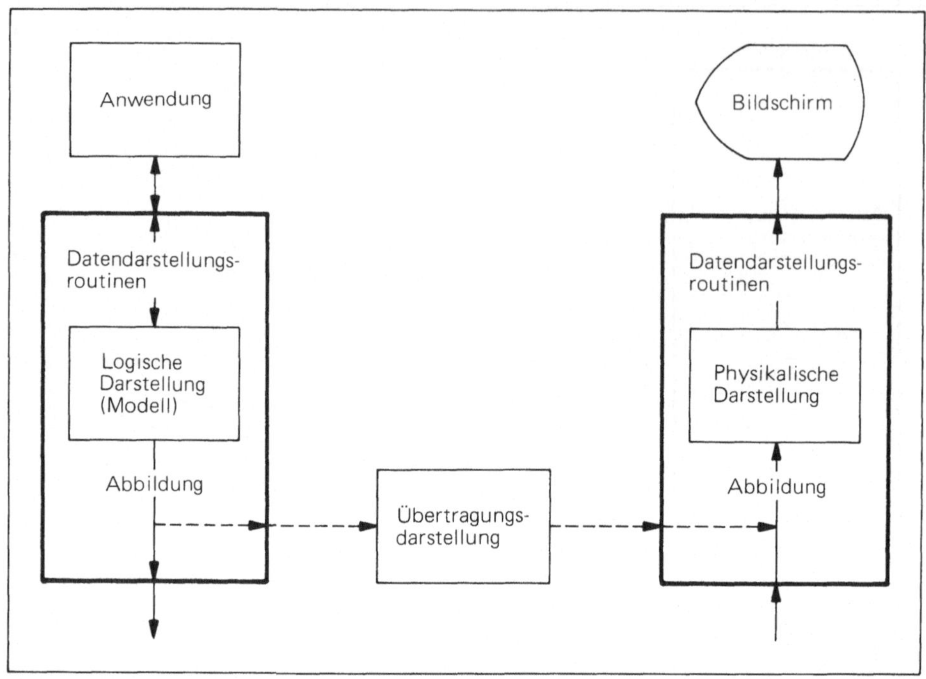

Abb. 129. Datendarstellung (Geräteunabhängigkeit)

Jede Anwendung hat eine gewisse Vorstellung der räumlichen Anordnung der behandelten Daten z. B. in Form von Tabellen mit Zeilen und Spalten:

Darstellungsmodell (presentation model).

Dieselben Daten müssen nun auf Bildschirmen oder Druckern erscheinen, die durch spezifische Geräteeigenschaften begrenzte Darstellungsmöglichkeiten aufweisen. Man braucht also hier eine Abbildung von Daten zwischen dem

Logischen Darstellungsraum (logical presentation space)

des Darstellungsmodells und dem

Physikalischen Darstellungsraum (physical presentation space)

der Datenstation. Es handelt sich um eine Formatübersetzung zwischen „virtuellen" – von einer Anwendung aus gesehen – und „realen" Datenstationen, die bei der Datenübertragung notwendig ist. Solche Formattransformationen mögen auf der Datenstationsseite „Bildschirmblättern" (browsing) oder Druckformularvorschübe (forms feed) sowie Ergänzen mit Überschriften usw. bedingen, wenn der Logische Darstellungsraum größer als der Physikalische ist.

Mit Hilfe von vordefinierten Bildschirmformaten (maps), auf die sich Anwendungen symbolisch beziehen können und die den Datenübergaberoutinen bei der Transformation dienen, erreicht man so anwendungsseitig eine

Geräteunabhängigkeit (device independence).

Man befreit also den Benutzer von der Notwendigkeit der Kenntnis unnötiger Details von Datenstationen, aber auch anderer Anwendungen.

Datendarstellungsroutinen können gleich oder ungleich auf beide Endknoten verteilt sein. Die Routinen des sendenden Endknotens bringen die Daten in eine

Übertragungsdarstellung   (transmission presentation),

aus der sie von den Routinen im empfangenden Endknoten in die diesem angepaßte Darstellung gebracht werden. Die Zwischendarstellung muß nun aber aus Wirtschaftlichkeitsgründen komprimiert sein. Zum anderen muß sie allgemeingültig sein, so daß die Übersetzbarkeit in verschiedene Darstellungsräume gewährleistet ist. Das wird am besten erreicht, wenn die Daten während der Übertragung ein Format haben, in dem sie selber feldformatierte „Byte-Strings" darstellen. In einem Vorsatz dazu wird dann neben Codebestimmungen durch eine bestimmte Modellangabe das Gesamtformat identifiziert. Dieses kann dann in das jeweilige anwendungs- bzw. datenstationsspezifische Format übersetzt werden.

7.4.3 Datenaustausch

Eine

Sitzung   (session)

ist eine zeitweise logische Verbindung (Kommunikation) zwischen Anwendungen bzw. Datenstationen zum Zwecke des Datenaustausches nach Regeln (Protokollen), die für solchen Austausch vereinbart worden sind (Sitzungsleitung). Beide datenaustauschorientierten Steuerungsschichten (Abb. 124) sorgen dafür, daß die vom Sender abgesandten Daten fehlerfrei und in richtiger Reihenfolge beim Empfänger ankommen. Das wird erzielt, indem im allgemeinen jede Nachricht vom Empfänger bestätigt werden muß (Abb. 130):

Nachrichtenbestätigung   (acknowledgement).

Beide Steuerungsschichten befassen sich mit dem Abgang bzw. der Ankunft von Nachrichten bei den Endknoten, sie lassen die eigentliche Datenübertragung durch das Netzwerk unberücksichtigt.

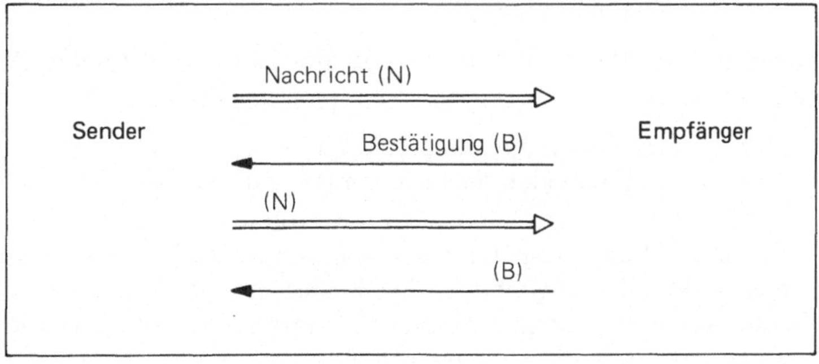

Abb. 130. Nachrichtenbestätigung

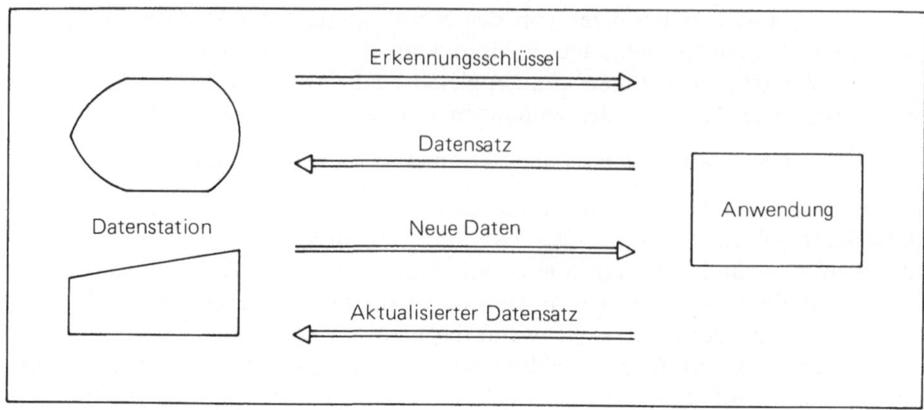

Abb. 131. Beispiel einer Transaktion (Datensatz-Aktualisierung)

Die

Sitzungssteuerung   (session control)

bewirkt einmal die Eröffnung bzw. Beendigung einer Sitzung, indem sie zwei Anwendungen bzw. Datenstationen miteinander verbindet und diese Verbindung bis zur gewünschten Beendigung aufrecht erhält. Dabei finden Berechtigungsprüfungen statt. Eine Anwendung oder eine Datenstation kann gleichzeitig an mehreren Sitzungen beteiligt sein. Aufgabe der Sitzungssteuerung ist es dann, zu gewährleisten, daß die Zuordnungen zu einer Sitzung eindeutig bleiben.

Dazu dient die Einführung von

Transaktionen   (transactions).

Sie bestehen aus einer Reihe von Nachrichten, die zwischen zwei Partnern ausgetauscht werden, in logischem Zusammenhang stehen und eine Arbeitseinheit darstellen wie z. B. die Aktualisierung eines Datensatzes (Abb. 131). Alle zu einer Transaktion gehörenden Nachrichten erscheinen an einer Datenstation (Bildschirm) zusammenhängend ohne Unterbrechung durch Nachrichten anderer Transaktionen, falls die Datenstation an mehreren Sitzungen beteiligt ist.

Der

Dialog   (dialog)

zwischen zwei Partnern kann in drei Betriebsarten erfolgen (Abb. 132, vgl. auch Abb. 118):

1. Nur in einer Richtung (Simplexbetrieb).
2. Abwechselnd in beiden Richtungen (Halbduplexbetrieb); in diesem Fall ist z. B. die Tastatur einer Datenstation während der Datenausgabe am Bildschirm derselben Station gesperrt. Der disziplinierte Richtungswechsel im Dialog erfolgt hier, indem der augenblickliche Sender in einer speziellen Nachricht – „Richtungswechsel" – dem Empfänger erlaubt, Sender zu werden. Damit werden Konkurrenzsituationen vermieden.
3. Simultan in beiden Richtungen unabhängig voneinander (Duplexbetrieb).

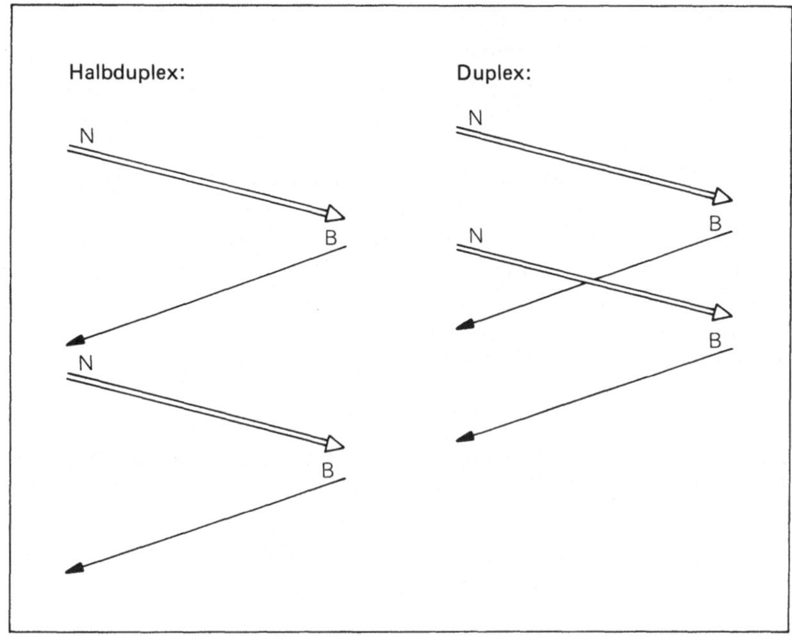

Abb. 132. Dialog von Nachrichten (N) und Bestätigungen (B) bei halbduplexer und duplexer Betriebsart

Die

Flußsteuerung   (flow control)

befaßt sich mit quantitativen Übertragungserfordernissen.

Zur Anpassung von Nachrichtengrößen an Puffergrößen beim Empfänger und auch um zeitliche Überlappung von Übertragung und Verarbeitung zu ermöglichen, können Nachrichten als

Nachrichtenketten   (message chains)

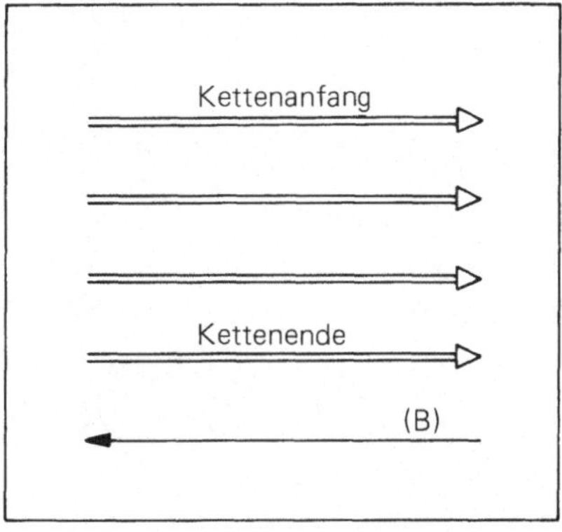

Abb. 133. Beispiel einer Nachrichtenkette mit einmaliger Bestätigung (B)

ausgetauscht werden. So mag z. B. eine zu druckende Seite nicht als ganzes sondern als Kette von „Zeilen"-Nachrichten übertragen werden. Die ersten Zeilen stehen dem Drucker schon zur Verfügung, während der Rest der Seite noch übertragen wird. Kennzeichnend für diese Einrichtung ist, daß die Bestätigung der erfolgreichen Übertragung nur am Ende einer Kette, also nicht für jede Zeile erfolgen muß, dieses vielmehr nur in Ausnahmesituationen (fehlerhafte Übertragung einer Zeile) geschieht, und so die Übertragung beschleunigt erfolgt (Abb. 133).

Weiterhin berücksichtigt die Flußsteuerung die Leistungsfähigkeit der Kommunikationspartner (verschieden schnelle oder belastete Prozessoren, Verzögerung bei Datenzugriffen usw.). Sie kontrolliert, daß Nachrichten nicht in größerer Zahl geschickt werden, als innerhalb eines Zeitabschnittes empfangen und verarbeitet werden können:

Nachrichtenmengendosierung   (pacing).

Der langsamere Empfänger fordert, sobald seine Datenpuffer frei werden, den Sender zur weiteren Übertragung von (n) Nachrichten auf (Abb. 134).

Wenn nicht jede Nachricht eine Bestätigung verlangt (Nachrichtenketten), können die Reihenfolge und der Verlust von Nachrichten dadurch festgestellt werden, daß beim Senden jede Nachricht mit einer

Folgenummer   (sequence number)

versehen wird, die beim Empfänger geprüft wird. Stimmt die Reihenfolge nicht, d. h., geht eine Nachricht verloren, so wird der Sender durch eine negative Bestätigung unter Angabe der Ausnahmebedingung (fehlende Folgenummer) benachrichtigt und zum erneuten Senden aufgefordert (Abb. 135). Nachrichten müssen daher beim Sender solange aufgehoben werden, bis ihr erfolgreiches

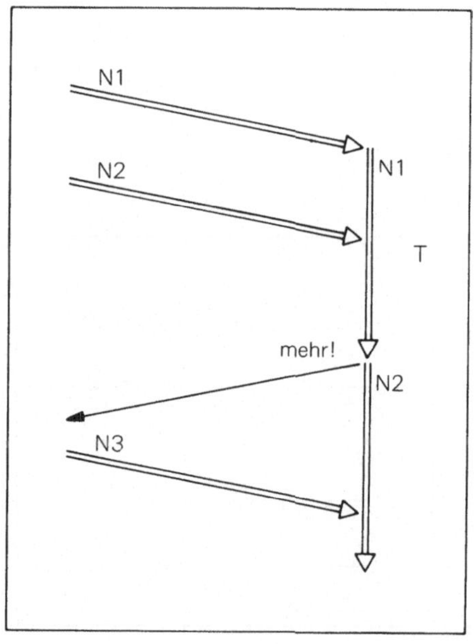

Abb. 134. Beispiel für Nachrichtenmengendosierung (Der Empfänger habe Speicherplatz für zwei Nachrichten; die Zeit zur Verarbeitung einer Nachricht sei *T*)

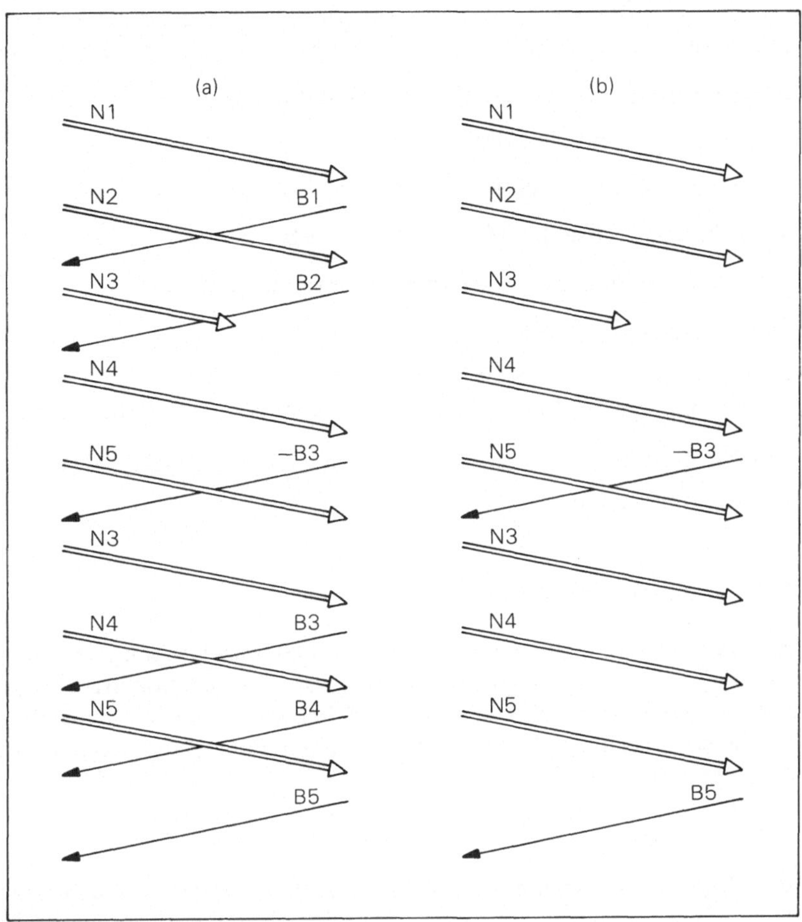

Abb. 135. Fehlersituation im Duplexbetrieb bei numerierten Nachrichten, umgekettet (a) und gekettet je fünf Nachrichten (b) (Nachricht N3 gehe z. B. verloren)

Erreichen des Zieles bestätigt worden ist. Dadurch, daß die Bestätigungen die Folgenummern der zu bestätigenden Nachrichten tragen, kann auch bei gleichzeitigem Verkehr in beiden Richtungen (Duplexbetrieb) eine eindeutige Zuordnung von Bestätigung und Nachricht erreicht werden und können Bestätigungen asynchron zu den Nachrichten erfolgen.

Die Nachrichtenbestätigung erfolgt im allgemeinen unbemerkt vom Benutzer. Treten jedoch fehlerhafte Übertragungen ein, die nicht automatisch – etwa durch nochmalige Übertragung – korrigiert werden können, so wird der Benutzer von solch einer

Ausnahmebedingung   (exception condition)

benachrichtigt und hat die Möglichkeit, die Übertragung abzubrechen, einen Knoten stillzulegen oder die Sitzung zu beenden.

Den geschilderten Funktionen entsprechen in den Vorsätzen der Nachrichten Indikatoren, welche die Nachrichten charakterisieren und den Dialog steuern:

- Identifikation als Nachricht oder Bestätigung,

- Ursprungs- und Zieladresse,

- Anfang bzw. Ende einer Transaktion,

- Richtungswechsel bei Halbduplex-Betrieb,

- Anfang, Mitte, bzw. Ende einer Nachrichtenkette,

- Bestätigungsersuchen,

- Bei Nachricht: Frage, ob, oder
  bei Bestätigung: Aufforderung, daß mehr gesendet werden kann,

- Folgenummer,

- Fehlerindikation.

7.4.4 Transport über Netzwerke

Während im vorhergehenden Kapitel die Datenübertragung zwischen zwei kommunizierenden Partnern (Anwendungen bzw. Datenstationen) erörtert wurde, soll nun die Übertragung über das Netzwerk betrachtet werden. Dazu dienen die zwei nächsten Steuerungsschichten, die in allen Knoten, also auch Zwischenknoten vertreten sind.
Die

Wegsteuerung   (path/network control),

auch Netzwerksteuerung genannt, bestimmt den Weg der Nachrichten zwischen den Endknoten durch das Netzwerk und sucht dabei geeignete Zwischenknoten aus. Die Zwischenknoten haben Pufferspeicher, in denen sie Nachrichten zwischenspeichern können, um sie dann weiterzugeben:

Speichervermittlung   (store and forward operation).

Zur Vermeidung von Pufferüberläufen, zur Verminderung der Informationsmengen bei nochmaliger Übertragung im Fehlerfalle sowie um Übertragungen zu überlappen (erster Teil einer Nachricht verläßt bereits Knoten, während der Rest noch ankommt), führt man eine

Segmentierung   (segmentation)

zu langer Nachrichten auf die Standardübertragungsgröße eines „Pakets" ein (Abb. 136).
Um andererseits kurze Nachrichten zu vermeiden, die nur eines großen Vorsatzaufwandes bedürfen, setzt man kurze Nachrichten, die alle den gleichen benachbarten Knoten als dasselbe nächste Ziel haben, zu „Paketen" zusammen (Abb. 137):

Blockung   (blocking).

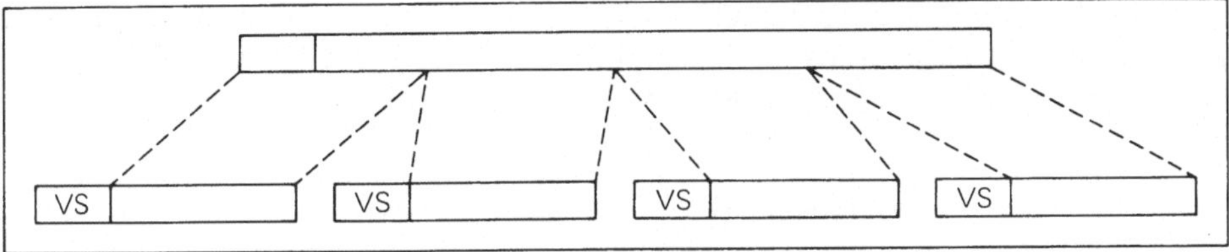

Abb. 136. Segmentierung einer Nachricht in vier Pakete und Ausstattung mit Vorsätzen

Auf diese Weise entsteht eine

Paketvermittlung   (packet switching).

Sie ermöglicht, daß Knotenverbindungen von verschiedenen Sitzungen „gleichzeitig" benutzt und somit besser ausgenutzt werden. In jedem Knoten werden Pakete aufgelöst und neu gebildet. Bei der Blockung ist jedoch zu beachten, daß zu große Blöcke sich insofern ungünstig auswirken können, als zu lange Zeit verstreichen kann, bis ein Paket „aufgefüllt" ist. Die optimale Blocklänge wird mitbestimmt durch die Fehlerhäufigkeit (siehe Kap. 9.3).

Der zugefügte Nachrichten-Vorsatz identifiziert:

- bei Segmenten: das erste/mittlere/letzte Segment,

- die Richtung der Übertragung (Primär-/Sekundärknoten),

- Bytezähler zum Auffinden der nächsten Nachricht im Paket.

Die

Verbindungssteuerung   (link control)

stellt die Verbindung zwischen benachbarten Knoten her und besorgt die schnelle und korrekte Übertragung zwischen ihnen.

Für Halbduplexleitungen wird hier der

Aufrufbetrieb   (polling/selection mode)

zwischen Primär- und Sekundärknoten durchgeführt.

Der Verlust von Nachrichten wird durch

Folgenumerierung   (sequencing)

vermieden, die in dieser Schicht absolut erforderlich ist, so daß die erfolgreiche Übertragung von Nachrichten auch im asynchronen Duplexbetrieb der simultanen Übertragung in beiden Richtungen leicht bestätigt werden kann.

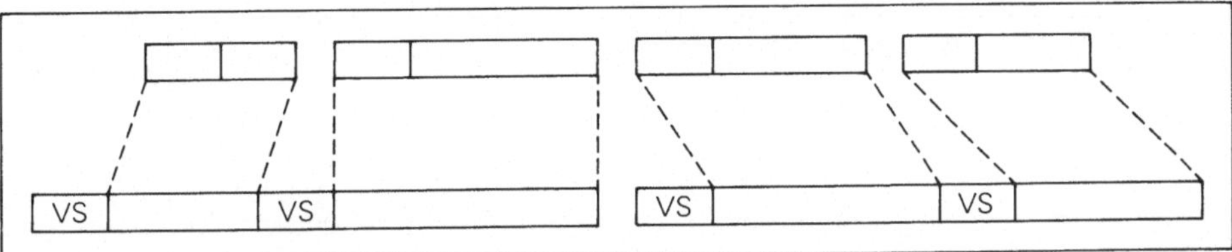

Abb. 137. Blockung von Nachrichten und Ausstattung mit Vorsätzen

Aufrufbetrieb und Folgenumerierung, eng gekoppelt mit Nachrichtenübertragung und -bestätigung, erlauben eine effektive kontinuierliche Kommunikation auf der Verbindung. Das Format sieht dabei vor, in einem Steuerfeld einer Nachricht gleichzeitig folgendes anzugeben:

- Nachrichtenbestätigung zusammen mit einer Nachricht,

- Nachrichtenabruf von Sekundärknoten,

- Angabe, ob letzte Nachricht oder ob weitere vom Sekundärknoten kommen,

- Folgenummer der Nachricht,

- Folgenummer einer damit bestätigten Nachricht aus der Gegenrichtung.

Konsequente Folgenumerierung und Bestätigungsvorschriften haben große Bedeutung, da die Fehlerrate bei der Übertragung erfahrungsgemäß relativ hoch ist, so daß gründliche Fehlererkennungs- und -behebungstechniken entweder durch Korrektur auf Grund von Redundanz oder aber durch Wiederübertragung unbedingt erforderlich sind. Auch hier muß ein Nachrichtenpaket solange aufgehoben werden, bis sein erfolgreicher Empfang bestätigt worden ist (siehe auch Kap. 9.3).

Das Format einer Nachricht,

Datenübertragungsblock   (data transmission block/frame)

genannt, besteht aus (Abb. 138):

- einer eindeutigen Blockbegrenzung am Anfang und am Ende,

- einer Adresse des Sekundärknotens, der bei Mehrpunktbetrieb den Block empfängt oder sendet,

- einem Steuerfeld, das die bereits weiter oben aufgeführten Indikatoren enthält,

- der eigentlichen Information und

- einem Blockprüfungsfeld zur Entdeckung von Fehlern in der Bitfolge des Blockes zwischen den Begrenzungen.

Durch

Synchronisation   (synchronisation)

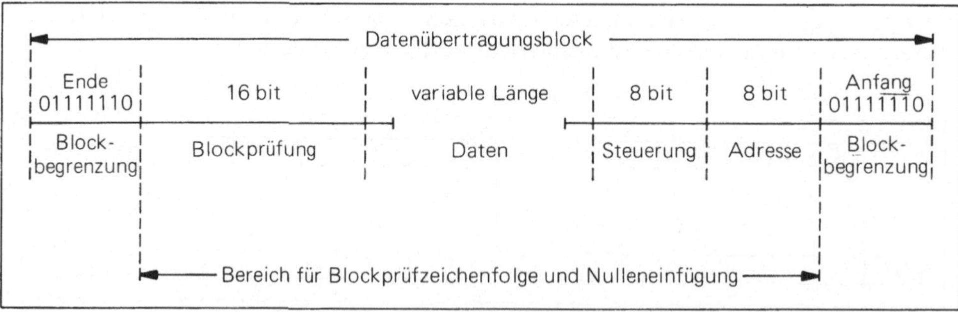

Abb. 138. Datenübertragungsblock

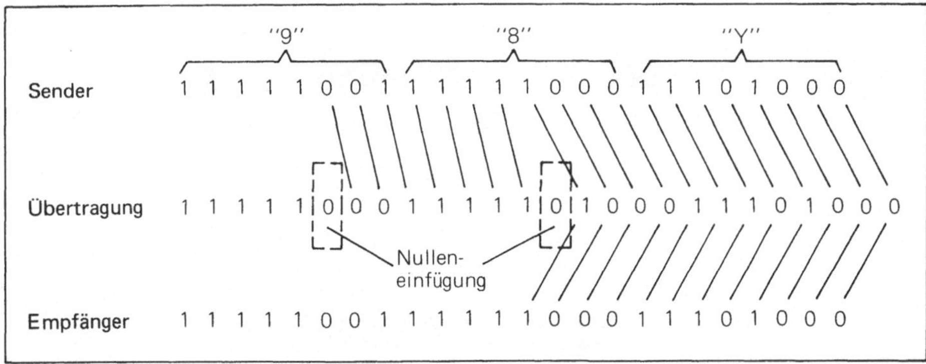

Abb. 139. Beispiel zur Nulleneinfügung

wird sichergestellt, daß der empfangende Knoten erkennt, was ihm zugesendet wird. Dazu muß er in Gleichschritt mit dem Sender gebracht und gehalten werden. Ersteres bewirkt die eindeutige Blockbegrenzung mit der Bitfolge: 0111 1110.
Alle Knoten warten kontinuierlich auf diese Folge, die den Anfang wie auch das Ende eines Übertragungsblockes signalisiert. Die Eindeutigkeit dieser Begrenzungsbytes wird dadurch gewährleistet, daß innerhalb des Blockes nie sechs „Eins"-Bits hintereinander folgen. Das wird durch die

Nulleneinfügung   (zero insertion)

erreicht, auch Bitfolgeunabhängigkeit genannt. Dazu wird beim Bau eines Blockes jeweils nach fünf aufeinanderfolgenden „Eins"-Bits eine Null eingefügt, die beim Empfang wieder eliminiert wird (Abb. 139).
   Die Synchronisation wird aufrechterhalten, indem der Empfänger auf den Wechsel zwischen „Null"- und „Eins"-Zuständen achtet (Abb. 140) Bei längerem Beibehalten eines Zustandes könnte er allerdings außer Gleichschritt geraten. Da jedoch mehr als fünf „Eins"-Bits nicht vorkommen können (außer bei der Blockbegrenzung), müssen nun lediglich lange „Null"-Bitfolgen vermieden werden. Dazu führt man die sog.

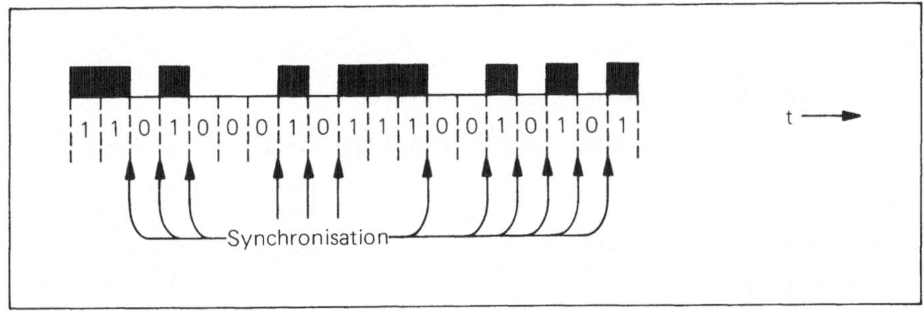

Abb. 140. Synchronisation

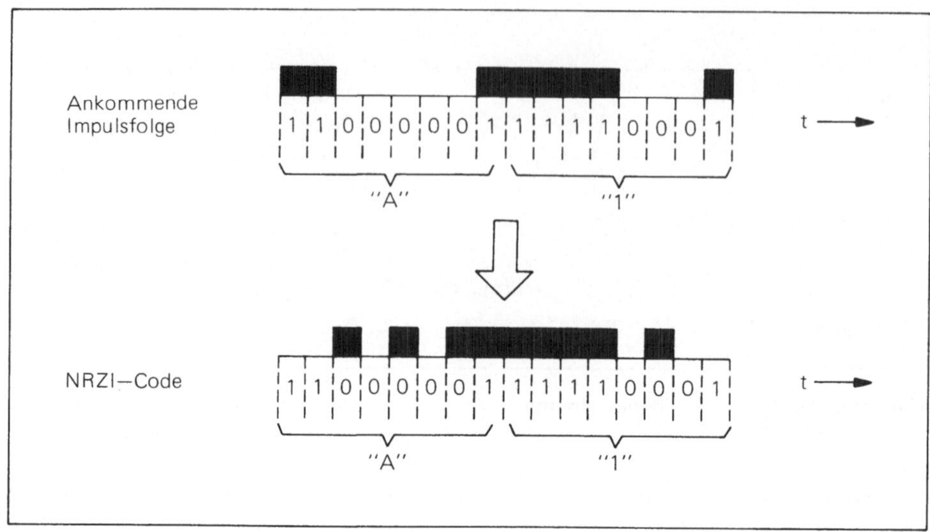

Abb. 141. Beispiel zur NRZI-Codierung

> ***NRZI-Codierung***   (Non-Return-to-Zero Inverted recording)

ein, bei der die „Null" als Zustandswechsel, die „Eins" als Zustandsfortsetzung codiert wird (Abb. 141).

7.4.5 Übertragungstechniken

Die physikalische Übertragung von Nachrichten kann digital oder analog erfolgen. Bei der

> ***digitalen Übertragung***   (digital transmission)

werden die „Eins"- bzw. „Null"-Zustände in Form von Impulsen oder Potentialen direkt übertragen. Die

> ***analoge Übertragung***   (analog transmission)

verwendet

> ***Modulationsverfahren***   (modulation techniques),

um mit der digitalen Information sinusförmige Trägerwellen zu „modulieren". Man kann unterscheiden zwischen Amplituden-, Frequenz- und Phasenmodulation. Geräte, die einer sinusförmigen Welle digitale Information aufprägen bzw. wieder entnehmen (Abb. 142), heißen

> ***Modems***

(zusammengesetzt aus Modulator/Demodulator).

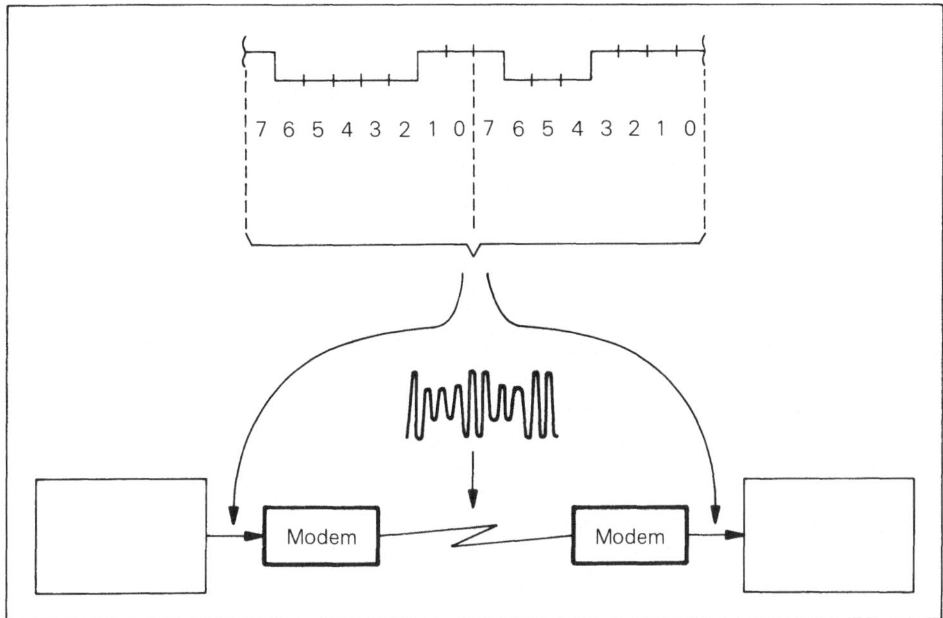

Abb. 142. Modulation digitaler Information

Ein Hauptproblem bei der Übertragung ist die Tatsache, daß Signale auf ihrem Weg über die Leitungen geschwächt, verzerrt und durch Rauschen gestört werden. Es bedarf daher in bestimmten Abständen besonderer Einrichtungen zur Verstärkung bzw. Regeneration der Signale, um diesen Effekten entgegenzuwirken.

Der Vorteil digitaler Übertragung besteht darin, daß sich die Signale durch

Regeneratoren (regenerators)

in bestimmten Abständen vollständig regenerieren lassen, was ihnen ihre ursprüngliche Form wiedergibt und somit Rauscheffekte eliminiert, sofern diese nicht gewisse Größenwerte überschritten und damit Signale verfälscht haben. Solche Fehler können dann nur durch entsprechende Fehlererkennungsverfahren erfaßt und beseitigt werden (siehe Kap. 9.3).

Die Unmöglichkeit des vollständigen Aufhebens obiger Störeffekte macht daher in den verschiedenen Funktionsschichten der Netzwerkarchitektur umfangreiche Fehlerkennungs- und -behebungsvorkehrungen erforderlich, die sich in den komplexen Protokollen niederschlagen.

Erlaubt eine Leitung eine höhere Datenrate, als ihr für eine bestimmte Datenübertragung abverlangt wird, so können durch

Multiplexverfahren (multiplexing)

mehrere Übertragungen simultan erfolgen. Solche Multiplexverfahren teilen entweder die Zeit in gleiche Abschnitte, die an die verschiedenen Benutzer verteilt werden (Abb. 143), oder ermöglichen gleichzeitige Übertragung in mehreren Frequenzbändern (Abb. 144).

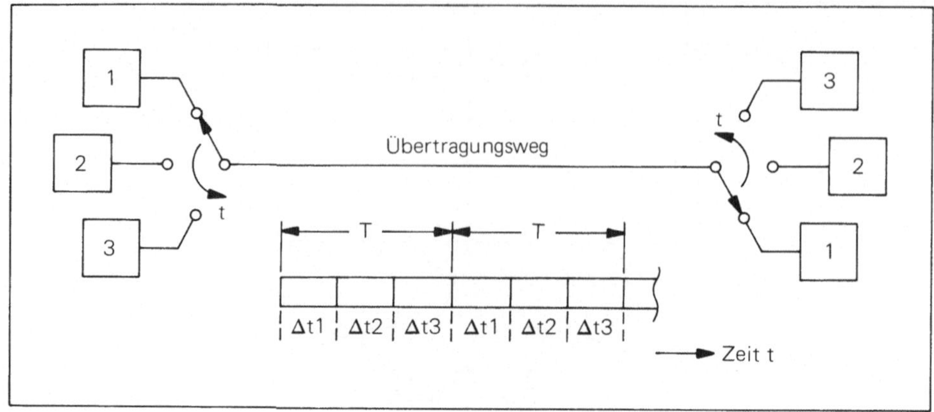

Abb. 143. Zeit-Multiplexverfahren

Als Übertragungsmedien kommen in Frage:
Drahtgebundene Übertragungswege, im wesentlichen

Kabel   (cables),

bestehend aus einer Vielzahl verdrillter Doppeladern,

Koaxialkabel   (coaxial cables)

oder drahtlose Übertragungswege mittels

Mikrowellen   (micro waves).

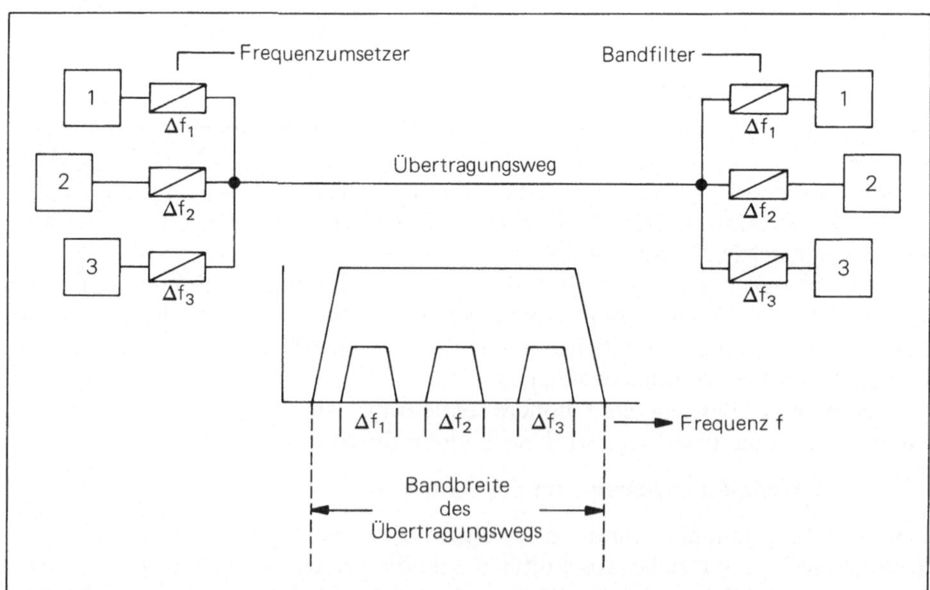

Abb. 144. Frequenz-Multiplexverfahren

In letzter Zeit haben

Nachrichtensatelliten   (satellites)

eine immer größere Bedeutung bei mittleren und größeren Entfernungen und besonders in unerschlossenen Gebieten erlangt. Sie erreichen jeden Punkt auf der Erdoberfläche, der in ihrem „Blickfeld" liegt und stellen typische Mehrpunktverbindungen zu den Bodenstationen dar. Allerdings muß wegen der großen Entfernung zwischen Erde und geostationärem Satellit (etwa 36 000 km) mit einer Übertragungsverzögerung von etwa 0,6 sec gerechnet werden, die jedoch durch wegfallende Verzögerungszeiten eines irdischen Übertragungsnetzes (z. B. Warte- und Bearbeitungszeiten in Zwischenknoten) wettgemacht werden mag. Außerdem erlaubt die hohe Qualität dieses Übertragungsmediums längere Blöcke bei einer reduzierten Zahl von Übertragungswiederholungen.

Neuerdings beginnt optische Übertragung über

Glasfasern   (optical fibers)

eine Rolle zu spielen. Es sind dies haardünne Fäden dielektrischen, anorganischen Glases, das von Material geringerer Brechzahl umgeben ist und durch welches das Licht wie elektromagnetische Wellen in einem Hohlleiter wandert. Dieses Medium zeichnet sich durch geringe Verluste, niedrige Kosten und sehr hohe Übertragungsraten aus und kann für kleine und große Entfernungen Verwendung finden. Dabei werden Daten mit bis zu 10 Gbit/sec durch eine Lichtemitter-Laserdiode auf kohärentes Infrarotlicht moduliert und durch eine Photodiode empfangen (Abb. 145).

Datenübertragungsnetze können speziell dafür eingerichtete digitale Datennetze sein. Es kann aber auch das analoge, öffentliche

Wählnetz   (dial-up network)

(Fernsprechnetz) dafür dienen, indem es Stand- oder Wählleitungen zur Verfügung stellt, die über Modems erschlossen werden. Eine spezielle Möglichkeit beim

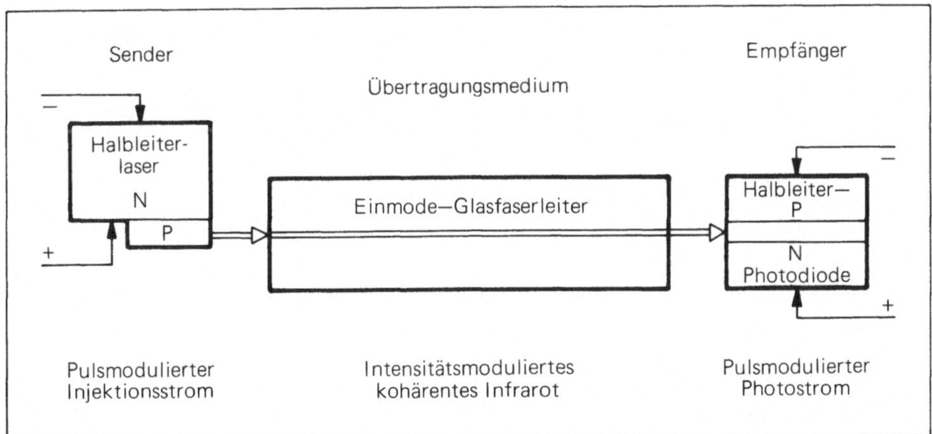

Abb. 145. Übertragung mittels Glasfasern

Fernsprechnetz ist die kurzzeitige Aufschaltung mittels eines

akustischen Kopplers   (acoustic couplers).

Die Kopplung erfolgt über den Handapparat eines Fernsprechers mittels akustischer Schwingungen.

Teil III: Erweiterungen und Ergänzungen

8. Hochleistungs-Systeme
9. Systemzuverlässigkeit
10. Systementwicklung und -organisation

8. Hochleistungs-Systeme

8.1 Leistungsbetrachtungen

Wie bei jedem technischen System spielen auch bei Datenverarbeitungsanlagen die

Leistung (performance)

und insbesondere das Preis/Leistungs-Verhältnis eine wichtige Rolle. Dabei muß man unterscheiden zwischen der tatsächlichen, im Betrieb erbrachten Leistung und der

Leistungsfähigkeit (capability),

also der möglichen Maximalleistung eines Systems bzw. seiner Bestandteile. Durch Anwendung modernster, preis/leistungs-steigernder Technologien sowie durch Strukturverbesserungen ist man stets bemüht, die Leistungsfähigkeit der einzelnen Komponenten und damit des Gesamtsystems zu erhöhen.

8.1.1 Leistungskriterien

Die Leistung eines so komplexen Systems, wie es eine Datenverarbeitungsanlage darstellt, läßt sich nicht durch eine einfache Maßzahl ausdrücken. Verschiedene Gesichtspunkte spielen eine Rolle. Somit bestimmt sich die Leistung auch nach verschiedenen Kriterien. Die wichtigsten dieser Leistungskriterien sind:

A) Der

Durchsatz (throughput)

eines Systems; er stellt die Informationsmenge dar, die vom System in der Zeiteinheit verarbeitet wird. In der Praxis wird er ausgedrückt durch die Anzahl von Anwendungen bzw. Transaktionen je Zeiteinheit.

B) Die

Ausführungszeit bzw. Antwortzeit (elapsed/response time)

einer Arbeitseinheit; das ist die Zeit von der Eingabe einer Information ins System bis zum Erscheinen der entsprechenden Ausgabe. Der Begriff Ausführungszeit wird im Stapelbetrieb verwendet und meint die Dauer, die ein ganzer Auftrag von Dateneingabe – genauer Programmaufruf – bis Ergebnisausgabe –

Ergänzende und weiterführende Literatur: [20, 21, 23, 24, 27, 40, 48, 53, 66, 74]

genauer Programmbeendigung – im System verbringt (Abb. 146). Berücksichtigt man auch noch die Zeit, die ein Auftrag warten muß, bis er zur Ausführung bzw. Auslieferung kommt (incl. Spulzeiten – vgl. Kap. 8.2.3), so spricht man von Verweilzeit (turnaround time). Antwortzeit bezieht sich auf die Dauer einer einzelnen Transaktion im Dialogbetrieb, also z. B. die Zeit zwischen Nachfrage und Beantwortung eines Einzelvorganges (Abb. 147). Sie entspricht der Reaktionszeit im Realzeitbetrieb. An ein System werden beim Einsatz bestimmte

Leistungsanforderungen   (performance requirements)

gestellt:

Einmal liegt ein bestimmtes Arbeitsvolumen vor, das bewältigt werden muß. Ihm sollte der Durchsatz des Systems entsprechen. Ist die Anlage zu „langsam", so schafft sie das Arbeitsvolumen nicht; ist sie zu „schnell", so ist sie nicht voll ausgelastet.

Zum anderen haben die Benutzer bestimmte Anforderungen bezüglich des Zeitpunktes der Bereitstellung von Verarbeitungsergebnissen. Sie hängen von der Art der Anwendung ab. So ist im allgemeinen für einen Auftrag im Stapelbetrieb eine Ausführungszeit von mehreren Stunden akzeptabel, während die Antwortzei-

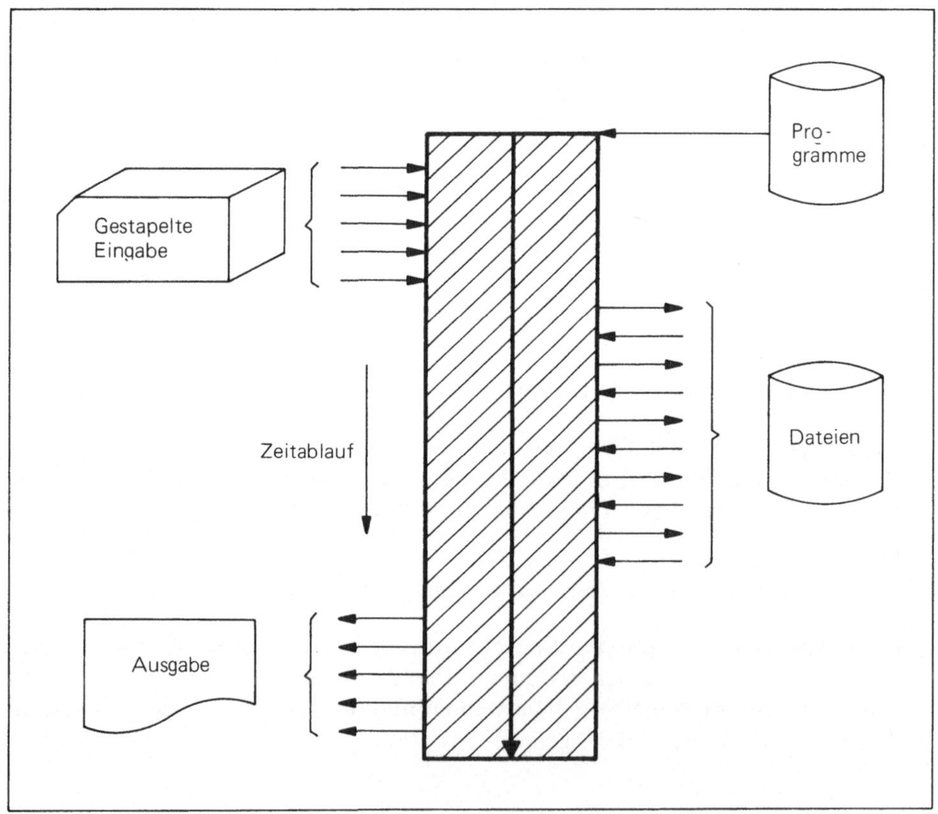

Abb. 146. Ausführrungszeit eines Auftrags im Stapelbetrieb (vgl. Abb. 9)

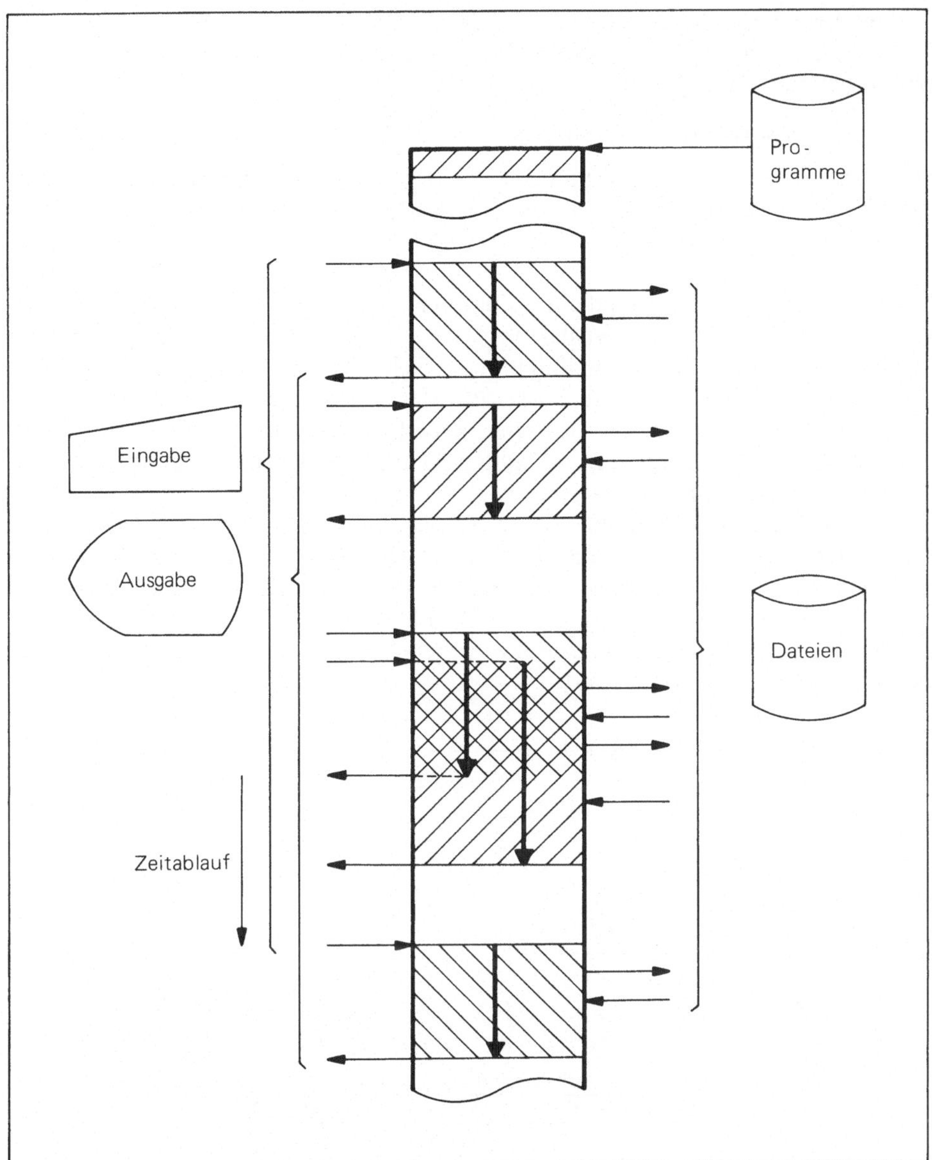

Abb. 147. Antwortzeiten für Transaktionen im Dialogbetrieb (vgl. Abb. 10)

ten für den Dialog am Bildschirm nur wenige Sekunden betragen dürfen. Realzeitanforderungen mögen diesen Wert noch weit unterschreiten.

Arbeitsvolumen und Antwortzeitanforderungen werden im allgemeinen nicht immer in Einklang stehen. D. h., ein System mag eine Antwortbereitschaft aufweisen müssen, die eine Leistungsfähigkeit voraussetzt, die ein viel größeres Arbeitsvolumen bewältigen könnte, als tatsächlich anfällt. Das System ist in diesem Fall nicht optimal ausgelastet.

Um diese Tatsache quantitativ zu erfassen und um überhaupt die tatsächliche Leistung in Relation zur Leistungsfähigkeit eines Systems oder seiner Teile zu setzen, definiert man den Begriff der

Auslastung   (utilisation).

Darunter versteht man das Verhältnis u von der Zeit T_B, die ein Systemteil während eines Zeitintervalls in Betrieb ist, zur Dauer T des Zeitintervalls:

$$u = T_B/T.$$

Ist z. B. der Prozessor während eines Zeitintervalls andauernd in Betrieb (nicht im Wartezustand), so ist seine Auslastung 100%. Dies stellt einen selten erreichten Idealfall dar, da auch im Optimalfall immer wieder auf Ein- bzw. Ausgabeoperationen gewartet werden muß. Eine Auslastung der Zentraleinheit von etwa 80% wird daher im allgemeinen bereits als gut betrachtet. Wesentlich geringere Werte bedeuten schlechte Auslastung und sollten Anlaß dazu geben, das System genauer zu analysieren, um es zu optimieren.

Andere wichtige Systemteile, deren Auslastung von Bedeutung ist, sind z. B. Kanäle, Leitungen, Ein- bzw. Ausgabegeräte. Hier liegen die optimalen Werte meist niedriger, da Ein- bzw. Ausgabeanforderungen im allgemeinen statistisch auftreten.

Erst gemessene Auslastungswerte (Abb. 148) geben Aufschluß darüber, ob ein System mit seinen Komponenten effektiv arbeitet und ob die einzelnen Komponenten aufeinander abgestimmt sind.

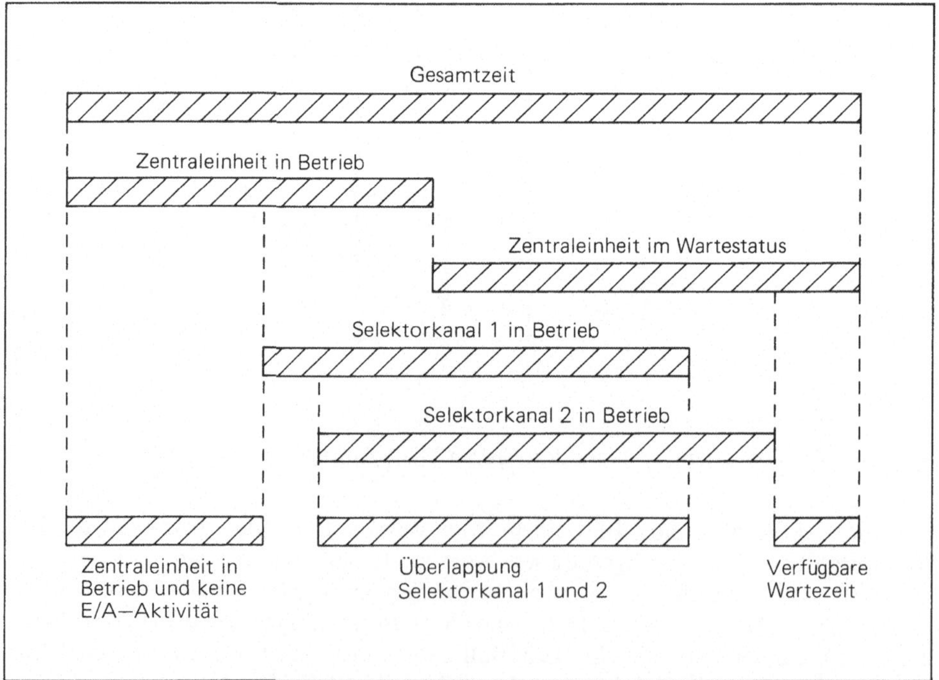

Abb. 148. Beispiel der Auslastung von Systemkomponenten

8.1.2 Leistungsparameter

Die Leistung eines Datenverarbeitungssystems wird einerseits von einer Reihe von Parametern der verschiedenen Systemkomponenten bestimmt und außerdem vom Zusammenspiel dieser Komponenten.

Leistungsparameter sind zuerst einmal die Schalt- und Zugriffszeiten der Schaltkreis- und Speichertechnologien, die heute extrem kurze Ausführungszeiten der Maschinenbefehle erlauben. Dabei wird die Leistungsfähigkeit eines Prozessors meist in

> ***Millionen Instruktionen pro Sekunde (MIPS)***
> (million instructions per second)

„gemessen". Natürlich spielt hier eine Rolle, was für Instruktionen (Befehle) dabei gemeint sind (siehe weiter unten).

Des weiteren sind die (mittleren)

> ***Zugriffszeiten***   (access times)

zu den Datenspeichern ausschlaggebend. Sie liegen im Bereich von Hundertstel Sekunden (vgl. Kap. 5.5.1).

Schließlich gehen

> ***Übertragungsgeschwindigkeiten***   (transmission speeds)

von Leitungen sowie die Leistungsfähigkeit von Ein- bzw. Ausgabegeräten (z. B. Druckergeschwindigkeiten) als Leistungsparameter ein.

Ein Teil der Leistungsfähigkeit eines Systems wird nun von der Betriebssoftware (dem Betriebssystem) aufgebraucht und geht scheinbar als Systemaufwand (overhead) verloren. So laufen im Supervisor und in den Zugriffsmethoden z. B. Befehle ab, die nicht direkt in einer Anwendung enthalten sind. Desgleichen muß das System zusätzliche Zugriffe zu Datenspeichern unternehmen, sei es zu Programmbibliotheken oder zu Datenindizes, die in den Anwendungen selbst nicht vorgesehen sind, aber implizit gebraucht werden. Diese Betriebssoftware macht ein System jedoch überhaupt erst betriebsfähig. Ihr Aufwand hängt dabei von der funktionellen Ausrüstung des Prozessors ab.

Leistungsparameter sind somit für ein System zwar wichtige Bestimmungsgrößen bei der quantitativen Erfassung seiner Leistungsfähigkeit; sie können jedoch – da systemspezifisch – beim Vergleich zwischen verschiedenen Systemen nicht direkt herangezogen werden. Hierzu können nur Leistungskriterien wie Durchsatz und Antwortzeiten dienen.

Zur praktischen Bestimmung der Leistung verwendet man sog.

> ***Anwendungsprofile***   (application profiles).

Das sind Beschreibungen typischer Anwendungsprogramme und ihrer Daten mit Aussagen über Anzahl von Transaktionen pro Zeiteinheit, Anzahl der dabei durchzuführenden Programmanweisungen (in einer höheren Programmiersprache), Anzahl der dabei anfallenden Datenzugriffe bzw. Nachrichtenübertragungen und der übertragenen Bytes.

Basierend auf einer so definierten Arbeitslast können die Leistungskriterien wie Durchsatz, Ausführungs- bzw. Antwortzeiten eines Systems ermittelt werden. Zur Analyse seines Verhaltens dienen die verschiedenen Auslastungswerte seiner Betriebsmittel, die Anzahl und Zusammensetzung der insgesamt durchgeführten Befehle und Ein- und Ausgabeoperationen.

Eine sich auf diese Werte stützende Leistungsanalyse wird

Engpässe (bottlenecks)

feststellen, also Betriebsmittel, die entweder zu langsam sind oder zu häufig benützt werden, so daß sie die Betriebsgeschwindigkeit begrenzen, den Betrieb gleichsam aufhalten. Ein ausgewogenes System sollte keinen ausgesprochenen Engpaß besitzen, es sollte also kein Teil des Systems immer wieder auf *einen* bestimmten, leistungsbegrenzenden Teil warten müssen. Da dies aber von den Anwendungen abhängt, und diese über die Zeit betrachtet kein konstantes Profil aufweisen, gibt es ein ausgewogenes System höchstens näherungsweise.

Ein Betriebsmittel bildet einen Engpaß, wenn es von mehreren Anwendungen gleichzeitig, d. h. parallel zueinander beansprucht wird, sie aber nur nacheinander, d. h. seriell bedienen kann. Die gleichzeitige Anforderung eines solchen Betriebsmittels wird dann durch eine sog.

Warteschlange (queue)

gesteuert (Abb. 149). Sie sammelt alle Anforderungen, die auf Zuteilung des Betriebsmittels warten. Dadurch kommt zu der Verarbeitungszeit T_V des Betriebsmittels noch eine Wartezeit T_W. Diese hängt von der Größe der Nachfrage an das Betriebsmittel ab, so daß sich die Antwortzeit T_A, das ist die um die Wartezeit T_W verlängerte Verarbeitungszeit T_V, bei starker Auslastung u beträchtlich erhöhen kann.

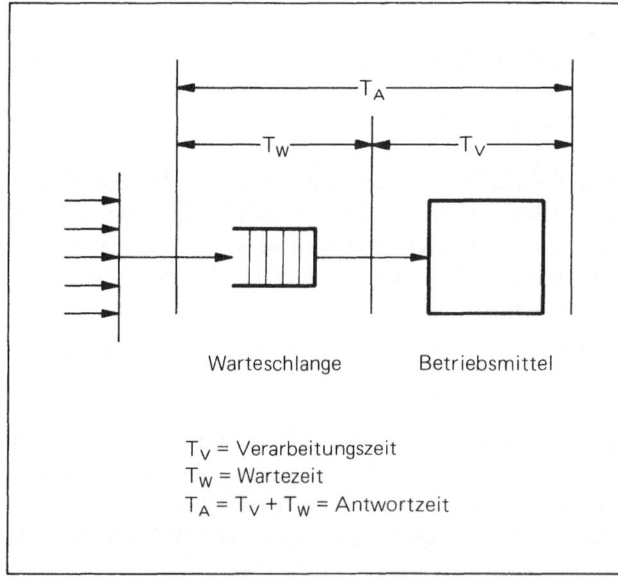

Abb. 149. Warteschlange

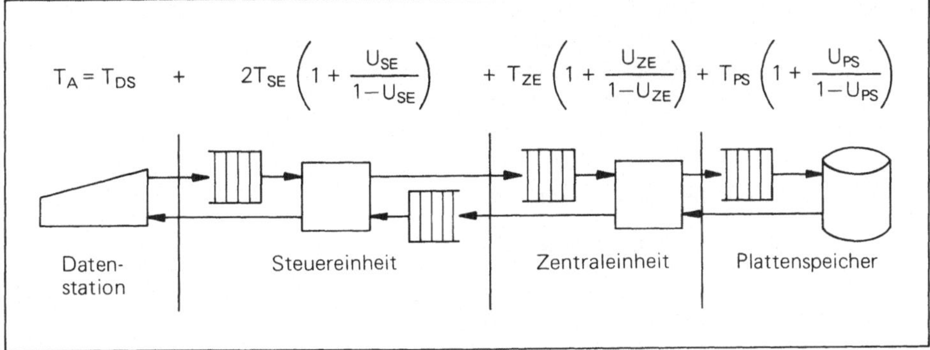

Abb. 150. Auswirkung von Warteschlangen auf Antwortzeiten

Bei Annahme einer POISSON-Zufallsverteilung für die Zeitabstände zwischen voneinander unabhängigen Betriebsmittelanforderungen und exponentieller Verarbeitungszeitverteilung gilt z. B. im Mittel für die Antwortzeit (siehe z. B.: STONE, Kap. 11–3):

$$T_A = T_V + T_W = T_V + T_V \cdot u/(1-u) = T_V/(1-u).$$

Die Antwortzeit für eine Nachfragetransaktion setzt sich so z. B. aus mehreren Warte- und Verarbeitungszeiten zusammen (Abb. 150).

8.1.3 Leistungssteigernde Techniken

Techniken zur Leistungssteigerung gibt es auf verschiedenen Ebenen (Abb. 151).

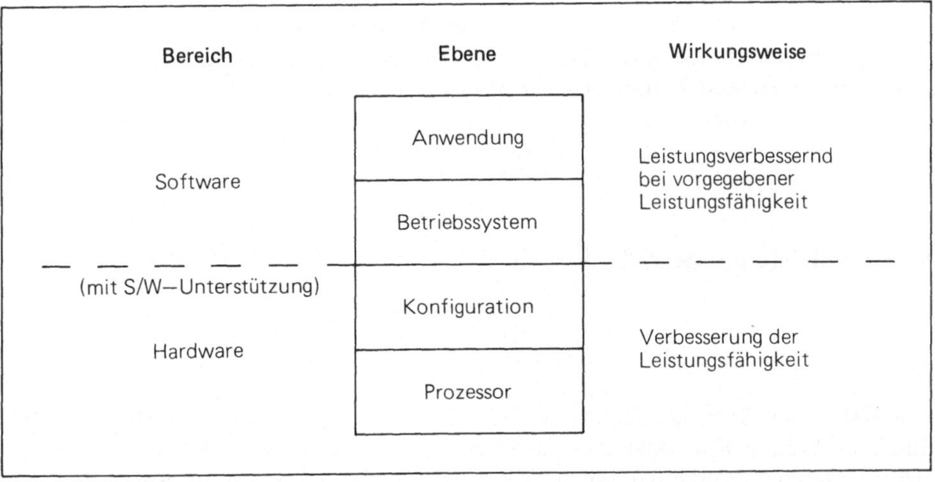

Abb. 151. Klassifizierung leistungssteigernder Techniken

Im Softwarebereich kann bei vorgegebener Leistungsfähigkeit die effektive Leistung erhöht werden, indem man für bessere Auslastung der relevanten Betriebsmittel sorgt und damit größeren Durchsatz, kürzere Antwort- bzw. Ausführungszeiten erzielt. Im Hardwarebereich kann neben Änderung von Leistungsparametern durch Veränderung der Systemorganisation die Leistungsfähigkeit des Systems erhöht werden.

Die meisten Verfahren versuchen durch

Parallelisierung serieller Prozesse

die Verarbeitung zu beschleunigen. Das wird erreicht, indem entweder stark gefragte Betriebsmittel vervielfacht werden (raummultiplex, z. B. Mehrprozessorbetrieb), oder bei geringer Auslastung ihre Benutzung verschiedenen Benutzern scheinbar gleichzeitig, d. h. nacheinander in schnellem Wechsel, ermöglicht wird (zeitmultiplex, z. B. Mehrprogrammbetrieb). Im folgenden soll dies ausführlich erörtert werden.

Andere Techniken, wie Speicherhierarchien, das Verschieben von funktionellen Übergängen (z. B. Verlagerung von Softwarefunktionen ins schnellere Mikroprogramm) oder technologische Verbesserungen wurden teilweise schon an anderer Stelle erörtert (vgl. Kap. 5.5). So kann die Leistungsfähigkeit einer Zentraleinheit z. B. durch Vergrößerung des Pufferspeichers gesteigert werden, da das eine größere Trefferrate für die Adreßreferenzen im Pufferspeicher bewirkt und somit den Beitrag der Hauptspeicherzugriffszeit zur mittleren Befehlsdauer vermindert (siehe Kap. 5.6).

Auf der Ebene der Anwendungen schließlich gilt es, alle so geschaffenen Möglichkeiten auszuschöpfen. Die Maßnahmen sind hier anwendungsspezifisch und fallen unter drei Gruppen:

1. Konfigurationsanpassung, d. h. Auswahl einer geeigneten Hardware- und Softwarekonfiguration mit passenden Komponenten.
2. Systemauslegung, d. h. geeignete Verteilung von Bibliotheken und Dateien auf Datenspeichern zur Optimierung der Anzahl der Zugriffe und der Zugriffszeiten. Das schließt auch die Positionierung von Datenindizes, ihre Tiefe und Breite ein.
3. Programmklassifizierung, d. h. Gruppierung der Anwendungen nach Prioritäten, um speziellen Zeitanforderungen bzw. dem Zeitverhalten der Programme gerecht zu werden.

8.2 Hochleistungs-Betriebssysteme

Hauptansatzpunkt zur Leistungssteigerung im Softwarebereich ist die sequentielle Verarbeitung, bei der ein Auftrag nach dem anderen durchgeführt wird und innerhalb eines Auftrags der Prozessor jeweils wartet, bis eine in der Befehlsfolge durchzuführende Ein- oder Ausgabeoperation abgeschlossen ist. Auf Grund der großen Geschwindigkeitsunterschiede zwischen der zentralen Verarbeitung und dem peripheren Datenverkehr – insbesondere auch wegen Anlauf-, Such- und

Umdrehungszeiten – treten dabei offensichtlich Wartezeiten im Prozessor auf, die zu geringem Durchsatz und langen Antwortzeiten führen. Sie lassen sich durch eine Reihe von Maßnahmen verringern.

8.2.1 Ein- bzw. Ausgabe-Blockung

Früher (Kap. 5.3.2) wurde bereits auf

Blockungstechniken   (blocking techniques)

der Zugriffsmethoden eingegangen. Sie dienen nicht nur zur Anpassung an physikalische Speichergrößen, sondern bewirken bei sequentieller Verarbeitung eine besonders effektive Datenübertragung zwischen Hauptspeicher und Peripheriespeichern. Da bei n-fach Blockung nur jeder n-te Satz zu einer Ein- bzw. Ausgabeoperation führt, während n-1 Sätze immer schon im Speicher stehen (Eingabe) oder noch im Speicher bleiben (Ausgabe), kann das Programm n-1 Sätze zügig verarbeiten und wird nur bei jedem n-ten Satz durch Ein- bzw. Ausgabe aufgehalten. Auf diese Weise wird die Verarbeitung beschleunigt, da n-1 Wartezeiten wegfallen.

8.2.2 Ein- bzw. Ausgabe-Pufferung

Als weitere leistungssteigernde und vielfach angewandte Einrichtung können die Zugriffsmethoden eine

Pufferung   (buffering)

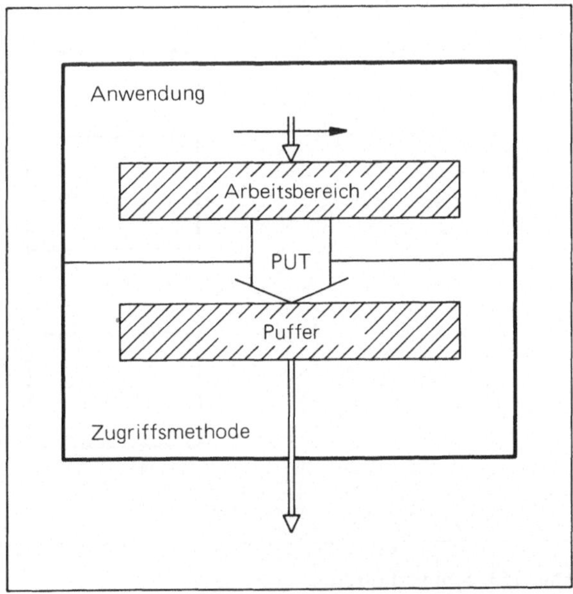

Abb. 152. Pufferung von Ausgabedaten

der Ein- bzw. Ausgabeoperationen vorsehen. Dazu werden extra Ein- bzw. Ausgabebereiche, sog. Puffer, bereitgestellt, in die bzw. aus denen Daten übertragen werden, während im Arbeitsbereich noch der vorhergehende Block verarbeitet oder bereits der nächste zusammengestellt wird (Abb. 152). So bewirkt man eine Überlappung von Verarbeitung und Ein- bzw. Ausgabe.

8.2.3 Spulverfahren

Spulverfahren   (spooling)

entkoppeln im Stapelbetrieb langsame Ein- und Ausgabeoperationen von der eigentlichen schnellen Verarbeitung, indem alle Eingabedaten vor Durchführung

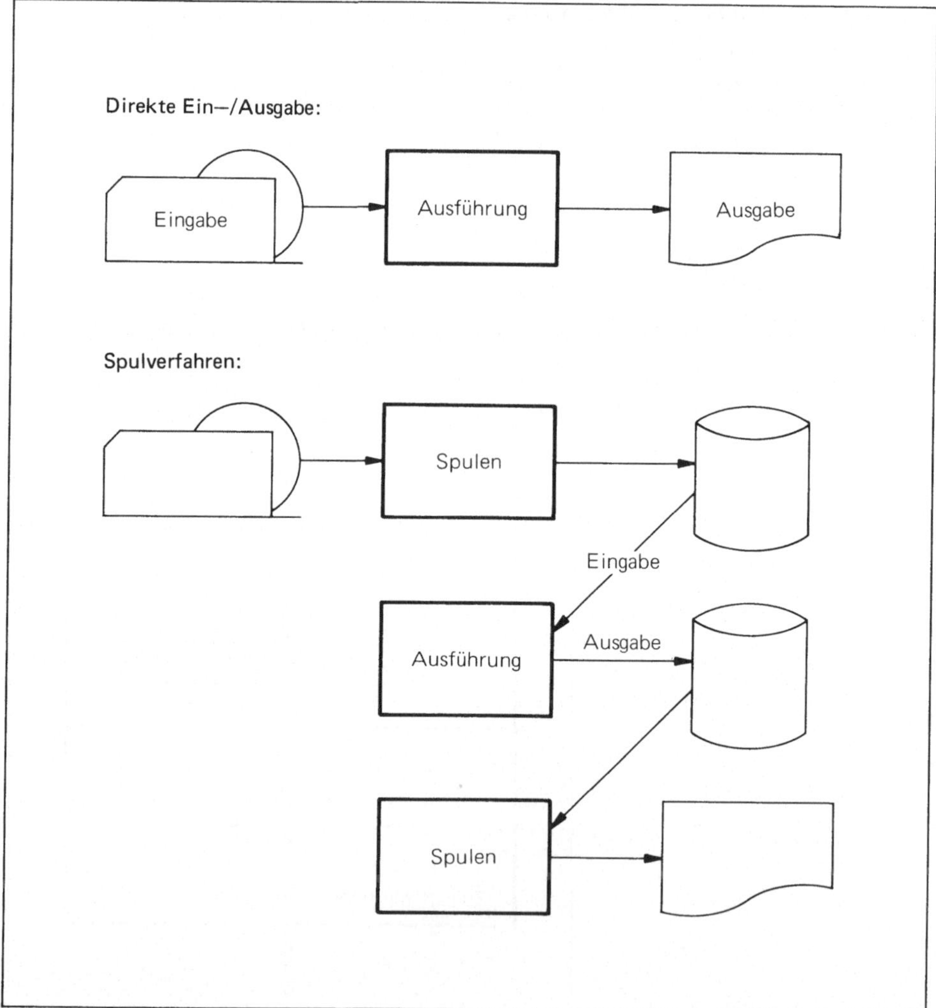

Abb. 153. Spulverfahren

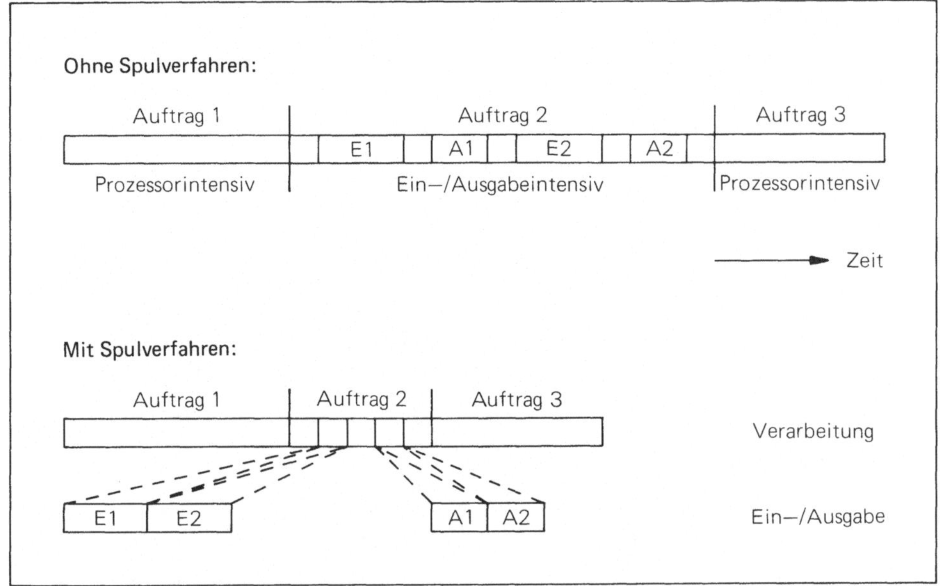

Abb. 154. Prozessorauslastung ohne und mit Spulverfahren

des Verarbeitungsprogramms auf einen Plattenspeicher gebracht, „aufgespult", werden, von wo sie bei Bedarf schnell abgerufen werden können. Desgleichen erfolgt die Ausgabe von der Zentraleinheit zunächst an den Plattenspeicher und erst anschließend unabhängig davon vom Plattenspeicher an die langsameren Ausgabegeräte (Abb. 153). Der Plattenspeicher wirkt hier als puffernder Geschwindigkeitsumsetzer.

Damit kann das eigentliche Programm viel schneller durchgeführt werden und hält den Prozessor nicht mehr so lange auf. Die Ein- bzw. Ausgabe erfolgt asynchron und kann vom Prozessor z. B. parallel zu einem prozessorintensiven Programm bedient werden, d. i. ein Programm, das kaum Ein- bzw. Ausgabe macht (Abb. 154). Das Spulverfahren selbst belastet den Prozessor nur geringfügig.

Insgesamt bewirkt ein Spulverfahren also eine bessere Auslastung des Prozessors sowie der Ein- bzw. Ausgabegeräte, die nun gleichmäßig angesprochen werden.

8.2.4 Mehrprogrammbetrieb

Das Betriebsmittel „Prozessorzeit" läßt sich noch besser ausnutzen im

Mehrprogrammbetrieb (multiprogramming mode),

d. h., wenn mehrere Verarbeitungsprogramme nebeneinander, gleichsam gleichzeitig laufen. Zu dem Zweck wird die Prozessorzeit entweder, sobald sie von einem Programm vorübergehend nicht mehr gebraucht wird, an ein anderes aufnahmebereites weitergegeben (Programmverzahnung) oder in gleichen Teilen (Zeitscheiben) der Reihe nach an alle Programme verteilt (Abb. 155). Letzteres Verfahren wird

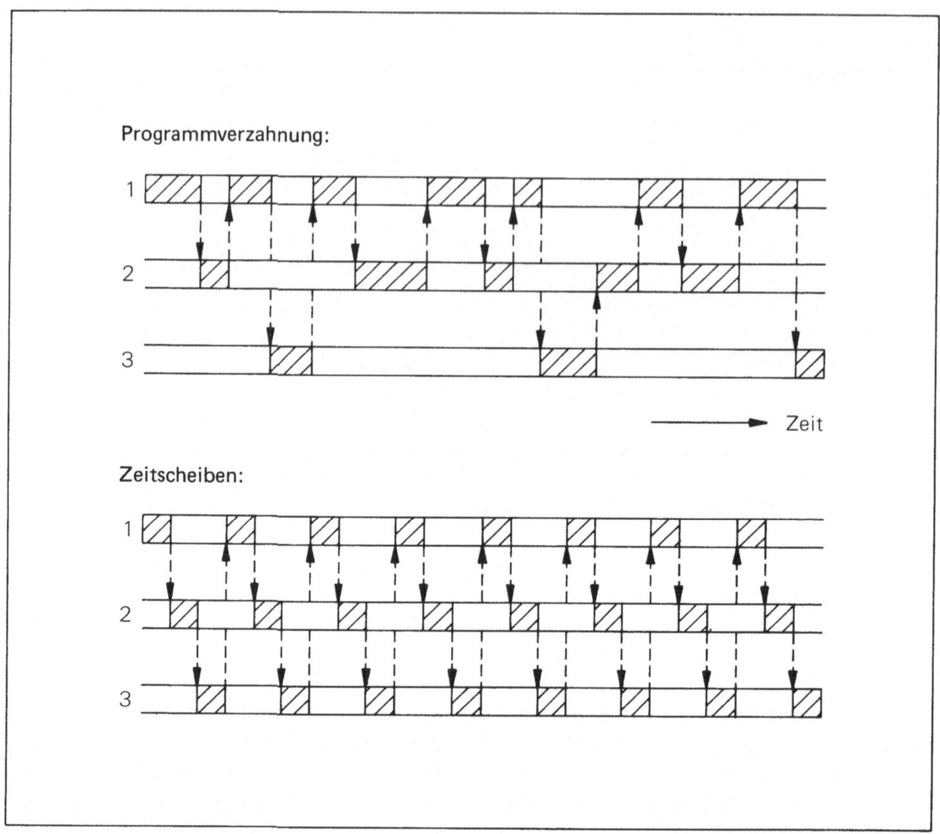

Abb. 155. Verteilung der Prozessorzeit im Mehrprogrammbetrieb: Programmverzahnung bzw. Zeitscheiben

insbesondere beim Dialogbetrieb angewandt, bei dem es darauf ankommt, kurze Antwortzeiten zu garantieren. Dabei darf man sich nicht darauf verlassen, daß ein Programm *irgendwann* den Prozessor freigibt.

In beiden Fällen übernimmt der Supervisor die Rolle des Verteilers für das Betriebsmittel „Prozessorzeit".

Beim

Programmverzahnungsverfahren

erhält der Supervisor die Kontrolle, sobald ein Programm in den Wartezustand übergeht, d. h. auf die Erledigung einer Ein- bzw. Ausgabeoperation wartet. Dann bestimmt der Supervisor, welches Programm als nächstes die Prozessorzeit zugeteilt bekommt (Abb. 156). Natürlich kommen nur solche Programme in Frage, die sich nicht selbst im Wartezustand befinden. Von den zur Verfügung stehenden wählt dann der Supervisor im allgemeinen das mit der höchsten Priorität aus und übergibt es dem Prozessor zur weiteren Durchführung.

Dazu haben alle Programme bei der Aufnahme als Auftrag ins System ein Attribut zugewiesen bekommen, das ihrer

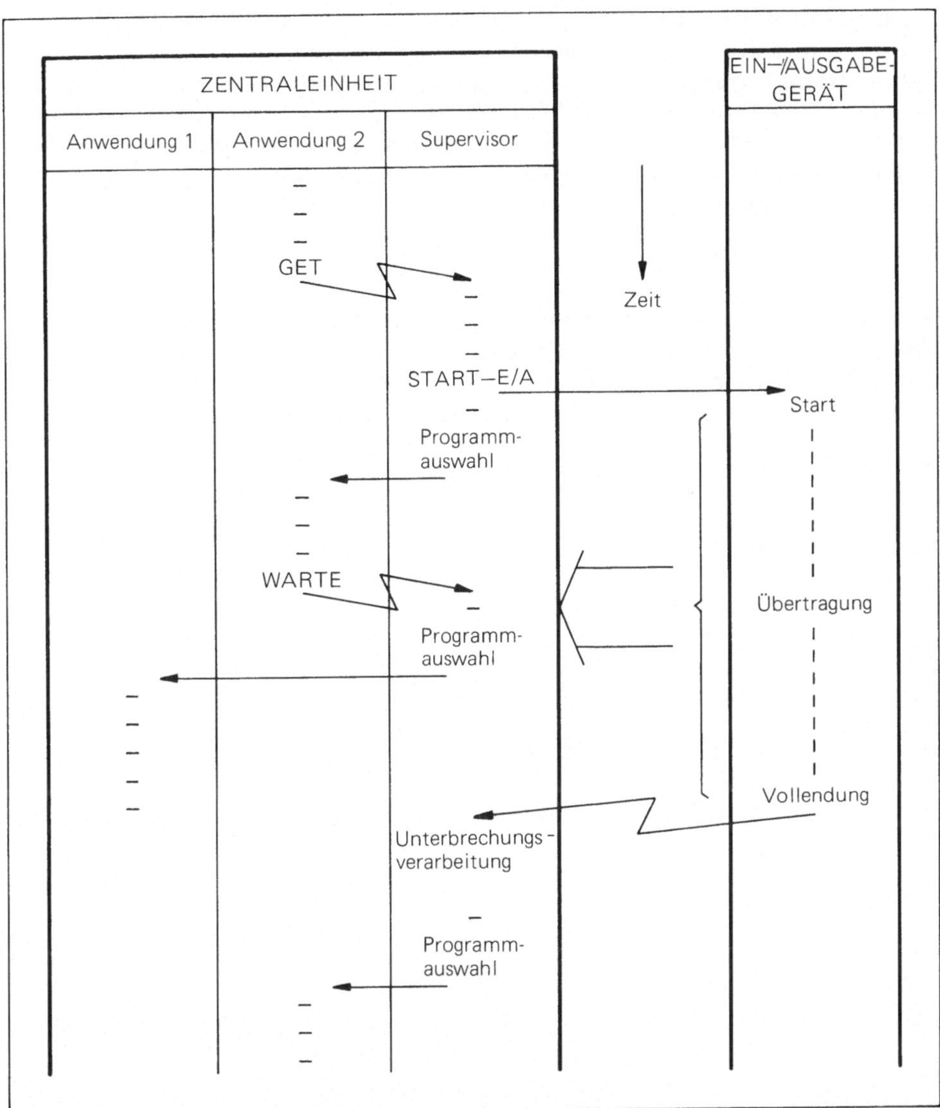

Abb. 156. Kontrollfluß beim Programmverzahnungsverfahren

Priorität   (priority)

entspricht, also der Dringlichkeit, mit der sie verarbeitet werden sollen.

Ist die Ein- bzw. Ausgabeoperation beendet, so wird diese E/A-Vollendung mittels einer Programmunterbrechung dem Supervisor mitgeteilt, der dann seinerseits die Durchführung des gerade laufenden Programms unterbricht und dem ursprünglich in den Wartezustand gegangenen Programm wieder die Kontrolle übertragen kann. Das Verfahren bewirkt also, daß Ein- bzw. Ausgabeoperationen eines Programms mit der Durchführung anderer Programme überlappt werden.

Da ein- bzw. ausgabeintensive Programme von Natur aus „länger" brauchen als prozessorintensive, wird man jenen im allgemeinen eine höhere Priorität als diesen geben. Damit erreicht man außerdem, daß der Supervisor öfter Gelegenheit bekommt, eine Programmauswahl (dispatching) vorzunehmen, was einen wahren „Mehrprogrammbetrieb" begünstigt. Würde man einem prozessorintensiven Programm höchste Priorität geben, so würde es den Prozessor kaum mehr für andere Programme freigeben, es würde ihn „monopolisieren".

Das

Zeitscheibenverfahren   (time slicing)

kommt im allgemeinen ohne Prioritäten aus. Es teilt reihum jedem Benutzer der Anlage ein fest eingeteiltes Zeitsegment (time slice) in konstantem Rhythmus zu (Abb. 157). Bei einem Zeitsegment von z. B. 30 msec können in 300 msec 10 Teilnehmer scheinbar gleichzeitig ihre Programme durchgeführt bekommen. Um

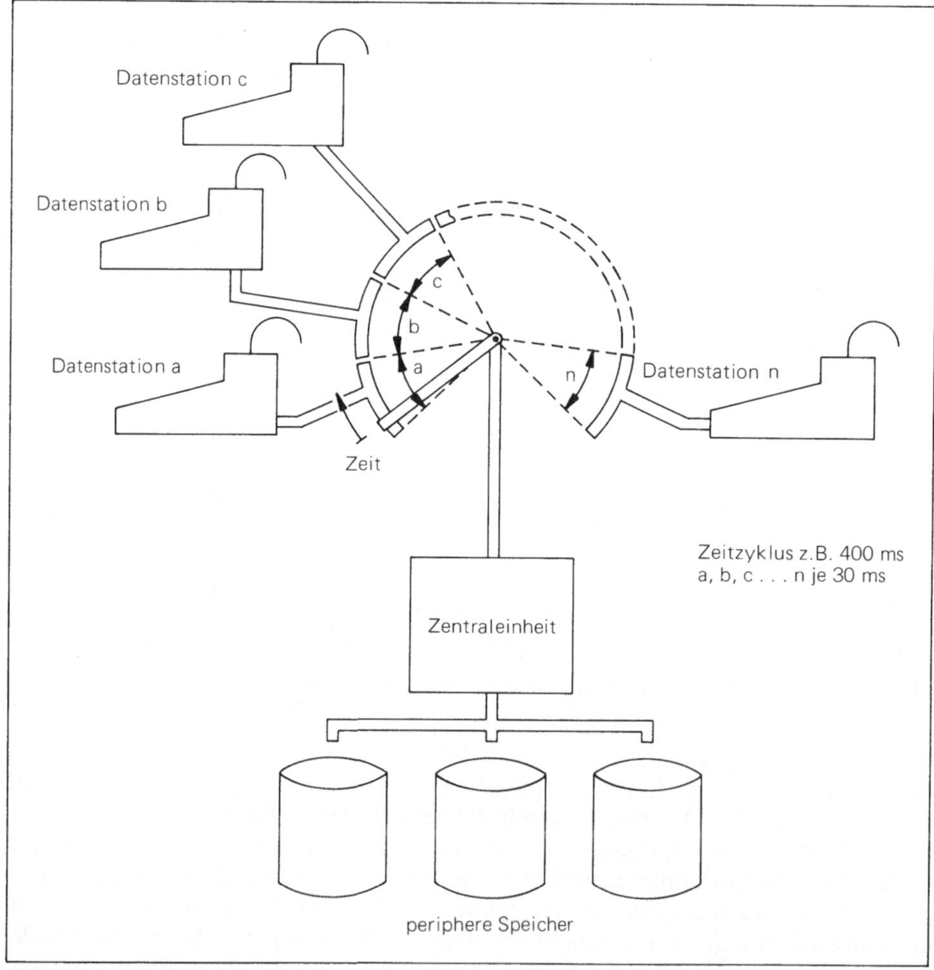

Abb. 157. Zeitscheibenverfahren

darüber hinaus auch noch sog. Hintergrundarbeiten (background work) geringerer Dringlichkeit zu erledigen, wird der Zyklus z. B. auf 400 msec erweitert, und in den verbleibenden 100 msec werden solche Arbeiten, wie z. B. Kompilationen, behandelt.

Mehrprogrammbetrieb bewirkt also eine bessere Ausnutzung des Betriebsmittels „Prozessorzeit". Die Leistungssteigerung läßt sich in Abhängigkeit vom Grad des Mehrprogrammbetriebs darstellen (Abb. 158) und zeigt im Idealfall einen Sättigungswert bei 100% Prozessorauslastung (a). Dieser Idealfall berücksichtigt jedoch nicht den Aufwand, der nötig ist, um diesen Betrieb aufrechtzuerhalten (b). Das ist einmal die Programmauswahlroutine, zum anderen aber bedingt der begrenzte Hauptspeicher, daß bei umfangreicherem Mehrprogrammbetrieb jedem Programm nur ein kleinerer Hauptspeicherbereich zur Verfügung steht. Daher treten dann im virtuellen System mehr Seitenwechsel bzw. Speicherüberladungen je ausgeführten Befehl auf, so daß der Betriebsaufwand stark ansteigt (vgl. Kap. 5.5.4 und 5.6). Erst die Überlagerung beider Effekte (a und b) ergibt ein realistisches Bild des Leistungsverhaltens und zeigt, daß es einen optimalen Grad des Mehrprogrammbetriebs gibt (c).

Moderne Betriebssysteme kontrollieren sich im Einsatz dauernd, erfassen den Betriebsaufwand je Zeiteinheit und versuchen ihn zu begrenzen, indem z. B. der Grad des Mehrprogrammbetriebs auf einen vertretbaren Wert beschränkt wird:

Lastbeschränkung   (load levelling).

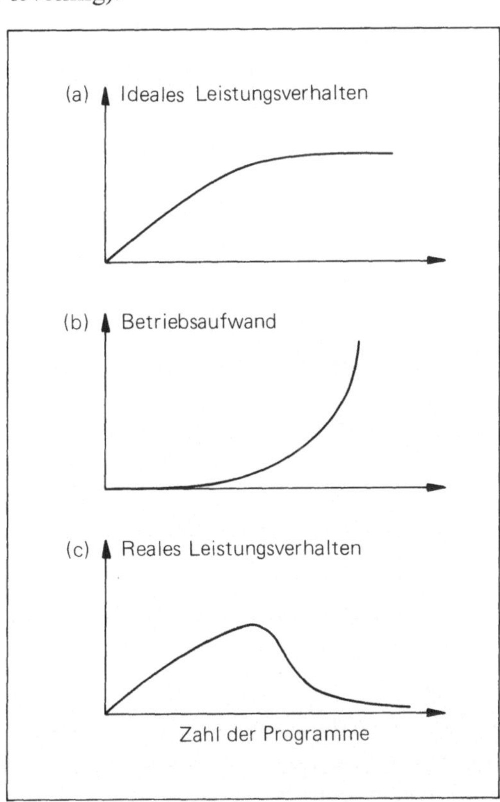

Abb. 158 a-c. Leistung bei Mehrprogrammbetrieb ohne und mit Betriebsaufwand in Abhängigkeit vom Grad des Mehrprogrammbetriebs

Praktisch bedeutet dies, daß Programme niedriger Priorität zu Zeiten hohen Betriebsaufwandes nicht oder nur selten bedient werden.

Eine negative Nebenwirkung des Mehrprogrammbetriebs ist die

Speicherzerstückelung   (storage fragmentation)

des Hauptspeichers in einem System ohne Virtuelles Speicherkonzept. Da immer ganze Programmteile auf einmal geladen werden müssen, finden diese entweder nicht genügend zusammenhängenden Platz im Hauptspeicher und müssen daher warten, oder lassen zu wenig zusammenhängenden Platz für ein weiteres Programm übrig. Dadurch wird der Hauptspeicher zerstückelt und über die Zeit hinweg schlecht ausgenützt (Abb. 159). Die Situation ist günstiger bei variabler Speicherzuordnung; sie ist schlechter, wenn die Programme immer in festgelegte Speicherbereiche, auch Regionen genannt, zeitlich hintereinander geladen werden müssen. Hier schafft das Virtuelle Speicherkonzept Abhilfe, indem nun sowohl Speicher als

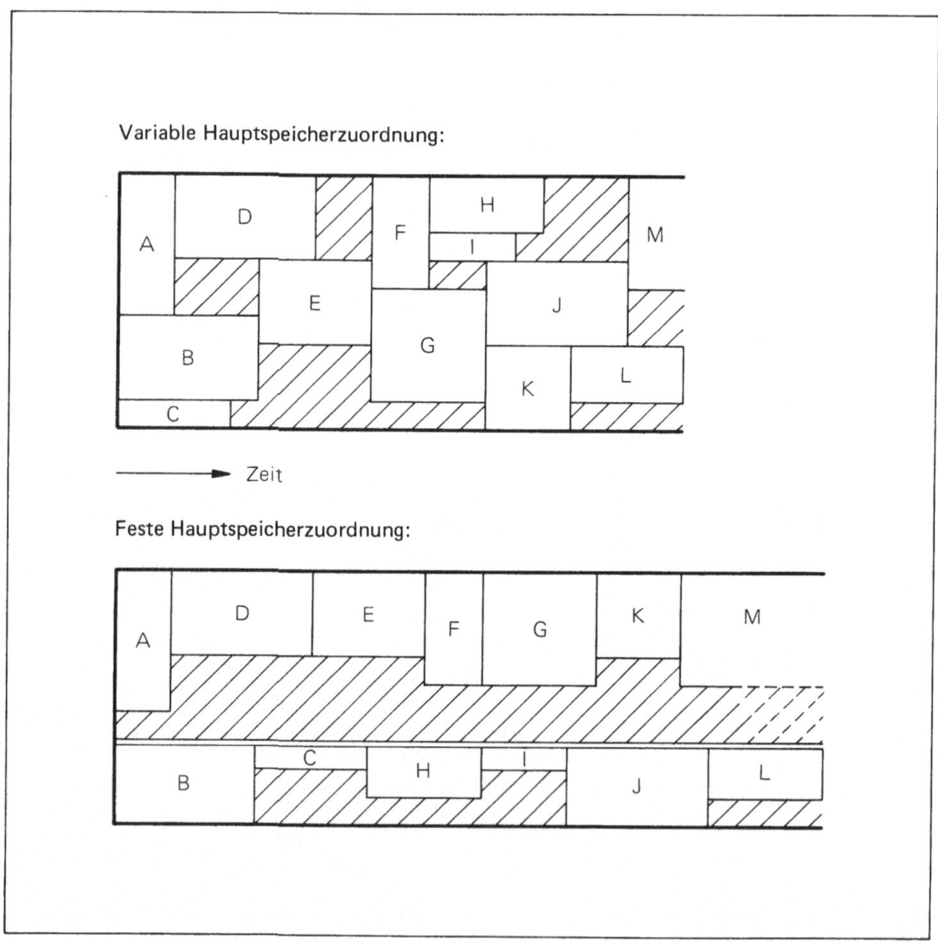

Abb. 159. Speicherzerstückelung bei variabler und fester Hauptspeicherzuordnung im Mehrprogrammbetrieb

auch Programme in kleine Stücke, Seitenrahmen bzw. Seiten, aufgegliedert sind. Seiten können an beliebige Stellen im realen Hauptspeicher geladen, somit Programme dicht gepackt und daher der Speicher ständig maximal genützt werden. Die Speicherzerstückelung findet nurmehr im virtuellen Adreßraum statt, wo sie von geringer Bedeutung ist, während im Hauptspeicher alle Seitenrahmen besetzt werden (vgl. Abb. 79.).

8.2.5 Optimierende Betriebsmittelsteuerung

Ein allgemeineres Verfahren der Betriebsmittelzuteilung sieht eine

geplante Vergabe der Betriebsmittel

so vor, daß sowohl eine effiziente Betriebsmittelnutzung als auch die Erfüllung der Leistungsanforderungen des einzelnen Auftrags oder Teilnehmers bestmöglich erreicht werden.

Für die Betriebsmittelnutzung gilt allgemein:

1. Ein Betriebsmittel kann gleichzeitig nur von einem Benutzer benutzt werden.
2. Wenn ein Betriebsmittel gleichzeitig von verschiedenen Benutzern angefordert wird, muß es einem davon innerhalb endlicher Zeit zugewiesen werden.
3. Wenn ein Benutzer ein Betriebsmittel in Anspruch nimmt, muß er es innerhalb endlicher Zeit wieder freigeben.

Die geplante Vergabe von Betriebsmitteln basiert auf folgendem Konzept: Jeder Auftrag bzw. jeder Benutzer ist einer vordefinierten Leistungsgruppe zugeordnet. Die Leistungsgruppen spiegeln die relative Bedeutung gegenüber anderen Arbeiten und das geforderte Antwortzeit- bzw. Ausführungszeitverhalten der einzelnen Arbeiten wider. Sie bestimmen, welche anteilige Rate an Betriebsmitteln der Benutzer bei einem gewissen Belastungsniveau des Systems erhält.

Die Ausnutzung der verschiedenen Systembetriebsmittel wird überwacht, und die Zuteilungsentscheidung so getroffen, daß entdeckte Engpässe, Überlastungen und Unausgewogenheiten korrigiert werden. Die Betriebsmittel können dazu entsprechend ihrer Bedeutung mit Faktoren gewichtet werden.

Das Betriebssystem liefert einen Standardsatz von Parametern für die Leistungsgrößen (Systembelastungsniveaus, Betriebsmittelgewichtung usw.). Für eine feinere Abstimmung der Parameter enthält das Systemsteuerprogramm eine Leistungsmeßeinrichtung, die Berichte über die Systemaktivität und die Belastung der einzelnen Betriebsmittel (Prozessor, Ein- bzw. Ausgabegeräte, Kanäle, Hauptspeicher, Seitenwechselraten usw.) erstellt. Damit ergibt sich eine automatische Systemkontrolle und -führung, die sowohl eine Garantie der Betriebsmittelzuteilung für termingebundene Arbeiten als auch eine weitgehend optimale Auslastung der Systembetriebsmittel ermöglicht.

Um unsinnige oder sogar gefährliche Zugriffe in Betriebsmitteln zu vermeiden, z. B. zu Dateien, die gerade aktualisiert oder umgeordnet werden, also sich in einem undefinierten Zustand befinden, werden zeitweise

Sperren (locks)

benützt, die erst wieder geöffnet werden und somit den Zugang zum Betriebsmittel erlauben, wenn dieses wieder einen definierten Zustand erreicht hat.

Eine Besonderheit bei der gemeinsamen Benutzung von Betriebsmitteln im Mehrprogrammbetrieb ist das mögliche Auftreten von

Verklemmungen   (dead locks).

Sie bewirken, daß Benutzer gegenseitig auf die Freigabe von Betriebsmitteln warten und somit das System zum Stillstand kommt.

Verklemmungen treten unter folgenden Umständen auf:

1. Wechselseitiger zeitlicher Ausschluß, d. h., Benutzer beanspruchen Betriebsmittel ausschließlich.
2. Besitzendes Warten, d. h., Benutzer halten Betriebsmittel, während sie auf andere warten.
3. Fester Besitz, d. h., Benutzern können Betriebsmittel auch im Wartezustand nicht abgenommen werden.
4. Zyklisches Warten, d. h., Benutzer warten im Kreis.

Zur Vermeidung von Verklemmungen muß sichergestellt werden, daß solche Verhältnisse nicht auftreten. Das kann erreicht werden, indem entweder

1. alle von einem Benutzer benötigten Betriebsmittel auf einmal verlangt und zugeteilt werden, oder,
2. wenn im Verlauf einer Arbeit weitere Betriebsmittel beansprucht werden, aber nicht zur Verfügung stehen, alle schon zugeteilten zurückgegeben werden, oder
3. die Betriebsmittelzuteilung hierarchisch erfolgt.

8.2.6 Mehrfache Adreßräume

Der Mehrprogrammbetrieb kann auch im Speicherbereich weiter ausgebaut werden. Dazu wird jedem Systembenutzer – das ist z. B. ein Auftrag der Stapelverarbeitung, ein Dialogteilnehmer, ein Datenbank- und Datenkommunikations-Untersystem (DB/DK) – für die Ausführung seiner Programme ein eigener virtueller Adreßraum von z. B. 16 Megabytes zugeteilt (Abb. 160). Dieser Adreß-raum enthält den eigentlichen Benutzerbereich, für den eine Größe von z. B. mindestens 8 Megabytes garantiert wird, und den gemeinsamen Systembereich für Systemroutinen und -arbeitsbereiche. Zu einer bestimmten Zeit können mehrere Adreßräume nebeneinander bestehen, d. h. Benutzer gleichzeitig arbeiten.

Das Konzept der

mehrfachen virtuellen Adreßräume
(Multiple Virtual Storage = MVS)

bietet folgende Vorteile:

1. Größere Adreßräume für Benutzerprogramme als in festbegrenzten realen oder virtuellen Speicherbereichen. Dadurch werden aufwendige Programmiertechniken, wie Überlagerungsstrukturen, Tabellenauslagerung usw. erspart und eine hohe Blockung von Daten ermöglicht.
2. Gesteigerte Möglichkeiten des Mehrprogrammbetriebs, da die Zahl der parallelen Arbeiten praktisch nur durch Betriebsmittel wie externe Seitenspeicher,

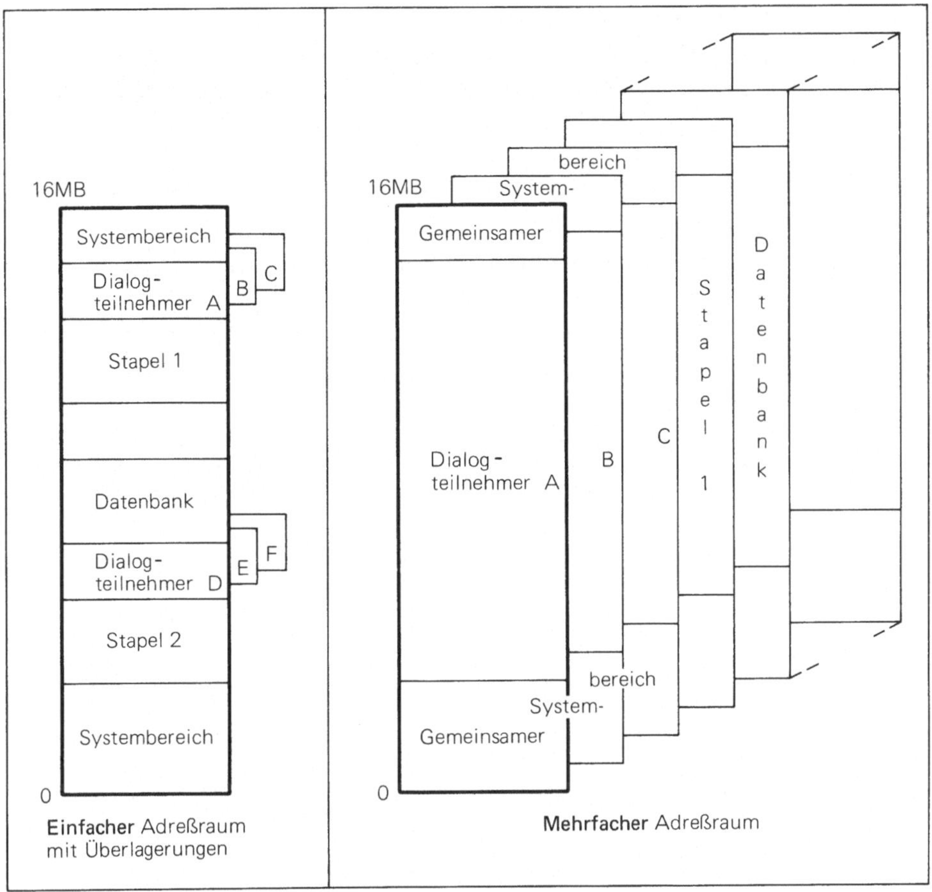

Abb. 160. Konzept der mehrfachen virtuellen Adreßräume

Realspeicher für notwendig fixierte Steuerblöcke (d. h. dem Seitenwechselalgorithmus nicht verfügbar) begrenzt ist.
3. Erhöhter Schutz von Benutzerdaten und -programmen sowie des Supervisors durch weitgehende Isolierung der Adreßräume voneinander.

In der physikalischen Realisierung befinden sich diese Adreßräume natürlich nicht zusammen im Hauptspeicher, sondern unterliegen dem Virtuellen Speicherprinzip. Durch die feste Zuordnung von genügend Adreßraum zu jeder Anwendung vereinfacht sich jedoch der Betriebsaufwand und bewirkt dadurch, wie auch durch die Möglichkeit eines hohen Grades des Mehrprogrammbetriebs, eine effektive Leistungssteigerung.

8.2.7 Virtuelle Maschinen

Eine noch weitergehende Verallgemeinerung des Mehrprogrammbetriebs besteht darin, die reale Maschine für verschiedene Aufgaben in mehrere

Virtuelle Maschinen   (Virtual Machines = VM)

aufzuteilen. Jede Virtuelle Maschine kann eine andere simulierte Maschinenarchitektur anbieten. Sie verfügt über einen eigenen Speicher und einen eigenen Satz von Ein- bzw. Ausgabeeinheiten (Abb. 161). Die Virtuellen Maschinen können völlig unabhängig voneinander und unter verschiedenen Betriebssystemen arbeiten. Die hierfür notwendigen Maßnahmen lassen sich durch Software, einen sog.

Hypervisor,

realisieren und steuern. Jeder Benutzer sieht nur sein (virtuelles) System.

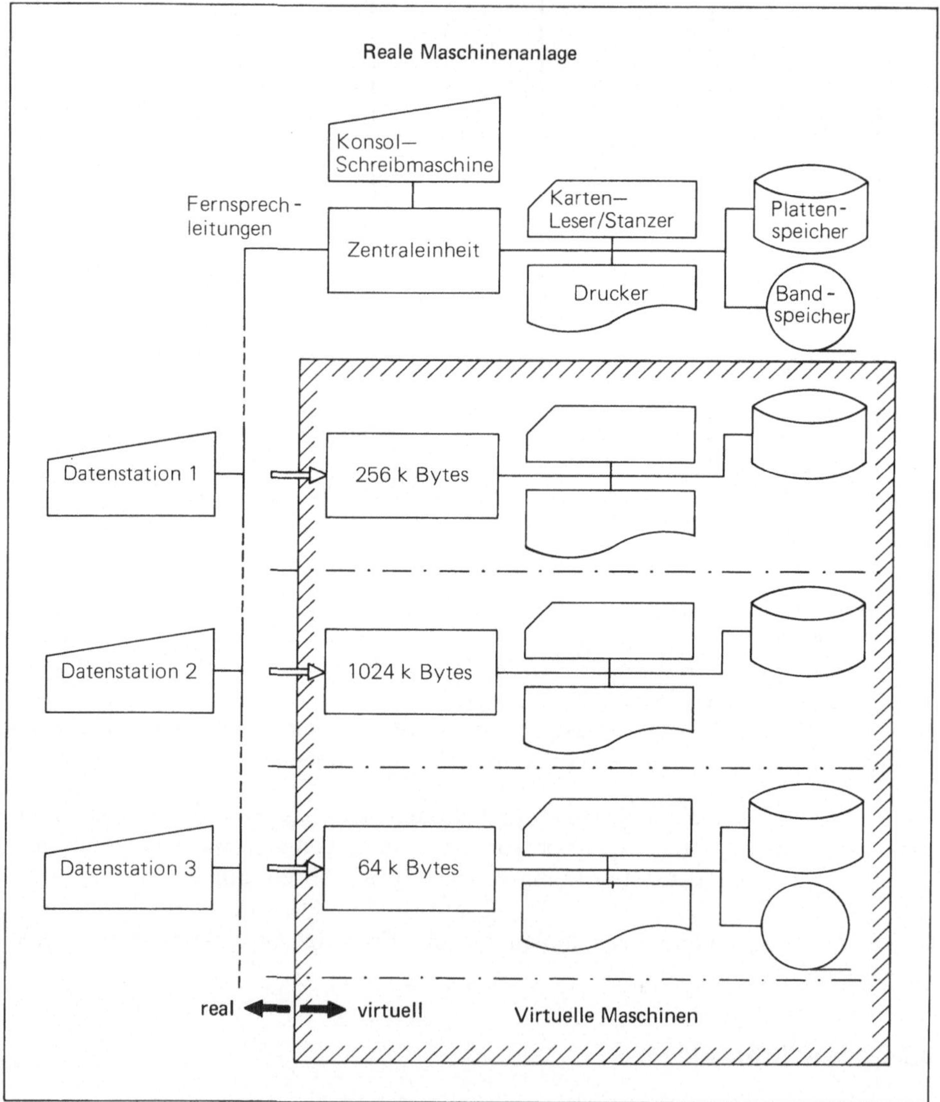

Abb. 161. Konzept der Virtuellen Maschinen

8.3 Hochleistungs-Konfigurationen

Bisher ging es darum, die Leistung eines Systems zu steigern, indem man seine Leistungsfähigkeit durch gleichzeitige Ausführung mehrerer Aufgaben besser ausnutzt. Im Gegensatz dazu kann es auch erforderlich sein, für eine umfangreiche Arbeitslast mehr Computerleistung dadurch verfügbar zu machen, daß man mehrere Systeme oder Teilsysteme miteinander koppelt. Diese Kopplung kann mehr oder weniger stark ausgeprägt sein, um ein effektives System größerer Leistungsfähigkeit zu erhalten. Da insbesondere ein Prozessor nicht alle Betriebsmittel dauernd braucht, können weitere gleiche Prozessoren eingesetzt werden, die die Betriebsmittel mitbenutzen und so zur Verbesserung der Gesamtleistungsfähigkeit beitragen.

Solche modular aus gleichen Bausteinen zusammengesetzten Systeme bieten weitere Vorteile: Fehlerhafte Einheiten können im laufenden Betrieb isoliert werden, wobei andere Einheiten des Systems für die ausfallenden mehr oder weniger automatisch einspringen können (Redundanz). Damit ergibt sich eine größere Verfügbarkeit des Gesamtsystems, da sich nur die Leistung reduziert, die Funktionsfähigkeit jedoch erhalten bleibt.

Je nach dem Grad der

Kopplung   (coupling)

der (Teil-)Systeme entstehen verschiedenartige Systemkonfigurationen (Abb. 162).

Der Kopplungsgrad hängt vom Grade der Abhängigkeit der Teilsysteme voneinander ab. D. h., die Kopplung ist um so enger, je unselbständiger die Teilsysteme sind. Das drückt sich durch verschiedene Charakteristika aus:

- die Multiplizität des Betriebssystems (*jedes* Teilsystem mit *eigenem,* unabhängigem Betriebssystem: schwache Kopplung; *ein* Betriebssystem für das Gesamtsystem: starke Kopplung),

- dem Umfang gemeinsamer bzw. eigener Betriebsmittel (wenig *gemeinsame* Betriebsmittel: schwache Kopplung; wenig *eigene* Betriebsmittel: starke Kopplung),

- die Größe der selbständig auszuführenden Arbeitseinheit (*große* Einheiten wie Anwendungen: schwache Kopplung; *kleine* Einheiten wie z. B. einzelne Befehle: starke Kopplung).

Im folgenden werden Systemkonfigurationen verschiedenen Kopplungsgrades detaillierter beschrieben. (Abb. 162 zeigt auch noch, wie sich die Hochleistungsprozessoren, zu denen man auch schon die Parallelrechner zählen könnte, anschließen (siehe Kap. 8.4).)

8.3.1 Rechnerverbund

Eine Gruppe von gleichen oder verschiedenartigen Datenverarbeitungssystemen, die miteinander kommunizieren, nennt man einen

Rechnerverbund   (distributed system).

BEZEICHNUNG	KOPPLUNGS-GRAD	ARBEITS-EINHEIT	STEUERUNGS-HIERARCHIE	SOFTWARE-ORGANISATION	INFORMATIONS-AUSTAUSCH	GEMEINSAME BETR.MITTEL	EIGENE BETR.MITTEL
Rechnerverbund	schwach	Anwendung	Gleichbe-rechtigung	N Betriebs-systeme AEU	Anweisungen, Daten (Programme)	Leitungen, Kommunik.-speicher	Komplettes System
Vor-/Nachver-arbeitungs-systeme	mittel	z.B. Datenbank-routine	Haupt-/Vor-/Nachrechner	Ausgelagerte Betriebssystem routinen	Anweisungen (Makros) Daten	Leitungen	Speicher E/A—Einheiten
Mehrprozessor-systeme	mittel	Befehlsfolgen	(Haupt-/Nebenprozessor)	Ein Betriebssystem	Daten	Hauptspeicher	Puffer, E/A—Einheiten
Parallelrechner	stark	Befehl	Steuer-/Unterprozessoren	—	Daten	Hauptspeicher, E/A—Einheiten	Arbeitsspeicher
Verteilte Funktionen	stark	E/A—Operation	—	—	—	—	—
Fließbandrechner	stark	Mikrobefehl	—	—	—	—	—

Abb. 162. Charakteristika von Hochleistungs-Konfigurationen

Jedes System ist mit einem individuellen, vollständigen Satz von Betriebsmitteln ausgerüstet und ist daher selbständig und unabhängig von den anderen Systemen operationsfähig. Jedes System kann ein Mehrprozessorsystem sein (siehe Kap. 8.3.3); es wird von einem eigenen Betriebssystem gesteuert.

Die Kommunikation erfolgt entweder direkt über Nachrichtenverbindungen oder indirekt über einen Kommunikationsspeicher, in den Nachrichten von einem System abgelegt und von dem diese durch ein anderes System abgerufen werden. Letztere Verbindung kann zu gemeinsamen Systemdateien ausgebaut sein. Ausgetauscht werden im allgemeinen Daten und Verarbeitungsanweisungen, gegebenenfalls aber auch ganze Programme.

Die Steuerung des gesamten Verbundsystems erfolgt durch ein

Auftrags-Eingabe-Untersystem   (job entry subsystem)

(AEU), das Aufträge auf die verschiedenen Rechner verteilt. Die Arbeitsverteilung geschieht also auf Auftragsebene, wobei Abhängigkeiten zwischen Aufträgen berücksichtigt werden. Bei der Zuteilung eines Auftrages zu einem Rechner werden Arbeitsbelastung der Rechner, sowie Verfügbarkeit von benötigten Ein- bzw. Ausgabegeräten und Dateien usw. berücksichtigt. Dies erfolgt automatisch ohne Bedienereingriff. Auf diese Weise wird eine Leistungssteigerung gegenüber mehreren Einzelrechnern ermöglicht.

8.3.2 Vor- bzw. Nachverarbeitungssysteme

Sind die einzelnen Teilsysteme nicht mehr universell einsetzbar, sondern spezialisiert, und nehmen Teilaufgaben wahr, so handelt es sich um

Vor- bzw. Nachverarbeitungssysteme
(front end/back end processing systems).

So enthält z. B. ein

Hauptrechner   (main processor)

die Anwendungsprogramme zusammen mit einem nicht voll ausgebauten Betriebssystem, während spezielle Betriebssystemfunktionen wie die Datenbanksoftware in einen
Nachrechner   (back end processor)

– vom Benutzer aus gesehen *hinter* dem Hauptrechner – ausgelagert sind, wo sie zusammen mit noch notwendigen anderen Betriebssystemfunktionen laufen (Abb. 163). Entsprechend gibt es auch den

Vorrechner   (front end processor)

zwischen Benutzer und Hauptrechner. Er entlastet den Hauptrechner durch Übernahme von Routinen z. B. zur Eingabedatenprüfung und -korrektur bzw. Ausgabedatenformatierung, meist im Dialogbetrieb, und schirmt so den Hauptrechner von benutzerorientierten Aufbereitungsarbeiten ab.

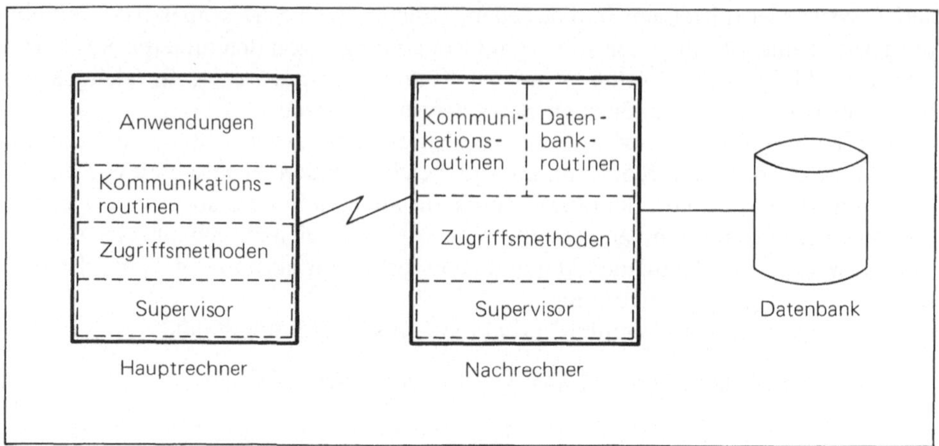

Abb. 163. Beispiel eines Nachverarbeitungssystems: Datenbankrechner

Hauptrechner und Vor- bzw. Nachrechner können als zwei Knoten eines einfachen Kommunikationsnetzwerkes aufgefaßt werden. Beide enthalten daher auch Software, die die Kommunikation zwischen beiden Teilsystemen bewerkstelligt, d. h., Datenbankanforderungen vom Hauptrechner vermittelt und Daten austauscht.

Die Kopplung zwischen den beiden Teilsystemen ist stärker als beim Rechnerverbund, da beide Rechner zwar unter eigenen Betriebssystemen laufen, jedoch nicht mehr unabhängig voneinander sind, und die eigenen Betriebsmittel kein komplettes System mehr bilden. Auch ist die Arbeitseinheit jetzt kein ganzer Auftrag mehr.

Trotz des zusätzlichen Aufwandes wegen der notwendigen Kommunikation zwischen beiden Rechnern wird sich im allgemeinen bei hoher Datenbankaktivität eine Leistungserhöhung ergeben, wenn der Nachrechner im Mehrprogrammbetrieb arbeitet und eine Hochleistungsleitung beide Systeme verbindet.

Als Erweiterung dieser Konfiguration ergeben sich zwei Möglichkeiten:

1. Mehrere Hauptrechner bedienen sich z. B. eines Nachrechners.
2. Der Nachrechner gliedert sich in mehrere Prozessoren, die entweder verschiedenen Datenbankbereichen zugeordnet sind oder verschiedene Funktionen erfüllen (Parallelrechner bzw. Fließbandverarbeitung, siehe weiter unten).

8.3.3 Mehrprozessorsysteme

Besitzt ein einzelnes Datenverarbeitungssystem mehrere universell verwendbare, nicht notwendigerweise identische Prozessoren, die zusammen unter *einem* Betriebssystem laufen, so spricht man von einem

Mehrprozessorsystem (multiprocessor system).

Seine weiteren wesentlichen Merkmale sind:

- Jeder Prozessor ist mit allen erforderlichen Funktionseinheiten ausgerüstet, um ein Gesamtsystem zu betreiben.

- Die Prozessoren arbeiten mit *einem* gemeinsamen Hauptspeicher.

- Eine „Mehrprozessor-Funktionseinheit" steuert die Kommunikation zwischen den Prozessoren.

- Jeder Prozessor besitzt seine Ein- bzw. Ausgabeperipherie.

- Das System enthält vielfache umschaltbare Datenwege von den Prozessoren zu den anderen Systemkomponenten (aktive Redundanz).

- Eine „Konfigurationssteuerung" bewirkt das Um-, Ab- und Zuschalten von Prozessoren.

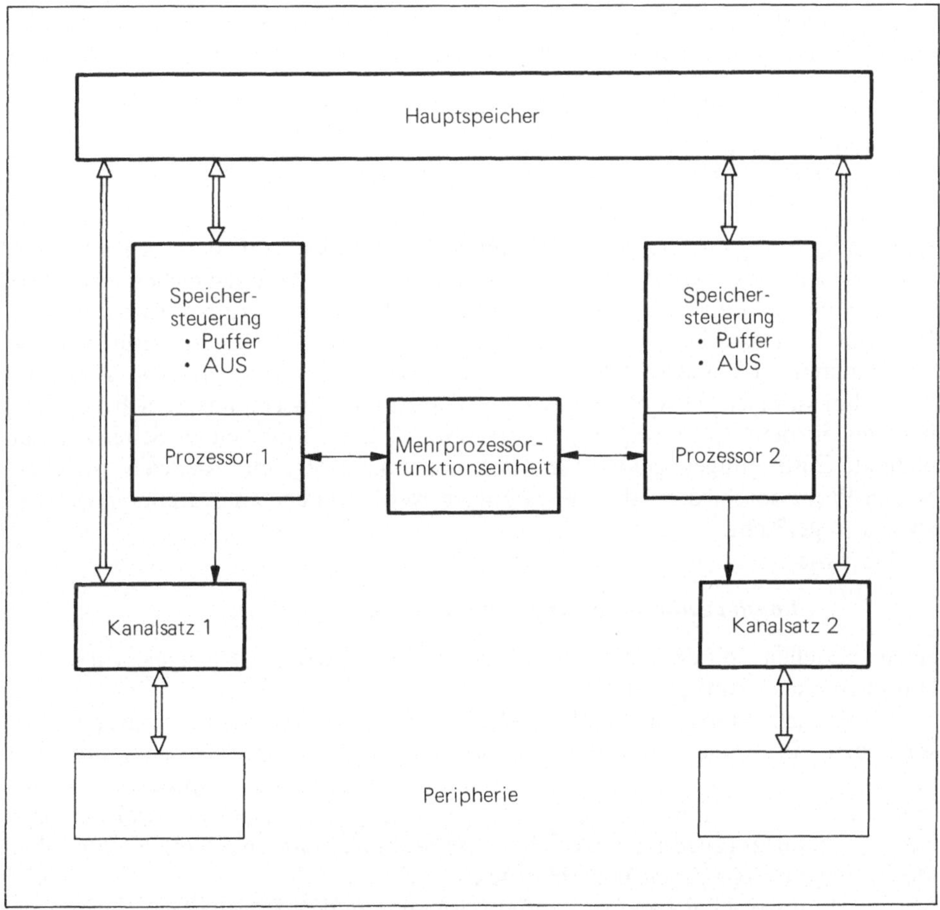

Abb. 164. Mehrprozessorsystem mit zwei Prozessoren

Prinzipiell gibt es zwei Gründe für den Einsatz von Mehrprozessorsystemen:

1. Mehrere Prozessoren erlauben eine Leistungssteigerung des Gesamtsystems durch

Lastverteilung   (load balancing)

zwischen den Prozessoren, womit auch eine optimale Ausnutzung der übrigen Betriebsmittel erreicht wird.

2. Da jeder Prozessor alle Aufträge an das System übernehmen und ausführen kann, wird die

Systemverfügbarkeit   (system availability)

erhöht. Dies hat besondere Bedeutung bei Realzeitsystemen.

Das mit Abstand häufigste Mehrprozessorsystem besitzt zwei Prozessoren. Die folgenden Ausführungen beziehen sich daher spezifisch auf Zwei-Prozessor-Systeme (Abb. 164).

Die beiden Prozessoren brauchen – von Realzeit-Anwendungen abgesehen – nicht unbedingt dieselbe Leistungsfähigkeit zu besitzen. Jeder muß jedoch alle Funktionen ausführen können. Jeder der beiden Prozessoren besitzt einen eigenen

Pufferspeicher   (buffer)

und greift über eine eigene

Speichersteuerung   (storage control)

selbständig und unabhängig vom anderen Prozessor auf den gemeinsamen Hauptspeicher zu. Da jeder Prozessor damit Daten im Hauptspeicher verändern kann, ist eine ständige Abstimmung der beiden Pufferspeicherinhalte erforderlich: Wenn ein Prozessor Daten im Hauptspeicher verändert, die auch im Pufferspeicher des anderen Prozessors stehen, werden diese Daten dort ungültig gemacht. Weiterhin kann jeder Prozessor einen eigenen Adreß-Umsetzungs-Speicher (AUS) besitzen, in dem er Eintragungen vornimmt. Wenn, durch einen Seitenwechsel bedingt, Eintragungen gelöscht werden müssen, erfolgt ein Abgleich zwischen beiden Prozessoren, d. h., die Eintragungen werden in beiden Adreßumsetzungs-speichern gelöscht.

Über die

Konfigurationssteuerung   (configuration control),

einen speziellen Teil des Betriebssystems, wird die Betriebsart festgelegt und der Hauptspeicher „konfiguriert".

Als Betriebsarten kommen der „Mehrprozessormodus" und der „Einprozessormodus" in Frage. Im Mehrprozessormodus steuert *ein* Betriebssystem im gemeinsamen Hauptspeicher alle Systemkomponenten. Im Einprozessormodus arbeiten die Prozessoren mit den ihnen zugeordneten Hauptspeicherbereichen und mit der ihnen zugeordneten Peripherie selbständig und unabhängig unter der Steuerung *je* eines *eigenen* Betriebssystems.

Der Hauptspeicher kann so konfiguriert werden, daß Speicherbereiche entweder beiden Prozessoren oder einem bestimmten Prozessor zugeordnet oder aber ganz vom System separiert werden. So ist eine Umkonfiguration des Hauptspeichers für die Teilsystembildung, z. B. für Wartungs- oder Testzwecke, möglich. Der Hauptspeicher ist dazu in Bereiche von z. B. 2 Megabytes aufteilbar.

Die

Mehrprozessorfunktionseinheit   (multiprocessing function unit)

besteht aus zwei Hälften. Jede Hälfte ist einem Prozessor zugeordnet. Die Einheit enthält die Einrichtungen für die Kommunikation zwischen den beiden Prozessoren und für die Adressierung des gemeinsamen Hauptspeichers.

Im System hat jeder Prozessor standardmäßig einen eingebauten Kanalsatz mit n Kanälen. Die

Kanalumschaltung   (channel switching)

erlaubt bei Ausfall eines Prozessors die Umschaltung der Kanalsteuerung von einem Prozessor auf den anderen (Abb. 165).

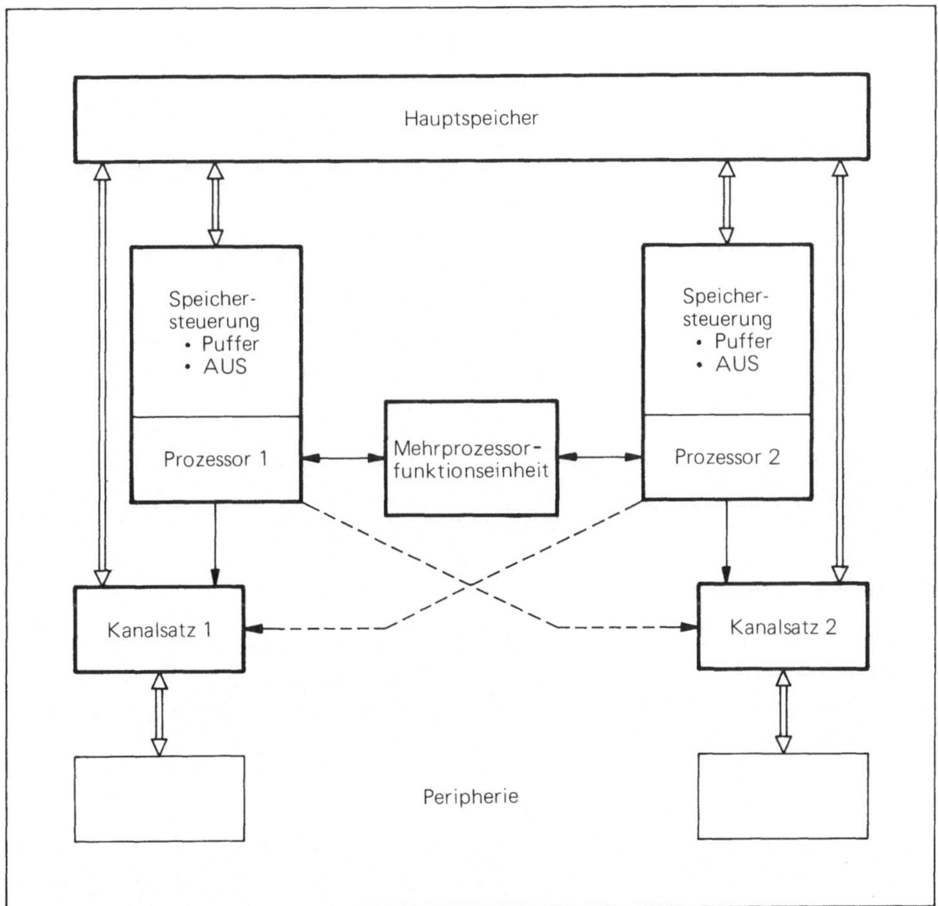

Abb. 165. Kanalumschaltung

Die Datenwege Hauptspeicher – Kanäle bleiben davon unberührt. Die Umschaltung der Kanalsteuerung bewirkt ein Umschalten des gesamten Kanalsatzes eines Prozessors. Es kann zu einer Zeit immer nur ein Kanalsatz mit einem Prozessor verbunden sein. Eine softwaregesteuerte Umschaltung der Kanalsteuerung ist nur während der Mehrprozessorbetriebsart möglich und wird bei Ausfall eines Prozessors automatisch vom Betriebssystem initiiert.

Die Verteilung der Arbeit aus der gemeinsamen

Auftragszuführung   (job entry)

geschieht automatisch auf der Stufe von Befehlsfolgen (Routinen). Jede Arbeit kann wahlweise vorübergehend von dem einen oder anderen Prozessor ausgeführt werden. Eine Ausnahme bilden solche Arbeiten, die nur einmal vorhandene Betriebsmittel benötigen, wie z. B. Emulationseinrichtungen oder einseitig angeschlossene Ein- bzw. Ausgabegeräte.

Die Gemeinsamkeit und Automatik von Auftragszuführung, Betriebsmittelver-

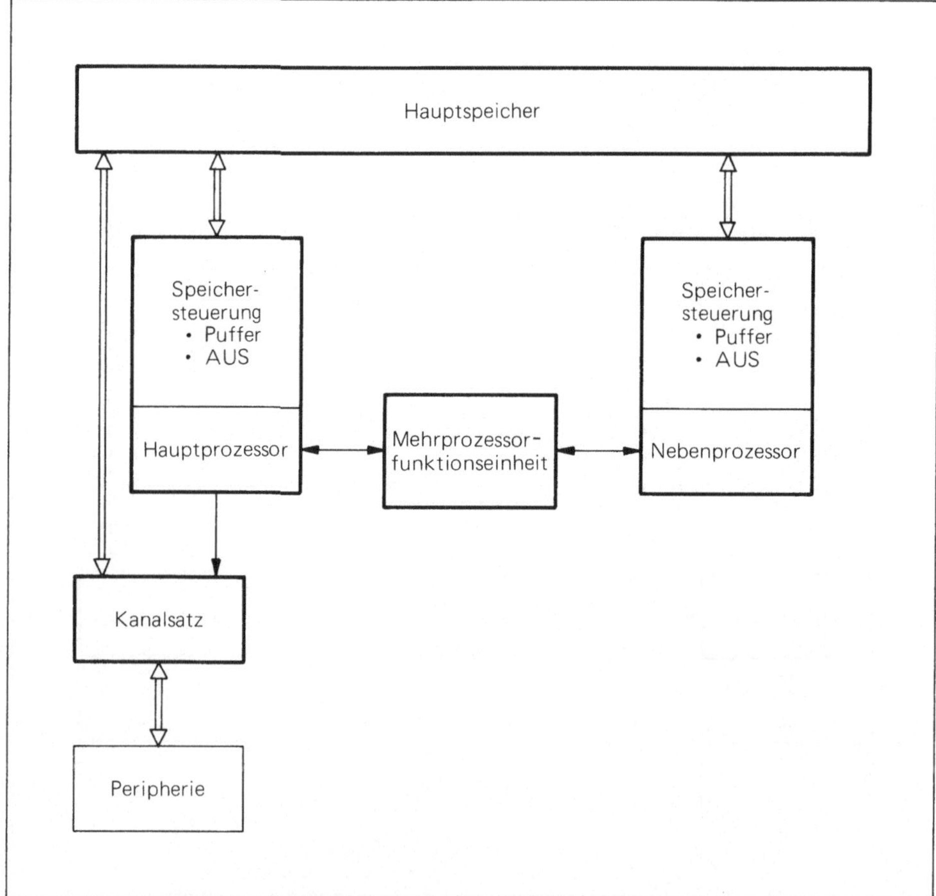

Abb. 166. Anschlußprozessorsystem

waltung und Supervisorfunktionen verleihen dem Mehrprozessorsystem eine einfache Bedienung.

Bei Realzeitanwendungen steht die Forderung nach hoher Verfügbarkeit des Datenverarbeitungssystems im Vordergrund. Sie wird entscheidend durch das Vorhandensein mehrerer Prozessoren garantiert, da

- kritische Betriebsmittel mehrfach vorhanden sind und

- laufende System- und Betriebstests durchgeführt werden, die notfalls zur Störungsanalyse und Arbeitsübernahme durch den intakten „Reserve"-Prozessor führen.

Damit sind weitreichende Voraussetzungen geschaffen, so daß bei Ausfall einer Komponente oder eines Prozessors die laufenden Arbeiten vom verbleibenden Teilsystem ohne Unterbrechung weitergeführt werden können.

Zu den Mehrprozessorsystemen zählen auch die

Anschlußprozessorsysteme   (attached processors).

In ihnen arbeiten zwei oder mehr Prozessoren unter der Steuerung eines Betriebssystems: der Hauptprozessor und der (die) Anschlußprozessor(en). Der Unterschied zum Mehrprozessorsystem besteht darin, daß Ein- bzw. Ausgabeoperationen nur vom Hauptrechner durchgeführt werden können (Abb. 166). Anschlußprozessoren dienen also ausschließlich zur Lastverteilung.

8.3.4 Parallelrechner

Parallelrechner   (parallel processors)

sind Mehrrechnerkonfigurationen stärkster Kopplung. Sie bewerkstelligen die gleichzeitige Bearbeitung eines Befehls in mehreren, oft vielen identischen

Unterprozessoren   (subprocessors)

bezüglich verschiedener Daten, d. h. Vektoren oder Matrizen von Daten, allgemein

Datenfeldern   (data arrays).

Sie werden daher auch Feldrechner (array processors) genannt.

Somit sind sie nur für bestimmte spezielle Anwendungen geeignet, wie z. B. solche der Wettervorhersage, der Aerodynamik oder Kernphysik, bei denen große Mengen gleichartiger, räumlich verteilter, aber in sich strukturierter Daten anfallen (Matrizenrechnung, Lösung partieller Differentialgleichungen). Sie sind daher meist als Spezialrechner an einen Allzweckrechner angeschlossen.

Ein

Steuerprozessor   (control processor)

steuert das „Feld" der arithmetischen Verarbeitungseinheiten, die Mikroprozessoren sein können, so daß *ein* Befehlsstrom die Bearbeitung mehrerer Datenströme bewirkt (Abb. 167). Dabei wechseln sich jeweils eine

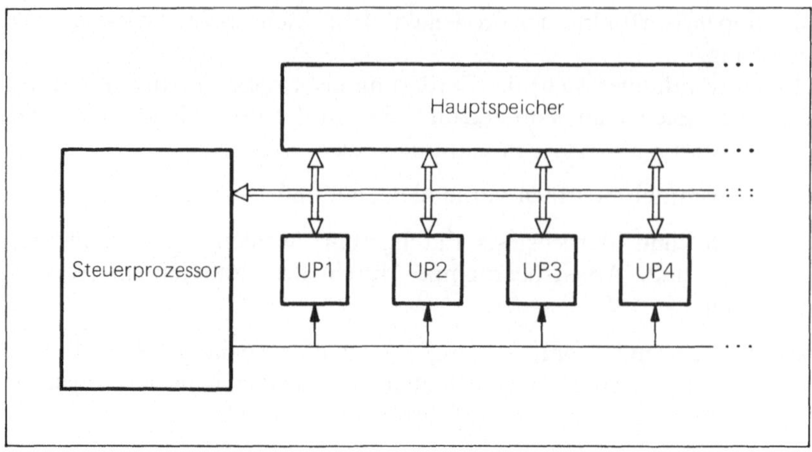

Abb. 167. Parallelrechner

Steuerungsphase   (control phase),

bei welcher der Steuerprozessor das Prozessorenfeld steuert und mit Daten versorgt, mit einer

Verarbeitungsphase   (execution phase)

ab, bei der die einzelnen Unterprozessoren ihre Arbeit verrichten.

Parallele Datenverarbeitung setzt voraus, daß die von den einzelnen Unterprozessoren gleichzeitig benötigten Daten auch gleichzeitig aus dem Hauptspeicher abgerufen werden können. Dazu müssen einmal alle Unterprozessoren parallelen Zugang zum Hauptspeicher haben. Außerdem müssen die Daten im Hauptspeicher so angeordnet sein, daß sie von den Unterprozessoren gleichzeitig erreichbar sind (Abb. 168).

Erlaubt die Hauptspeicheradressierung z. B., daß ein Unterprozessor jeweils nur Zugriff zu einer Matrix*spalte* hat (a), so können gleichzeitig nur Matrix*zeilen* von den Unterprozessoren gelesen und verarbeitet werden (z. B. 10/11/12/13/14). Eine Matrixspalte (z. B. 01/11/21/31/41) steht nur *einem* Unterprozessor zur Verfügung, kann also nicht vom Prozessorenfeld parallel verarbeitet werden.

Durch geeignete Anordnung der Matrixelemente (b) kann jedoch erreicht werden, daß zusätzlich zu den Zeilen (z. B. 14/10/11/12/13) nun auch „Spalten" parallel zu erreichen sind (z. B. 41/01/11/21/31). Die Matrixelemente sind dann so versetzt abgespeichert, daß die Summe der Indizes eines Matrixelementes mod (N + 1) die Nummer der jeweils neu zugeordneten Matrixspalte ergibt. (So kommt z. B. Element 41 in Spalte 4 + 1 = 5 = 0 (mod 5).)

Bei einer ungeraden Zeilen- bzw. Spaltenzahl ist auch die Diagonale sofort verfügbar (z. B. 00/11/22/33/44 in b). Das ist nicht der Fall bei einer geraden Zahl (z. B. 00/11/22/33 in c). Durch einen kleinen Trick, indem man die Matrix gleichsam ungerade macht (d), ist es auch hier der Fall, sind also auch hier sowohl Zeilen, Spalten als auch die Diagonale gleichzeitig verfügbar.

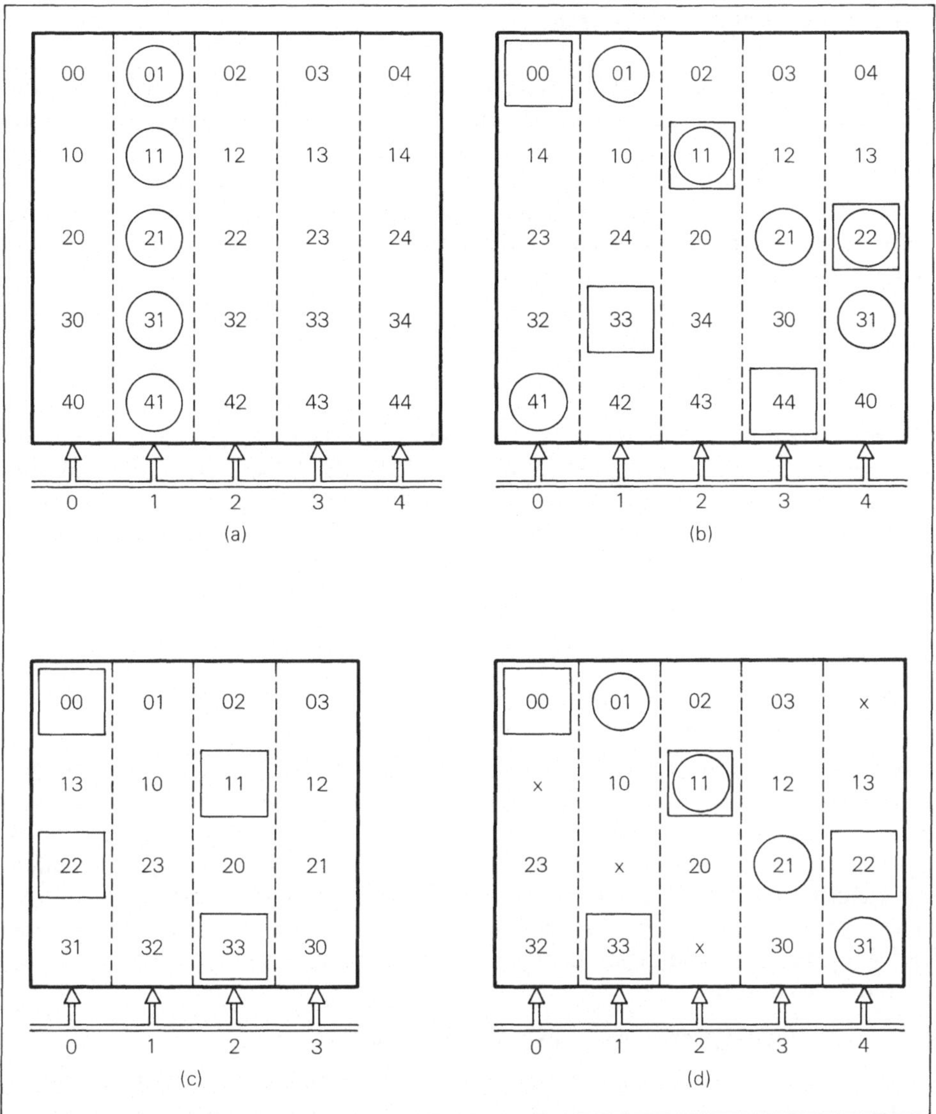

Abb. 168 a-d. Speicherbelegung der Daten für Parallelrechner

Ist die Dimension einer Matrix größer als die Anzahl der Unterprozessoren, so muß die Matrix unterteilt werden. Das Verarbeitungsprogramm muß dann dieser Aufteilung Rechnung tragen.

Wie schon aus der Speicherbelegung ersichtlich, sind Parallelrechnerstrukturen im allgemeinen nicht „softwaretransparent". Das bedeutet, daß bereits Kompilierer bei der Speicherauslegung der beabsichtigten Parallelverarbeitung Rechnung tragen müssen.

8.4 Hochleistungs-Prozessoren

Es gibt nun noch eine weitere Art von Hochleistungsstrukturen, bei denen die Zentraleinheit ebenfalls aus mehreren Unterprozessoren besteht, die jedoch funktionell verschiedene Prozessorfunktionen überlappt, also parallel ausführen. Zu dieser Kategorie gehören einmal die sog. Verteilten Funktionen und zum anderen die Fließbandverarbeitung. Solche Strukturen sind für die Software transparent, nach außen erscheint die Zentraleinheit wie aus *einem* Prozessor bestehend.

8.4.1 Verteilte Funktionen

Hierbei besteht die Zentraleinheit aus mehreren ziemlich selbständigen Unterprozessoren, die modular zusammengefügt sind. Jeder der Unterprozessoren hat sein eigenes Leitwerk, Rechenwerk und seinen eigenen Speicher (Abb. 169). Spezielle Mikroprogramme, die in die dezentralen Speicher (DS) geladen werden, „personalisieren" die Unterprozessoren, d. h., machen sie für bestimmte

Verteilte Funktionen   (distributed functions)

arbeitsfähig.
Der

Verwaltungsprozessor   (service processor)

nimmt die Verwaltungsaufgaben des Systems wahr. Er lädt die Mikroprogramme von einem Mikroprogramm-Plattenspeicher über die Verwaltungsringleitung in die dezentralen Leitwerke der anderen Prozessoren. Er führt alle manuell eingeleiteten Operationen durch und steuert die zur Systemkontrolle gehörenden E/A-Einheiten wie Tastatur und Bildschirm, für die eine eigene Ringleitung existiert. Er steuert die Wiederholung fehlerhafter Mikrobefehle in allen Prozessoren, zeichnet Fehler auf und stellt die Aufzeichnungen dem Analyseprogramm zur Verfügung.
Die Funktion des

Befehlsprozessors   (instruction processor)

entspricht im wesentlichen der des Leitwerks älterer Anlagen. Es werden Maschinenbefehle über eine getrennte Ringleitung aus dem Hauptspeicher geholt, analysiert und interpretiert, anschließend Operanden geholt, miteinander verknüpft und wieder abgespeichert. Auch alle begleitenden Aufgaben wie Adreßrechnung, Setzen des Bedingungsschlüssels, Korrektur des Programmstatusworts, Unterbrechungssteuerung usw. werden im Befehlsprozessor ausgeführt.
E/A-Befehle werden nur bis zu dem Punkt analysiert, an dem *der* zuständige E/A-Prozessor selektiert werden kann, in dem die E/A-Prozedur anschließend ausgeführt wird. Der Befehlsprozessor greift danach sofort auf den nächsten Maschinenbefehl im Hauptspeicher zu.
Zur Durchführung dieser Aufgaben enthält das dezentrale Leitwerk des Befehlsprozessors einen Mikroprogrammbereich, in welchen das Mikroprogramm zu Beginn der Arbeit geladen wird.

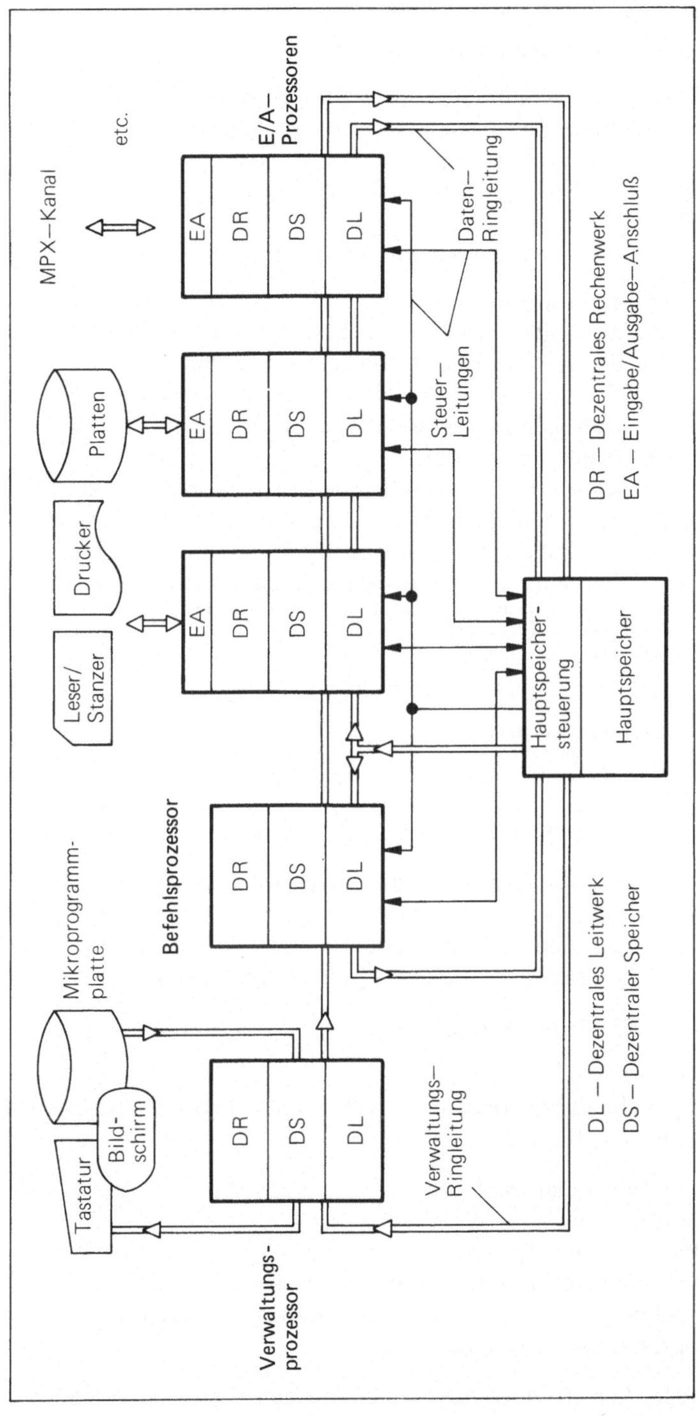

Abb. 169. Beispiel eines Systems mit Verteilten Funktionen

Die

Ein-/Ausgabe-Prozessoren   (input/output processors)

sind ähnlich aufgebaut, nur sind hier noch spezielle E/A-Anschlüsse für Plattenspeicher, Drucker, Multiplexkanäle usw. vorhanden, vermittels derer der Datenverkehr mit der Systemperipherie abgewickelt wird. Der Datenverkehr mit dem Hauptspeicher erfolgt über die Datenringleitung.

Die

Hauptspeichersteuereinheit   (main storage control unit)

ist eine Einrichtung, die den Zugriff der Prozessoren zum gemeinsamen Hauptspeicher reguliert. Sie startet von sich aus keine Aktivitäten, vielmehr muß jeder Prozessor die gewünschte Aktion selbst einleiten.

Die Anforderungen an den Hauptspeicher werden nach einem festen Prioritätsschema abgehandelt, das so aufgebaut ist, daß zeitkritische Speicherzugriffe bevorzugt behandelt werden.

Steuerinformationen zwischen den Prozessoren und der Hauptspeichersteuereinheit werden auf zwei Wegen ausgetauscht. Für schnelle und individuelle Steuersignale sind direkte Steuerleitungen vorgesehen, während zusätzliche Steuerinformationen über eine gemeinsame Sammelleitung geleitet werden. Der Datenverkehr erfolgt, wie bereits erwähnt, über die Datenringleitung.

8.4.2 Fließbandverarbeitung

Bei der

Fließbandverarbeitung   (pipelining)

macht man davon Gebrauch, daß wiederholt ablaufende sequentielle Prozesse – wie die Verarbeitung eines Befehls – in Teilprozesse aufgespalten werden, die dann jeweils auf eigenen, gleichzeitig operierenden Unterprozessoren ausgeführt werden. Dafür bieten sich z. B. die in Kap. 3.7 eingeführten

Elementarprozesse

an.

Typische Prozessoren mit Fließbandverarbeitung teilen die Befehlsverarbeitung in sechs Schritte auf:

1. Befehlsdecodierung,
2. Adreßrechnung,
3. Operandenabruf,
4. Operandenverknüpfung (Operationsausführung),
5. Ergebnisprüfung und notfalls Wiederholung des vorhergehenden Schrittes (4),
6. Ergebnisabspeicherung.

Jeder Schritt wird durch einen eigenen Unterprozessor bearbeitet (Abb. 170). Somit können im Prinzip sechs aufeinanderfolgende Befehle gleichzeitig, d. h. zeitlich sechsfach gestaffelt, durchgeführt werden.

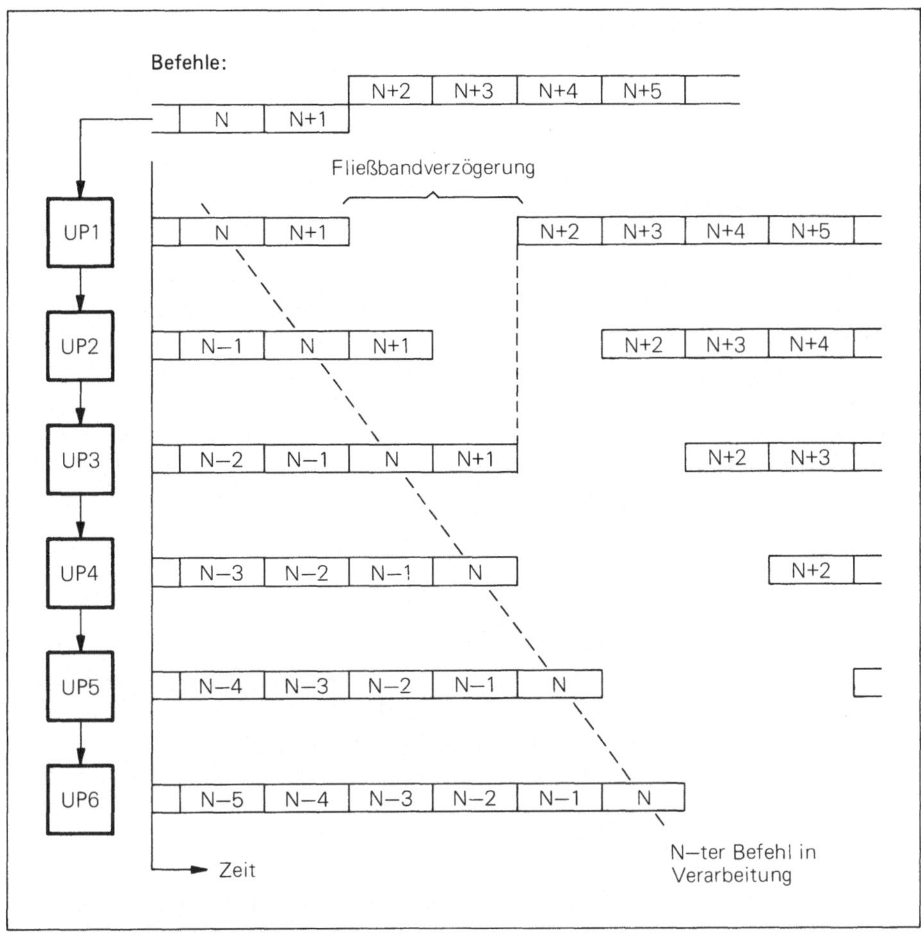

Abb. 170. Fließbandverarbeitung (Befehl $N+1$ sei z. B. ein Verzweigungsbefehl)

Diese an sich denkbare Parallelität kann allerdings nicht voll ausgeschöpft werden, da

1. nicht alle Schritte zeitlich gleichlang sind,
2. nicht alle Befehle sich in obige sechs Schritte aufteilen lassen,
3. ein Verzweigungsbefehl die Sequenz durchbricht. Hier muß erst dieser Befehl voll durchgeführt werden, bevor mit dem nächsten, bis dahin noch unbekannten Befehl, angefangen werden kann.
4. Hemmnisse in Form von Datenabhängigkeiten auftreten können, indem z. B. die Adreßrechnung für einen Befehl auf das Ergebnis (neuer Wert im Basisadreßregister) des vorhergehenden Befehls warten muß. Die Situation mag sich durch Umstellungen in der Befehlsfolge verbessern lassen, was durch Optimisierungstechniken bei der Generierung eines Zielprogramms durch einen Kompilierer erreicht werden kann.

9. Systemzuverlässigkeit

9.1 Allgemeine Begriffe

Neben den angebotenen Funktionen und der Leistung eines Datenverarbeitungssystems spielt seine

> ***Zuverlässigkeit***   (reliability)

eine große Rolle. Darunter versteht man, wie genau das System seine deklarierten Funktionen, die sog.

> ***Spezifikationen***   (specifications),

einhält, ob es korrekt arbeitet.

Ferner definiert man als

> ***Verfügbarkeit***   (availability)

das Verhältnis von funktionsfähiger Zeit zur gesamten Betriebszeit. Die Verfügbarkeit kann man auch ausdrücken als die Wahrscheinlichkeit, ein System zu einem vorgegebenen Zeitpunkt in einem funktionsfähigen Zustand anzutreffen.

Mangelnde Zuverlässigkeit bzw. Verfügbarkeit sind bedingt durch das Auftreten falscher Informationen in einem System, kurz

> ***Fehler***   (errors)

genannt. Diese sind mit wachsender Komplexität der Systeme immer schwieriger auszuschließen, teilweise aber auch prinzipiell gar nicht zu vermeiden. Sie sind Symptome für zeitweise auftretende oder dauerhafte

> ***Defekte***   (defects, faults)

im System, d. h. falsch oder nicht funktionierende Systemfunktionen. Defekte als Fehlerursachen können inkorrekte Logik auf den verschiedenen Funktionsschichten bedeuten, also Unzulänglichkeiten bei Entwurf und Realisierung von Hardware, Firmware oder Software. Weiterhin können Defekte bedingt sein durch Alterungserscheinungen einzelner Hardwarekomponenten. Schließlich können sie herrühren von „externen" Einflüssen, wie elektrischen oder magnetischen Störungen (Rauschen auf Signalleitungen), die in der Lage sind, die Information in einem System zu verändern.

Fehler machen sich bemerkbar durch ihre

> ***Fehlerfolgen***   (failures),

Ergänzende und weiterführende Literatur: [13, 25, 56, 57, 70, 71, 84]

wie etwa durch falsche Ergebnisse oder sogar durch den Ausfall des ganzen Systems bzw. einzelner seiner Komponenten.

Meßgrößen für die Zuverlässigkeit sind die

Fehlerrate   (error rate),

also die Anzahl der auftretenden Fehler je Zeiteinheit, bzw. der

mittlere Ausfallabstand   (mean time between failures),

definiert als die gemittelte Zeit zwischen Systemausfällen (bzw. Wiederanläufen).

Verschiedene Systeme haben – bedingt durch verschiedene Anwendungen – auch verschiedene Zuverlässigkeitsanforderungen. So werden z. B. an Systeme zur Reaktorkontrolle oder Flugüberwachung besonders hohe Anforderungen bezüglich Zuverlässigkeit gestellt. Da erhöhte Anforderungen nur durch zusätzlichen Aufwand zu erfüllen sind, wird man je nach Anwendung eine Abstimmung zwischen Zuverlässigkeit, Leistung und Kosten vornehmen müssen.

Einmal ist man schon bei der Entwicklung eines Systems bestrebt, alle logischen Fehlerursachen zu vermeiden, was jedoch nie ganz gelingt (vgl. Kap. 10.1). Durch ständige automatische Systemtests und Diagnostik, verbunden mit vorbeugender Wartung, wird weiterhin versucht, mit der Zeit auftretende Defekte zu beseitigen und so die Qualität eines Systems stetig zu verbessern. Im übrigen gilt es, mit unvorhergesehenen Fehlern zu leben, sie im Systembetrieb zu tolerieren. Das wird erreicht, indem man Defekte bei ihrem Auftreten nicht ausschaltet – was meist nicht möglich ist – sondern durch korrigierende Maßnahmen die verursachten Fehler überbrückt, gleichzeitig aber genügend Fehlerinformation sammelt, um zu gegebener Zeit eine andauernde Fehlerursache zu beseitigen. Während normalerweise die Komponente mit der geringsten Zuverlässigkeit die Zuverlässigkeit eines Gesamtsystems bestimmt, erzielt man durch derartige Toleranztechniken und -verfahren eine vergleichsweise höhere Zuverlässigkeit für das Gesamtsystem.

Verwandt mit der Systemzuverlässigkeit in ihren technischen Schutzvorkehrungen und von zunehmend größerer Bedeutung ist die

Datensicherheit   (data security),

auch Datenschutz genannt. Darunter versteht man den Schutz gegen unbeabsichtigte oder sogar beabsichtigte Verfälschung oder Zerstörung von Daten und Programmen, sowie den Schutz gegen ihre Preisgabe an dafür nicht autorisierte Systembenutzer oder andere (kommunizierende) Systeme. Die dazu erforderlichen Datenschutzvorkehrungen umfassen vielerlei Einrichtungen. Sie erstrecken sich über den gesamten Hardware-, Firmware- und Softwarebereich eines Systems, von der Benutzeridentifikation am Bildschirm über Zugriffsberechtigungen bei Datenbanken bis zur Verschlüsselung der Daten bei Speicherung und Übertragung.

9.2 Fehlererkennung und -lokalisierung

Auch der beste Entwicklungsprozeß kann nicht alle Defekte beseitigen. Dies um so weniger, als Alterungserscheinungen von Hardwarekomponenten und externe

Störungen natürliche, unvermeidbare Fehlerquellen bleiben. Damit ein System zuverlässig ist, muß es daher darauf vorbereitet sein, daß Fehler auftreten können. Es müssen also Vorkehrungen eingebaut sein, welche die

Fehlererkennung und -lokalisierung   (error detection and isolation)

während des Betriebs ermöglichen. Dabei versucht man, möglichst automatische Techniken zu entwickeln, die es erlauben, ein System im Einsatz auf Fehler zu prüfen, diese zu überbrücken (Fehlertoleranz, siehe Kap. 9.3) und so eine erhöhte Zuverlässigkeit und Verfügbarkeit zu erzielen.

Das erfordert als erstes eine modulare, hierarchische

Systemstruktur   (system structure)

mit funktionell abgeschlossenen Funktionsschichten, die sich gegenseitig möglichst wenig beeinflussen, indem sie nur über klar definierte und „begrenzte" Übergänge (sog. Schnittstellen) miteinander in Verbindung stehen.

Durch die hierarchische Systemstrukturierung erreicht man, daß die Zahl m der möglichen Übergänge zwischen n Systemkomponenten – maximal sind dies $m = n(n-1)/2$ – stark reduziert wird, nämlich im Grenzfall einer baumartigen Hierarchie bis auf $n-1$ (Abb. 171).

Die

Begrenzung der Übergänge

bedeutet, daß bei der Informationsübergabe zwischen Funktionseinheiten – insbesondere auch bei der Dateneingabe – stets geprüft wird, ob die Information innerhalb gewisser Grenzen liegt (z. B. gültiger Befehlsschlüssel, gültige Adresse,

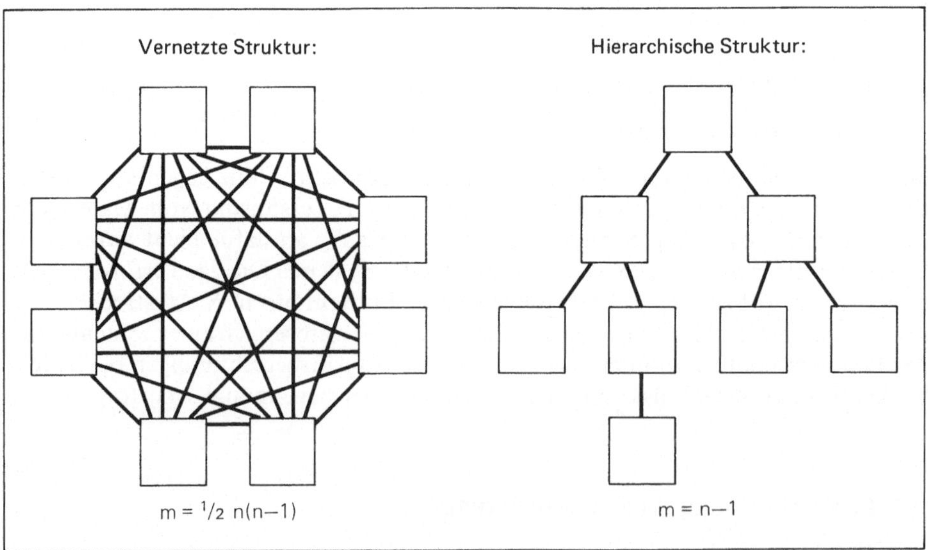

Abb. 171. Zahl m der Übergänge bei allseits vernetzter und bei hierarchischer Systemstruktur von n Komponenten

gültige Daten). Dazu gehören auch Zeitgrenzen wie z. B. das Eintreffen einer Unterbrechung innerhalb eines bestimmten Zeitintervalls. Werden die Grenzbedingungen nicht erfüllt, so wird die Information zurückgewiesen und die abgebende Funktionseinheit als fehlerhaft deklariert.

Daß der Informationsaustausch wirklich nur über die etablierten Übergänge erfolgt, wird durch

Schutzvorkehrungen

sichergestellt, die den willkürlichen Verkehr zwischen verschiedenen Systemteilen verhindern. Darunter fällt z. B. die klare Trennung zwischen

Supervisor- und Problemzustand   (supervisor and problem status),

was verhindert, daß Benutzerprogramme, sog. Problemprogramme, „privilegierte" Supervisorfunktionen ausüben und so den kontrollierten Systemablauf stören. Ferner gehören dazu Einrichtungen zum

Speicherschutz   (storage protection)

für verschiedene Speicherbereiche durch Speicherschutzschlüssel. Damit wird sichergestellt, daß Programme und Daten verschiedener Benutzer (Schlüssel) nicht beliebig miteinander „verkehren", sich stören können. Allgemeiner ausgedrückt: Solche Vorkehrungen verbieten die Wechselwirkung zwischen voneinander unabhängigen Informationsströmen.

Der auf diese Weise kontrollierte „Grenzverkehr" bringt also nicht nur Fehler zu Tage, sondern lokalisiert gleichzeitig deren Ursache. Allerdings können so nicht alle Fehler erkannt werden, da falsche Information, die innerhalb der Grenzen liegt, durchgelassen wird. Wird also fälschlicherweise ein gültiger Code erzeugt, so kann er nicht als Fehler erkannt werden.

Ein weiteres Mittel zur Fehlererkennung und -lokalisierung ist die

Redundanz   (redundancy)

in Funktionen und Daten.

Mit Hilfe der

Funktionsredundanz   (function redundancy)

wird eine bestimmte Funktion mit identischen oder verschiedenen Algorithmen je nach möglicher Fehlerart mehrfach durchgeführt und bei ungleichen Ergebnissen ein Fehler erkannt. Bei mehrfacher Redundanz ist es dabei möglich, durch „Mehrheitsbeschluß" einen Fehler zu korrigieren. Im Fall sporadisch auftretender Fehler genügt es, den gleichen Algorithmus mehrmals zu durchlaufen. Bei logischen Defekten können nur funktionell gleiche, aber verschieden implementierte Algorithmen den Defekt innerhalb eines der Algorithmen erkennen.

Coderedundanz   (code redundancy)

bedeutet allgemein, daß Daten zu verschiedenen Zeiten durch identische Algorithmen mit zusätzlicher Prüfinformation nach Art einer Kontrollsumme versehen werden. Diese macht bei einem Ist/Soll-Vergleich aufgetretene Fehler erkennbar und unter bestimmten Bedingungen sogar korrigierbar (Abb. 172). Coderedundanz

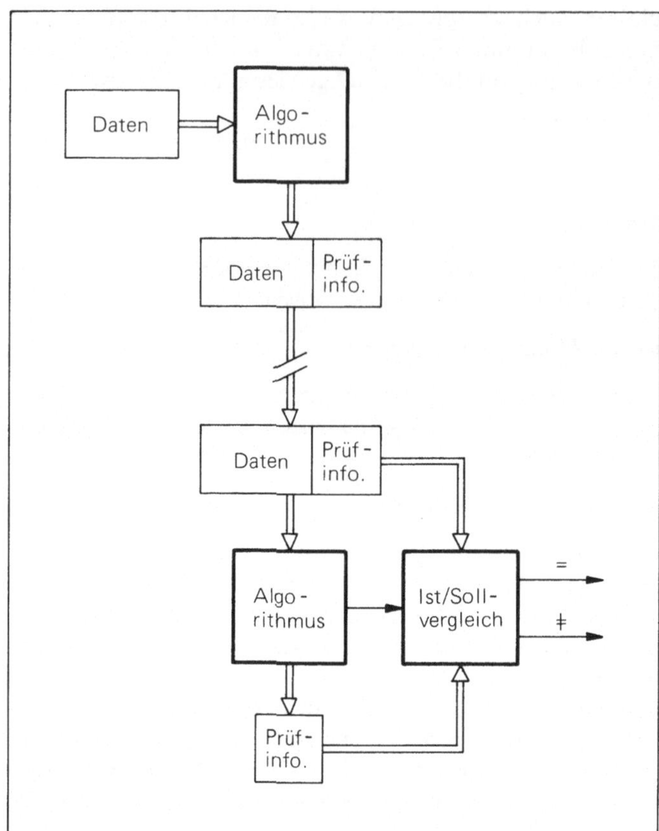

Abb. 172.
Coderedundanz

ist somit eine spezielle Funktionsredundanz, die mit Redundanz in den Daten arbeitet. Das bedeutet, daß nicht alle möglichen Bits oder Bitkombinationen zur Codierung von Nutzinformation verwendet werden. Die Prüfinformation wird nach bestimmten Gesetzen gebildet, die es ermöglichen, durch Störung verursachte Abweichungen von diesen Gesetzen zu erkennen.

Eine einfache Form der Coderedundanz ist die

> ***Paritätsprüfung***   (parity check)

mit einem Paritätsbit (PB), auch Querparität genannt. Es handelt sich um eine binäre Informationsdarstellung, bei der nicht die volle Menge aller möglichen Bitkombinationen zur Darstellung von Nutzinformationen verwendet wird. Der überzählige Codierungsvorrat (Redundanz) steht somit für Fehlererkennung und -lokalisierung zur Verfügung. Weiterhin zählt dazu die

> ***longitudinale Satz-/Blockprüfung***
> (block/longitudinal redundancy check),

kurz Blockprüfung genannt, mit einem Blockprüfzeichen (BPZ), auch als Längsparität bezeichnet.

	P	A	R	K	W	E	G		1	7	2		B	O	N	N	BPZ
0	1	1	1	1	1	1	1	0	1	1	1	0	1	1	1	1	1
1	1	1	1	1	1	1	1	1	1	1	1	1	1	1	1	1	1
2	0	0	0	0	1	0	0	0	1	1	1	0	0	0	0	0	1
3	1	0	1	1	0	0	0	0	1	1	1	0	0	1	1	1	0
4	0	0	1	0	0	0	0	0	0	0	0	0	0	0	0	0	0
5	1	0	0	0	1	1	1	0	0	1	0	0	0	1	1	1	1
6	1	0	0	1	1	0	1	0	0	1	1	0	1	1	0	0	1
7	1	1	1	0	0	1	1	0	1	1	0	0	0	0	1	1	0
PB	1	0	0	1	0	1	0	0	0	0	0	0	0	0	0	0	0

Abb. 173. Paritäts- und Blockprüfung (jeweils auf ungerade Zahl)

Das Paritätsbit ergänzt und prüft die Zahl der „Eins"-Bits pro Zeichen stets auf ungerade (oder gerade). Das Blockprüfzeichen entsteht entsprechend durch Ergänzen auf ungerade (oder gerade) aller gleichstelligen „Eins"-Bits der Zeichen eines Blocks (Abb. 173). Die Erstellung und Prüfung der Prüfinformation mit Hilfe der Coderedundanz kann durch Hardware oder Software erfolgen.

Bei Anwendung *einer* der obigen Prüfmethoden können sog. Einfachfehler, das sind Fehler, bei denen nur ein Bit verfälscht ist, erkannt, aber nicht lokalisiert werden, d. h., es ist nicht feststellbar, welches Bit falsch ist. Zweifachfehler, das sind solche, bei denen zwei sich *kompensierende* Einfachfehler gleichzeitig auftreten, sind so nicht festzustellen, treten aber auch viel seltener auf.

Mit *beiden* Prüfmethoden gemeinsam lassen sich Einfachfehler nicht nur erkennen, sondern auch lokalisieren und damit korrigieren, d. h., es läßt sich feststellen, welches Bit falsch ist (Abb. 174). Nun lassen sich auch Zweifachfehler erkennen, jedoch nicht lokalisieren, während sog. Vierfachfehler, also vier sich kompensierende Einfachfehler auf den Ecken eines beliebigen Rechteckes, unerkannt bleiben, aber auch noch viel seltener vorkommen.

Es sei bemerkt, daß diese Erkennungs- bzw. Lokalisierungsaussagen sich nur auf das Auftreten *eines* n-fach-Fehlers beziehen. So sind z. B. zwei Einfachfehler trotz beider Prüfmethoden nicht mehr lokalisierbar. Somit bestimmt die gegebene Fehlerhäufigkeit innerhalb eines Blocks die optimale Blocklänge für eine effektive Blockprüfung.

Die geschilderte Paritätsprüfung mit Ergänzung der „Eins"-bits läßt sich prinzipiell erweitern, indem aus der Nutzinformation eine Prüfinformation allgemein errechnet wird. Dazu wendet man häufig das folgende Verfahren an: Die zu prüfende Bitfolge wird als Dualzahl D aufgefaßt und durch eine Primzahl P dividiert. Der verbleibende Rest $R = D \pmod P$ stellt die Prüfinformation dar. Im Fall der Blockprüfung nennt man dies auch „zyklische Blockprüfung" (cyclic redundancy check).

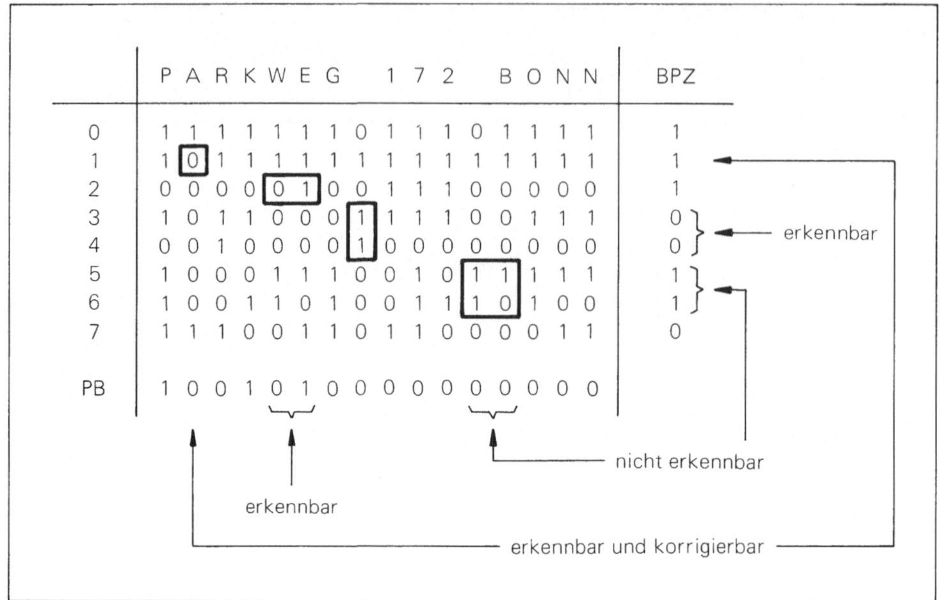

Abb. 174. Einfach-, Zweifach- und Vierfachfehler

Durch die Einführung von Redundanz wird erreicht, daß sich verschiedene Zeichen – allgemein Bitfolgen – nicht mehr nur durch mindestens *ein* Bit unterscheiden. Während ohne Redundanz alle Bitkombinationen ohne weiteres zulässig sind, einen „Zeichenabstand" (auch „Hamming-Distanz" genannt) von einem Bit haben, beträgt dieser Abstand mit einem Paritätsbit mindestens zwei Bit zwischen gültigen Zeichen; nur mehr jede zweite Bitkombination ist erlaubt (Abb. 175). 1-Bit-Fehler, die *ein* einzelnes Bit eines Zeichens invertieren, ergeben somit ungültige Zeichen. Damit ist aber ohne weiteres nicht feststellbar, welches Zeichen ursprünglich gemeint war. Im Beispiel kann das ungültige Zeichen 1100 aus den benachbarten gültigen Zeichen 0100, 1000, 1110 oder 1101 entstanden sein. Erst durch Vergrößerung des Abstandes, also durch größere Redundanz, kann das ursprüngliche Zeichen als höchstwahrscheinlich nächste gültige Bitkombination reproduziert werden.

Die Verfahren finden im allgemeinen wie folgt Anwendung:

- Hauptspeicher: Paritätsprüfung,

- Register: Paritäts- und Blockprüfung (Block = Register),

- Plattenspeicher: zyklische Blockprüfung,

- Magnetband: Paritäts- und Blockprüfung,

- Leitungen: Blockprüfung.

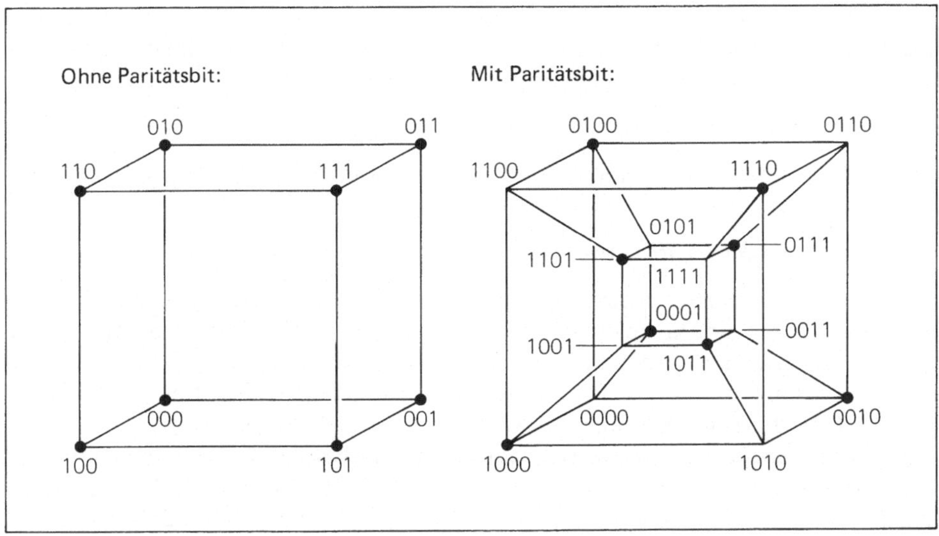

Abb. 175. Zeichenabstand bei Coderedundanz am Beispiel eines 3-Bit-Codes ohne und mit ungeradem Paritätsbit (● stellt ein gültiges Zeichen dar)

9.3 Fehlertoleranz

Wie zu erkennen war, können gewisse Fehlererkennungsverfahren durch geringe Erweiterung schon zur

Fehlerkorrektur   (error correction)

ausgebaut werden. Damit wird zwar die eigentliche Fehlerursache nicht behoben, jedoch wird vermieden, daß sich die Folgen solcher Ursachen fortpflanzen und zu schwerwiegenden Störungen führen. Im Prinzip wird also versucht, mit Fehlern zu leben:

Fehlertoleranz   (error tolerance),

ihre Folgen jedoch abzufangen. Dies ist insbesondere unerläßlich wegen der sog. sporadischen Fehler, die auf von außen eingestreute, unvermeidbare Störungen zurückzuführen sind. Fehlertoleranz bedeutet also, daß ein System Redundanz besitzt, die es ihm erlaubt, trotz des Vorhandenseins von Fehlern mit mehr oder weniger reduzierter Leistung, womöglich auch mit manueller Unterstützung durch das Bedienungspersonal, seine Funktion richtig auszuüben.

Bei Fehlern, die nicht direkt korrigiert werden können, muß ihre Berichtigung auf einer höheren Ebene erfolgen. So führen z. B. Fehler, die von der Hardware entdeckt, aber nicht behoben werden, zu sog. Maschinenfehlern, die mittels Programmunterbrechung Korrekturroutinen im Betriebssystem zum Einsatz bringen. Solche Routinen auf höheren Ebenen können bei hochentwickelten Systemen eine etwa nötige

Umkonfigurierung   (reconfiguration)

des Systems vornehmen (Kanalumschaltung, Prozessorumschaltung, Ausschalten von fehlerhaften Seitenrahmen in virtuellen Systemen usw.), so den eingegrenzten, ausgefallenen Systemteil stillegen, mittels eines sog.

Kontrollpunktes   (checkpoint)

einen früheren noch fehlerfreien Systemzustand wiederherstellen und von diesem Zustand aus einen

Wiederanlauf   (restart)

starten. Dazu ist es aber notwendig, daß während des Betriebs von Zeit zu Zeit an Kontrollpunkten eine ausreichende Menge von Information über Programme _und_ Daten aufgezeichnet wird, um gegebenenfalls zu einem späteren Zeitpunkt mit dieser Statusinformation die Programmausführung wieder aufnehmen zu können und die fehlerhaft durchgeführte Funktion nochmals zu wiederholen.

Dabei muß speziell sichergestellt werden, daß insbesondere auch der Status der Daten zum Zeitpunkt eines Kontrollpunktes festgehalten wird, so daß bei etwaigen Wiederholungen nicht Datensätze etwa doppelt (akkumulativ) aktualisiert werden. Eine Abspeicherung aller angesprochenen Dateien bei jedem Kontrollpunkt wäre zwar denkbar, ist jedoch im allgemeinen zu aufwendig, wenn auch in größeren Zeitabständen nötig, um möglichen Zerstörungen ganzer Dateien vorzubeugen. Es genügt dabei, nur die zwischen zwei Kontrollpunkten veränderten Datensätze mit ihrem ursprünglichen, noch unveränderten Inhalt bis zum nächsten Kontrollpunkt in einem „Logbuch" aufzubewahren, um so eine nochmalige Aktualisierung der

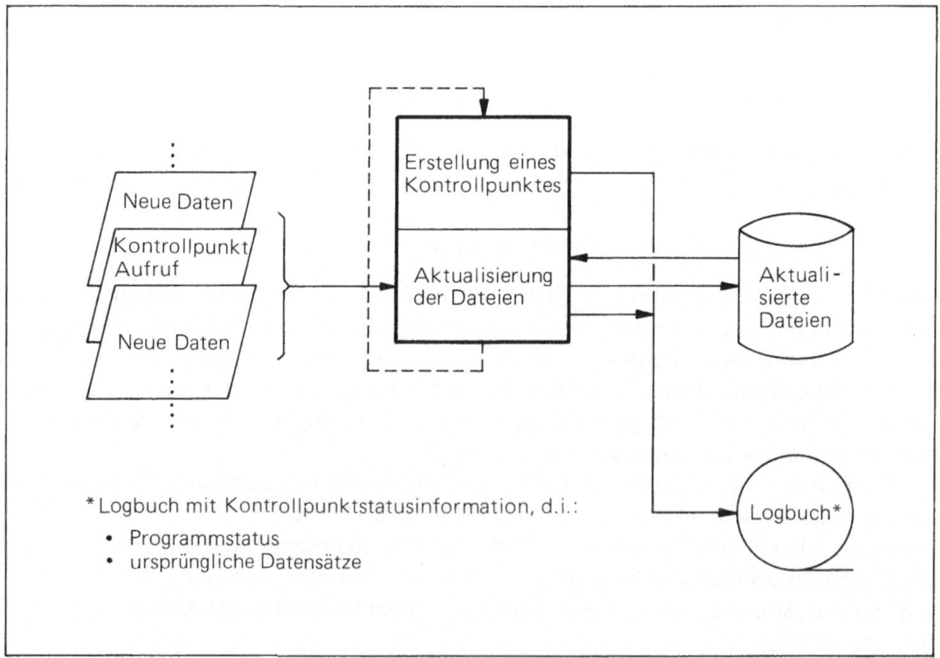

Abb. 176. Kontrollpunkt

ursprünglichen Datensätze zu ermöglichen (Abb. 176). Im Falle eines fehlerbedingten Abbruches der Verarbeitung werden dann bei Wiederanlauf bis zur Abbruchstelle nicht Datensätze aus der Datei, sondern aus dem Logbuch zur Aktualisierung herangezogen und in die Datei geschrieben.

Ein anderes Beispiel von Fehlertoleranz sind die früher (Kap. 7.4) geschilderten Vorkehrungen (Übertragungsprotokolle) zur Feststellung und Korrektur von Übertragungsfehlern, soweit diese zwar feststellbar, aber nicht direkt auf Grund von Coderedundanz korrigierbar sind. Der fehlerfreie „Systemzustand" wird dort bewahrt durch Abspeichern der zu übertragenden Nachricht beim Sender. Erfolgt eine negative Bestätigung, so wird die Übertragung wiederholt. Wiederanlauf besteht hier also in Wiederübertragung. Erst bei positiver Bestätigung kann der „Kontrollpunkt", die gespeicherte Nachricht, überschrieben, d. h. beim Sender vergessen werden.

9.4 Wartung

Defekte, die nicht automatisch korrigiert oder nicht lange toleriert werden können, müssen im Zuge organisierter Maßnahmen beseitigt oder durch vorbeugende Suchtechniken bereits entdeckt werden, bevor sie Fehler verursachen. Diese als

Wartung   (service/maintenance)

bezeichnete Aktivität setzt die

Wartbarkeit   (serviceability/maintainability)

eines Systems voraus. Dazu gehören neben der modularen Struktur, die den einfachen, schnellen Austausch defekter Systemteile erlaubt, eine Reihe von

Diagnostikprogrammen   (diagnostic programs).

Das sind Hilfen, z. B. in Form von Fehlererfassungsroutinen („Fahrtenschreiber"), die zur späteren Auswertung laufend Fehlerlisten und -statistiken ansammeln. Mit Hilfe der Fehlerinformation erlauben dann weitere Diagnostikprogramme, die Defekte zu identifizieren. Darunter fallen z. B. Speicherauszüge (dumps), die den augenblicklichen Inhalt von Speicherbereichen gedruckt oder auf dem Bildschirm zeigen, sowie Ablaufverfolgungen (traces), die gewisse Systemgrößen in ihrem zeitlichen Verhalten (z. B. Befehlsregisterinhalt) zeigen und so die Ereignisse, die zum Fehler führten, nachzuvollziehen erlauben. Wo dies nicht möglich ist, kann ein Rückgriff auf zentrale Informationssysteme des Herstellers hilfreich sein, in denen frühere Fehlervorkommen, ihre Ursachen und Behebungen als Wartungserfahrung gespeichert sind.

Schließlich gibt es eine große Palette von Vorkehrungen, welche die Wartung während des Systembetriebs (online), unter Umständen sogar von einer entfernten Wartungszentrale aus, ermöglichen (fernunterstützte Wartung), Das setzt voraus, daß alle Diagnostikinformation im System gespeichert ist und über Fernverarbeitungszugriff abgerufen werden kann.

10. Systementwicklung und -organisation

10.1 Der Systementwicklungsprozeß

Um ein System großer Zuverlässigkeit und hoher Verfügbarkeit zu entwickeln, muß man bestrebt sein, von vornherein potentielle Fehler oder Schwachstellen als Fehlerursachen weitgehend auszuschließen. Dazu geht man von möglichst zuverlässigen Komponenten aus und erstellt aus diesen in einem qualitätsorientierten, systematisch strukturierten

> *Entwicklungsprozeß*   (development process)

größere Systemeinheiten bzw. schließlich ein ganzes System.

Die einzelnen Phasen des Entwicklungsprozesses sind:

> *Definition, Entwurf, Ausführung und Test.*

In jeder dieser Phasen wird das zu erstellende System, allgemeiner Produkt genannt, iterativ mit geeigneten, teilweise umfangreichen Hilfsmitteln auf einen bestimmten Entwicklungsstand gebracht.

Die erste Phase, die

> *Definition*   (definition),

enthält eine betriebswirtschaftlich sehr wichtige Funktion, nämlich die Bedarfsanalyse. Sie erstreckt sich auf die zukünftigen Marktanforderungen bezüglich Funktionen, Leistung und vertretbarer Kosten und schafft damit einen Rahmen für die technische Lösung und Ausgestaltung eines Produkts.

In der nächsten Phase wird für das Produkt ein

> *Entwurf*   (design)

erstellt, mit dem es konzipiert, d. h. modellhaft beschreibend festgelegt wird. Das Schwergewicht liegt dabei auf funktionell und technisch eindeutigen, klaren Beschreibungen, d. h. einer exakten, meist maschinell geführten

> *Dokumentation*   (documentation).

Diese schlägt sich in sog. externen und internen Spezifikationen nieder. Externe Spezifikationen beschreiben dabei das „Was", d. h., was für Funktionen das Produkt aufweisen wird und wie man sich ihrer bedient, also das „äußere Erscheinungsbild", wie es der Benutzer des Produkts sieht. Dazu gehören Aussagen über Datenformate, Befehlssprache und Dialogfolgen, aber auch über Leistung und Qualität. Interne Spezifikationen legen das „Wie" fest, also wie diese Funktionen

---

Ergänzende und weiterführende Literatur: [6, 19, 23]

realisiert, welche Algorithmen, Einrichtungen, Bauelemente usw. verwendet werden sollen. Dazu gehören auch die sog.

Flußdiagramme (flow charts),

die den Fluß der Daten und den Ablauf der Befehle bzw. Operationen (Programmablauf, Kontrollfluß), also das zeitliche Geschehen, darstellen.

Als sehr nützlich im Hinblick auf ein fehlerfreies Produkt hat sich beim Entwurf ein hierarchisches Vorgehen erwiesen, bei dem man von anfangs groben Vorstellungen zu immer feinerer Detaillierung (top-down) voranschreitet. Dabei werden gewisse Strukturgesichtspunkte wie Modularität, Hierarchie, Transparenz usw. (vgl. Kap. 10.2) systematisch einbezogen.

Interne, aber teilweise auch externe Spezifikationen lassen sich in ihren Aussagen heute so formalisieren und darstellen, daß sie auf Korrektheit und Vollständigkeit prüfbar sind. Das ist insofern von Bedeutung, als die Beseitigung eines Defektes um so teurer wird, je später er im Entwicklungsprozeß gefunden wird.

Ist der Entwurf abgeschlossen, so kann in der nächsten Phase seine Ausführung, auch

Implementierung (implementation)

genannt, erfolgen, der Entwurf also technisch realisiert werden. Dabei werden die verschiedenen Funktionseinheiten aus Schaltkreisen (Hardware), Mikrobefehlen (Firmware) bzw. Maschinenbefehlen (Software) aufgebaut und zusammengefügt.

Hier spielt der Einsatz von Datenverarbeitungsanlagen heute bereits eine tragende Rolle. Sie erlauben, den Implementierungsprozeß weitgehend automatisch, von hoher abstrakter Ebene bis in die technischen Einzelfunktionen schlüssig gesteuert und daher mit möglichst geringer Fehleranfälligkeit durchzuführen. Die Zahl der Implementierungsfehler wird dadurch gegenüber jeder manuellen Methode um Größenordnungen gesenkt. Unter Verwendung höherer Programmiersprachen bzw. symbolischer Codieranweisungen werden Operationsabläufe von entsprechenden Übersetzungsprogrammen der Datenverarbeitungsanlage in die eigentlichen Steuerfolgen der verschiedenen Steuerschichten transformiert. Dabei werden formale und teilweise auch inhaltliche Defekte weitgehend automatisch entdeckt:

Automatisierte Entwurfsverarbeitung
(Computer-Aided Design = CAD).

So entstehen Systemprogramme, Mikroprogramme und Schaltkreispläne direkt in der beim Entwurf eingesetzten Datenverarbeitungsanlage. Sie werden dort abgespeichert und stets auf neuestem Stand gehalten. Heute erfolgt dies im Dialogbetrieb: der Entwickler konstruiert vom Bildschirm aus „seinen Baustein".

Die Hilfsmittel werden ergänzt durch Methoden, die auf das gleiche Ziel der hohen Qualität ausgerichtet sind. Genannt sei hier z. B. die Strukturierte Programmierung, die in der Software größere Übersichtlichkeit, Prüfbarkeit und somit Zuverlässigkeit gewährleistet.

In der sich anschließenden Testphase werden die fertigen Produktteile bzw. das ganze Produkt systematisch angelegten

Tests (tests)

unterworfen. Sie sollen das korrekte Funktionieren sowie dessen Grenzen im probeweisen Betrieb prüfen. Tests sind ebenfalls hierarchisch gegliedert, werden aber meist von unten nach oben geführt (bottom-up); man beginnt also mit den kleinsten Einheiten, fügt diese nach bestandenem Test zu immer größeren Komplexen zusammen, die wiederum einem Test unterworfen werden.

Aufgabe jeden Tests ist es, die korrekte Erfüllung der jeweiligen Spezifikationen festzustellen. Dazu werden sog.

Testfälle   (test cases)

entwickelt, die eine spezielle Anwendung oder einen Grenzfall der betreffenden Funktionseinheit simulieren. Testfälle stellen im Grunde eine „Implementierung" der externen Spezifikationen dar. Während diese das „Was" einer bestimmten Funktion beschreiben, stellt die zu testende Einheit selber das „Wie" dar. Im Test stoßen diese beiden verschiedenen Gesichtspunkte aufeinander. Da für jeden Testfall feststeht, was das Testresultat sein soll („Soll-Wert"), kann in einem Ist/Soll-Vergleich mit dem tatsächlichen Ergebnis („Ist-Wert") die Korrektheit einer Einheit festgestellt werden, also ob die externen Spezifikationen im Produkt richtig implementiert worden sind (Abb. 177). Die Generierung fehlerfreier Testfälle erfordert dabei ebenso große Sorgfalt wie die Erstellung des Produkts selbst.

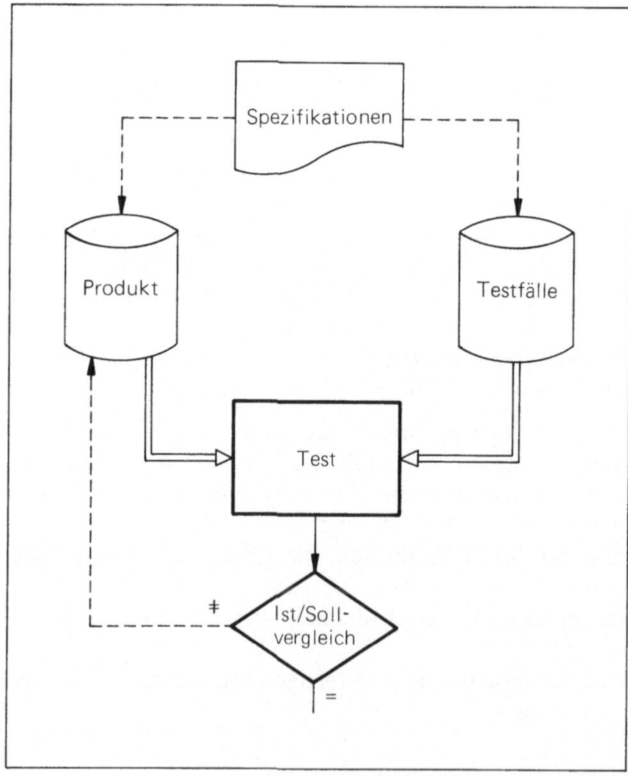

Abb. 177. Testmethode

Die Testfälle sollten eigentlich alle Variationen und Kombinationen der Eingabeparameter darstellen, die alle möglichen informatorischen Zustände eines Produktes, bestimmt durch Programme und Daten, vollständig erfassen. Die Zahl aller Möglichkeiten wächst dabei jedoch schnell in astronomische Dimensionen. Der hierarchische Testprozeß schafft nun aber nicht nur Ordnung, er reduziert die Anzahl der Testkonstellationen auch beträchtlich, indem nicht mehr jeder Zustand einer Einheit mit jedem einer anderen kombiniert und getestet werden muß. Dennoch wäre die verbleibende Zahl von Testmöglichkeiten noch zu gewaltig. Man muß also durch geeignete Teststrategien sinnvolle Einschränkungen vornehmen. Dabei verfährt man meist so, daß man auf den untersten Ebenen noch so vollständlich wie möglich testet, weiter oben jedoch sich mehr und mehr stichprobenartig nurmehr auf die häufigsten Anwendungen konzentriert. Wie schon bei der praktischen Bestimmung der Leistung eines Datenverarbeitungssystems (vgl. Kap. 8.1.2) dienen auch hier repräsentative Anwendungsprofile dazu, geeignete Testfälle zu erstellen und sich so der Qualität eines Produktes zu versichern.

Auch hier unterstützen Datenverarbeitungsanlagen die Testmethoden und erlauben einen hohen Grad von Automatisierung bei der Erzeugung von Testfällen und bei ihrem Durchspielen. Virtuelle Maschinen mit Simulatoren zur Realisierung bestimmter Testsituationen bieten sich dabei z. B. als ideale Testmaschinen für Softwaretests an (vgl. Kap. 8.2.7).

10.2 Gesichtspunkte zur Systemorganisation

Heutige Datenverarbeitungssysteme sind gekennzeichnet durch einen hohen Grad an Komplexität. Sie unterliegen einer Reihe von teils sich widersprechenden Anforderungen bezüglich

- Funktion (universelle bzw. spezielle Anwendungen),

- Leistung (Durchsatz bzw. Antwortzeiten),

- Qualität (Zuverlässigkeit und Verfügbarkeit),

- Einsatz (Stapel-, Dialog- bzw. Realzeitbetrieb, zentrale bzw. dezentrale Daten und Verarbeitung),

- Entwicklung (Umbau- und Erweiterungsfähigkeit).

Realisiert werden die einzelnen Teile der Systeme durch verschiedenartige Technologien, die zusammenwirken und die Anforderungen in Einklang bringen müssen.

Dazu werden derartige Systeme nach einer Reihe organisatorischer Gesichtspunkte räumlich, zeitlich und logisch strukturiert. In der Folge werden die wichtigsten organisatorischen Gesichtspunkte, die bei der Entwicklung und Konfiguration von Datenverarbeitungssystemen Anwendung finden, nachdem sie schon gelegentlich erwähnt wurden, zusammenfassend beschrieben:

1.   *Modularität* (modularity)

Zur Beherrschung der Komplexität wird ein System oder Untersystem beim Entwurf räumlich und logisch aufgeteilt in verschiedene, teilweise auch gleiche, funktionell abgeschlossene, „handliche" Bausteine, „Komponenten" oder auch „Module" genannt, die über wohldefinierte Übergänge (Schnittstellen) miteinander verbunden sind. Damit erreicht man, daß das System übersichtlich wird, daß es konfigurierbar wird, d. h., einzelne Komponenten für bestimmte Einsätze herangezogen werden können, daß die Komponenten einzeln leicht prüfbar werden, daß sie gegen neue ausgetauscht werden können und so das System auch erweiterbar wird. Durch Festlegen definierter Übergänge werden Komponenten miteinander verträglich (kompatibel), sei es im gemeinsamen Betrieb oder beim gegenseitigen Ersatz. Außerdem erleichtert solche Modularität die Fehlerlokalisierung und -korrektur.

2.   *Hierarchische Anordnung* (hierarchical structure)

Hierunter wird eine baumartige Strukturierung der Systemelemente verstanden, bei der Elemente eindeutig übergeordneten Elementen zugeordnet werden, so daß nicht beliebige Beziehungen unter den Elementen existieren können. In einer solchen Struktur lassen sich z. B. Daten über baumartige Indizes leicht adressieren und aufsuchen. Man vermeidet Verklemmungen bei der Zuteilung von Betriebsmitteln. Die Zahl der Übergänge zwischen Funktionseinheiten wird auf ein Minimum reduziert. Ähnlich wird auch der Kontrollfluß im Ein- und Ausgabesystem „kanalisiert".

3.   *Hierarchische Randfolge/Funktionsübertragung* (delegation)

Ordnet man Funktionen hierarchisch an, so kann man im Sinne der Hierarchischen Steuerung Aufgaben an untergeordnete Funktionen „delegieren", die spezialisiert sind und für die allgemeineren, übergeordneten Funktionen geeignete Dienste leisten können. Das verhindert einmal willkürliche Verantwortlichkeiten und erlaubt eine situationsangepaßte Bearbeitung auf der Ebene des eigentlichen Geschehens (z. B. spezifische Steuerung von unterschiedlichen Ein- und Ausgabeeinheiten). Des weiteren werden aber auf diese Weise die übergeordneten Funktionen entlastet (z. B. Geräteunabhängigkeit) und so der Informationsfluß an den Übergangsstellen zwischen den einzelnen Funktionseinheiten drastisch verringert. Damit erzielt man eine wesentliche Leistungsverbesserung sowohl bezüglich Komponentenauslastung als auch Antwortzeiten.

4.   *Transparenz* (transparency)

Dieses auch „Black box" benannte Entwurfsprinzip bedeutet die Trennung der äußeren funktionellen Erscheinung einer Komponente bzw. eines Moduls von der inneren Arbeitsweise, oder anders gesagt: Trennung der Anwendung von der Realisierung, des „Was" vom „Wie". Verschiedene Implementierungen können gleiche Anwendungen realisieren, werden somit austauschbar, bzw. Änderungen in der Realisierung haben keinen Einfluß auf die äußere funktionale Erscheinung und so auf die anderen Komponenten.
Auf diese Weise lassen sich gegenseitige Abhängigkeiten von Systemkomponenten im Rahmen halten, und macht man sich weitgehend unabhängig bezüglich

der verschiedenen verwendeten Technologien. Der Systembenutzer braucht also die internen Eigenschaften und Vorgänge seines Systems nicht zu kennen. Ein Virtuelles Speichersystem bietet ihm z. B. einen einheitlichen Adreßraum, die Physik der verschiedenen Speicher und deren Zusammenwirken treten für ihn nicht in Erscheinung. Auch Datenmodelle abstrahieren von der eigentlichen physikalischen Datenspeicherung.

5.   *Zentralisierung*   (centralization)

Bestimmten Anforderungen nach Vereinheitlichung, Widerspruchslosigkeit, notwendiger zentraler Kontrolle und minimaler Redundanz trägt ein System Rechnung durch Konzentrierung von Funktionen und Daten in einem Zentralrechner. Vor allem das integrierte Datenbankkonzept stellt derartige Anforderungen zentralisierter Steuerung. Zentralisierung bewirkt im allgemeinen auch eine bessere Auslastung von Systemkomponenten (z. B. Multiplexoren, Gruppensteuereinheiten).

6.   *Dezentralisierung*   (decentralization)

Im Gegensatz zum vorher Gesagten führen andere Anforderungen, die mehr den Leistungsaspekt bei räumlich verteiltem Datenanfall und -abruf berücksichtigen, auch zur räumlichen Verteilung der Verarbeitung. Dabei können ein geringeres Maß an Vereinheitlichung und zentraler Kontrolle sowie gewisse Redundanz gern in Kauf genommen werden. So wird es möglich, durch Auslagerung bzw. Vervielfachung von Funktionen und Daten gewisse Anwendungen „am Ort" zu fahren.
Die funktionelle Selbständigkeit zweckbestimmter Anlagen vor Ort bewirkt eine Leistungsverbesserung auf Grund rascher Zugriffsmöglichkeit zu lokal gespeicherten Daten unter Vermeidung des Umwegs über einen Zentralrechner. So ergeben sich kurze Antwortzeiten, was besonders bei Realzeitanforderungen von Bedeutung ist. Des weiteren erspart der dabei reduzierte Informationsfluß Leitungskapazitäten. Aber auch die Verfügbarkeit eines verteilten Systems wird verbessert durch die Möglichkeit der Lastverschiebung auf andere Teilsysteme, wenn ein Teilsystem ausfallen sollte.

Zentralisierung und Dezentralisierung sind zwei gegensätzliche Organisationsformen. Beide müssen sich in Datenverarbeitungssystemen realisieren lassen, d. h., Systeme müssen sich beiden Formen anpassen lassen können. Dabei bestimmen die Organisation des Anwendungsbereichs und seine speziellen Anforderungen den Grad der Zentralisierung bzw. Dezentralisierung. Das ausgewogene Zusammenspiel von zentralisierter bzw. dezentralisierter „Intelligenz" und Information führt heute zu ausgedehnten Rechnerverbundsystemen mit hochentwickelten Netzwerkarchitekturen für erfolgreiche Datenkommunikation zwischen den einzelnen Netzwerkknoten.

7.   *Multiplizität*   (multiplicity)

Die Forderung nach hoher Systemzuverlässigkeit und -verfügbarkeit führt auf Systemkonzepte, bei denen eine Vervielfachung gewisser Systemelemente zentral oder dezentral erfolgt. Die damit erzielte Redundanz der Funktionseinrichtungen (Funktionsredundanz) ermöglicht nicht nur Fehlererkennung und gegebenenfalls -korrektur, sondern im Störungsfall auch tolerierbare Verminderung der Verfügbarkeit und Leistung (Lastverschiebung). Andererseits kann aber auch eine Leistungserhöhung, wie z. B. bei parallelem Einsatz von Prozessoren bzw. Unterprozessoren (Mehrprozessorsysteme bzw. Parallelrechner), erzielt werden.

Zwei weiteren gegensätzlichen Anforderungen muß ein modernes System entsprechen:

8.   *Unverzüglichkeit*   (responsiveness)

Diese leistungsorientierte, allein unter dem Aspekt kurzer Antwortzeiten zu sehende Forderung gilt für Systeme im Dialogbetrieb, noch stärker im Realzeitbetrieb. Sie verlangt organisatorische Lösungen zur Verteilung der Betriebszeit eines Prozessors, wie geeignete Zeitscheibenverfahren, wirkungsvolle Programmunterbrechungsmechanismen und entsprechende Prioritätsregelungen.

9.   *Verzögerung*   (delay)

Verzögerungsmechanismen können ebenfalls leistungsorientiert sein, wenn es darum geht, Belastungsspitzen zu vermeiden und somit bessere Auslastung von Betriebsmitteln zu erreichen, was einen besseren Durchsatz ermöglicht. So bewirkt die Verzögerung von Aufträgen eine zeitlich gestufte Verarbeitung, sofern dies vertretbar ist. Besonders typisch dafür ist der Stapelbetrieb, der Aufträge erst sammelt, bevor er sie zur Verarbeitung bringt. Aber auch die zeitliche Trennung von Übersetzung und Ausführung von Programmen bzw. das gestufte Belegen von Betriebsmitteln, nämlich so spät wie möglich, verringern den Betriebsmittelbedarf. Für alle nichtzeitkritischen Anwendungen bietet sich eine Zeitorganisation mit geplanten Verzögerungen an, weil sie sich in einem besseren Durchsatz niederschlägt.

10.   *Universalität*   (universality)

Ein wesentlicher Gesichtspunkt für den Einsatz eines Systems ist seine Vielseitigkeit. Das schließt die Anpassungsfähigkeit an schnell wechselnde Anforderungen bezüglich verschiedener Anwendungen und Benutzer ein. An die Stelle von Spezialsystemen für wissenschaftliche Berechnungen, kommerzielle Arbeiten, Prozeßsteuerung usw. sind heute meist sog. Allzweckrechner getreten. Ihre Maschinenarchitektur bietet einen universellen Befehlsvorrat für verschiedenartige Datenformate und -operationen, sowie allgemein verwendbare Steuerfunktionen wie z. B. Programmunterbrechungseinrichtungen. Weiterhin erlauben sie über wohldefinierte Übergänge den Anschluß einer Vielzahl peripherer Spezialgeräte, wie sie von verschiedenartigen Anwendungen gebraucht werden.
Da Universalität im allgemeinen auf Kosten von Leistung erkauft werden muß, hat man Einrichtungen geschaffen, die es ermöglichen, ein System *zeitweise* so zu konfigurieren, daß es ohne Leistungsverlust bestimmten Sonderanforderungen entspricht. So lassen sich aus einem großen Angebot von Funktionen die im Augenblick benötigten „herausgenerieren" und der Systemaufwand zur Ver-

waltung aller Funktionen vermeiden. Dazu zählt z. B. der Übergang zu einer vereinfachten Betriebssystemversion für Einfachprogrammbetrieb von einem Betriebssystem mit Mehrprogrammbetrieb oder auch die Beschränkung auf die Unterstützung einer begrenzten Zahl von Ein- bzw. Ausgabeeinheiten im Betriebssystem. Solche Beschränkungen lassen sich jederzeit wieder aufheben bzw. anderen Anforderungen anpassen. So erzielt man große Flexibilität und Anpassungsfähigkeit eines Universalsystems an spezifische Erfordernisse.

Im gleichen Sinne lassen sich durch Wechsel von Mikroprogrammen auf ein und demselben Prozessor verschiedene Maschinenarchitekturen realisieren, d. h., auf einem Prozessor durch Emulatoren andere Prozessortypen simulieren. Das gilt für die Zentraleinheit wie auch für (mikro-)programmierbare Steuerprozessoren der peripheren Einheiten. Einen gewissen Abschluß hat diese Entwicklung in den Virtuellen Maschinen gefunden, die auf einem Muttersystem einem Benutzer sein selbständiges, individuelles System anbieten, das sich in Architektur, Speicherplatz, Peripherie und Betriebssystem völlig vom Muttersystem unterscheiden kann. Es arbeitet unabhängig von anderen, gleichzeitig laufenden Virtuellen Maschinen und wird allen Wünschen „seines" Benutzers gerecht.

Schließlich seien in diesem Zusammenhang noch die Programmiersprachen erwähnt, die auf die verschiedenartigen Probleme orientiert, dem Programmierer die Möglichkeit geben, die Lösungen für seine Probleme in einer geeigneten Sprache zu formulieren. Höhere Programmiersprachen erlauben dabei einen Abstraktionsgrad, der es dem Programmierer erläßt, technische Einzelheiten der Datenverarbeitungsanlage kennen zu müssen. So kann man unterscheiden zwischen höheren Programmiersprachen für allgemeine (z. B. ALGOL, PL/I) und spezielle wissenschaftliche (z. B. FORTRAN, APL) oder kommerzielle Anwendungen (z. B. COBOL). Die Koexistenz der dazugehörigen Übersetzer in einem System sowie die oben geschilderten Einrichtungen machen ein derartiges System heute zu einem universellen Instrument der Datenverarbeitung.

Schluß

11. Verallgemeinerte Prinzipien der Informationstechnik

11. Verallgemeinerte Prinzipien der Informationstechnik

11.1 Steuerung und Information

Der fundamentale Schritt zur Informationsverarbeitung mit dem Gespeicherten Programm, etwa 1946 durch die VON NEUMANNSCHE Gruppe und andere konzipiert (vgl. Kap. 2.3), hatte einen neuen Typ von Automaten geschaffen. Dabei wird das funktionelle Geschehen nicht mehr in Form „fest verdrahteter" Steuersignale einem Automaten von außen (extern) aufgeprägt. Vielmehr wird die der funktionellen Steuerung zugrundeliegende äquivalente Information als

Gespeichertes Programm   (stored program)

im Automaten selbst gespeichert und interpretiert (Abb. 178).
Diese
Äquivalenz von Steuerung und Information

wurde zur Grundlage einer weitreichenden Entwicklung informationsgesteuerter Systeme. Deren tiefgreifende Wirkungen in weiten Bereichen legen es nahe, die Äquivalenz zwischen Steuerung und Information als ein tragendes Prinzip in eine Reihe zu stellen mit Äquivalenzen wie zwischen Wärme und Energie (R. MAYER, 1842) oder zwischen Entropie und Wahrscheinlichkeit (K. BOLTZMANN, 1877).

Die Verknüpfung von Informationsströmen unter der Steuerung durch ein als Information gespeichertes Programm kann damit aber ganz allgemein als eine

Wechselwirkung von Informationsströmen

aufgefaßt werden (vgl. Kap. 2.4). Deren quantitative Beschreibung ist heute zwar nicht entwickelt, sie würde jedoch ein absolutes Maß des Geschehens in Datenverarbeitungsanlagen bedeuten.

11.2 Software-Hierarchie der Informatorischen Steuerung

Das Gespeicherte Programm repräsentiert eine informatorisch festgelegte Arbeitsanweisung zur Durchführung eines festgelegten Arbeitsplanes, der aus einzelnen Teilen hierarchisch aufgebaut und dargestellt werden kann.

Durch Definition von Routinen, Einzelprogrammen und deren Zusammenfassung zu ganzen Arbeitsabläufen, Prozeduren genannt, entsteht eine Hierarchie von Programm- bzw. Steuerungsschichten (Abb. 179). Der Benutzer wird so in die Lage versetzt, von der Hardwareschicht entrückt, sich nurmehr seinem eigentlichen

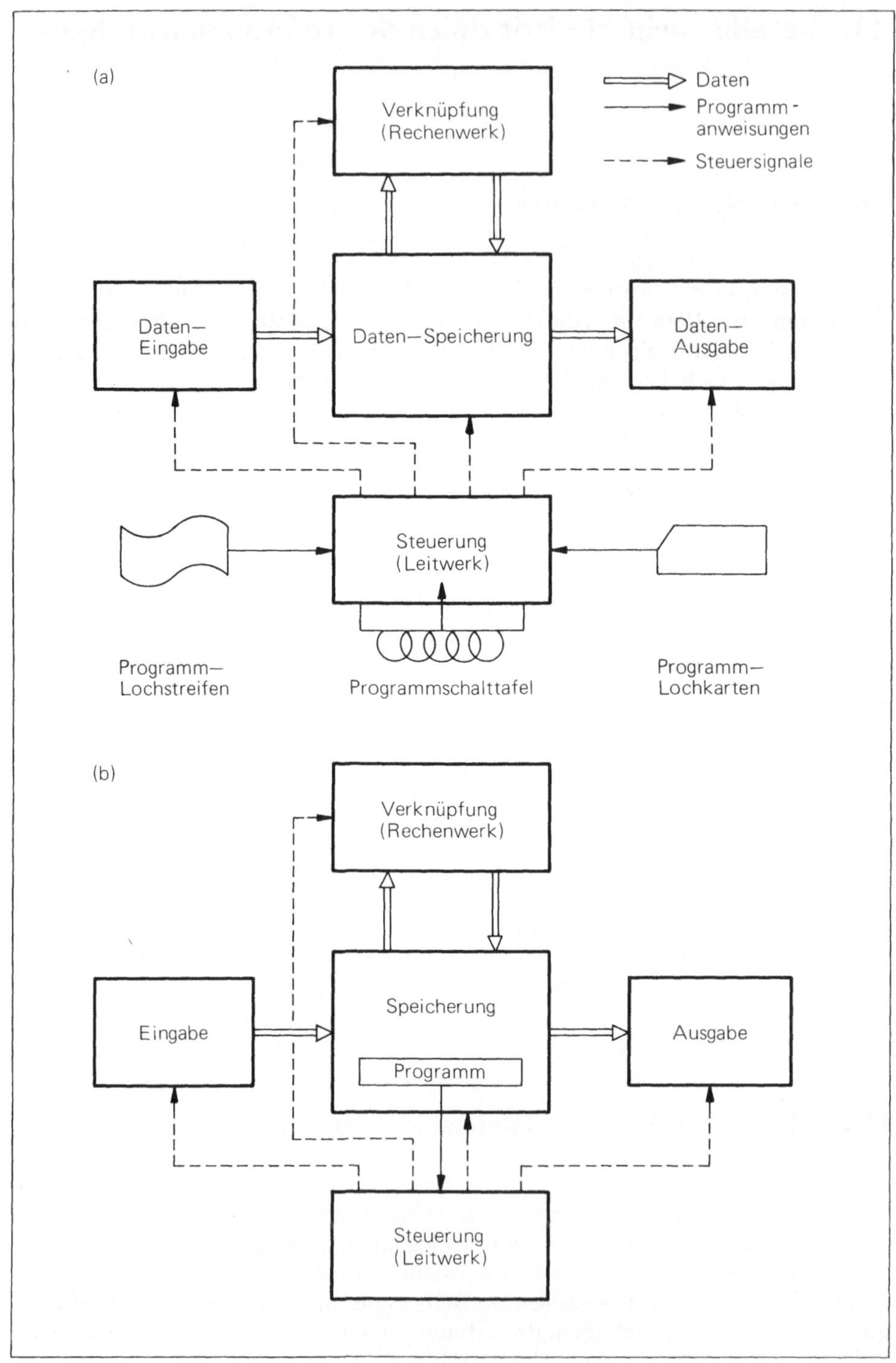

Abb. 178 a, b. Externe Steuerung (a) und Gespeichertes Programm (b)

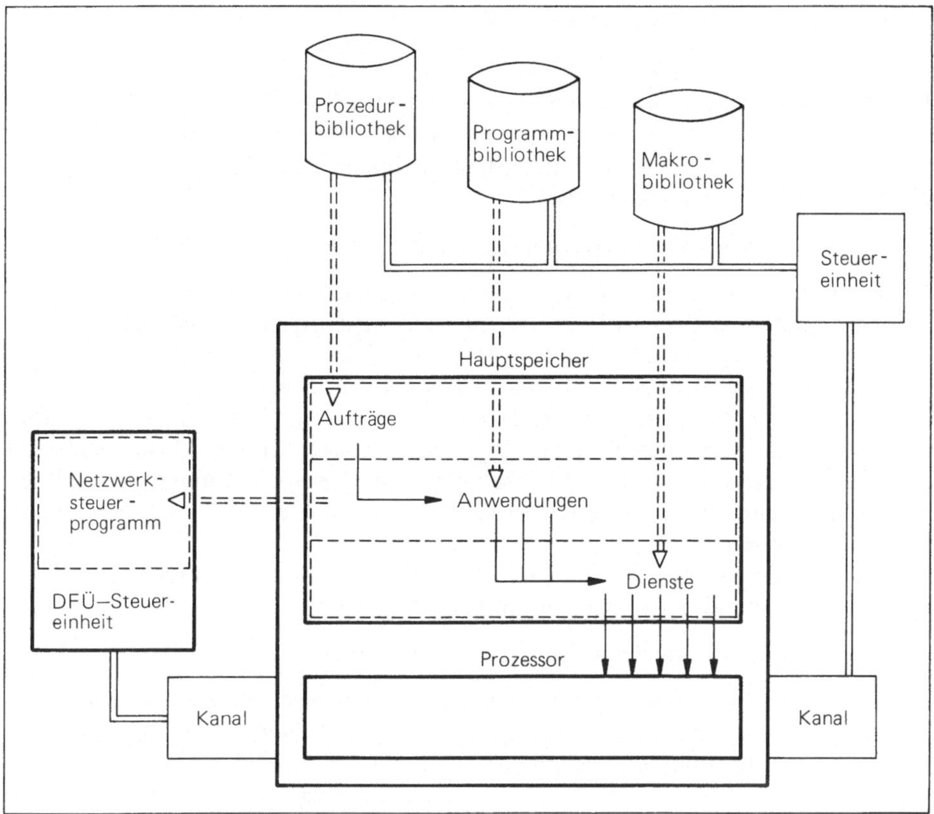

Abb. 179. Softwarehierarchie der Informatorischen Steuerung (Dauernde – in Bibliotheken – und zeitweise – im Hauptspeicher – residierende Steuerungsfunktionen)

Problem widmend, seinen Auftrag durch Abruf einer Prozedur aus einer Prozedurbibliothek dem datenverarbeitenden System zu übermitteln:

Gespeicherter Auftrag (stored job).

Solch eine Prozedur lädt in die darunterbefindliche Schicht Programme aus der Programmbibliothek, welche die Anwendung des Systems für bestimmte Problemlösungen bewerkstelligen:

Gespeicherte Anwendung (stored application).

Die Programmbibliothek kann sogar Programme verfügbar machen, die über Hauptspeicher und Kanäle in dezentrale Steuereinheiten oder sogar andere Zentraleinheiten transportiert und dort als Steuerprogramme bzw. Verarbeitungsprogramme geladen werden.

Programme enthalten wiederum Aufrufe von Systemroutinen aus einer Makrobibliothek, die bestimmte, der Systemkonfiguration angepaßte Dienste erledigen:

Gespeicherter Dienst (stored service).

11.3 Firm- und Hardware-Hierarchie der Informatorischen Steuerung

Das Prinzip der Informatorischen Steuerung läßt sich auch vom Maschinenbefehl als Baustein des Gespeicherten Programms über die Firmware, d. h. Mikroprogramme, in die Hardware und ihre Struktur hinein fortführen. Ausgangspunkt dieser Betrachtung ist wieder das

Gespeicherte Programm   (stored program).

Es bezieht sich mit jedem seiner Maschinenbefehle über einen Decodierer im Leitwerk eines Prozessors direkt auf eine aus vielen elementaren Schaltkreisen aufgebaute, also hardwaremäßig festgelegte Funktion.

Nun lassen sich jedoch die Elementarschritte zur Steuerung der Schaltkreise ihrerseits wieder durch eine Information repräsentieren, als Information „codieren", die man Mikrobefehl nennt (vgl. Kap. 6.4.4). Einem Maschinenbefehl entspricht also eine Folge von Mikrobefehlen, ein Mikroprogramm (Abb. 180). Es repräsentiert eine Funktion des Prozessors, wie auch eines Kanals oder einer peripheren Steuereinheit.

Die Funktionsweise eines Systems, d. h. seine Maschinenarchitektur, ist somit in den entsprechenden Mikroprogrammen verankert:

Gespeicherte Funktion   (stored function).

Die Mikroprogramme werden in Mikroprogrammspeicher geladen, die in der Zentraleinheit ein Bereich des Hauptspeichers sein können oder als getrennte Schnellspeicher für höhere Maschinenleistung ausgebildet sind. Für ständig und im schnellen Zugriff benötigte Mikroprogrammspeicher verwendet man häufig Festspeicher (read-only storage); das gilt insbesondere für Mikroprozessoren.

Mit der informatorisch gespeicherten Funktion repräsentiert sich im Grunde die klarste Unterscheidung zwischen Hardware und Soft- bzw. Firmware: Die Hardware behält dabei nur noch die Grundfunktionen der Datenverarbeitung, nämlich Speichern, Transportieren und Verknüpfen der einzelnen Bits, während logischer Funktionsaufbau, Organisation und Arbeitsabläufe, die Verarbeitung allgemeiner Daten, in den informatorischen Bereich, in die Software bzw. Firmware verlagert sind. *Die Informationsverarbeitung wird damit zu einer komplementären Doppelstruktur aus physikalischen und informatorischen Prozessen.* Die physikalischen Prozesse ermöglichen Speicherung und Fluß von Programmen und Daten, allgemein Informationen, und deren Interaktionen. Informationsverarbeitung wird damit zu einer Wechselwirkung von Informationsströmen, die durch eine Reihe höchst leistungsfähiger physikalischer Technologien ermöglicht wird.

11.4 Informatorisch gespeicherte Systemstruktur

Ein System kann in mehrere Untersysteme (Rechnerverbund, Mehrprozessorsystem, usw) aufgeteilt sein oder ein Prozessor kann seine Funktionen auf verschiedene Unterprozessoren (Verteilte Funktionen) verteilt haben. Die Untersysteme bzw. -prozessoren erfüllen dabei verschiedenartige Funktionen, die jeweils durch entsprechende Programme bzw. Mikroprogramme definiert sind. Eine bestimmte Arbeitsweise des Systems bzw. seiner Komponenten und deren Kommunikation untereinander ergibt sich somit erst durch das Laden eines Satzes von

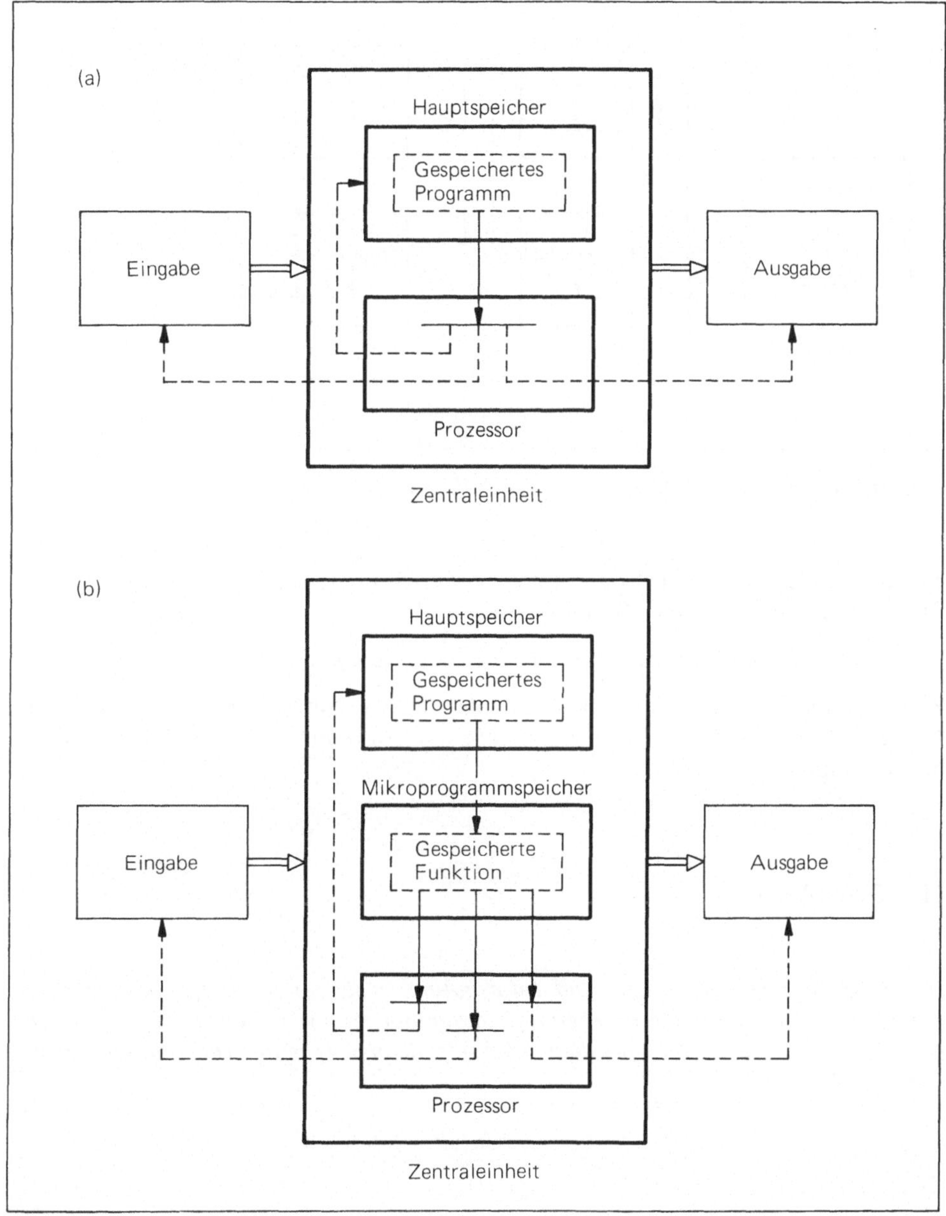

Abb. 180 a, b. Gespeichertes Programm (a) und Gespeicherte Funktion (b)

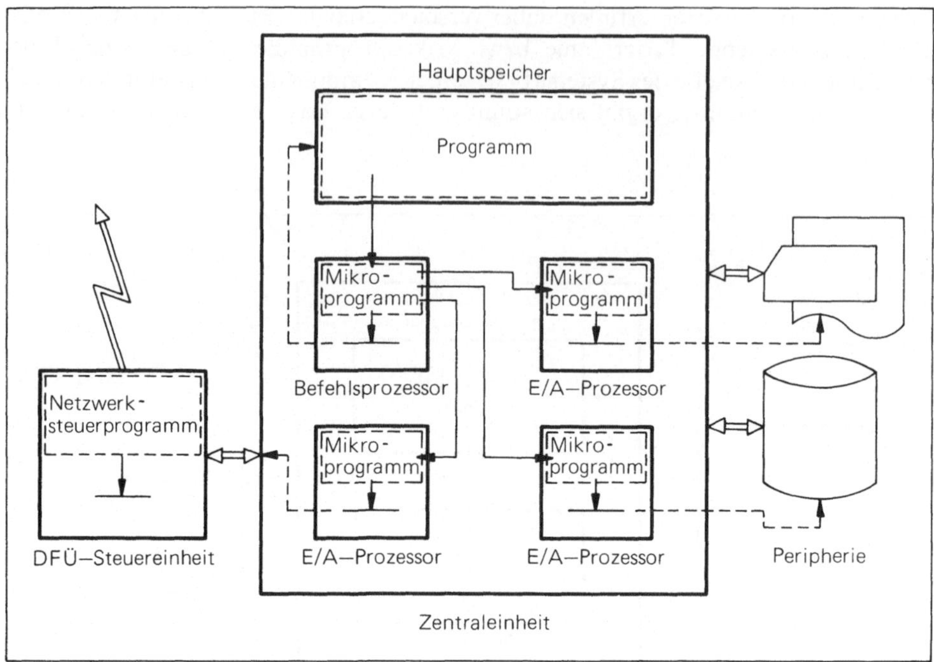

Abb. 181. Gespeicherte Struktur

entsprechenden (Mikro-) Programmen (Abb. 181). Ein solcher Satz legt also die funktionelle Struktur eines Systems fest:

> ***Gespeicherte Struktur***   (stored structure).

Z. B. wird die Funktionsweise einer Datenfernübertragungssteuereinheit (vgl. Abb. 179) erst durch das Laden des Netzwerksteuerprogramms von der Zentraleinheit her bestimmt.

11.5 Schlußsatz

Die Äquivalenz von Steuerung und Information, realisiert im Gespeicherten Programm, und Informationsverarbeitung, aufgefaßt als Wechselwirkung zwischen Informationsströmen, sind wohl die beiden allgemeinsten, heute erkennbaren Prinzipien der Informationstechnik.

Anhang

A 1. Abbildungssymbole
A 2. Literaturverzeichnis mit Bildquellen
A 3. Fachausdrücke Deutsch/Englisch
A 4. Fachausdrücke Englisch/Deutsch
A 5. Namen- und Sachverzeichnis

A1. Abbildungssymbole

Sinnbilder für Programmablauf und Datenfluß

Symbol	Bedeutung	Symbol	Bedeutung
	Operation, Bearbeitung		Lochstreifen
	bedingte Verzweigung		Magnetband
	Programmanfang, —ende		Plattenspeicher
	allgemeine Ein—, Ausgabe		Meßfühler
	Eingabetastatur		Stellglied
	Bildschirm (opt. Anzeige)		Datenfluß (—transport)
	Lochkarte		Befehls— (bzw. Daten—) fluß
	Ausdruck		Fernübertragung

A2. Literaturverzeichnis mit Bildquellen

1. Baitinger UG (1973) Schaltkreistechnologien für digitale Rechenanlagen. De Gruyter, Berlin New York
2. Bauer FL, Goos G (1971) Informatik, Teil 1 und 2. In: Bauer FL, Paul M (Hrsg) Sammlung Informatik. Springer, Berlin Heidelberg New York
3. Bauer FL, Heinhold J, Samelson K, Sauer R (1965) Moderne Rechenanlagen. In: Görtler H (Hrsg) Leitfäden der angewandten Mathematik und Mechanik, Bd 5. Teubner, Stuttgart
4. Bauknecht K, Zehnder CA (1980) Grundzüge der Datenverarbeitung: Methoden und Konzepte für die Anwendung. In: Richter L, Stucky W (Hrsg) Leitfäden der angewandten Informatik. Teubner, Stuttgart
5. Beckmann FS (1980) Mathematical foundations of programming. In: The systems programming series. Addison-Wesley, Reading (Massachusetts) Menlo Park (California) London Amsterdam Don Mills (Ontario) Sydney
6. Berg HK (1980) Firmware-Engineering. Informatik-Spektrum 3:87-104
7. Bochmann G von (1979) Architecture of distributed computer systems. In: Goos G, Hartmanis J (eds) Lecture notes in computer science. Springer, Berlin Heidelberg New York
8. Boulaye GG (1975) Microprogramming. Hanser, München
9. Brinch Hansen P (1977) Betriebssysteme. Hanser, München Wien
10. Coffman EG jr, Denning PJ (1973) Operating systems theory. In: Forsythe G (ed) Series in automatic computation. Prentice-Hall, Englewood Cliffs (New Jersey)
11. Colin AJT (1973) Betriebssysteme. In: Barth W, Pape U (Hrsg) Computer Monographien, Bd 9. Hanser, München
12. Cypser RJ (1978) Communications architecture for distributed systems. In: The systems programming series. Addison-Wesley, Reading (Massachusetts) Menlo Park (California) London Amsterdam Don Mills (Ontario) Sydney
13. Dal Cin M (1979) Fehlertolerante Systeme: Modelle der Zuverlässigkeit, Verfügbarkeit, Diagnose und Erneuerung. In: Görtler H (Hrsg) Leitfäden der angewandten Mathematik und Mechanik LAMM, Bd 50. Teubner, Stuttgart
14. Date CJ (1977) An introduction to database systems, 2nd edn. In: The systems programming series. Addison-Wesley, Reading (Massachusetts) Menlo Park (California) London Amsterdam Don Mills (Ontario) Sydney
15. Davies DW, Barber DLA (1979) Computer networks and their protocols. Wiley & Sons, New York Santa Barbara Chichester Brisbane Toronto
16. Dirlewanger W, Hieber L, Rzehak H (1976) Aufbau von Datenverarbeitungsanlagen. De Gruyter, Berlin New York
17. Dworatschek S (1970) Schaltalgebra und digitale Grundschaltungen. De Gruyter, Berlin
18. Dworatschek S (1977) Grundlagen der Datenverarbeitung, 6. Aufl. De Gruyter, Berlin New York
19. Endres A (1980) Methoden der Programm- und Systemkonstruktion. Informatik-Spektrum 3:156-171
20. Enslow PH (ed) (1974) Multiprocessors and parallel processing. Wiley & Sons, New York London Sidney Toronto
21. Ferrari D (1978) Computer systems performance evaluation. Prentice-Hall, Englewood Cliffs (New Jersey)

22. Ganzhorn K, Walter W (1967) Peripherer Datenverkehr in modernen Datenverarbeitungsanlagen. In: Bornemann H (Hrsg) Jahrbuch des elektrischen Fernmeldewesens. Wissenschaft und Leben, Heidecker, Bad Windsheim, S 9

23. Ganzhorn K, Tjaden K (Hrsg) (1970) Was ist Software? Müller, Köln-Braunsfeld

24. Ganzhorn K, Schieferdecker E, Endres A (Hrsg) (1972) Systemprogrammierung. In: Beihefte zur Zeitschrift „Elektronische Rechenanlagen", Bd 20. Oldenbourg, München Wien

25. Geisselhardt W (1978) Fehlerdiagnose in Geräten der Digitaltechnik. Hanser, München Wien

26. Hackl C (1972/3) Schaltwerke und Automatentheorie I und II. In: Sammlung Göschen Bde 6011 und 7011. De Gruyter, Berlin New York

27. Hasselmeier H, Spruth WG (Hrsg) (1974) Rechnerstrukturen. Oldenbourg, München Wien

28. Hilberg W (1975) Elektronische digitale Speicher. In: Becker-Berke K, Herschel R, Hilberg W, Piloty R (Hrsg) Reihe Datenverarbeitung. Oldenbourg, München Wien

29. Hofer H (1978) Datenfernverarbeitung: Außenstelle – Datenfernübertragung – Rechenzentrum – Betriebsabwicklung, 2. Aufl. Springer, Berlin Heidelberg New York

30. Hotz G (1972) Informatik: Rechenanlagen. In: Görtler H (Hrsg) Leitfäden der angewandten Mathematik und Mechanik LAMM, Bd 16. Teubner, Stuttgart

31. Housley T (1979) Data communication and teleprocessing systems. Prentice-Hall, Englewood Cliffs (New Jersey)

32. Jessen E (1975) Architektur digitaler Rechenanlagen. In: Bauer FL, Goos G, Paul M (Hrsg) Sammlung Informatik. Springer, Berlin Heidelberg New York

33. Kämmerer W (1963) Ziffernrechenautomaten, 3. Aufl. In: Frühauf H, Kämmerer W, Schröder K, Winkler H (Hrsg) Elektronisches Rechnen und Regeln. Akademie, Berlin-Ost

34. Kästner H (1978) Architektur und Organisation digitaler Rechenanlagen. In: Richter L, Stucky W (Hrsg) Leitfäden der angewandten Informatik. Teubner, Stuttgart

35. Katzan H jr (1973) Operating systems. In: Computer science series. Van Norstrand Reinhold, New York Cincinnati Toronto London Melbourne

36. Katzan H jr (1974) Computerorganisation und das System/370. In: Becker-Berke K, Herschel R (Hrsg) Verfahren der Datenverarbeitung. Oldenbourg, München Wien

37. Kaufmann H (Hrsg) (1973) Daten-Speicher. Oldenburg, München Wien

38. Klar R (1976) Digitale Rechenautomaten, 2. Aufl. De Gruyter, Berlin New York

39. Klar R, Wichmann H (1975) Mikroprogrammierung. In: Arbeitsberichte des Instituts für Mathematische Maschinen und Datenverarbeitung, Bd 8/3. Friedrich Alexander Universität, Erlangen Nürnberg

40. Kuck DJ (1978) The structure of computers and computations, vol 1. John Wiley & Sons, New York Santa Barbara Chichester Brisbane Toronto

41. Kulisch U (1976) Grundlagen des Numerischen Rechnens. In: Böhling KH, Kulisch U, Maurer H (Hrsg) Reihe Informatik, Bd 19. Bibliographisches Institut, Mannheim Wien Zürich

42. Kulp M (1976) Schaltungsprinzipien von Digitalanlagen. Rechenzentrum der Universität, Stuttgart

43. Kunsemüller H (1971) Digitale Rechenanlagen: Eine Einführung in Struktur, Aufbau und Arbeitsweise. Teubner Stuttgart

44. Kurzban SA, Heines TS, Sayers AP (1975) Operating systems principles. Petrocelli/Charter, New York

45. Leonhardt E (1976) Grundlagen der Digitaltechnik. Hanser, München Wien

46. Liebig H (1976) Rechnerorganisation: Hardware und Software digitaler Rechner. Springer, Berlin Heidelberg New York

47. Linger RC, Mills HD, Witt BI (1979) Structured programming: Theory and practice. In: The systems programming series. Addison-Wesley, . . .

48. Lorin H (1972) Parallelism in hardware and software: Real and apparent concurrency. In: Forsythe G (ed) Series in automatic computation. Prentice-Hall, Englewood Cliffs (New Jersey)

49. Mackenzie CE (1980) Coded character sets, History and development. In: The systems programming series. Addison-Wesley, Reading (Massachusetts) Menlo Park (California) London Amsterdam Don Mills (Ontario) Sydney

50. Martin J (1976) Telecommunications and the computer, 2nd edn. In: Series in automatic computation. Prentice-Hall, Englewood Cliffs (New Jersey)

51. Martin J (1977) Computer data-base organization, 2nd edn. In: Series in automatic computation: Prentice-Hall, Englewood Cliffs (New Jersey)

52. Maurer H (1974) Datenstrukturen und Programmierverfahren. In: Görtler H (Hrsg) Leitfäden der angewandten Mathematik und Mechanik LAMM, Bd 25. Teubner, Stuttgart

53. Mies P, Schütt D (1976) Feldrechner. In: Böhling KH, Kulisch U, Maurer H (Hrsg) Reihe Informatik, Bd 21. Bibliographisches Institut, Mannheim Wien Zürich

54. Oettl K (1974) Daten-Übertragung und -Fernverarbeitung. In: Sammlung Göschen, Bd 9003. De Gruyter, Berlin New York

55. Osborne A (1977) Einführung in die Mikrocomputer-Technik. te-wi, München

56. Peterson WW (1967) Prüfbare und korrigierbare Codes. Oldenbourg, München Wien

57. Pierce WH (1965) Failure-tolerant computer design. Academic Press, New York London

58. Proebster WE (ed) (1978) Digital memory and storage. Vieweg, Braunschweig

59. Rechenberg P (1964) Grundzüge digitaler Rechenautomaten, 2. Aufl. Oldenbourg, München Wien

60. Richter L (1977) Betriebssysteme. In: Görtler H (Hrsg) Leitfäden der angewandten Mathematik und Mechanik LAMM, Bd 29. Teubner, Stuttgart

61. Schauer H (1976) Einführung in die Datenverarbeitung: Aufbau und Funktionsweise von Computer-Systemen. Springer, Wien New York

62. Schecher H (1973) Funktioneller Aufbau digitaler Rechenanlagen. In: Bauer FL, Paul M (Hrsg) Sammlung Informatik. Springer, Berlin Heidelberg New York

63. Schlageter G, Stucky W (1977) Datenbanksysteme: Konzepte und Modelle. In Görtler H (Hrsg) Leitfäden der angewandten Mathematik und Mechanik LAMM, Bd 37. Teubner, Stuttgart

64. Schmid D, Senger D, Wojtkowiak H (1973) Technische Informatik, Teil 1: Grundprinzipien des Entwurfs und der Organisation digitaler Rechenanlagen. Oldenbourg, München Wien

65. Schünemann C (1978) Speicherhierarchie – Aufbau und Arbeitsweise. Informatik-Spektrum 1:25-36

66. Schütt D (1980) Parallelverarbeitende Maschinen. Informatik-Spektrum 3:71-78

67. Schnupp P (1978) Rechnernetze. De Gruyter, Berlin New York

68. Seitzer D (1975) Arbeitsspeicher für Digitalrechner. Springer, Berlin Heidelberg New York

69. Spaniol O (1976) Arithmetik in Rechenanlagen: Logik und Entwurf. In: Leitfäden der angewandten Mathematik und Mechanik LAMM, Bd 34. Teubner, Stuttgart

70. Speiser AP (1967) Digitale Rechenanlagen: Grundlagen/Schaltkreistechnik/Arbeitsweise/Betriebssicherheit, 2. Aufl. Springer, Berlin Heidelberg New York

71. Spruth WG (1977) Interaktive Systeme: Strukturen, Methoden, Stand der Technik. In: Blaauw GA et al (Hrsg) Reihe Fachberichte und Referate. Science Research Associates, Stuttgart Chicago Palo Alto Toronto Henley-on-Thames Sidney Paris

72. Steinbuch K, Rupprecht W (1973) Nachrichtentechnik, 2. Aufl. Springer, Berlin Heidelberg New York

73. Steinbuch K, Weber W (Hrsg) (1974) Taschenbuch der Informatik, 3. Aufl: Bd 1–3. Springer, Berlin Heidelberg New York
74. Stone HS (ed) (1975) Introduction to computer architecture. Science Research Associates, Chicago Palo Alto Toronto Henley-on-Thames Sydney Paris Stuttgart
75. Tafel KJ (1971) Einführung in die digitale Datenverarbeitung. Hanser, München
76. Tanenbaum AS (1976) Structured computer organization. In: Series in automatic computation. Prentice-Hall, Englewood Cliffs (New Jersey)
77. Wedekind H (1974) Datenbanksysteme I. In: Böhling KH, Kulisch U, Maurer H (Hrsg) Reihe Informatik, Bd 16. Bibliographisches Institut, Mannheim Wien Zürich
78. Wedekind H (1975) Datenorganisation, 3. Aufl. De Gruyter, Berlin New York
79. Wedekind H, Härder T (1976) Datenbanksysteme II. In: Böhling KH, Kulisch U, Maurer H (Hrsg) Reihe Informatik, Bd 18. Bibliographisches Institut, Mannheim Wien Zürich
80. Wedekind H (1978) Relationale Datenbanksysteme. Informatik-Spektrum 1:5-16
81. Wettstein H (1978) Aufbau und Struktur von Betriebssystemen. Hanser, München Wien
82. Winckel F (Hrsg) (1977) Technik der Magnetspeicher, 2. Aufl. Springer, Berlin Heidelberg New York
83. Wirth N (1975) Algorithmen und Datenstrukturen. Teubner, Stuttgart
84. Zemanek H (1959) Elementare Informationstheorie. Oldenbourg, Wien München
85. Zemanek H (1974) Logische Algebra und Theorie der Schaltnetzwerke. In: Steinbuch K, Weber W (Hrsg) Taschenbuch der Informatik, 3. Aufl: Bd 2. Springer, Berlin Heidelberg New York
86. Zima H (1976) Betriebssysteme. In: Böhling KH, Kulisch U, Maurer H (Hrsg) Reihe Informatik, Bd 20. Bibliographisches Institut, Mannheim Wien Zürich

Bildquellen

Abb. 2, 3: Ganzhorn K, Walter W (1975) Die geschichtliche Entwicklung der Datenverarbeitung, 4. Aufl. IBM-Form F12-1600-01

Abb. 73: (1975) Data Management Guide. IBM-Form GC33-5372-3

Abb. 75: nach einer IBM-Darstellung

Abb. 142: (1979) IBM Synchronous Data Link Control, General Information. IBM-Form GA27-3093-2

Abb. 148, 150: Gerich K (Hrsg) (1973) Einführung in die Methoden der System-Design-Analyse von IBM-Datenverarbeitungssystemen. In: IBM-Beiträge zur Datenverarbeitung. IBM-Form F12-0003-1

Abb. 160: nach einer IBM-Darstellung

A3. Fachausdrücke Deutsch/Englisch

Abfrage	inquiry
Ablaufverfolgung	trace
Adreßdecodierer	address decoder
Adresse	address
Adreßfehlreferenz	address fault
Adressier-Algorithmus	addressing algorithm
Adressierschema	addressing scheme
Adreßraum	address space
Adreßregister	address register
Adreßsammelweg	address bus
Adreßsubstitution	address substitution
Adreßtabelle	address table
Adreßumsetzungsspeicher	translation look aside buffer
Aktualisierung	update
akustischer Koppler	acoustic coupler
allseitige (Daten-) Benutzbarkeit	data sharing
Allzweckrechner	general purpose processor
alphanumerische Daten	alphanumeric data
Alternativindex	alternate index
altes PSW	old PSW
analoge Übertragung	analog transmission
Analog-Digital-Umwandlung	analog digital conversion
Anschlußprozessor (-system)	attached processor
anstehende Unterbrechung	pending interrupt
Antwortzeit	response time
Anweisung	statement
Anwendung	application
Anwendungsknoten	application node
Anwendungsprofil	application profile
Anwendungsprogramm	application program
Arbeitseinheit	work unit
Archivspeicher	offline storage
Assoziativspeicher	associative storage
Aufrufbetrieb	polling/selection mode
Aufrufverfahen	polling techniques
Auftrag	job
Auftrags-Eingabe-Untersystem	job entry subsystem
Auftragsfernverarbeitung	remote job entry
Auftragssteuerung	job control
Auftragssteuerungsinterpretierer	job control interpreter
Auftragszuführung	job entry
Ausführungszeit	elapsed time
Ausgabe	output
Auslastung	utilisation
Ausnahmebedingung	exception condition

Auswahl	selection
automatisierte Entwurfsverarbeitung	computer-aided design = CAD
Basis	base
bedingter Verzweigungsbefehl	conditional branch
Bedingungsschlüssel	condition code
Befehl	instruction (operation)
Befehlsabruf	instruction call
Befehlsadressierung	instruction addressing
Befehlscode	instruction code
Befehlsdecodierer	instruction decoder
Befehlsdecodierung	instruction decoding
Befehlsformat	instruction format
Befehlsprozessor	instruction processor
Befehlsregister	instruction register
Befehlssammelweg	instruction bus
Befehlsvorrat	instruction set
Befehlszähler	instruction counter
Befehlszeiger	instruction counter
Befehlszeiger-Fortschaltung	instruction counter update
Benutzerzugang	user interface
Bestätigung	acknowledgement
Betriebsaufwand	overhead
Betriebsmittel	resource
Betriebsmittelabrechung	accounting
Betriebssystem	operating system
Beziehung	relation
Bibliotheksführung	librarian
Bildschirmformat	map
binäre Signale	binary signals
Bit	bit = binary digit
Block	block
Blocken	blocking
Block-Multiplexkanal	block multiplex channel
Blockungstechniken	blocking techniques
Byte	byte
Byte-Multiplexkanal	byte multiplex channel
byteorganisierter Speicher	byte organized storage
Code	code
Coderedundanz	code redundancy
codierte Steuerung	coded control
Codierung	coding
Darstellung	presentation
Darstellungsmodell	presentation model
Datei	file, data set
(Datei-) Abfrage	inquiry
Daten	data
Datenauswahl	data selection

Datenbank	data base = DB
Datenbankmodell	data base model
Datenbankroutine	data base routine
Datenbanksoftware	data base management system = DBMS
Datenbankuntermodell	data base submodel
Datendarstellungsroutinen	presentation services
Datenfeld	data array
Datenfernübertragung = DFÜ	telecommunication
Datenfernverarbeitung	teleprocessing
Datenkommunikation	data communication = DC
Datenkommunikationsroutine	data communication routine
Datensammelweg	data bus
(Daten-) Satz	(data) record
Datensicherheit	data security
Datenspeicher	auxiliary storage
Datenstation	work station
Datenstationsknoten	work station node
Datenstationssteuerprogramm	work station control programm
(Daten-)Transfergeschwindigkeit	(data) transfer rate
Datenübereinstimmung	data consistency
Datenübertragung	data transmisson
Datenübertragungsblock	data transmission frame/block
Datenunabhängigkeit	data independence
Datenverarbeitung	data processing
Datenverarbeitungssystem	data processing system
Datenzugriffsmethode	data access method
Defekt	defect, fault
Delegation der Steuerung	delegation of control
dezentrale Intelligenz	decentralized intelligence
Dezentralisierung	decentralization
DFÜ = Datenfernübertragung	telecommunication
DFÜ-Steuereinheit	communication controller
Diagnostikprogramm	diagnostic program
Dialog	dialog
Dialogbetrieb	conversational mode
Dienst	service
Dienstprogramm	service program
digitale Darstellung	digital representation
digitale Übertragung	digital transmission
direkte Adressierung	direct addressing
„direkter" Zugriff	direct access
Diskette	diskette
Distanz	displacement
duplex	duplex
Durchführungsbefehl	execution instruction
Durchsatz	throughput
Dynamische Adreßumsetzung	dynamic address translation
Effektive Adresse	effective address
Eingabe	input
Ein-/Ausgabeprozessor	input/output processor

Einleitendes Ladeprogramm	initial program loader = IPL
Elementarprozeß	elementary process
Emulator	emulator
Endknoten	ending node
Engpaß	bottleneck
Entscheidungsgehalt	decision content
Entwicklungsprozeß	developement process
Entwurf	design
Ergebnis-Abspeicherung	result storing
Erkennungsschlüssel	key
Exponent	exponent
externe Datenübertragung	external data transmission
E/A-Vollendung	I/O-completion
Fehler	error
Fehlererkennung	error detection
Fehlerfolge	failure
Fehlerkorrektur	error correction
Fehlerlokalisierung	error isolation
Fehlerrate	error rate
Fehlertoleranz	error tolerance
Feldrechner	array processor
Festkopf-Plattenspeicher	fixed-head disk
Festspeicher	read-only memory = ROM, read only storage = ROS
FIFO	first-in/first-out
Flattern	thrashing
Fließbandverarbeitung	pipelining
Flipflop	flipflop
Flußdiagramm	flow chart
Flußsteuerung	flow control
Folge	sequence
Folgenummer	sequence number
Folgenumerierung	sequencing
Freiraum	free space
Funktion	function
Funktionalbitsteuerung	control by functional bits
Funktionsredundanz	function redundancy
Funktionsschicht	function layer
Funktionstabelle	function table
Funktionsübertragung	delegation
Gegenbetrieb	duplex transmission
Geräteunabhängigkeit	device independence
Gespeicherte Anwendung	stored application
Gespeicherte Funktion	stored function
Gespeicherte Struktur	stored structure
Gespeicherter Auftrag	stored job
Gespeicherter Dienst	stored service
Gespeichertes Programm	stored program

Gestreute Datenorganisation	direct organization
Glasfaser	optical fiber
Gleitkommaschreibweise	floating point notation
Halbduplex	halfduplex
Hauptprogramm	main program
Hauptrechner	main processor
Hauptspeicher	main storage
Hauptspeicher-Steuereinheit	main storage control unit
Hierarchie der Datenverarbeitung	hierarchy of data processing
hierarchische Anordnung	hierarchical structure
Hierarchische Rangfolge/ Funktionsübertragung	delegation
Hierarchisches Datenbankmodell	hierarchical data base model
Hintergrundarbeiten	background work
Implementierung	implementation
Index	index
Indexierung	indexing
indirekte Adressierung	indirect addressing
Information	information
Informationsfluß	information rate
Informationsgehalt	information content
informationsgesteuert	information-controlled
Informationswandlung	information conversion
Instruktion	instruction
interne Datenübertragung	internal data transport
Interpretierer	interpreter
Jederzeit verwendbares Unterprogramm	reentrant subprogram
Kabel	cable
Kanal	channel
Kanalbefehl	channel command
Kanalprogramm	channel program
Kanalumschaltung	channel switching
Kapazität	capacity
Katalog	catalog
Kellerspeicher	stack, push-down storage
Kennsatz	label
Knoten	node
Koaxialkabel	coaxial cable
Kommunikation	communication
Kompilierer	compiler
Konfigurationssteuerung	configuration control
Konkurrenzbetrieb	contention mode
Kontrollpunkt	checkpoint
Kopplung	coupling

Lastbeschränkung	load levelling
Lastverteilung	load balancing
laufendes PSW	current PSW
Leistung	performance
Leistungsanforderungen	performance requirements
Leistungsfähigkeit	capability
Leitung	line
Leitungsvermittlung	line/circuit switching
Leitwerk	control unit
LIFO	last-in/first-out
Liniennetz	line network
Lochkarte	punched card
Logische Datenbank	logical data base
Logischer Darstellungsraum	logical presentation space
longitudinale Satz-/Blockprüfung	block/longitudinal redundancy check

Magnetband	magnetic tape
Magnetbandkassette	cartridge
Magnetblasenspeicher	magnetic bubble storage
Makroassemblierer	macroassembler
Makrobefehl	macroinstruction
Mantisse	mantissa
Maschennetz	mesh network
Maschinenarchitektur	machine architecture
Maschinenbefehl	machine instruction
Massenspeicher	mass storage
Matrixspeicher	matrix storage
mehrfache virtuelle Adreßräume	multiple virtual storage = MVS
Mehrprogrammbetrieb	multiprogramming mode
Mehrprozessorfunktionseinheit	multiprocessing function unit
Mehrprozessorsystem	multiprocessing system
Mehrpunkt-Verbindung	multipoint connection
Mikrobefehl	microinstruction
Mikrofunktion	microfunction
Mikroprogramm	microprogram
Mikroprogrammsteuerung	microprogram control
Mikroprozessor (-system)	microprocessor
Mikrowellen	microwaves
mittlerer Ausfallabstand	mean time between failures
Modem = Modulator/Demodulator	modem
Modularität	modularity
Modulationsverfahren	modulation techniques
monolithischer Speicher	monolithic storage
Multiplexkanal	multiplex channel
Multiplexverfahren	multiplexing
Multiplizität	multiplicity

Nachrechner	back end processor
Nachricht	message
Nachrichtenbestätigung	acknowledgement

Nachrichtenkette	message chain
Nachrichtensatellit	satellite
Nachrichtenvermittlung	message switching
Nachsatz	trailer
Nachverarbeitungssystem	back end processing system
Netzwerk	network
Netzwerk-Datenbankmodell	network data base model
Netzwerksteuerprogramm	network control program
Netzwerksteuerung	network/path control
neues PSW	new PSW
Nulleneinfügung	zero insertion
numerische Daten	numeric data
Operand	operand
Operanden-Abruf	operand call
Operanden-Adressierung	operand addressing
Operandenteil	operand part
Operations-Ausführung	operation execution
Operationssteuerung	operation control
Operationsteil	operation part
Paket	packet
Paketvermittlung	packet switching
Parallelrechner	parallel processor
Parallelverarbeitung	parallel processing
Paritätsprüfung	parity check
Peripherie	peripheral equipment
Physikalische Datenbank	physical data base
Physikalischer Darstellungsraum	physical presentation space
Plattenspeicher	disk, direct access storage device = DASD
Preis	price
Primärknoten	primary node
Primärschlüssel	primary key
Priorität	priority
problemorientierte Programmiersprache	problem oriented programming language
Problemzustand	problem status
Programm	program
Programmablauf	program flow
Programmauswahl	dispatching
Programmbinder	linkage editor
Programmstatus	program status
Programmstatuswort = PSW	program status word
Programmunterbrechung	program interrupt
Protokoll	protocol
Prozedur	procedure
Prozessor	processor
PSW = Programmstatuswort	program status word
Pufferspeicher	buffer storage, cache
Pufferung	buffering
Punkt-zu-Punkt-Verbindung	point-to-point connection

Radixschreibweise	radix notation
(hierarchische) Rangfolge/ Funktionsübertragung	delegation
Raummultiplex-Datensammelweg	space multiplex data bus
Reaktionszeit	reaction time
reale Adresse	real address
realer Hauptspeicher	real storage
realer Übergang	real interface
Realzeitbetrieb	real time mode
Rechenwerk	arithmetic unit
Rechnerverbund	distributed system
Redundanz	redundancy
Regenerator	regenerator
Register	register
Relationales Datenbankmodell	relational data base model
Relative Adressierung	relative addressing
Richtungsbetrieb	simplex transmission
Ringnetz	loop
Routine	routine
Sammelweg	bus
Satz	record
Schaltkreis	circuit
Schieberegister	shift register
Schleifennetz	loop
Schnittstelle	interface
Schreib-/Lesespeicher mit „wahlfreiem" (gleichschnellem) Zugriff	random access memory = RAM
Schrittgeschwindigkeit	modulation rate
Segmentierung	segmentation
Seite	page
Seitenrahmen	page frame
Seitensupervisor	paging supervisor
(Seiten-)Wechselalgorithmus	replacement algorithm
Seitenwechsel	paging
Sekundärknoten	secondary node
Sekundärschlüssel	secondary key
Selektorkanal	selector channel
Sequentielle Datenorganisation	sequential organization
sequentieller Speicher	sequential storage
sequentielles Programm	sequential program
Serienverarbeitung	serial processing
Signaldauer	signal duration
signalgesteuert	signal-controlled
Signalleitung	signal line
simplex	simplex
Simulierer	simulator
Sitzung	session
Sitzungssteuerung	session control
Spannsatz	spanned record
Speicher (-rung)	storage

Speicherauszug	dump
Speicherbedarf	storage requirements
Speicherhierarchie	storage hierarchy
Speicherplatte	disk
Speicherregister	storage register
Speicherschutz	storage protection
Speichersteuerung	storage control
Speichervermittlung	store and forward operation
Speicherzerstückelung	storage fragmentation
Sperre	lock
Spezifikationen	specifications
Sprachebene	language level
Spulverfahren	spooling
Spur	track
Standleitung	nonswitched line
Stapelbetrieb	batch mode
Stapelrechner	stack computer
Stapelspeicher	stack, push-down storage
Start-E/A-Befehl	start I/O command
Stellenschreibweise	positional notation
Sternnetz	star network
Steuereinheit	control unit
Steuerprozessor	control processor
Steuerregister	control register
Steuersignalleitung	control signal line
Steuerung	control
Steuerungsfunktion	control function
Steuerungshierarchie	hierarchy of control
Steuerungsphase	control phase
Steuerungsprozeß	control process
Steuerungsschicht	control layer
Struktur	structure
Strukturierte Programmierung	structured programming
Supervisor	supervisor
Supervisoraufruf	supervisor call = SVC
Supervisorzustand	supervisor status
Symbolische Adressierung	symbolic addressing
Synchronisation	synchronisation
System	system
Systemprogramm	system program
Systemstruktur	system structure
Systemverfügbarkeit	system availability
Systemzuverlässigkeit	system reliability
Tabelle	table
Takt (-geber)	clock
Taktsteuerung	clocking
Test	test
Testfall	test case
Tor	gate
Transaktion	transaction

Transfergeschwindigkeit	transfer rate
Transparenz	transparency
Trommelspeicher	drum
Übergang	interface
Überlaufbereich	overflow area
Übersetzer	translator
Übertragung	transmission
Übertragungsdarstellung	transmission presentation
Übertragungsgeschwindigkeit	transmission speed
Übertragungskanal	(transmission) channel
Umgekehrt Polnische Notation	reverse Polish notation
Umkonfigurierung	reconfiguration
unbedingter Verzweigungsbefehl	unconditional branch
Universalität	universality
Unterbrechung	interrupt
Unterprogramm	subprogram
Unterprogrammaufruf	subprogram call
Unterprozessor	subprocessor
Unverzüglichkeit (der Reaktion)	responsiveness
Ursprungsprogramm	source program
Verarbeitungsphase	execution phase
Verarbeitungsprogramm	processing program
Verarbeitungsprozeß	execution process
Verbindung	connection, link
Verbindungs-Disziplin	connection discipline
Verbindungssteuerung	link control
Verfügbarkeit	availability
Verklemmung	deadlock
Verknüpfungsglied	switching element
Vermittlungsknoten	communication controller node
verschiebbares Programm	relocatable program
Verteilte Funktionen	distributed functions
verträglich	compatible
Verwaltungsprozessor	service processor
Verweilzeit	turnaround time
Verzögerung, Verzögerungsglied	delay
virtuelle Adresse	virtual address
Virtuelle Maschine	virtual machine = VM
virtuelle Verbindung	virtual link
virtueller Adreßraum	virtual address space
Virtueller Speicher	virtual storage
Vorrechner	frond end processor
Vorsatz	header
Vorverarbeitungssystem	front end processing system
Wählleitung	switched line
Wählnetz	dial-up network

„wahlfreier" (gleichschneller) Zugriff	random access
Wartbarkeit	maintainability, serviceability
Warteschlange	queue
Wartung	maintenance, service
(Seiten-) Wechselalgorithmus	replacement algorithm
Wechselbetrieb	halfduplex transmission
Wegeschalter	gate
Wegsteuerung	network/path control
Wiederanlauf	restart
Wiederholung	repetition
Wort	word
wortorganisierter Speicher	word organized storage
Zeichen	character
Zeichenvorrat	character set
Zeitmultiplex-Datensammelweg	time division multiplex data bus
Zeitscheibenverfahren	time slicing
Zeitsegment	time slice
zentrale Datenverarbeitung	central data processing
zentrale Kontrolle	central control
Zentraleinheit	central processing unit = CPU
Zentralisierung	centralization
Zentralrechner	host
Zielprogramm	objekt program
zugeordnetes Datenelement	attribute
Zugriffsmethode	acces method
Zugriffszeit	access time
Zuverlässigkeit	reliability
Zyklenstehlverfahren	cycle stealing
zyklischer Speicher	cyclic storage
Zylinderkonzept	cylinder concept

A4. Fachausdrücke Englisch/Deutsch

Access method	Zugriffsmethode
access time	Zugriffszeit
accounting	Betriebsmittelabrechnung
acknowledgement	(Nachrichten-) Bestätigung
acoustic coupler	akustischer Koppler
address	Adresse
address bus	Adreßsammelweg
address decoder	Adreßdecodierer
address fault	Adreßfehlreferenz
address register	Adreßregister
address space	Adreßraum
address substitution	Adreßsubstitution
address table	Adreßtabelle
addressing algorithm	Adressier-Algorithmus
addressing scheme	Adressierschema
alphanumeric data	alphanumerische Daten
alternate index	Alternativindex
analog digital conversion	Analog-Digital-Umwandlung
analog transmission	analoge Übertragung
application	Anwendung
application node	Anwendungsknoten
application profile	Anwendungsprofil
application program	Anwendungsprogramm
arithmetic unit	Rechenwerk
array processor	Feldrechner
associative storage	Assoziativspeicher
attached processor	Anschlußprozessor (-system)
attribute	zugeordnetes Datenelement
auxiliary storage	Datenspeicher
availability	Verfügbarkeit

Back end processing system	Nachverarbeitungssystem
back end processor	Nachrechner
background work	Hintergrundarbeit
base	Basis
batch mode	Stapelbetrieb
binary signals	binäre Signale
bit = binary digit	Bit
block	Block
block multiplex channel	Block-Multiplexkanal
block redundancy check	longitudinale Satz-/Blockprüfung
blocking	Blocken
blocking techniques	Blockungstechniken
bottleneck	Engpaß
buffer storage	Pufferspeicher

buffering	Pufferung
bus	Sammelweg
byte	Byte
byte multiplex channel	Byte-Multiplexkanal
byte organized storage	byteorganisierter Speicher
Cable	Kabel
CAD = computer-aided design	automatisierte Entwurfsverarbeitung
capability	Leistungsfähigkeit
capacity	Kapazität
cartridge	Magnetbandkassette
cache	Pufferspeicher
catalog	Katalog
central control	zentrale Kontrolle
central data processing	zentrale Datenverarbeitung
central processing unit = CPU	Zentraleinheit
centralization	Zentralisierung
channel	(Übertragungs-)Kanal
channel command	Kanalbefehl
channel program	Kanalprogramm
channel switching	Kanalumschaltung
character	Zeichen
character set	Zeichenvorrat
checkpoint	Kontrollpunkt
circuit	Schaltkreis
circuit switching	Leitungsvermittlung
clock	Takt (-geber)
clocking	Taktsteuerung
coaxial cable	Koaxialkabel
code	Code
code redundancy	Coderedundanz
coded control	codierte Steuerung
coding	Codierung
communication	Kommunikation
communication controller	DFÜ-Steuereinheit
communication controller node	Vermittlungsknoten
compatible	verträglich
compiler	Kompilierer
computer-aided design = CAD	automatisierte Entwurfsverarbeitung
condition code	Bedingungsschlüssel
conditional branch	bedingter Verzweigungsbefehl
configuration control	Konfigurationssteuerung
connection	Verbindung
connection discipline	Verbindungs-Disziplin
contention mode	Konkurrenzbetrieb
control	Steuerung
control by functional bits	Funktionalbitsteuerung
control function	Steuerungsfunktion
control layer	Steuerungsschicht
control phase	Steuerungsphase
control process	Steuerungsprozeß

control processor	Steuerprozessor
control register	Steuerregister
control signal line	Steuersignalleitung
control unit	Steuereinheit, Leitwerk
conversational mode	Dialogbetrieb
coupling	Kopplung
CPU = central processing unit	Zentraleinheit
current PSW	laufends PSW
cycle stealing	Zyklenstehlverfahren
cyclic storage	zyklischer Speicher
cylinder concept	Zylinderkonzept
DASD = direct access storage device	Plattenspeicher
data	Daten
data access method	Datenzugriffsmethode
data array	Datenfeld
data base = DB	Datenbank
data base management system = DBMS	Datenbanksoftware
data base model	Datenbankmodell
data base routine	Datenbankroutine
data base submodel	Datenbankuntermodell
data bus	Datensammelweg
data communication = DC	Datenkommunikation
data communication routine	Datenkommunikationsroutine
data consistency	Datenübereinstimmung
data independence	Datenunabhängigkeit
data processing	Datenverarbeitung
data processing system	Datenverarbeitungssystem
data security	Datensicherheit
data selection	Datenauswahl
data set	Datei
data sharing	allseitige (Daten-) Benutzbarkeit
(data) transfer rate	(Daten-) Transfergeschwindigkeit
data transmission	Datenübertragung
data transmission block/frame	Datenübertragungsblock
DB = data base	Datenbank
DBMS = data base management system	Datenbanksoftware
DC = data communication	Datenkommunikation
deadlock	Verklemmung
decentralization	Dezentralisierung
decentralized intelligence	dezentrale Intelligenz
decision content	Entscheidungsgehalt
defect	Defekt
delay	Verzögerung, Verzögerungsglied
delegation	hierarchische Rangfolge/ Funktionsübertragung
delegation of control	Delegation der Steuerung
design	Entwurf
development process	Entwicklungsprozeß
device independence	Geräteunabhängigkeit
diagnostic program	Diagnostikprogramm

dialog	Dialog
dial-up network	Wählnetz
digital representation	digitale Darstellung
digital transmission	digitale Übertragung
direct access	„direkter" Zugriff
direct access storage device = DASD	Plattenspeicher
direct addressing	direkte Adressierung
direct organization	Gestreute Datenorganisation
disk	Speicherplatte, Plattenspeicher
diskette	Diskette
dispatching	Programmauswahl
displacement	Distanz
distributed functions	Verteilte Funktionen
distributed system	Rechnerverbund
drum	Trommelspeicher
dump	Speicherauszug
duplex	duplex
duplex transmission	Gegenbetrieb
dynamic address translation	Dynamische Adreßumsetzung
Effective address	effektive Adresse
elapsed time	Ausführungszeit
elementary process	Elementarprozeß
emulator	Emulator
ending node	Endknoten
error	Fehler
error correction	Fehlerkorrektur
error detection	Fehlererkennung
error isolation	Fehlerlokalisierung
error rate	Fehlerrate
error tolerance	Fehlertoleranz
execution instruction	Durchführungsbefehl
execution phase	Verarbeitungsphase
execution process	Verarbeitungsprozeß
exception condition	Ausnahmebedingung
exponent	Exponent
external data transmission	externe Datenübertragung
Failure	Fehlerfolge
fault	Defekt
file	Datei
FIFO = first-in/first-out	FIFO
fixed-head disk	Festkopf-Plattenspeicher
flipflop	Flipflop
floating point notation	Gleitkommaschreibweise
flow chart	Flußdiagramm
flow control	Flußsteuerung
free space	Freiraum
front end processing system	Vorverarbeitungssystem
front end processor	Vorrechner

function	Funktion
function layer	Funktionsschicht
function redundancy	Funktionsredundanz
function table	Funktionstabelle
Gate	Wegeschalter, Tor
general purpose processor	Allzweckrechner
Halfduplex	halbduplex
halfduplex transmission	Wechselbetrieb
header	Vorsatz
hierarchical data base model	Hierarchisches Datenbankmodell
hierarchical structure	hierarchische Anordnung
hierarchy of control	Steuerungshierarchie
hierarchy of data processing	Hierarchie der Datenverarbeitung
host	Zentralrechner
Implementation	Implementierung
index	Index
indexing	Indexierung
indirect addressing	indirekte Adressierung
information	Information
information content	Informationsgehalt
information-controlled	informationsgesteuert
information conversion	Informationswandlung
information rate	Informationsfluß
initial program loader = IPL	Einleitendes Ladeprogramm
input	Eingabe
input/output processor	Ein-/Ausgabeprozessor
inquiry	(Datei-) Abfrage
instruction	(Maschinen-) Befehl, Instruktion
instruction addressing	Befehlsadressierung
instruction bus	Befehlssammelweg
instruction call	Befehlsabruf
instruction code	Befehlscode
instruction counter	Befehlszeiger, Befehlszähler
instruction counter update	Befehlszeiger-Fortschaltung
instruction decoder	Befehlsdecodierer
instruction decoding	Befehlsdecodierung
instruction format	Befehlsformat
instruction processor	Befehlsprozessor
instruction register	Befehlsregister
instruction set	Befehlsvorrat
interface	Übergang, Schnittstelle
internal data transport	interne Datenübertragung
interpreter	Interpretierer
interrupt	Unterbrechung
IPL = initial program loader	Einleitendes Ladeprogramm
I/O-completion	E/A-Vollendung

Job	Auftrag
job control	Auftragssteuerung
job control interpreter	Auftragssteuerungsinterpretierer
job entry	Auftragszuführung
job entry subsystem	Auftrags-Eingabe-Untersystem
Key	Erkennungsschlüssel
Label	Kennsatz, Marke
language level	Sprachebene
librarian	Bibliotheksführung
LIFO = last-in/first-out	LIFO
line	Leitung
line network	Liniennetz
line switching	Leitungsvermittlung
link	Verbindung
link control	Verbindungssteuerung
linkage editor	Programmbinder
load balancing	Lastverteilung
load levelling	Lastbeschränkung
lock	Sperre
logical data base	Logische Datenbank
logical presentation space	Logischer Darstellungsraum
longitudinal redundancy check	longitudinale Satz-/Blockprüfung
loop	Ringnetz, Schleifennetz
Machine architecture	Maschinenarchitektur
machine instruction	Maschinenbefehl
macroassembler	Makroassemblierer
macroinstruction	Makrobefehl
magnetic bubble storage	Magnetblasenspeicher
magnetic tape	Magnetband
main processor	Hauptrechner
main program	Hauptprogramm
main storage	Hauptspeicher
main storage control unit	Hauptspeicher-Steuereinheit
maintainability	Wartbarkeit
maintenance	Wartung
mantissa	Mantisse
map	Bildschirmformat
mass storage	Massenspeicher
matrix storage	Matrixspeicher
mean time between failures	mittlerer Ausfallabstand
mesh network	Maschennetz
message	Nachricht
message chain	Nachrichtenkette
message switching	Nachrichtenvermittlung
microfunktion	Mikrofunktion
microinstruction	Mikrobefehl

microprocessor	Mikroprozessor (-system)
microprogram	Mikroprogramm
microprogram control	Mikroprogrammsteuerung
microwaves	Mikrowellen
modem	Modem = Modulator/Demodulator
modularity	Modularität
modulation rate	Schrittgeschwindigkeit
modulation techniques	Modulationsverfahren
monolithic storage	monolithischer Speicher
multiple virtual storage = MVS	mehrfache virtuelle Adreßräume
multiplex channel	Multiplexkanal
multiplexing	Multiplexverfahren
multiplicity	Multiplizität
multipoint connection	Mehrpunkt-Verbindung
multiprocessing funktion unit	Mehrprozessorfunktionseinheit
multiprocessing system	Mehrprozessorsystem
multiprogramming mode	Mehrprogrammbetrieb
MVS = multiple virtual storage	mehrfache virtuelle Adreßräume

Network	Netzwerk
network control	Wegsteuerung, Netzwerksteuerung
network control program	Netzwerksteuerprogramm
network data base model	Netzwerk-Datenbankmodell
new PSW	neues PSW
node	Knoten
nonswitched line	Standleitung
numeric data	numerische Daten

Objekt program	Zielprogramm
offline storage	Archivspeicher
old PSW	altes PSW
operand	Operand
operand addressing	Operanden-Adressierung
operand call	Operanden-Abruf
operand part	Operandenteil
operating system	Betriebssystem
operation control	Operationssteuerung
operation execution	Operations-Ausführung
operation part	Operationsteil
optical fiber	Glasfaser
output	Ausgabe
overflow area	Überlaufbereich
overhead	Betriebsaufwand

Pacing	Nachrichtenmengendosierung
packet	Paket
packet switching	Paketvermittlung
page	Seite
page frame	Seitenrahmen

paging	Seitenwechsel
paging supervisor	Seitensupervisor
parallel processing	Parallelverarbeitung
parallel processor	Parallelrechner
parity check	Paritätsprüfung
path control	Wegsteuerung, Netzwerksteuerung
pending interrupt	anstehende Unterbrechung
performance	Leistung
performance requirements	Leistungsanforderungen
peripheral equipment	Peripherie
physical data base	Physikalische Datenbank
physical presentation space	Physikalischer Darstellungsraum
pipelining	Fließbandverarbeitung
point-to-point connection	Punkt-zu-Punkt-Verbindung
polling/selection mode	Aufrufbetrieb
polling techniques	Aufrufverfahren
positional notation	Stellenschreibweise
presentation	Darstellung
presentation model	Darstellungsmodell
presentation services	Datendarstellungsroutinen
price	Preis
primary key	Primärschlüssel
primary node	Primärknoten
priority	Priorität
problem oriented programming language	problemorientierte Programmiersprache
problem status	Problemzustand
procedure	Prozedur
processing program	Verarbeitungsprogramm
processor	Prozessor
program	Programm
program flow	Programmablauf
program interrupt	Programmunterbrechung
program status	Programmstatus
program status word = PSW	Programmstatuswort
protocol	Protokoll
PSW = program status word	Programmstatuswort
punched card	Lochkarte
push-down storage	Stapelspeicher, Kellerspeicher
Queue	Warteschlange
Radix notation	Radixschreibweise
RAM = random access memory	Schreib-/Lesespeicher mit „wahlfreiem" (gleichschnellem) Zugriff
random access	„wahlfreier" (gleichschneller) Zugriff
random acces memory = RAM	Schreib-/Lesespeicher mit „wahlfreiem" (gleichschnellem) Zugriff
reaction time	Reaktionszeit
read-only memory = ROM	Festspeicher
read-only storage = ROS	Festspeicher

real address	reale Adresse
real interface	realer Übergang (Schnittstelle)
real storage	realer Hauptspeicher
real time mode	Realzeitbetrieb
reconfiguration	Umkonfigurierung
record	(Daten-) Satz
redundancy	Redundanz
reentrant subprogram	jederzeit verwendbares Unterprogramm
regenerator	Regenerator
register	Register
relation	Beziehung
relational data base model	Relationales Datenbankmodell
relative addressing	Relative Adressierung
reliability	Zuverlässigkeit
relocatable program	verschiebbares Programm
remote job entry	Auftragsfernverarbeitung (Ferneingabe von Aufträgen)
repetition	Wiederholung
replacement algorithm	(Seiten-) Wechselalgorithmus
resource	Betriebsmittel
response time	Antwortzeit
responsiveness	Unverzüglichkeit der Reaktion
restart	Wiederanlauf
result storing	Ergebnis-Abspeicherung
reverse Polish notation	Umgekehrt Polnische Notation
ROM = read-only memory	Festspeicher
ROS = read-only storage	Festspeicher
routine	Routine
Satellite	Nachrichtensatellit
secondary key	Sekundärschlüssel
secondary node	Sekundärknoten
segmentation	Segmentierung
selection	Auswahl
selection/polling mode	Aufrufbetrieb
selector channel	Selektorkanal
sequence	Folge
sequence number	Folgenummer
sequencing	Folgenumerierung
sequential organization	Sequentielle Datenorganisation
sequential program	sequentielles Programm
sequential storage	sequentieller Speicher
serial processing	Serienverarbeitung
service	Dienst, Wartung
service processor	Verwaltungsprozessor (Wartungsprozessor)
service program	Dienstprogramm
serviceability	Wartbarkeit
session	Sitzung
session control	Sitzungssteuerung
shift register	Schieberegister
signal-controlled	signalgesteuert

signal duration	Signaldauer
signal line	Signalleitung
simplex	simplex
simplex transmission	Richtungsbetrieb
simulator	Simulierer
source program	Ursprungsprogramm
space multiplex data bus	Raummultiplex-Datensammelweg
spanned record	Spannsatz
specifications	Spezifikationen
spooling	Spulverfahren
stack	Stapelspeicher, Kellerspeicher
stack computer	Stapelrechner
star network	Sternnetz
start I/O command	Start-E/A-Befehl
statement	Anweisung
storage	Speicher (-ung)
storage control	Speichersteuerung
storage fragmentation	Speicherzerstückelung
storage hierarchy	Speicherhierarchie
storage protection	Speicherschutz
storage register	Speicherregister
storage requirements	Speicherbedarf
store and forward operation	Speichervermittlung
stored application	Gespeicherte Anwendung
stored function	Gespeicherte Funktion
stored job	Gespeicherter Auftrag
stored program	Gespeichertes Programm
stored service	Gespeicherter Dienst
stored structure	Gespeicherte Struktur
structure	Struktur
structured programming	Strukturierte Programmierung
subprocessor	Unterprozessor
subprogram	Unterprogramm
subprogram call	Unterprogrammaufruf
supervisor	Supervisor
supervisor call = SVC	Supervisoraufruf
supervisor status	Supervisorzustand
SVC = supervisor call	Supervisoraufruf
switched line	Wählleitung
switching element	Verknüpfungsglied
symbolic addressing	Symbolische Adressierung
synchronisation	Synchronisation
system	System
system availability	Systemverfügbarkeit
system program	Systemprogramm
system reliability	Systemzuverlässigkeit
system structure	Systemstruktur
Table	Tabelle
telecommunication	Datenfernübertragung = DFÜ
telecommunication access method	Zugriffsmethode der Datenfernübertragung

teleprocessing	Datenfernverarbeitung
test	Test
test case	Testfall
thrashing	Flattern
throughput	Durchsatz
time division multiplex data bus	Zeitmultiplex-Datensammelweg
time slice	Zeitsegment
time slicing	Zeitscheibenverfahren
trace	Ablaufverfolgung
track	Spur
trailer	Nachsatz
transaction	Transaktion
transfer rate	Transfergeschwindigkeit
translation look aside buffer	Adreßumsetzungsspeicher
translator	Übersetzer
transmission	Übertragung
transmission presentation	Übertragungsdarstellung
transmission speed	Übertragungsgeschwindigkeit
transparency	Transparenz
turnaround time	Verweilzeit
Unconditional branch	unbedingter Verzweigungsbefehl
universality	Universalität
update	Aktualisierung
user interface	Benutzerzugang
utilisation	Auslastung
Virtual address	virtuelle Adresse
virtual address space	virtueller Adreßraum
virtual link	virtuelle Verbindung
virtual machine = VM	Virtuelle Maschine
virtual storage	Virtueller Speicher
VM = virtual machine	Virtuelle Maschine
Word	Wort
word organized storage	wortorganisierter Speicher
work unit	Arbeitseinheit
work station	Datenstation
work station control program	Datenstationssteuerprogramm
work station node	Datenstationsknoten
Zero insertion	Nulleneinfügung

A5. Namen- und Sachverzeichnis

Die Zahlen bezeichnen Seitennummern, halbfette Zahlen verweisen auf Fettdruck im Text mit Erklärungen sowie auf Kapitelüberschriften. Mit B und einer nachfolgenden Zahl wird auf die Nummer derjenigen Abbildung hingewiesen, in deren Unterschrift ein Sachwort erscheint.

Abfrage   16
Abhängigkeitsstruktur (der Daten-
    elemente)   73, B42
Ablauf-diagramm   40, B27
– -steuerung   50
– -verfolgung   245
Addierer, dualer Halb-   33, B20
–, – Serien-   B23
–, – Voll-   34, B22, B100
Addierwerk, duales Parallel-   B102
–, – Serien-   B101
Adreßdecodierer   **96, 140**, B67
Adresse   **29**, 36, **172, 178**, 192
–, effektive   **127, 129**
–, reale   112 f., 132
–, virtuelle   112 f., 132
Adreßfehlreferenz   **108**
Adressier-algorithmus   **81**, 84
– -schema   **127**
Adressierung   **127**
–, direkte   **127**, B88
–, indirekte (s. Adreßsubstitution)   **129**,
    B92
–, Relative   **124, 127**, B90
–, Symbolische   **30**
Adressierungsbreite   110
Adreßinformation   160
Adreßraum   **29**, 218
–, virtueller   **110**
Adreßräume, mehrfach virtuelle   **218**,
    B160
Adreß-register   **140**
– -sammelweg   **161**
– -substitution (s. Adressierung,
    indirekte)   **129**, B92
– -tabelle   **110**
– -umsetzung, Dynamische   **111**, B80
– -umsetzungsspeicher   **111**, 114, 226,
    B81
Akkumulatives Prinzip   148
Akkumulator   48, 142

Aktualisierung (von Dateien)   16
Akustischer Koppler   **198**
Algorithmus   32, **117**
Allzweckrechner   124, 229, 252
Alphanumerische Daten   **65**
Alternativindex   **84**, B52
Amplitudenmodulation   194
Analog-Digital-Umwandlung   **31**
Analoge Übertragung   **194**
Anpassungsfähigkeit (von Datenverarbei-
    tungssystemen)   252
Anschlußprozessorsystem   **229**, B166
Antivalenz-Verknüpfung (Ausschließlich-
    ODER-)   B21
Antwortzeit   20, **201**, 206, 212, 250 f.,
    B147, B150
Anweisung   54, **56**
Anwendungs-beispiele   **22**
– -knoten   **168**
– -profil   **205**
– -programm (Anwendung)   16, **51**, 54,
    168
Äquivalenz von Steuerung und
    Information   **5, 14, 257**
– -verknüpfung (Sowohl-Als-Auch-)
    B21
Arbeits-einheit   **155**
– -last   206
– -takt (s. Verarbeitungsphase)
– -volumen   202
Archivspeicher   **50**
ASCII-8 (American Standard Code for
    Information Interchange)   **67**
Assemblierer   B30
Assoziativspeicher   **30, 97**, B68
Aufruf-betrieb   **172** f., **191** f., B120
– -verfahren   **173**
Auftrag   52, B146
Auftrags-Eingabe-Untersystem   **223**
– -fernverarbeitung   **17**, B7
– -steuerung   **52, 122**

Auftrags-steuerungsinterpretierer   **56**
– -zuführung   **228**
Ausfallabstand, mittlerer   **237**
Ausführungszeit   **201**f., B146
Ausgabe (von Daten)   **11, 30**
Auslastung   **204**, 208, 251f., B148
Auslastungswerte   **204**, B148
Ausnahme-bedingung   **188**f.
– -situation   188
Ausschließlich-ODER-Verknüpfung
    (s. Antivalenz-)
Auswahl (s. IF_THEN_ELSE_)   **36**
Automat   **13**
–, extern gesteuerter   **12**, B2, B178a
Automatisierte Entwurfs-
    verarbeitung   **247**

BABBAGE   3
Basis (der Adresse)   **127**
– (der Gleitpunkt- bzw.
    Radixschreibweise)   62f.
– -adreßregister   124, 129
Baud   159
Baumnetz   174
Bedarfsanalyse   246
Bedeutung (von Daten, Nachrichten),
    (s. Semantik)   **61, 178**
Bedingungsschlüssel   **38, 133**
Befehl (Instruktion)   14, **35**, 38
–, logischer und arithmetischer (s. DO,
    Durchführungsbefehl)   **36**
–, privilegierter   124, 133
Befehls-abruf   **38**
– -adresse (im PSW)   133
– -adressierung   **38**
– -code   **36**, 40
– -decodierer (-decodierung)   **39, 140,
    143**
– -durchführung   40
– -format, variables   **124**, B87
– -länge   40, 133
– -prozessor   **232**
– -register   **140**
– -routine   146
– -sammelweg   **161**
– -struktur   **124**
– -verarbeitung   234
– -vorrat   **124**
– -zähler (s. Befehlszeiger)
– -zeiger (Befehlszähler)   **36**ff., **133, 140**
– -– -fortschaltung   **39**

Benutzbarkeit, allseitige (von Daten)   **70**
Benutzerzugang   **155**
Berechnung arithmetischer
    Ausdrücke   **152**, B106
Berechtigungsprüfung   186
Bestätigung (s. Nachrichtenbestätigung)
Betriebs-arten (des Kanalsystems)   163,
    B114
– -aufwand   215, B158
– -mittel   52, **121**f., 208, 252
– -–, geplante Vergabe der   **217**
– -– -abrechnung   **122**
– -– -nutzung   217
– -– -steuerung, optimierende   **217**
– -organisationsprogramme   **52**
– -software   205
– -system   **52, 121**, 205
– -– -funktionen   **121**
– -verwaltungsprogramme   **53**
Beziehungen (zwischen Daten-
    elementen)   **70**
Bibliotheksführungsprogramme   **53**
Bildschirm-format   184
– -gerät   47
Binär   **27**
Binäre(s) Signal (Binärsignal)   **31, 158**f.,
    B109
– Suchen   80, B49
– Zeichendarstellung   **27**
Binärcode   27, B17
Binärcodierte Sedezimalziffern (Hexa-
    dezimalziffern)   28, B17
Bit (Binary Digit)   **27**
–, funktionelles   **143**
– -bündelübertragung   163
– -folgeunabhängigkeit (s. Nullenein-
    fügung)
Black-Box-Entwurfsprinzip (s. Trans-
    parenz)
Block (von Sätzen)   29, **86, 101**
– -adresse   **102**
– -begrenzung   192f.
Blocken (von Sätzen)   87f., B55, B56
Block-indizierung   B74
– -länge, optimale   191
– -Multiplexkanal   **164**, B114
– -prüfung (s. longitudinale Satz-/Block-
    prüfung)   192, 240, B173
– -–, zyklische   241
– -prüfzeichen BPZ (Längsparität)   240
Blockung (von Nachrichten)   **190**, B137
Blockungstechnik   **86, 209**

294   A5. Namen- und Sachverzeichnis

BOLTZMANN   5, 257
BOOLE   33
BOOLESCHE Algebra   33
– Verknüpfung   33, 92, 148, B21
Breitbandkanal   47
Breite (von Sammelwegen)   162
Byte   **28**, 68
– -Multiplexkanal   **163**f., B114
– -organisierter Speicher   **69**, B39, B40

Charakteristik (der Gleitpunkt-
    schreibweise)   **63**
Chip   58, 92
Code(s)   27f., 65, B37, B38
– -redundanz   **239**, B172, B175
– -schlüssel (im PSW)   **133**
Codierte Steuerung   **143**
Codierung   **27**
–, NRZI- (Non-Return-to-Zero
    Inverted)   **194**, B141
Computer (s. Datenverarbeitungsanlage
    bzw. -system)   3, 11
– -architektur   6

Darstellung (von Daten, zu übertragenden
    Daten, Nachrichten)   **61**, 122, 178
– alphanumerischer Daten   **65**
–, digitale   **27**
– numerischer Daten   **61**
Darstellungs-modell   **184**
– -raum, Logischer   **184**
– --, Physikalischer   **184**
Datei   16, **28**, 80
–, sequentielle   84
Daten   **70**
–, alphanumerische   **65**
–, Bedeutung von (s. Semantik)   **61**
–, Darstellung von (s. Syntax)   **61**
–, – von zu übertragenden
    (s. Syntax)   122
–, digitale   11, 61
–, numerische   **61**
–, residente   20
– -abhängigkeit   235
– -arten   **61**
– -austausch   **185**
– -auswahl   **71**
– -bank   **70**, 122
– --, integrierte   70
– --, Logische   **77**

– --, Physikalische   **77**
– -- -architektur   **77**, B46
– -- -modell   **71**, **77**, B41
– -- --, Hierarchisches   **75**, B44
– -- --, normalisiertes   B43
– -- --, Relationales   **72**
– -- -rechner   B163
– -- -routine   **52**, **122**
– -- -software   **77**, 223
– -- -untermodell (Untermodell)   **71**,
    122
– -- -zugriff   **77**, B47
– -darstellung   **183**, B129
– -darstellungsroutine   **183**, 185
– -element   70ff., B42
– --, ordnendes   71
– --, zugeordnetes   71
– -feld   **229**
– -fern-übertragung DFÜ, Zugriffs-
    methoden der   **182**
– -- -übertragungs-einheit   168
– -- -- -steuereinheit   47, 183
– -- -verarbeitung   **17**, B6
– -- -verarbeitungssystem   B117
– -format   **68**
– -kanal   159, **162**
– -kommunikation   251
– -kommunikationsroutine   **52**, **122**, **182**
– -netz, digitales   197
– -organisation   **80**
– --, Gestreute   **81**, 84, B50
– --, Sequentielle mit Index   **82**, 84,
    B51, B52, B53
– --, – ohne Index   **80**, B48, B49
– -sammelweg   **140**, **160**f.
– -sicherheit (-schutz)   **237**
– -speicher (Tertiärspeicher)   **47**, **49**, 59
– -speicherung   **80**
– -station   168, 183
– --, reale   184
– --, virtuelle   184
– -stations-knoten   **168**
– -- -steuerprogramm   **183**
– -transport (über Netzwerke)   **190**
– -übereinstimmung   **70**
– -übertragung   47, 209
– --, externe   **160**
– --, informationsgesteuerte   **168**
– --, interne   **160**
– -übertragungs-block (Format einer
    Nachricht)   **192**, B138
– -- -netze, externe   **168**

Daten
– -unabhängigkeit   **70 f.**, 122
– -verarbeitung DV   **3, 117**
– – – als Wechselwirkung von Informationsströmen   **15**
– – –, elektronische   3
– – – mit Gespeichertem Programm   **13**
– – –, räumliche Anordnung der   **16**
– – –, zeitliche Betriebsarten der   **19**
– – –, zentrale   **17**, B5
– -verarbeitungs-anlage (s. Computer, Datenverarbeitungssystem)   B3
– – – -system (s. Computer, Datenverarbeitungsanlage)   **11, 43**, B25, B28
– – – – mit Gespeichertem Programm   **38**
– -zugriffsmethode   **88**, B58
Decodierung   39, 96
Defekte (im System)   **236**
Definition (von Datenverarbeitungssystemen)   **246**
Delegation der Steuerung   162, **165**
Dezentrale Intelligenz   **170**
Dezentralisierung   **251**
Dezimal-signal   159
– -zahlen   B35
Diagnostikprogramme   **245**
Dialog   122, **178, 186**, B132
– -betrieb   **19**, 30, 202, 212, 252, B10, B13, B14, B15, B147
Dienst   **157, 180**, 250, B125
– -hierarchie   B108
– -programme   **51**
Digitale(s) Darstellung   **27**
– Daten (Programme)   11, 61
– – -netz   197
– Informationsdarstellung   **27**
– Schaltkreistechnik   6
– Übertragung   **194**
Disjunktion (s. ODER-Verknüpfung)   **33**, B21
Diskette   **102**
Disketteneinheit   47
Distanz   124, **127**
Division, duale   152, B104, B105
DO (s. Durchführungsbefehl, logischer und arithmetischer Befehl)   **36**
DO_UNTIL_ (s. DO_WHILE_)   **118**, B83
DO_WHILE_ (elementare Programmstruktur), (s. bedingter Verzweigungsbefehl, Programmschleife, Wiederholung)   **36, 117**, B24, B84c

Dokumentation (von Datenverarbeitungssystemen)   **246**
Doppelwort   69
Drucker   47
Duale(r) Division   152, B104, B105
– Halbaddierer   33, B20
– Multiplikation   149, B103
– Serienaddierer   B23
– Volladdierer   34, B22, B100
Duales Paralleladdierwerk   B102
– Serienaddierwerk   B101
Dualzahlen(-system)   B35
Duplex(-betrieb) (Gegenbetrieb)   **170**, 186, B118, B132, B135
Durchführungsbefehl (s. DO, logischer und arithmetischer Befehl)   **36**
Durchsatz   **201 f.**, 252
Durchschaltevermittlung (s. Leitungsvermittlung)

EBCDIC (Extended Binary Coded Decimal Interchange Code)   **67**, B18, B38
Einadreßformat   125
Ein-/Ausgabe (E/A)-Adresse   165
– -Befehl (s. GET/PUT)   36, 165
– -Bereich   210
– -Blockung   **209**
– -Gerät   **47**, 162, 165
– -Operation   123, 165
– -Prozessor   **234**
– -Pufferung   **209**
– -Steuereinheit   165
– -Unterbrechung   **136 f.**, 167, B95
– -Vollendung   **166**, 213
Einfachfehler   241, B174
Eingabe (von Daten)   **11, 30**
Einprozessormodus   226
Einsatz (von Datenverarbeitungssystemen)   249
EINSTEIN   5
Elementarprozeß   **38**, 40, **234**
Emulationseinrichtung   228
Emulator   **147**, 253
End-benutzereinrichtung   168
– -knoten   **168**, 174, 185
Engpaß   **206**
Entblocken (von Datensätzen)   88
Entropie (s. mittlerer Informationsgehalt)   5, **67**, 257
Entscheidungsgehalt   **67**

Entwicklung (von Datenverarbeitungs-
    systemen) 249
Entwicklungsprozeß (von Datenverarbei-
    tungssystemen) **246**
Entwurf (von Datenverarbeitungssyste-
    men) **246**
Ergebnis-abspeicherung **40**
– -feld 40
Erkennungsschlüssel **71**
Exponent (der Gleitpunkt-
    schreibweise) **63**
Extern(e) Datenübertragung **160**
– gesteuerter Automat (externe Steue-
    rung) **12**, B2, B178a
– Speicher **99**

Fehler **236**
– -erfassungsroutine 245
– -erkennung   178, 192, **237**f., 240
– -folgen **236**
– -häufigkeit 191
– -korrektur(-maßnahmen)   123, **243**,
    250
– -lokalisierung   **237**f., 240, 250
– -rate   192, **237**
– -situation (im Duplexbetrieb)   B135
– -toleranz **243**
– -ursache(n)   236f., 243
Feldrechner (s. Parallelrechner)
Fern-leitung 47
– -sprechnetz   173, 197
– -übertragung 160
Festkommaschreibweise (Festpunkt-
    schreibweise) 62
Festkopf-Plattenspeicher **102**
Festpunktschreibweise (s. Festkomma-
    schreibweise)
Festspeicher (Read Only Memory ROM)
    59, **91**
Firmware **54, 56, 146**
Firm- und Hardware-Hierarchie der Infor-
    matorischen Steuerung **260**
First-In/First-Out FIFO (Warteschlangen-
    prinzip, Wechselalgorithmus) 98,
    108, 165
Flattern 116
Fließbandverarbeitung   **234**, B170
Flipflop   **92**, B60, B62
Fluß-diagramm **247**
– -steuerung **187**

Folge (elementare Programmstruktur),
    (Geradeausprogramm)   **36**, 117,
    B24, B84a
– -numerierung   **191**f.
– -nummer   **188**f.
Format (einer Nachricht), (s. Datenüber-
    tragungsblock)
– -transformation   184
Freiraum **84**
Frequenz-generator   167
– -modulation   194
– -multiplexverfahren   B144
Funktion (von Datenverarbeitungs-
    systemen) 249
Funktionalbitsteuerung   **58, 143**
Funktionen, Verteilte   **232**, 260, B169
Funktions-anweisung, informatorische
    11
– -kette   165
– -redundanz   **239**, 252
– -schicht   **54, 155**
– -tabelle   **33**, B20, B21
– -übertragung (s. Hierarchische Rang-
    folge/Funktionsübertragung)

Gegenbetrieb (s. Duplexbetrieb)
Gehaltsabrechnung (im
    Stapelbetrieb)   B12
Geradeausprogramm (s. Folge)
Geräteunabhängigkeit   122, **184**, 250,
    B129
Gespeicherte(r,s) Anwendung   **259**
– Auftrag   **259**
– Dienst   **259**
– Funktion   **260**, B180b
– Programm   4, 5, **13, 38, 257, 260**, B3,
    B178, B180 a
– Struktur   **262**, B181
Gestreute Datenorganisation   **81**, 84
    B50
GET/PUT (s. E/A-Befehl)   **36**, 49, 88
Glasfaser   **197**, B145
Gleitkommaschreibweise (Gleitpunkt-
    schreibweise)   **63**, B36
Gleitpunktschreibweise (s. Gleitkomma-
    schreibweise)
Grund-befehlsarten   36
– -einheiten der Datenverarbeitung   12
– -formen von Netzwerken   173, B121
– -funktionen der Datenverarbeitung   7,
    11, 27, 148, B1

Halbduplex(-betrieb) (Wechselbetrieb)   163, **170**, **186**, B118, B132
Halbleiterspeicher   49
Halbwort   69
Hammingdistanz (s. Zeichenabstand)
Hardware   **11**, **54**, **56**
– -schaltkreis   **58**
Haupt-programm   **118**
– -prozessor   229
– -rechner   **223**
– -speicher (Sekundärspeicher)   **45**, **49**,
   58, 106
– –, gepufferter   **110**
– –, realer   **110**
– –, Virtueller   **110**, B79
– – -belegung, optimale   B82
– – -steuereinheit   **234**
– – -zuordnung, feste   216, B159
– – – –, variable   216, B159
Haushaltstakt (s. Steuerungsphase)
Hexadezimalziffer (s. Sedezimalziffer,
   binär codierte)
Hierarchie der Datenverarbeitung   **115**,
   B107
– der E/A-Steuerung   B115
– von Funktionsschichten   **54**
– von Steuerungsschichten   **178**, B124
Hierarchische(s) Anordnung von System-
   elementen   **250**
– Datenbankmodell   **75**, B44
– Konzept   **106**, 108
– Rangfolge/Funktionsübertragung (Funk-
   tionsübertragung)   **250**
– Steuerung   250
Hintergrundarbeit   215
Hochleistungs-Betriebssysteme   **208**
– -Konfigurationen   **221**, B162
– -Prozessor   221, **232**
– -Systeme   **201**
Hypervisor   **220**

IF_THEN_ELSE_ (elementare Pro-
   grammstruktur), (s. Auswahl, beding-
   ter Verzweigungsbefehl)   **36**, 117,
   B24, B84b
Implementierung (von Datenverarbei-
   tungssystemen)   **247**
Impulszähler   167
Index   **83**
Indexierung   **127**, B89
Index-register   124, 127

– -suchvorgang   83, B53
Indirekte Adressierung (Adreßsubstitution)   **129**, B92
Informatik   6
– -Ingenieurwissenschaft   7
Information   **3**, 6
–, analoge   31
–, digitale   **4**, 31
Informations-darstellung, digitale   **27**
– -einheit   68
– -fluß (Übertragungsgeschwindigkeit)
   158, 167
– –, informationsgesteuerter   **159** f.
– –, signalgesteuerter   **159**, B110
– -gehalt   **67**
– –, mittlerer (Entropie)   **67**
– -gesteuerte(r) Datenübertragung   **168**
– – Informationsfluß   **159** f.
– -menge   15
– -speicherung   **29**, **61**
– -ströme   5, 15
– -transport   6, **31**, **158**, B19
– –, serieller   31, B19
– –, serienparalleler   31, B19
– -verknüpfung   **32**
– -wandlung   **30**
– -wissenschaft   6
– -zeitalter   4
Informatorisch(e) Funktions-
   anweisung   11
– gespeicherte Systemstruktur   **260**
– Speicherung aller Steuerimpulse   **146**
– Steuerung   **4**, **257**
– Struktur   5
Inkrement, inkrementieren   40, 127, 142
Instruktion (s. Befehl)   205
Integrierte Schaltungen (Schaltkreistechnik)   4, 91
Interne Datenübertragung   **160**
Interpretierer   **51**
ISO (International Standards
   Organisation)   181
– 7-Bit-Code   **67**, B37
– -Referenzmodell der Kommunikations-
   architektur   181, B127

Kabel   **196**
Kanal   **47**, **162**, 165
– -befehl   **162**
– -einheit   123
– -konzept   **162**, B113

Kanal
– -programm   88, 123, **162**, 165
– -satz   227
– -steuerung   227
– -umschaltung **227**, 244, B165
Kapazität (s. Speicherkapazität)
Kartenleser   47
Kassettenspeicher   103
Katalog (s. Systemkatalog)
Kellerspeicher (s. Stapelspeicher)
Kennsatz (von Dateien)   **86**, 88
Knoten   **168**, 224
Koaxialkabel   **196**
Kommunikation   179, 223
–, externe   **177**, B128
Kommunikations-architektur   **177**, 180
– -funktion   181
– -netzwerk   224
– -speicher   223
Kompatibel (s. verträglich)
Kompilierer   **56**
Konfigurations-anpassung   208
– -steuerung   **225** f.
Konjunktion (s. UND-Verknüpfung)
    33, B21
Konkurrenzbetrieb   **154**
Kontrolle, zentrale   **70**
Kontrollpunkt   **244**, B176
Kopplung (von Teilsystemen)   **221**, 224
Kopplungsgrad   221

Laden (von Daten)   16
Ladeprogramm, einleitendes   **52**
Lagerhaltung (im gemischten Dialog- bzw.
    Stapelbetrieb)   B15
Längsparität (s. Blockprüfzeichen)
Lastbeschränkung   **215**
Last-In/First-Out LIFO (Stapelspeicher-
    prinzip)   97
Last-verschiebung   251 f.
– -verteilung   **226**, 229
Least Recently Used (Wechsel-
    algorithmus)   108
Leistung (von Datenverarbeitungs-
    systemen)   **201**, 205, 249
Leistungs-anforderungen   **202**
– -betrachtungen   **201**
– -fähigkeit   **201**
– -gruppe   217
– -kriterien   **201**
– -parameter   **205**

– -steigernde Techniken   **207**, B151
– -steigerung   226
Leitstation (s. Primärknoten)
Leitung   **168**
Leitungs-betriebsarten   170, B118
– -vermittlung (Durchschaltevermitt-
    lung)   **175**, B122
Leitwerk   35, **45**, 58, **140**
– -steuerung   **140**, B96
– – –, Beispiel   **142**, B98
Lesekopf   99
Lesen (von Blöcken)   88
– (aus dem Speicher)   **90**
Lichtemitter-Laserdiode   197
Liniennetz   **173**
Lochkarte   **103**
Lokalitätseigenschaften (von Programmen
    und Daten)   **106**
Longitudinale Satz-/Blockprüfung (Block-
    prüfung)   **240**

Magnet-band   **103**
– – -einheit   47
– – -kassette   49, **103**, B75
– -blasenspeicher   50, **103**, B76
– -kernspeicher   49
– -plattenspeicher (Plattenspeicher)   49,
    100, 106, B73
– -schichtspeicher   **99**, B72
Makro-assemblierer   **56**
– -befehl   **52**, **56**, 88, 180
Mantisse (der Gleitpunkt-
    schreibweise)   **63**
Marktanforderungen (an Datenverarbei-
    tungssysteme)   246
Maschennetz   **173**
Maschinen-adresse   29
– -architektur   58, **123**
– -befehl   **57**, 124, 143, 146
– -fehler   137, 243, B95 a
– – –, kritische   **135**
– – –, unterdrückbare   **136**
– -funktion   54, **123**
– -programm, symbolisches   56
– -sprache   58, 69
– – –, symbolische   51
– -zyklus   38, 165
Maskierung   135
Massenspeicher   **47**, **49**, 106
Matrixspeicher   **99**, B71
MAYER   5, 257

Mehrprogrammbetrieb   208, **211**, 215,
    218, B155, B158
Mehrprozessor-betrieb   208
– -Funktionseinheit   225, **227**
– -modus   226
– -system   **223** f., 252, B164
Mehrpunktverbindung   **171** f., B119
Mikro-befehl   **58**, 146
– -funktion   **146**
– -programm   56, **58**, 143, 232, 260
– – -speicher   260
– – -steuerung   **143**, 146, B99
– -prozessor   4, 59
– – -system   **58**, B34
– -wellen   **196**
MIPS (Millionen Instruktionen pro
    Sekunde)   **205**
Modem (Modulator/Demodulator)   47,
    194
Modul   250
Modularität   **250**
Modulationsverfahren   **194**, B142
Monolithische Speicher   49, **91**
Multiplex-kanal   **163**
– -verfahren (zeitmultiplex, frequenz-
    multiplex)   **195**
Multiplikation, duale   149, B103
Multiplizität (von Datenverarbeitungs-
    system-Komponenten)   **251**

Nachrechner   **223**
Nachricht(en)   **168**, 186, B126, B132
–, Bedeutung von (s. Semantik)   178
–, Darstellung von (s. Syntax)   178
– -bestätigung (Bestätigung)   **185**, 189,
    B130, B132
– -kette   **187**, B133
– -mengendosierung   **188**, B134
– -satelliten   **197**
– -übertragung, physikalische   179
– -vermittlung   **176**
Nachsatz (von Nachrichten)   160, **180**,
    B126
Nachverarbeitungssystem   B163
NAND-Verknüpfung (NICHT-UND-)
    92, B21
Nebenrechner   19
Negation (NICHT-Verknüpfung)   **33**,
    92, B21
Netzwerk   **168**, B117
– -architektur   251

– -Datenbankmodell   **76**, B45
– -steuerprogramm   123, **183**
– -steuerung (s. Wegsteuerung)
– -typen   **171**
– -verbindungsarten   B119
v. NEUMANN   5, 13
v. NEUMANNSCHES KONZEPT   **13**, 257
NEWTON   5
NICHT-Verknüpfung (s. Negation)   **33**,
    92, B21
NICHT-ODER-Verknüpfung (s. NOR-)
    92, B21
NICHT-UND-Verknüpfung (s. NAND-)
    92, B21
Normalisierte Form der Mantisse   **63**
– – des Relationalen Datenbank-
    modells   **73**, B42, B43
NOR-Verknüpfung (NICHT-ODER-)
    92, B21
NRZI-Codierung (Non-Return-to-Zero
    Inverted)   **194**, B141
Nulleneinfügung (Bitfolgeunabhängig-
    keit)   **193**, B139
Numerische(r) Daten   **61**
– –, Darstellung   **61**
Nutzinformation   159 f.

ODER-Verknüpfung (Disjunktion)   33,
    B21
Offline (-Zugriff)   50
Oktalzahlen   B35
Online (-Zugriff)   50
Operand   **36**
Operanden-abruf   **40**
– -adresse   38, 124
– -adressierung   **40**
– -teil   **36**
Operations-ausführung   **40**
– -decodierer   39
– -steuerung   **143**
– -teil   **36**, 39, 143
Optimaler Grad des Mehrprogramm-
    betriebs   215, B158 c
Optimierende Betriebsmittel-
    steuerung   **217**

Paket   176, 190
– -vermittlung   **176**, **191**, B123
Parallelisierung serieller Prozesse   **208**
Parallel-rechner (Feldrechner)   **229**, 252,
    B167, B168
– -verarbeitung   **148**, B102

Parameterübergabe   132
Paritäts-bit PB (Querparität)   240
– -prüfung   **240**, B173
PASCAL   3
Periphere Speicher   49
Peripherie (s. Systemperipherie)
Phasenmodulation   194
Photodiode   197
Plattenspeicher (s. Magnetplattenspeicher)
–, Virtueller   **114**
Plattenstapel   100, B73
Platzreservierung (im Dialogbetrieb)
   B13
Polnische Notation, umgekehrte   **152**
Preis (s. Speicherpreis)
Preis/Leistungsverhältnis (von
   Computern)   4, 201
Primär-knoten (Leitstation)   **172**
– -schlüssel   71, 80
– -speicher (s. Pufferspeicher)   115
Prinzipien der Datenverarbeitung   **11**
– der Informationstechnik   **257**
Prioritäten   208, **213**, 252
–, gestaffelte   21
Prioritätszuordnung   **134**
Problemorientierte Program-
   miersprache   51, 54, **56**, 69, 253
Problemzustand   **133, 239**
Produktionsausbeute   4
Programm   11, **35**, 117
– = Steuerinformation   **14**
– als Information   **13**
–, ein-/ausgabeintensives   214
–, Gespeichertes   4, 5, **13, 38, 257, 260,**
   B3, B178, B180 a
–, prozessorintensives   211, 214
–, residentes   20, 54
–, sequentielles   **37**
–, verschiebbares (Programmverschieb-
   barkeit)   127, B90
– -ablauf   **38**
– -änderung   14
– -anweisung   12, 14
– -auswahl   214
– -bibliothek   54
– -binder   **53**
– -entwicklung (im Dialogbetrieb)   B14
Programmiersprache, problemorientierte
   51, 54, **56**, 69, 253
Programmierung   6
–, Strukturierte   **117**, 247
Programm-klassifizierung   **208**

– -schleife (s. DO_WHILE_,
   DO_UNTIL_)   **36**
– -speicher   59
– -status   **36**, 132
– – -wort PSW   **132** f., B93, B94
– – – –, altes   **135**
– – – –, laufendes   **135**
– – – –, neues   **135**
– -steuerung   **35**, B26
– -strukturen, elementare   **36**, 117, B24,
   B83, B84
– -unterbrechung   98, **134**, 252, B94,
   B95
– -verzahnung   211, B155
– -verzahnungsverfahren   **212**, B156
– -verzweigung, bedingte (s. IF_THEN_
   ELSE_, DO_UNTIL_, DO_WHILE_)
   14, **36**, 38
– – –, unbedingte   **36**
Protokoll   **177** f., B124
   -abwicklung   180
– -information   181
Prozedur   **56**
Prozessor   **45**
– -auslastung   B154
– -umschaltung   244
– -zeit   211 f., B155
Prozeß-rechensystem   173
– -steuerung (im Fertigungsbetrieb)   B16
Prüfinformation   241
Puffer-speicher (Primärspeicher)   **45, 49,**
   106, 190, **226**
– -überlauf   190
Pufferung   **209**, B152
Punkt-zu-Punktverbindung   **171**, 173,
   B119

Qualität (von Datenverarbeitungs-
   systemen)   249
Quellprogramm (s. Ursprungsprogramm)
Querparität (s. Paritätsbit PB)

Radixschreibweise   **62**
Random Access Memory RAM
   (s. Schreib-/Lesespeicher mit „wahl-
   freiem" (gleichschnellem) Zugriff)
Rangfolge/Funktionsübertragung, hierar-
   chische)   **250**
Raummultiplex   208
– -Datensammelweg   **161**, B112
Rauscheffekt (-signal)   31, 195

Read Only Memory ROM
    (s. Festspeicher)
Reaktionszeit   **134**, 202
Reale(r) Adresse   112 f., 132
– Hauptspeicher   **110**
Realzeit-betrieb   **20**, 202, 252, B11, B16
– -system   226
Rechen-maschine, mechanische   3
– -werk   32, **45**, 58, **140**, **148**
Rechnerverbund   **18**, **221**, 251, B8
Redundanz   67 f., 72, **239**
–, aktive   225
Regenerator   **195**
Register   **45**, 48, **95**, **148**, B64
Relationales Datenbankmodell   **72**
Relative Adressierung   **124**, **127**, B90
Reorganisation (von Dateien)   86
Residente Daten (Programme)   20, 54
Residenz (residieren) (der Software im
    Hauptspeicher)   54, B31
Richtungs-betrieb (s. Simplexbetrieb)
– -wechsel   186
Ring-leitung   160
– -netz (s. Schleifennetz)
Routine   **70**
Rückkehradresse   119
Rückmeldesignal   165

Sammeln (von Daten)   16
Sammelweg   **21**, 59
Satz   **28**
– fester Länge   87, B55
–, logischer   86 f.
– variabler Länge   87, B55
Schaltkreistechnik, digitale   6
Schaltungen (Schaltkreistechnik),
    integrierte   4, 91
Schichtung (von Protokollen)   **178**, B124
SCHICKARD   3
Schieberegister   **95**, B65
Schleifennetz (Ringnetz)   **173**
Schnellspeicher   45
Schnittstelle (s. Übergang)
Schreiben (von Blöcken)   88
– in den Speicher   **90**
Schreibkopf   99
Schreib-/Lesespeicher mit „wahlfreiem"
    (gleichschnellem) Zugriff (Random
    Access Memory RAM)   59
Schritt-dauer (s. Signaldauer)
– -geschwindigkeit   **159**

Schutzvorkehrungen   **239**
Sedezimal-zahlen   B35
– -ziffern, binärcodierte (Hexadezimal-
    ziffern)   28, B17
Segmentierung (von Nachrichten)   **190**,
    B136
Seite (eines Virtuellen Speichers)   **110**
Seiten-rahmen   **110**
– -supervisor   **111**, 114
– -wechsel   226
Sekundär-knoten   **172**
– -schlüssel   71, 73
– -speicher (s. Hauptspeicher)   115
Selektorkanal   **163**, B114
Semantik (s. Bedeutung von Daten, Nach-
    richten)   **61**, 77, **178**
Sequentielle(s) (Daten-)Organisation mit
    Index   **82**, 84, B51, B52, B53
– – – ohne Index   **80**, B48, B49
– Programm   **37**
– Speicher   **100**
Serieller Informationstransport   31, B19
Serienparalleler Informationstrans-
    port   31, B19
Serienverarbeitung   **148**, B101
Signal, binäres   **31**, 158 f., B109
– -dauer (Schrittdauer)   **31**, 158
– -gesteuerte(r) Informationsfluß   **159**,
    B110
– –– Informationsübertragung   **163**,
    B113
– -leitung   **140**
– -niveau   159
– -synchronisation   32
– -übertragung   181
– -verstärkung   32
Siliziumtechnik (-technologie)   4
Simplex(-betrieb) (Richtungsbetrieb)
    170, **186**, B118
Simulierer   **51**
Sitzung   **185**
–, Beendigung einer   186
–, Eröffnung einer   186
Sitzungssteuerung   **186**
SNA (System Network Architecture der
    IBM)   182
Software   **11**, **50**, **54**, **56**
– -Architektur   5
– -Hierarchie der Informatorischen
    Steuerung   **257**, B179
– -Komponenten   B30
– –– zur externen Kommunikation   B128

Sowohl-Als-Auch-Verknüpfung
   (s. Äquivalenz-)
Spannsatz   **87**, B57
Speicher   29, 47, 90
–, byteorganisierte   **69**, B39
–, elektrostatische   50
–, externe   **99**
–, monolithische   49, **91**
–, nichtsequentielle   81
–, optische   50
–, periphere   49
–, physikalischer   29
–, sequentielle   **100**
–, Virtueller   **110**, 112
–, wortorganisierte   **69**, B40
–, zyklische   **99**
– -auszug   245
– -bedarf, reduzierter   **70**
– -belegung   82, 231, B168
– -eigenschaften   B77
– -einheit   47
– -element   29, 97, B60
– -hierarchie   48, **106**, B29
– --, quantitative Betrachtungen   115
– -- -ebene   49
– -kapazität (Kapazität)   **47, 106**
– -kenngrößen   **106**
– -medien   **90**
– --, nichtsequentielle   80, 84
– --, sequentielle   80
– -organisation   **47**
– -platte   100
– -preis (Preis)   **47, 106**
– -register   **140**
– -schutz   123, **239**
– -- -schlüssel   **133**, 239
– -stelle   40
– -steuerung   **226**
– -subhierarchie   109, B78
– -technologien   29, B59
– --, neuere   **103**
Speicherung (Speichern)   **11, 90**
Speicher-vermittlung   **175, 190**
– -zerstückelung   **216**, B159
– -zugriffszeit (Zugriffszeit)   **47**, 84, **106,**
   205
Sperre   **217**
Spezifikationen (von Datenverarbeitungssystemen)   **236**, 246
Sprachebene   **155**
Spulverfahren   **210**, B153, B154
Spur   **100**

– -adresse   **102**
Standleitung   **170**, 197
Stapel-betrieb   **19**, 30, 201, 252, B9, B12,
   B15, B146
– -rechner   98, **152**
– -speicher (Kellerspeicher)   **97**, 121,
   135, **152**, B69, B106
Start-E/A-Befehl   **165**
Stellenschreibweise   **61**
Sternnetz   **173**
Steuer-einheit   **47**, 183
– -feld   192
– -information   159 f.
– -leitung   159
– -prozessor   **229**
– -register   **140**
– -signal   54, 140
– -- -leitung   **161**, B110
Steuerung   **11**
–, codierte   **143**
–, dezentrale   47
–, Informatorische   4, **257**
Steuerungs-funktion   **178**
– -hierarchie   **56**, B32, B33
– -phase (Haushaltstakt)   **38**, 140, **230**
– -prozesse   **38**
– -schicht   178, 181, B124
Struktur von Datenverarbeitungssystemen   45
–, Gespeicherte   **262**, B181
–, informatorische   5
Strukturieren   45
Strukturierte Programmierung   **117,**
   247
Strukturierung, baumartige   250
Strukturtheorem   117
Suchargument   30
Supervisor   **52, 123, 182**, 212, B58
– -aufruf   **134** f.
– -zustand   **133**, 137, **239**
Symbolische Adressierung   **30**
Synchronisation   **192**, B140
Syntax (s. Darstellung von Daten,
   zu übertragenden Daten, Nachrichten)   **61**, 77, **178**
System(e)   45
–, verteilte   5
–, zentrale   5
– -/370-Architektur (der IBM)   124, B93
– -aufbau   **45**
– -aufwand   205, 252
– -auslegung   208

System(e)
– -bibliothek   53
– -entwicklung   **246**
– -entwicklungsprozeß   **246**
– -katalog (Katalog)   **86**
– -konfiguration   221, B162
– -kontrolle   217
– -leitwerk   52
– -organisation   208, **246**, **249**
– -peripherie (Peripherie)   **47**
– -programme   **52**
– -steuerprogramme   217
– -struktur, hierarchische   **238**, B171
– --, vernetzte   B171
– -verfügbarkeit   19, **226**
– -zuverlässigkeit   **236**

Tabelle (von Datenelementen)   **72**
Takt   **32**, 95
– -geber   **142**, **167**
– -steuerung   **167**, B116
Teilstreckenbetrieb   **176**
Telekommunikation   6
Telematique   6
Ternärsignal   159
Tertiärspeicher (s. Datenspeicher)   115
Test   **247**
– -fall   **248**
– -methode   B177
– -prozeß, hierarchischer   249
– -strategie   249
Tor (s. Wegeschalter)
Transaktion   **186**, 202, B131, B147
Transfergeschwindigkeit   **159**
Transformation   16
Transistor(-technik)   4, 91 f., B61
Transparenz (Black-Box-Entwurfs-
     prinzip)   **250**
Transport (von Daten)   **11**
– – – über Netzwerke   **190**
– -größen   **158**
Trommelspeicher   49, **103**

Übergang (Schnittstelle)   30, 58, **155**,
     179, 250, B124
–, realer   **179**
Übergänge, Begrenzung der   **238**
Überlappung, zeitliche   187
Überlaufbereich   81, **86**, B54

Übersetzer   **51**, 253
Übertrag   148
–, durchlaufender   148
Übertragung, analoge   **194**
–, digitale   **194**
– im Netz   **168**
Übertragungs-arten   **159**
– -betrieb   177
– -darstellung   **185**
– -fehler   159, 245
– -geschwindigkeit (s. Informations-
     fluß)   159, **205**
– -kanal   **31**, 159
– -techniken   **194**
– -weg, drahtgebundener   196
– --, drahtloser   196
– -wiederholung   173
Umkonfigurierung   **243**
UND-Verknüpfung (Konjunktion)   **33**,
     B21
Universalität (von Datenverarbeitungs-
     systemen)   **252**
Unterbrechung (s. Programmunter-
     brechung)
–, anstehende   135
–, externe   **136**
– (durch) kritische Maschinenfehler
     135, B95
–, programmbedingte   **135**
– (durch) Supervisoraufruf   **135**
– (durch) unterdrückbare Maschinen-
     fehler   **136**
– (durch) Wiederanlauf   **137**
Unterbrechungs-arten   135
– -maske   **133**
– -schlüssel   **133**, 137
Unter-kanal   163
– -programm   **118**
– --, jederzeit verwendbares   129
– -- -aufruf   98, 120, **129**, B85, B86,
     B91
– -prozessor   **229**, 232, 234, B170
Unverzüglichkeit (der Reaktion von
     Datenverarbeitungssystemen)   **252**
Ursprungsprogramm (Quellprogramm)
     51, 69

Variables Befehlsformat   **124**, B87
Verarbeitung, sequentielle   208
Verarbeitungs-phase   **40**, 142, **230**
– -programm   **12**, **50**

Verarbeitungs-
– -prozesse **38**
– -zeit 206
Verbindung **168**
Verbindungs-abbau 175
– -aufbau 175
– -disziplin **172**
– -register 120
– -steuerung **191**
Verbundsystem 223
Verfügbarkeit (von Datenverarbeitungs-
    systemen) 221, **236**
Verklemmung **218**, 250
Verknüpfung **11**, 16, **32**, B21
Verknüpfungsglied **148**
Vermittlungs-arten **174**
– -knoten **168**, 174, 177
Verträglich (kompatibel) 250
Verwaltungsprozessor **232**
Verweilzeit 202
Verzögerung **252**
Verzögerungsglied **148**
Verzweigung (s. Programmverzweigung)
Verzweigungs-adresse 40
– -befehl 36, 40, 117
– – -, bedingter (s. IF_THEN_ELSE_,
    DO_WHILE_, DO_UNTIL_) **36**
– – -, unbedingter **36**
Vierfachfehler 241, B174
Virtuelle(r) Adresse 112 f., 132
– Adreßraum **110**
– Datenstation 184
– Hauptspeicher **110**, B79
– Maschine **219** f., 253, B161
– Plattenspeicher **114**
– Speicher **110**, 112
– Systeme 215
– Verbindung **178**
Vorgabe (der Gleitpunktschreib-
    weise) **63**
Vor- bzw. Nachverarbeitungs-
    systeme **223**, B163
Vorrechner **223**
Vorsatz (von Nachrichten) 160, **180**,
    190, B126, B136, B137

Wähl-leitung **170**, 197
– -netz **197**
– -zeichenfolge 175
Wartbarkeit (von Datenverarbeitungs-
    systemen) **245**

Warte-schlange **98**, **206**, B70, B149,
    B150
– -zeit 206
– -zustand **133**
Wartung **245**
–, fernunterstützte 245
Wechsel-algorithmus (von Hauptspeicher-
    seiten) **108**, 111
– -betrieb (s. Halbduplexbetrieb)
– -wirkung von Informationsströmen
    257, 260
– -wirkungstypen (von Informations-
    strömen) B4
Wege-schalter (Tor) **31**, **93**, 95, **140**, 161
– -steuerung (Netzwerksteuerung) **190**
Wiederanlauf **244**
Wiederholung (s. DO_UNTIL_, DO_
    WHILE_) **36**
Wort **28**, 69
– -organisierter Speicher **69**, B40
– -speicher, linearer **96**, B66

Zahlenvorrat (des dualen Zahlen-
    systems) **62**
Zähler 40
– -schleife 142, B26, B27, B97, B98
Zeichen 27, 242
– -abstand (Hammingdistanz) 242,
    B175
– -darstellung, binäre **27**
– -vorrat **28**
Zeit-multiplex 163, 208
– – -Datensammelweg **161**, B111
– – -verfahren B143
– -scheiben 211, B155
– – -verfahren **214**, 252, B157
– -segment 214
Zentrale Datenverarbeitung 17, B5
– Kontrolle **70**
Zentraleinheit **45**, 162, 165, 168, B33
Zentralisierung **251**
Zentral-rechner 17, 19, 251
– -speicher **91**
Zielprogramm **51**, 69
Zugriff, direkter 47, 80, 84, **100**
–, sequentieller 84, **100**
–, „wahlfreier" (gleich schneller) **96**
Zugriffs-methoden **52**, 122, 209
– – der Datenfernübertragung 182
– -zeit (s. Speicherzugriffszeit)
Zuse 3

Zustandsschlüssel (im PSW)   **132**
Zuverlässigkeit (von Datenverarbeitungs-
systemen)   **236**
Zuverlässigkeitsanforderungen   237
Zweiadreß-Befehlsformat (-System)   38,
125, B25
Zweifachfehler   241, B174

Zwei-Prozessor-System   226, B164
Zyklen-Stehlverfahren   165
Zyklische Blockprüfung   241
– Speicher   **99**
Zylinder-adresse   **102**
– -konzept   **100**, B73

Neue Lehrbuchreihe Informatik

F. L. Bauer, H. Wössner
Algorithmische Sprache und Programmentwicklung

1981. Etwa 530 Seiten
DM 79,–
ISBN 3-540-09853-4

A. Bode, W. Händler
Rechnerarchitektur

Grundlagen und Verfahren
1980. 140 Abbildungen, 4 Tabellen.
XI, 278 Seiten
DM 34,–
ISBN 3-540-09656-6

B. W. Kernighan, P. J. Plauger
Programmierwerkzeuge

Übersetzt aus dem Englischen von K. Kächele,
M. Klopprogge
1980. IX, 492 Seiten
DM 69,–
ISBN 3-540-10419-4

P. C. Lockemann, H. C. Mayr
Rechnergestützte Informationssysteme

1978. 37 Abbildungen, zahlreiche Einzeldar-
stellungen. X, 368 Seiten
DM 35,–
ISBN 3-540-08996-9

A. K. Salomaa
Formale Sprachen

Übersetzt aus dem Englischen von
E.-W. Dieterich
1978. 18 Abbildungen, 5 Tabellen.
IX, 314 Seiten
(Übersetzung von "Formal Languages"
Academic Press)
DM 48,–
ISBN 3-540-09030-4

Informatik für Ingenieure

Herausgeber: F. L. Nicolet
Unter Mitarbeit von W. Gander, J. Harms,
P. Läuchli, F. L. Nicolet, J. Vogel,
C. A. Zehnder
1980. 53 Abbildungen, 20 Tabellen.
X, 187 Seiten
DM 39,50
ISBN 3-540-09669-8

T. W. Olle
Das Codasyl-Datenbank-modell

Übersetzt aus dem Englischen von
H. Münzenberger
1981. Etwa 410 Seiten
ISBN 3-540-10669-3
In Vorbereitung

A. N. Habermann
Entwurf von Betriebssystemen

Eine Einführung
Übersetzt aus dem Englischen von K.-P. Löhr
1981. 87 Abbildungen, XII, 444 Seiten
DM 89,–
ISBN 3-540-10510-7

Springer-Verlag
Berlin
Heidelberg
New York

Heidelberger Taschenbücher

Sammlung Informatik

F. L. Bauer, G. Goos
Informatik
Eine einführende Übersicht
Teil 1
2. Auflage. 1973. 111 Abbildungen. XII, 220 Seiten
(Band 80)
DM 19,80
ISBN 3-540-06332-3

F. L. Bauer, G. Goos
Informatik
Eine einführende Übersicht
Teil 2
2. Auflage. 1974. 73 Abbildungen. XIII, 207 Seiten
(Band 91)
DM 19,80
ISBN 3-540-06899-6

F. L. Bauer, R. Gnatz, U. Hill
Informatik
Aufgaben und Lösungen
Teil 1
1975. 54 Abbildungen. XI, 163 Seiten. (Band 159)
DM 19,80
ISBN 3-540-07007-9

F. L. Bauer, R. Gnatz, U. Hill
Informatik
Aufgaben und Lösungen
Teil 2
1976. 45 Abbildungen. X, 173 Seiten. (Band 160)
DM 19,80
ISBN 3-540-07116-4

E. Bergmann, H. Noll
Mathematische Logik mit Informatik-Anwendungen
1977. XV, 324 Seiten. (Band 187)
DM 26,80
ISBN 3-540-08202-6

P. Deussen
Halbgruppen und Automaten
1971. V, 198 Seiten. (Band 99)
DM 14,80
ISBN 3-540-05606-8

W. K. Giloi
Rechnerarchitektur
1981. 133 Abbildungen. XV, 380 Seiten. (Band 208)
DM 39,50
ISBN 3-540-10352-X

W. Hahn
Elektronik-Praktikum für Informatiker
1971. 177 Abbildungen. VIII, 136 Seiten. (Band 85)
DM 14,80
ISBN 3-540-05364-6

W. Hahn, F. L. Bauer
Physikalische und elektrotechnische Grundlagen für Informatiker
1975. 294 Abbildungen. X, 418 Seiten. (Band 147)
DM 25,–
ISBN 3-540-06900-3

H. Hermes
Aufzählbarkeit, Entscheidbarkeit, Berechenbarkeit
Einführung in die Theorie der rekursiven
Funktionen
3. Auflage. 1978. 3 Abbildungen, 1 Tabelle.
XIII, 258 Seiten. (Band 87)
DM 24,–
ISBN 3-540-08869-5

E. Jessen
Architektur digitaler Rechenanlagen
1975. 97 Abbildungen. X, 246 Seiten. (Band 175)
DM 22,80
ISBN 3-540-07503-8

H. Schecher
Funktioneller Aufbau digitaler Rechenanlagen
1973. 178 Abbildungen. XII, 260 Seiten. (Band 127)
DM 26,–
ISBN 3-540-06275-0

Springer-Verlag
Berlin
Heidelberg
New York